中国社会科学院
社会学研究所
博士后文集

第五卷

城镇化与社会发展

Urbanization and Social Development

主　编/张　翼
副主编/张文博　黄丽娜

社会科学文献出版社
SOCIAL SCIENCES ACADEMIC PRESS (CHINA)

目　录

第五届中国社会学博士后论坛开幕式主题发言

城市建设与发展

农村建设与发展

社工、社会组织与社区发展

社会保障与社会参与

第五届中国社会学博士后论坛开幕式主题发言

转变发展方式和社会改革[*]

李培林

目前，"中国模式"研究在学界很受关注。对此，中国官方的早先提法是"中国道路"，现在则主要使用"中国模式"这一说法。但就个人而言，我比较强调"中国经验"的提法。从国外的角度看，中国出现了经济上的快速发展，也在各方面取得了一些重要成就；但从自身来看，我们的问题还很多。以收入分配为例，我国的收入差距已经超过了所有发达资本主义国家。因此，中国在经济快速发展的过程中，既有成就，也有问题。而"中国经验"这一说法的涵盖面比较广，它不仅包括我们所取得的成就，也包括当下出现的一些问题。

另外，"模式"是一个相对定型的说法。邓小平同志在1992年说过，再过二三十年，中国各种方面的发展要逐步地定型化。现在距离1992年已经过去了二十多年，但以目前的形势估计，还需要二三十年中国才能基本定型。所以，相对于"中国模式"，"中国经验"这一说法比较有弹性和发展空间。

当然，还有一种说法是"北京共识"，它是针对"华盛顿共识"而提出的，主要强调与西方经验的对抗性。但我认为，中国经验虽然是中国的，但在全球化、现代化的背景下，它也是在参与世界现代化发展进程中被逐渐形塑出来的。在这种情况下，我们避不开，也不能完全否定西方的经验；而且，西方经验中还有很多是值得我们借鉴的。所以，"中国经验"实则是一种开放的、探索性的、不断形成的、越来越引起国际广泛关注的经验。这也是我强调"中国经验"这一提法的原因所在。

---

[*] 本文根据作者主题发言内容整理而成。

在过去三十多年的改革中，中国经验主要表现在经济方面。我们发展了市场经济，经历了政治风波，经受过金融风暴，也经过了大型自然灾害。可以说，在驾驭经济方面，目前我国已基本形成了一套比较成熟的经验。但相应的，在驾驭社会方面，目前这还是一个较新的领域，尚无太多经验；而这正是我国当下发展的一大关键。因此，我们要意识到中国现在正处于一个新的发展阶段，也由此提出了转变发展方式的要求。

转变发展方式是"十二五"规划当中的一个主题，它强调了以下几方面的内涵。一是在经济增长方面，强调由主要依赖于投资和出口更多地转向依赖消费。二是在产业结构升级方面，从中国制造转向中国创造。"创造"和"制造"仅有一字之差，但它强调了创新性。创新体系在美国目前已引起较大恐慌。他们不清楚中国所提的创新究竟是什么含义，因此判断中国可能要在技术上实现突破，不再依赖西方。所以，提出"中国创造"对美国而言是一个很大的信号。当然，从社会学的角度讲，这可能就意味着一种发展方式的转变，即从过去主要在经济领域改革转向现在全面进入社会领域改革的阶段。

从经济增长方式转变来看，我们现在强调要从出口和投资更多地转向消费。一项宏观指标显示，我国国内消费水平较低，居民的消费率即居民消费总数占 GDP 的比重，从 1985 年的 52% 下降到 2008 年的 35.4%，这是改革开放以来中国居民消费率的最低水平，甚至在发展中国家中都是比较低的。再看一些发达国家的居民消费率，美国是 70%，日本是 60%。虽然美国出口方面贸易逆差很大，但是它的国内消费市场就足以支撑美国的经济增长。而且，美国国内消费不但支撑了美国的经济增长，我国的经济增长在一定程度上还有赖于美国市场。这也是为什么我们要处理好与美国的关系，否则会对中国的国际市场有较大的影响。另一项指标也显示了我国消费的薄弱。美国现在有 3 亿多人口，每年消费大概 10 万多亿美元；而我们有 13 亿多的人口，但一年的消费才 1 万多亿美元。也就是说，在人口上我们差不多是美国的 4~5 倍，但在消费上我们只有美国的 1/10。

从表面上看，消费问题是收入问题，一国的消费水平主要由收入水平决定。所以现在很多人在提国民收入倍增计划，以为随着经济的增长，居民收入会大量增加，居民消费也会随之增加。但是现在似乎出现了一个矛盾的现象：中国好像并非没有钱。以我国的外汇储备为例。外汇的大量增加给我国的外汇部门造成很大压力，因为他们不知道应该如何处置这些钱。外汇不能在国内消费，只能用于对外支付。但是，我们在国外市场上能买什么？一般来说就是资源、能源、技术和产品。我们可以用外汇储备购买煤炭、矿产等资源，但这只占储备量的很小一部分；我们想引进国外的高新技术，但一般很难买到；至于产品，国外市场上大量都是中国出口的"中国制造"，我们根本不需要买。这样一来，外汇储备就很难花出去，但放在那里就会贬值。从外汇的保值、增值情况来看，现在欧元、日元都不太安全，唯一比较安全的是美元，也因此，我国成了美国最大的债权国。但这样也很危险，美国一方面迫使人民币升值，另一方面大量印制、增发美钞，这给中国的美元储备带来极大风险。一旦美元相对贬值，中国大量美元储备的实际购买力将大幅下降，外汇资产面临严重缩水，众多国民的辛勤积累也将随汇率变动而化为乌有。

除了外汇储备水平显著以外，我国的整体财政收入也很可观。1994~2008年，我国的国家税收，按人民币计算从5000多亿增加到5万多亿，年均增长速度是18%；2011年全国财政收入突破了10万亿，2013年更是接近13万亿。这些数据表明，我国公共财政和税收的增加速度远远高于我国GDP的增长速度，政府的财政支出总额和支出能力也大幅提升。所以我们看到，中国政府很有钱。

与此同时，不但中国政府有钱，老百姓手中的货币存量也增加了。1994~2009年，全国城乡居民储蓄存款余额，按人民币计算从2000多亿增加到24万多亿，年均增长速度也是18%。全国居民储蓄存款余额占国家GDP总量的2/3强，几年内将会很快追平国家GDP总量。我们不禁产生疑问：既然中国的老百姓有这么多钱，他们为什么不花呢？钱存在银行，不但不挣钱反而会贬值，但即使利率降到零，老百姓照样会把钱存起来而不是花出去。究其原因，很大程度上与消费有关，是社会分配结构的问题。

在30年来的经济快速增长中，中国面临的一个最大挑战就是收入分配问题。目前，我国的分配焦点发生了偏离。回看改革，我们遇到的一个主要障碍是平均问题。按照邓小平同志当初的发展思想，让一部分人和一部分地区先富起来，然后由先富人群和地区带动全国发展。这是一项大政策，它把全国上下所有人的积极性调动起来，整个国家也因此充满活力。但与此同时，全国也出现了各个层面的分配不公、收入差距过大的问题。基尼系数是判断收入分配公平程度的指标，通常用于考察一国居民内部的收入分配差异状况。该比例数值在0~1，按照国际一般标准，0.4以上即表示收入差距较大。一开始，国家统计局公布的中国基尼系数只到2002年，因为其担心不断上升的基尼系数会引起居民的恐慌；2013年，国家统计局才又公布了过去十年中国的基尼系数,其中,2008 年达到峰值 0.491,2013 年为 0.473。但国内一些学者推算的中国基尼系数已达 0.61。从国际水平来看,北美、欧洲等所有西方发达国家的基尼系数都未超过 0.4;亚洲只有少数国家和地区如新加坡、中国香港、印度等的收入差距较大。相比而言,中国的收入分配公平问题已非常严重。

对中国收入差距所做的所有解释当中,有一个特殊因素——城乡差距,应予以注意。在中国整个收入差距中,40% ~60% 的差距要归于城乡差距。由此看出,我们面临一个很大的现实问题——中国农民还不够富裕。中国现在还是一个农民大国,按照劳动力结构统计,还有近 40% 的农业人口;按照城乡结构统计,即便是把进城半年以上的农民工算作城市人口,还有差不多一半的乡村人口。而这么多人口所分享的 GDP 份额中,农业增加值仅占 10% 左右。农业成了最不经济的一个产业,但出于国家粮食安全的考虑,我们也没有其他的选择。所以,我们要千方百计提高农民的收入,以此来缩小城乡差距。不过,在目前的人均耕地面积占有情况下,农民如果继续进行这种小规模经营,便永远不可能达到中等或中产的收入水平。

为什么收入分配会影响消费?根据社科院在 2008 年所做的一项调查,我们发现了一个很明显的规律,即家庭的消费率随收入的增长而递减。家庭的消费率是指家庭的消费占收入的比重。其中非常明显的一个规律就是:收入越低的家庭,消费率越高;收入越高的家庭,消费率越低。这还只是五等分下显示的结果,如果划成十等分、二十等分,这种规律会更加明显。

那么,如何才能增加消费?从以上调研所发现的规律可知,收入总额的增加并不必然增加消费,因此,全社会收入总额的绝对增加并非必要。重要的是,要能够使不断增加的收入合理、合法地转移到中低收入家庭,转移到消费率高的家庭,这样便有较大的可能来提高消费率。也就是说,我们要通过调整收入分配结构来增加消费。

除了分配问题影响着中国居民的消费,还有其他一些现实因素也在影响消费。我们在调查当中主要考虑到以下三方面因素。

第一个方面是教育因素。我国居民家庭的教育支出在其家庭消费总支出中占了很高的比重;而且,还有规律显示:收入越低的家庭,教育支出比例越高。这是因为教育在我国是一种特殊消费,一方面我们有发展教育的传统;另一方面,每个家庭都相信教育是改变孩子人生命运的唯一途径,因此在教育支出上不计成本。

第二个方面是医疗因素。目前,公务员和事业单位的公共医疗制度、城镇企业职工的基本医疗保险制度、城镇居民的医疗保险制度，以及农村合作医疗四种制度已基本覆盖到全国。但是，各地的实际报销水平差异非常大。我们在调查中发现，绝大多数居民看病仍需自己花钱。在这种情况下，医疗支出成为影响居民消费的一大因素。

第三个方面是住房因素。住房不是一种普通的消费，它既是消费也是投资，可以作为一种比买股票、债券和办企业都更容易实现升值的投资而存在。这是居民消费价格指数（CPI）之所以不包含住房的原因，也是国家统计局统计住房价格上涨只有 0.5％ 的原因。这也就意味着，一部分富人手里可能有很多套房子，远远超过了他自身在住房上的消费需求。如此一来，很大一部分家庭资金便不再用于消费转而用于投资。

由此，我们看到，中国老百姓会把大笔资金存入银行或用于投资，或者是这一辈人存钱留给下一辈人花，而不是去消费。这种情况看上去好像是文化问题，实质上却是体制的问题。因为老百姓对未来没有一个稳定的消费预期，他们不知道将来会有哪些开销、要花多少钱，所以只能先把钱存起来，做好自我保护的准备。这也是我们之所以强调社会建设非常重要的原因所在，因为它与经济紧密相连。因此，我们需要改变收入分配结构，完善公共服务和社会保障体系，稳定群众对未来的消费预期。

现在比较危险的是我国的社会分层结构，在这一点上农村和城市的差异很大。按照社会的阶层划分，城市已逐渐形成了目前的社会阶层结构图形，但农村还是一个类似于倒金字塔的图形，应该大力发展中产或中等收入阶层。对于中产阶级的界定，我国政府一般选择以收入指标为测算标准，我们强调在此基础上加入职业指标；而按照东南亚、日本和韩国的测算，在收入指标、职业指标之外还包括教育指标，他们认为，教育在东亚国家中是改变个人命运的一条非常重要的途径。若以收入、职业和教育这三个指标来测算，中国的中产阶级大概占 12％；城市中如果把所有农民除外，中产阶级大概占 25％。此外，社会阶层结构逐渐固化的问题也日益严重。在各种制度趋于稳定后，市场已被分割完毕，垄断也已经形成。在此种情况下，改变利益格局和资源配置结构会越来越困难。这对整个社会而言是非常不利的一个方面。

与此同时，中国国民对收入分配的普遍不满还会带来更大的问题。比较内地和香港，中国内地居民对收入分配的不满程度远高于香港。在阶层认可方面，国际上很多国家自我认定为中产阶层的国民大多占到全部国民的 60％ 左右，而中国却只有不到 40％，反倒是自认属于下层或底层的国民占到了

55%。而且，不仅是底层民众对收入分配不满，中层的人也不满，甚至像大学教授、处级干部这类人也不满。全民普遍不满，这就对我国社会公正、制度公正的可信度提出了极大挑战。

第二个大的挑战是人口问题，这是我国面临的最大问题。人口的巨大变化往往带来劳动关系的巨大变化。从全国第六次人口普查数据看，人口情况相比第五次人口普查稍好一些。目前，我们在劳动关系上出现了所谓的"就业难"和"招工难"并存的问题：一方面，我国失业率仍维持在一个较高的水平，就业明显不足；另一方面，结构性的招工困难又致使工资不断上涨、工人的劳动诉求不断提高，类似罢工、富士康员工跳楼等系列事件都不是偶发的，这方面的问题需格外注意。2012 年，我国新增劳动力人口首次出现下降，虽然短期内我国劳动力供给总量还将增加，但到了一定时期劳动力供给将不断下降，同时劳动率也将不断下降。因此，我们要尽早转变发展方式，寻求解决之道。

中国的当务之急是转向一种更为协调、更加和谐的发展之路，不能沉醉于当下所取得的经济成就。我们要建立一个政治民主的社会主义社会，让市场经济、民主政治与和谐社会三者能够支撑起中国的社会主义体制，特别是要加快从经济改革向社会改革的推进。只有解决了这方面的问题，中国才能在今天的国际社会中具有更强的感召力。

收入分配中的公平问题[*]

穆怀中

　　社会分配和社会保障是社会学研究的重要领域，对其进行社会学和经济学的交叉研究尤为必要。我将按这一方向主要探讨以下三方面的问题：一是社会发展中的三次收入分配问题，二是三次分配中的公平问题，三是生存公平和劳动公平的应用价值问题。

　　首先来看社会发展中的三次收入分配问题。目前，我国的收入分配已进一步演化为三次分配，分为三个层次：第一次分配是个体的直接收入，一般通称为工资或农民收入；第二次分配是转移支付，社会保障就是一种典型的转移支付；第三次分配是捐献和互助，比如说当一些人家庭困难，孩子没钱上大学的时候，可能会有一些个人或集体对其进行捐助。

　　在此，我们应注意收入分配在社会发展中的逻辑。从收入分配上看，人类社会发展到现在，是生产能力和工具的发展使得收入分配在社会发展中的作用越来越重要。收入分配原来并非不重要，只是它现在变得越来越重要；而且，收入分配的层次也趋于由单层次向多层次发展，具体表现为由一层次向三层次发展。这是我的一个基本观点。

　　为什么在社会发展中要重视收入分配？其原因就在于：人类社会已经进入了收入分配的时代。关于时代的划分，通常以工具为特征进行划分，如石器时代、青铜器时代等。从社会学和经济学的角度来考虑，人类社会的时代也可以有多种多样的划分。我认为，我们可以从另一个角度对现代人类社会进行如下划分。第一个时代是机器解放人手的时代，我将其定位为19世纪，即大工业发展时期，很多以前需要由人手工完成的活计可以主要由机器来代

---

　　* 本文根据作者主题发言内容整理而成。

替完成。第二个时代是机器代替或解放人脑的时代，我将其定位为 20 世纪，即计算机出现并迅速发展的时期，很多脑力劳动将主要由计算机完成。随着生产技术和工具的进步，人的劳动能力会逐渐增强，但是，在人的四肢和大脑都逐渐被各种机器代替的情况下，我认为，通过增强劳动能力创造财富的时代已经结束，人类已进入另一个重要的时代，即收入分配的时代，其主要内容为资源的保护和财富的创造。从整体发展进程来看，由于机器代替了人手并解放了人脑，这就使得财富的创造不再是个大问题。在下一步的社会发展中，收入分配才是大问题，也就是怎样进行资源保护和收入分配。因此，我认为收入分配的时代已经到来。

从人类社会发展的角度来看，我有一个大体判断，即收入分配在人类社会的初期主要体现为直接分配，比如说直接的劳动分配、直接的农业分配，等等。在这一时期，收入分配没有诸如转移支付等其他更多方式、层次，所以那时的收入分配管理也非常简单。我们都知道以前的县官，一个县太爷能管一个县，就是因为那时的收入只是直接分配，分配管理很简单。人类社会进入中期之后，收入分配开始变得复杂，转移支付逐渐加强。转移支付主要包括 19 世纪末形成的社会保障制度，以及现代政府各种各样的职能。而随着收入分配时代的到来，互助、捐献等三次分配的比重和作用越来越强。由此可以看出，随着人类社会的发展，收入分配从一层、二层、三层逐渐地增加，成为多层次的，其中高层次包含着低层次。

厘清了三次收入分配的问题，接下来第二个问题就是追求三次分配中的公平问题。我们现在经常谈效率和公平问题，追求效率要兼顾公平，但这从逻辑上讲很难兼顾，而且也很难简单地把"兼顾"说明白。不过，我们还是应该综合思考公平和效率问题。在对公平的思考和体认上，可以有多个标准。在我看来，有两个标准比较重要：一个是生存标准，一个是劳动标准。对应于此，公平也应该体现为两种：一个是生存公平，一个是劳动公平。

什么是生存公平？这个问题我还在思考当中。它大体表现为两个方面。一方面，人只要生下来就有活下去的权利，从指标来看就是应该保证每一个人都能在生存线上生活，这也是人类发展的基本目标。对此还需要进一步做专门研究。另一方面，地球不是某一个人的，而是属于所有人的。当然，其他动物也有权利，但这里我们不讲。人是有权利的，但地球资源是既定的，因此，人生在地球上应该享有地球资源的一定权利，但从公平的角度初步来看，应该首先保证每一个人都能活下去的基本权利，即资源分配中的生存公平。另一种公平体现为劳动公平，劳动不单有效率问题，还存在公平问题。劳动公平主要有两层含义：一是人人都应该有公平的劳动机会和权利，不管挣钱多少，也即在就业方面应该体现机会和权利上的劳动公平；二是劳动者多劳多得、少劳少得，这是体现在能力和贡献上的劳动公平。

我认为，在三次分配中，一次分配应主要体现劳动公平，多劳就多得，少劳就少得。一次分配中的公平问题应该是相对隔离的，它主要体现劳动公平，不能在一次分配里大量强调其他方面的公平或平均。

二次分配应主要体现生存公平，兼顾劳动公平。二次分配主要为社会保障、政府转移支付等，此时应该以生存公平为主，兼顾劳动公平。也就是说，首先都要有社会保障来保证生存；其次，多劳者社会保障多一些，少劳者社会保障少一些。但是这里容易出现走向极端化的问题。以辽宁省社会保障试点期间的退休金问题为例，不同的人退休时工资有高有低，但辽宁省的试点要求，所有人的退休工资以省/市统筹平均工资为基础，乘以替代率，即退休工资绝对公平，也就是说，不论退休前工作做得好与不好，退休后的工资都一样。这种绝对公平是有问题的。因此，辽宁省向东北三省推广试点经验时对此做了调整，即退休工资以省/市统筹平均工资加退休前工资的总和除以二为养老金基数，然后再乘以替代率。这就体现了以生存公平为主兼顾劳动公平。二次分配直接涉及许多政策的制定，我们还需要在理论和应用两个层面做进一步的思考。

三次分配应该提倡生存公平。三次分配主要是指捐献，这方面以前我们不太重视，但这个问题非常具有中国特色，社会学、经济学、文化学等学科都应该多做一些研究，会很有价值。人类社会发展到今天，尤其是在中国，社会贫富差距比较大。所以，应该有一种号召，或是理念，或是一种道德标准，或社会责任，让有钱人拿出一些钱来给穷人。为什么要捐献？这不单纯是一个觉悟问题，也可以从理论上做些思考：全人类应该获得生存公平；如果一些人生存不下去，那么生活比较好的人就应该捐出一些钱去帮助他们，使他们至少生存下去。因此，三次分配是对生存公平的一种提倡。这里面既包含情感、心理原因，即人们的怜悯之心；也包含社会标准因素，即中华民族的互助传统；还包含社会责任问题。以年轻人结婚的"份子钱"为例，虽然很多人迫于经济原因越来越认为份子钱是一种压力甚至逼迫，但究其初衷，它实际上大概属于三次分配，是收入再分配的范畴。再以辽宁省转轨期间的下岗职工为例，为什么辽宁那么多人下岗但没有出事？原因也主要在于三次分配。辽宁这些下岗职工家庭中，多数下岗的人都有兄弟姐妹，遇到父母生病、孩子上大学等重大问题，都是大家一起凑钱来解决，这就是三次分配的调解作用。当然，生存公平问题的解决与基尼系数的测量也有关系。我把基尼系数分为两类，一类是生存线以上的基尼系数，另一类是生存线以下的基尼系数，尽管都是0.4，但两者性质不同。因此，在三次分配中存在公平问题，但其标准应该有所不同，这一点也是我们在制定相关政策时所应予以考虑的。

第三个问题是生存公平和劳动公平的应用价值。这个问题很值得深入思考，这里我仅提出一些个人体会与建议。

首先，它在工资制定和人力资源管理方面有一定的理论应用价值。以制定岗位津贴和工资为例。按照一般做法，用人单位首先确定一个高线，然后按比例逐级往下排。比如，同一项津贴，教授是1000元，副教授是600元，讲师是400元，刚参加工作的人员是200元。这种做法在各类单位都很普遍。但是，在实际操作过程中我们会发现一些不太合理之处。比方说，刚参加工作的年轻人月工资1000元，岗位津贴200元，但他的生存线是2000元；这样一来，他们的生活肯定会很困难，不得不向父母要钱，因为他们的收入被按比例压缩到了最低，但他们的生存线并没有降低。因此，这样的工资制定不符合生存公平原则。那么，符合生存公平原则的做法应是怎样的？年轻人的生存线是2000元，月工资是1000元，那么，他的岗位津贴至少需要达到足以将其拉到生存线上的水平，也就是岗位津贴需要1000元才能保证他的生存公平。在此基础之上，再对不同级别的人分档次、按比例进行标准划分，比如刚参加工作的1000元，正教授2000元，以此实现不同劳动者的劳动公平。这就在保证生存公平的同时也体现了劳动公平。

其次，它对解决城乡统筹下的社会不和谐问题有价值。以社会保障政策为例，一般讲社会保障要体现社会公平，相关政策更应如此，但一些人对此持有不同意见。如此前出台了一项对贫困地区60岁以上农村老年人按月发放55元钱养老金的试点政策，不少人就提出了不同意见，认为城市还没搞好，就给庞大的农村老年人发"工资"，几十亿元的资金会给国家财政带来极大的压力。实际上，我们应该从生存公平和劳动公平的角度来看待这个问题：当农村老年人没有了地，也没有收入，维持生计成问题的时候，如果国家拿出55元钱能保证他生活下去，那么，这对于保障农村贫困老年人口的生存权和维护城乡社会和谐稳定就有很大的积极意义。

再次，它对于确定社会保障的基本原则有价值。根据老年人口占劳动人口的比重、劳动生产要素基本基数等测算，社会保障水平的上限约为 GDP 的 26% 。而通过研究这些年的社会保障水平，我们提出"适度"原则。什么叫适度？我认为研究这一问题的基点实际就在于社会公平，而生存公平则是能够体现社会保障水平适度性的一个基本原则。这也是我经过多年研究提出的。

最后，它对思考现在的住房问题也有价值。我们讲"吃、穿、住、行"，住房问题必须解决，否则就无法实现生存公平。我一再呼吁住房公平，提出建设和居住经济适用房。另外，我建议对一些特殊群体如新婚男女提供住房补贴，因为结婚必须先解决住房问题，不然就没条件结婚。因此，国家应该对年轻人的住房进行补贴，如提供经济适用房，因为这属于生存公平的范畴。

城市建设与发展

社会资本与宜昌的省域
副中心城市建设

何伟军

摘　要： 社会资本是指在社会网络或更广泛的社会结构中，主体所能调动的为自己或组织带来经济效益的社会资源，它表现为社会关系网络、信任和规范等特征。社会资本是一个研究城市经济和社会发展的新视角。本文探讨了社会资本与宜昌的省域副中心城市的相互影响，并提出提升宜昌社会资本，促进宜昌的省域副中心城市建设的措施。

关键词： 社会资本　省域副中心城市　宜昌

社会资本是指能够通过协调参与主体之间的行动以提高社会效率的诚信、规范和参与网络的机制，为特定结构内的行动者提供便利的资源，实质上如同市场和计划一样是一种配置资源的方式和渠道。信任、社会规范和参与网络，它们代表着市民社会所必需的一种资源类型集合体，[①] 将这三个要素作为关键性测量指标来解析社会资本，能够显示省域副中心等地区民主政治与市场机制发育的健康程度，解析省域副中心城市发展中出现的诸多问题，对于降低交易费用，促进个人、组织之间的生产和合作，乃至整个社会的进步和繁荣都具有积极的意义。

---

① 罗伯特·帕特南，2001，《使民主运转起来》，王列、赖海榕译，南昌：江西人民出版社，第 195~197 页。

理论界一般认为，省域副中心城市，是在一个省的行政区域内，社会经济文化综合实力较周边地市强大、具有比较优势、经济辐射能力超出了所辖行政区范围、拥有独特的资源禀赋或产业集群、与该省主中心城市有一定距离（一般在 300 公里）、未来能够带动周边区域发展的大城市或特大城市。副中心城市必须具备以下两个必要条件。第一，具有较强的经济实力和一定的人口规模。根据统计资料分析，一个真正的副中心城市的经济总量不仅应当与周边城市相比有相对优势，而且一般不得低于 500 亿元（2005 年价格），人口规模大于 100 万，否则难以被称为副中心城市。第二，距离中心城市不能太近、太偏。太近，就意味着其难以拥有自己独立的辐射范围，这是副中心城市成立的前提。一般认为中心城市与副中心城市的距离最好在 300 公里以上。副中心城市位置不能太偏，地形也不能太崎岖，否则就远离了交通要道，城市规模也没有进一步发展的空间，组织、领导、带动周边地区发展的难度加大。①

宜昌 2008 年全市实现生产总值 1026.56 亿元，比上年增长 14.6%，并连续 5 年实现两位数以上的增长速度，年末全市户籍人口为 400.83 万人。区域内水电、磷矿、煤炭资源比较丰富。世界最大的水电站——三峡水电站以及我国最著名的风景区长江三峡位于其境内，磷化工产业集群在全国乃至世界有一定的竞争力，总资产 139.66 亿元。在武汉至重庆 1000 多公里的范围内，宜昌的经济实力最强，且位置居中，距离武汉 360 公里。

湖北省委、省政府提出要把宜昌建设成为省域副中心城市的战略，将极大地促进宜昌的经济社会文化发展。然而，要建设省域副中心城市，宜昌必须要提升其社会资本，因为省域副中心城市的建设不仅需要基础设施等物质资本的增加，更需要有雄厚的社会资本。

一　社会资本对省域副中心城市建设的促进作用

资本是一种能够带来价值增殖的生产要素，增殖性是社会资本的根本属性。现在经济学界普遍认为，土地、劳动、资本与企业家一起构成了国家和地区的财富，并且是经济增长和发展的基础和源泉。依此推理，资源禀赋和人力资本丰富的地区经济发展应该比较快，然而一些自然资源比较丰富、土

---

① 彭智敏，2006，《我国省域副中心城市研究——以湖北宜昌市为例》，《学习与实践》第 4 期，第 34～37 页。

地肥沃、人力资本也充裕的国家，如拉美的智利、阿根廷、秘鲁等，劳动力受教育程度曾经与东亚一些国家和地区相当，然而，拉美国家经济发展的成绩却远不及东亚国家，许多非洲国家的资源禀赋和人力资源也较丰富，教育普及程度同样较高，但这些国家的人均收入自 20 世纪 70 年代以来不升反降，人才大量外流的现象非常严重，国家经济相对于世界其他发展较快的国家来说不断倒退。

研究表明，缺乏社会资本的支撑是这些地区发展迟缓的重要原因，因为社会资本缺失，较大的资源禀赋优势和丰富的人力资源也难以发挥其最大的潜力。在经济发展中，社会资本是一种软约束，能够减少市场主体之间的信息不对称，增加违约成本，减少交易费用，从而促进经济发展。

（一）社会资本有助于省域副中心城市的招商引资

在中国法制体系不尽完备的情况下，经济能够保持 30 年的持续快速发展，中国的县市级行政管理体制是一个重要因素，在此体制下，市县争先恐后地努力发展经济，经济建设充满活力。特别是经济欠发达地区，资本比较缺乏，招商引资成为地方经济发展的血液，地方领导一把手亲自抓招商引资工作，并层层考核。为了吸引投资商，各地纷纷出台一系列优惠政策，比如土地、税收、能源政策等。宜昌由于地处山区丘陵地带，农业土地转化为工业土地的成本较高，土地政策相对缺乏优势，而这些劣势可以通过提升社会资本来弥补。宜昌的招商实践也证明了这一点。

近年来，宜昌创新思路和方法，科学招商，营造宽松廉洁的发展环境，大力招商引资，产业招商呈现蓬勃发展态势，产业链不断延长，先后引来了长江铝业、长江线缆、华新水泥、南玻集团、首钢集团等，引进资金 131 亿元，形成产值 195 亿元，新增税收 9 亿多元，新增就业岗位 6.5 万多个。宜昌不乏潜力巨大的项目，如物流、旅游等，但它缺少的是社会资本。

（二）社会资本有利于省域副中心城市特色产业集群的培育

产业集群是地方经济体的龙头，是推动区域经济快速发展的支柱和动力。产业集群是企业网络组织的一种形式，而企业网络又是一种重要的社会资本。产业集群是建立在相互认同、互惠与信任的社会资本基础上的。在产业集群内部，上下游厂家以及相关服务机构的聚集有利于形成较为稳定的供应关系，从而减少每次成交的交易费用。大量同行业竞争者和合作者的存在以及彼此的可替代性使得保持信誉成为生存的必要。出于对集群内非成文规则的认同，集群企业之间比非集群企业拥有独特的社会资本优势。宜昌市在全国有一定地位的产业集群只有磷化工产业集群，2008年共有规模以上磷化工企业22家（不含磷矿采选业），总资产139.66亿元，与中部同等城市还存在一定差距。

（三）社会资本有助于省域副中心城市与辐射区域的合作

社会网络形同经济网络，它为经济资源的配置提供渠道，很多经济交换嵌在社会网络之中。中国的文化传统更多地强调人与人之间的关系，因而社会网络在资源配置方面的作用更大。网络交换同市场交换相比，网络交换是延时结清的，市场交换是即时结清的。延时结清延长了交易双方的关系，使得人与人之间的关系具有稳定、持久的性质，从而每一次交换成为交换链中的一个环节，交换就变成了一种重复的"博弈"。经过一系列的博弈之后，博弈双方就能实现合作。不但如此，在区域内，对于互动双方来说，若一方的不合作行为引起另一方的报复，结果有可能两败俱伤，这就要求双方为了各自的利益去寻找合作的办法，以实现较好的收益。

宜昌作为省域副中心城市，除了要加快社会经济文化全面发展，还需要带动鄂西南地区经济的发展，特别是加强与这些地区的经济文化合作，各自发挥自身的资源禀赋优势，实现副中心城市辐射区域内经济的整体发展。

（四）社会资本有助于繁荣农村经济、启动农村市场

我国有7亿多农民，农民消费水平低，消费能力不强，消费增长乏力，制约了社会经济的可持续发展。在当前世界经济发生金融危机的形势下，我国出口对经济增长的拉动作用下降。加强国家宏观调控，扩大国内消费需求，尤其是扩大农村消费需求，确保我国经济平稳较快增长，成为重中之重。制约我国广大农民消费的因素是多方面的，如农民养老保障缺失、收入来源单一、收入增长缓慢且不稳定、消费习惯、理财观念等，还有一个十分重要的制约因素——农村金融体系缺失。农村现有的金融机构，如信用社，储蓄多，向农民放贷少，贷款条件对很多农民来说难以达到，但是农民要发展生产，维持日常生活，资金的融通不可缺少，需求量还比较大，这样就形成了农村借贷的供给缺口。民间借贷在一定程度上能够缓解这一供需矛盾。

根据笔者在长阳县资丘镇的调查，现在农民找到较好的项目，如投资养鱼、养鸡、种花等，几千元的小额贷款一般比较容易拿到，因为自家的房子可以作为抵押。但是，投资搞养殖前期投入动辄好几万元，规模较大的甚至十几万元，由于没有相应的抵押品或担保人，农民也没有建立诚信体系，造

成农村金融市场出现严重的信息不对称和"劣币驱逐良币"问题，使得农民贷不到款。在这种情况下，农民一般选择通过民间借贷融资。民间借贷存在的基础是信誉：农民借贷人、中间介绍人（有时需要）因为对彼此诚信记录很了解，抵押和担保的条件可大大降低；同时，放贷人对借款人未来的还款能力也有较深的了解。民间借贷存续良性发展的前提是参与者的诚信，这是社会资本的重要内容。

二　宜昌经济发展和社会资本现状

（一）宜昌经济发展成绩显著

改革开放 30 年来，宜昌市已从一个湖北西部小城发展成为在城市规模和经济规模均居湖北省前列并在全国具有重要影响的现代化都市，经济社会发展呈现增长加快、效益提升、后劲增强、综合实力稳步上升的良好态势，但作为省域副中心，其经济实力还不够强大，与武汉市相比还存在很大差距，导致其辐射力和凝聚力不够强大。

1. 经济发展迅速

与全国及湖北省基本一样，宜昌经济呈稳步、快速增长态势，且增长速度明显高于全国和湖北全省的平均水平。特别是近些年宜昌经济取得了突破式发展，2009 年全年生产总值达到 1245 亿元，居湖北省第二位。

2. 城市经济已达到一定规模

2009 年，全市全社会固定资产投资完成 750.27 亿元，比上年增长 43.3%，增幅比上年提高 9.2 个百分点，其中城镇投资完成 657.83 亿元，增长 44.4%；农村投资完成 92.43 亿元，增长 36.2%。市县属投资占全社会固定资产投资比重为 81.9%，比上年提高 6.0 个百分点。分产业看，全社会固定资产投资中，第一产业完成投资 31.52 亿元，增长 83.7%；第二产业完成投资 421.80 亿元，增长 34.4%；其中工业投资完成 418.11 亿元，增长 34.7%；第三产业完成投资 296.95 亿元，增长 54.3%，占全社会固定资产投资的比重为 39.6%，比上年提高 2.8 个百分点。

县域经济发展加快，如夷陵区财政收入 17.7 亿元；宜都市财政收入 17.5 亿元；当阳市实现生产总值 10.6 亿元，实现财政收入 7.2 亿元。城区经济日益壮大，占全市经济总量的比重不断增大，辐射带动能力增强。

城市规模发展很快，已跻身大城市行列，在湖北仅次于武汉。2009 年广大的中西部地域 20 个省区市，除省会城市外，城区非农业人口超过 50 万人以上的大城市只有约 30 个，宜昌是其中之一。而且，在这 30 个城市中宜昌拥有许多突出优势。

3. 作为省域副中心城市，经济实力还不够强大

宜昌市经过这几年的迅速发展，经济实力有了较大提升，但作为省域副中心城市，各项经济指标和社会指标与武汉市的差距是巨大的（见表 1），与紧邻的部分周边市州差距不甚明显（见表 2），这就导致其吸引力、凝聚力和辐射力不够强大，承担带动区域发展重任的能力不够。因此，目前它还只是副中心城市的雏形，需要加快发展。

表 1　湖北"一主两副"2009 年经济数据比较

区域＼指标	户籍人口（万人）	GDP（亿元）	第二产业增加值（亿元）	第三产业增加值（亿元）	出口总额（亿美元）	社会固定资产投资（亿元）
全省	5720	12831.52	5909.42	5006.20	172.29	8211.85
武汉市	910	4560.62	2142.14	2269.42	114.73	3001.10
宜昌市	401.37	1245.61	685.95	408.96	10.3479	750.27
襄樊市	588.88	1201.01	575.32	425.48	3.2943	574.79
宜昌/武汉	0.44	0.27	0.32	0.18	0.09	0.25
宜昌/襄樊	0.68	1.04	1.19	0.96	3.14	1.31
宜昌/全省	0.07	0.10	0.12	0.08	0.06	0.09

注：数据根据湖北省、武汉市、宜昌市、襄樊市 2009 年统计公报整理得出。

资料来源：湖北省统计局，2010，《2009 年湖北省国民经济和社会发展统计公报》，5 月 6 日（http：//cn. chinagate. cn/reports/2010 – 05/06/content_ 19984776_ 3. htm）。

表 2　鄂西南各地 2009 年主要经济指标对比

指标＼地区	宜昌	荆州	荆门	恩施
户籍人口（万人）	401.37	647.32	301.05	395.34
GDP（亿元）	1245.61	707.81	600.53	294.26
第二产业增加值（亿元）	685.95	251.53	259.58	79.05
第三产业增加值（亿元）	408.96	249.06	206.41	119.20
社会固定资产总投资（亿元）	750.27	357.25	317.18	182.21
城镇居民人均可支配收入（元）	12843	13304	13857	10307
农民人均纯收入（元）	5186	5464	5956	2810

注：数据根据宜昌市、荆州市、荆门市、恩施市 2009 年统计公报整理得出。

资料来源：宜昌市统计局，2010，《2009 年宜昌市国民经济和社会发展统计公报》，3 月 5 日（http：//tieba. baidu. com/f? kz = 722911066）。

（二）宜昌社会资本的现状与不足

当前宜昌市正处于历史发展的一个重要转型期，社会关系和社会结构错综复杂并历经更迭，社会资本发育的条件目前很不成熟，传统社会资本消极功能显著，现代社会资本要素所占比重较小、分布不均衡，公民社会基础薄弱，整体社会资本出现了一定程度的真空与混乱，这不仅危及宜昌的有效治理，而且从长远看对社会的可持续发展也提出了严峻的挑战。

1. 诚信滑坡

市场经济在将有限的资源配置到最有效率的部门以产生更高的经济效率方面的确有不可替代的作用，但是市场经济要健康持续发展，需要参与主体讲诚信，注重道德精神修养，这些方面法律所能发挥的作用有限。

随着社会转轨和市场经济迅速发展，人们的生产生活方式，思考问题的方式，甚至思想观念也发生一系列的转变。在西方思想不断渗透，我国传统文化日渐沉寂的情况下，中国传统文化精髓中的仁、义、礼、信等渐被人们抛诸脑后。报纸和网络等传媒上经常刊登的失信事情五花八门，让人目不暇接。人际交往严重地功利化，见死不救，甚至撞人后逃逸者大有人在。公众间漠不关心，戒备之心日甚一日，且不仅针对陌生人，慢慢扩展到熟人。特别是住在城市里的人，常年不相往来，住了好几年都不知道邻居为何方人士。这引起了一些有识之士的注意，他们大声疾呼要讲诚信，并积极探索我国传统文化的瑰宝，甚至学生考试的作文也频频出现诚信内容的题目。

据调查，目前宜昌民众对宜昌社会的整体信用评价较低，27.2%的宜昌市民认为社会诚信程度很好，45.4%的人认为现在社会的诚信程度一般，9.1%的人认为诚信度较差，18.3%的人认为诚信度很差。

2. 社会规范缺失

道德同法律一样是约束人们行为的关键力量，它以精神的软性手段来协调人们之间的利害关系，通过协调和控制个人的行为来维持有序的社会秩序，它比法律更强调人们的自律。社会道德水平的高低及其调控能力的大小、强弱都表明了一个社会健康和谐发展的程度。

在当前经济转型过程中，出现了传统价值观念与市场经济条件下的价值观念的冲撞、中国特色的社会主义市场经济条件下的价值观念与资本主义市场经济条件下的价值观念含混不清的现象。由此造成了一些人道德和价值观念的迷惘，行为上的不当，诸如拜金主义、享乐主义等，从而导致市场竞争的无序，以及经济行为失控的现象，诸如超越市场规则的不正当竞争，充斥在市场上的虚假合同、虚假广告、虚假产品等，严重地影响了社会主义市场经济的健康发展和人们的日常生活，阻碍了生产力的提高。

调查显示，宜昌市民的社会公德总体状况不容乐观，在调查中12%的市民认为宜昌社会公德总体状况比较好，41%的市民认为一般，47%的市民认为较差或很差，无人认为很好。

3. 公民参与渠道不畅

公民参与的成本过高，参与渠道单一。宜昌的经济发展水平不高，还有数以万计的贫困人口为解决温饱问题而奔波，特别是在偏远山区，许多人感到自己没有足够的精力和专门的时间关注政府及其公共服务，为获取与自己相关的参政议政信息需要付出一定成本，而提出的意见往往得不到政府部门足够的重视，迫切需要解决的问题也未能及时得到答复，这就严重挫伤了公众参与的积极性。

目前宜昌公民参与的渠道主要是人大、政协以及各级党政机关开设的信访办和接待口，更多的时候它们承担起了党和政府政策解释和执行的工作，内化为党组织和政府机关的"附属物"，公民能够参与什么样的决策，参与的程度有多深，往往不是自身主观愿望所能决定的。虽然近几年出现了民主评议政府、公示制、听证制等参与方式，但这些制度执行不到位，流于形式的多，有实际效果的少。许多人找不到合法的参与途径，便采取非制度化参与形式，比如暴力对抗、集体围堵乡镇政府等，这都说明公民参与政策的真正渠道还有待拓宽。

公民权利意识薄弱，参与积极性不高。我国传统封建治民的思想抑制了公众的参与意识，专家或学者的意见日益被奉为解决政府所面临问题的必然要件。"枪打出头鸟"，提出意见怕得罪领导干部，公民普遍存在"搭便车"的心理，企图坐享其成，这必然会导致公民缺乏参与动力，不去积极参与；另外，公民由于文化水平等因素，参与能力参差不齐，缺乏自主独立意识，对政策法规的理解把握程度相对较低，对权利和义务缺乏了解，对参与途径缺乏认识，导致参与冷漠。

4. 加快宜昌省域副中心城市建设，需要提升宜昌社会资本

当前，针对宜昌经济总量与省域副中心城市定位还有较大差距，产业竞争力不够强；高新技术产业、服务业发展不够等现状，宜昌市正以质量效益为中心，积极探索具有中国特色、宜昌特点的新型工业化道路，坚持开放先导，加快承接国际国内产业转移，积极招商引资。为了成功地承接国际国内产业转移，宜昌必须努力打造高效的承接平台，切实加强开发区园区建设，

大力改善基础设施，营造环境比较优势；加强园区道路、供水、供电、污水处理、通信等配套设施建设，切实为市场主体降低投资成本，提高投资效益，充分发挥投资在经济增长中的乘数效应。

2008年11月2日，中国（宜昌）三峡物流中心建设高层论坛在宜昌成功举行，全国政协副主席郑万通等国家和省市政府领导以及与会专家何伟军教授等对建设中国（宜昌）三峡物流中心的战略意义给予了充分的肯定，长江是我国交通运输的黄金水道，宜昌地处长江流域的重要位置，当前畅通三峡物流通道，推动长江物流提速刻不容缓，为宜昌争取国家项目，加大基础设施投资提供了难得的发展机会。但是，城市经济的繁荣发展仅仅有基础设施等硬环境条件是远远不够的，还必须锲而不舍地抓好软环境建设，着力营造出公平公正的政策环境、规范严明的法制环境、务实高效的服务环境和诚实守信的信用环境。[①]

三　提升宜昌社会资本的途径与措施

（一）构建现代社会信用体系

政府信用建设。一是建立健全政府信用档案，完善政府机关及其公务员的信用记录和公示制度，定期对政府机关各部门的政策制定与执行情况进行评估，并在机关及公务员中逐步推行信用评级制度。二是建立行政行为失信惩罚制度，提高失信的处罚成本。要深化完善行政执法责任制，进一步健全考核评议制、错假冤案责任追究制，建立权责对等、职责统一的工作机制。三是建立政府信用工作投诉机制，有关政府信用工作的投诉受理，由监察机关和政府法制机构分工负责。各级监察机关要充分发挥作用，及时受理有关政府信用工作的投诉，严肃处理行政机关及公务员违反行政纪律、损害政府信用的行为。政府也应做到一诺千金，政策一经公布即完全兑现。

企业信用建设。建立企业信用评级制度体系，通过专业的中介组织或大专院校搜集企业的客观信息，对企业的财力、公司运作、发展潜力和公信力等进行调查和审核，凭借其独立立场和专业素养，对企业进行考核，进而建立完备且可信的数据库，并用通俗易懂的语言公布其评价结果，展现给社会

---

① 何伟军，2008，《欠发达地区难以触发产业集群的系统动力学模型与约束性条件分析》，《三峡大学学报》（人文社科版）第3期。

大众，为市场参与主体的决策提供客观的依据；通过网络、报纸等大众传媒定期公布所属企业的信用状况，及时披露其不良行为，为社会提供公正、真实、透明的信息；同时要让市场相信评级机构的评级报告和公示制度真正不受任何机构或个人的约束，因此这些中介组织需要提高自身的业务素养和强化职业操守，以确保中介组织的独立性和公正性。政府要明确自己的定位，主要是弥补市场的失灵，要防止以市场化为幌子进行垄断，攫取社会财富。政府为规范信用中介机构的职业操守，可制定相应的行规和法规。

个人信用建设。 建立社会征信体系，采取政府推动和市场运作相结合的个人征信体系建设思路，大力扶植并监督信用中介服务行业的发展，使中介机构能够合法地获取企业或个人资信、信用的有关数据资料，并建立科学严谨的评价指标体系。将公民个人信用体系建设与金融机构有机结合，公正客观的信用记录直接用于银行决定是否贷款给个人的重要参考，提高个人不守诚信的代价。

（二）完善社会规范

加强公民道德教育。以正面教育为主，积极引导，要根据宜昌社会发展和现代化的要求，更加重视人的主体要求，坚持以人为本，更加注重受教育者积极性和主动性的发挥，比如树立榜样，好的榜样对人的道德水平有提升作用。而且，道德教育应该贯穿到社会的方方面面。一是家庭教育，家庭是公民道德教育的起点，通过每个成员良好的言行举止，相互影响，共同提高，形成好的家风，家庭成员之间的影响甚大，尤其是父母对子女的影响深远。二是学校教育，学校是进行系统公民道德教育的重要阵地，当前，中学阶段因为应试压力，学校之间、班级之间、任课老师以及学生之间存在激烈的竞争，思想政治教育退居二线。大专院校虽然没有升学的压力，但是教学思路和手段还相当陈旧，课程很枯燥。学校教育要保持开放的心态，吸收人类社会发展的优秀成果，改进教学思路和方法；教师也要发挥为人师表的作用，以身作则，在学生心目中成为一个榜样。三是职业教育，必须抓好职业教育，要把遵守职业道德的情况作为考核、奖惩的重要指标，促使从业人员养成良好的职业习惯。

（三）加强参与网络建设

提供多样化的参与渠道。改变单一的公民参与模式，根据公共政策的性质、涉及范围、引起关注的程度等因素合理界定公民参与的范围，降低公民参与成本，扩大公民参与渠道，完善诉求表达机制，改变以往公民参与的被动局面。

充分发挥民间组织的作用。社区服务和民间组织在基层可以提供比政府和市场更快、更好、更有效的服务，有效地降低公民在利益表达过程中的信息损失，降低参与成本。社区服务和民间组织一方面可以通过学习使得公民更好地把握公民理念，感受社会责任，另一方面可以通过广泛调查充分了解社情民意，更好地关注、保护弱势群体利益，促进参与的有序性和稳定性，从而使得更广泛的公众参与到行政决策之中。

参考文献

何伟军，2008，《欠发达地区难以触发产业集群的系统动力学模型与约束性条件分析》，《三峡大学学报》（人文社科版）第 3 期。

湖北省统计局，2010，《2009 年湖北省国民经济和社会发展统计公报》，5 月 6 日，http：//cn. chinagate. cn/reports/2010－05/06/content_ 19984776_ 3. htm。

罗伯特·帕特南，2001，《使民主运转起来》，王列、赖海榕译，南昌：江西人民出版社。

彭智敏，2006，《我国省域副中心城市研究——以湖北宜昌市为例》，《学习与实践》第 4 期。

宜昌市统计局，2010，《2009 年宜昌市国民经济和社会发展统计公报》，3 月 5 日，http：//tieba. baidu. com/f？kz＝722911066。

作者简介

何伟军　男

所属博士后流动站：中央民族大学经济学院

合作导师：刘永佶

在站时间：2009. 11～2011. 11

现工作单位：三峡大学经济与管理学院

联系方式：weijunhe@ ctgu. edu. cn

"智慧城市"建设中的
"物联网"之道

卢　涛

摘　要：面对中国日益推进的城市化进程，以"物联网"为基础的"智慧城市"的建设是实现城市经济与自然环境更加和谐、可持续发展的必由之路。本文首先介绍了"物联网"和"智慧城市"的概念，总结出了"智能 + 互联 + 协同"等智慧城市的主要特征，分析了在"智慧城市"的建设中，"物联网"的最普遍结构体系和应用形式："感知层 + 网络层 + 应用层"；并在此基础之上调查分析了目前我国"物联网"发展和建设的现状，最后提出了针对我国"物联网"技术和产业发展战略的若干对策和建议。

关键词：智慧城市　物联网　发展现状　对策建议

一　引言

工业化与城市化是中国经济未来 20 年发展的两大主线。不仅在中国，对于全球而言也是如此。过去 30 年，世界上平均每年有 1% 的人口迁往城市；未来 15 年，将有 3 亿人口进入城市，100 万人以上的大城市将超过 221 座，将出现 8 座人口超过 1000 万的特大城市。中国大城市的数量将超过欧洲大城市的总和。2012 年前后，中国的城市人口将首次超越农村人口；未来 40 ~ 50 年内，中国城市人口总量将净增 6 亿；2013 年，中国将有 50% 的人口生活在城市；并且，这一进程还会持续 20～25 年；到 2040 年，我国城市化水平将达到 80%。这一前所未有的城市化进程，给城市的发展带来少有机遇的同时，也对城市规划和管理、社会稳定与安全、城市可持续发展等提出了严峻挑战。

在中国城市化进程持续深入的同时，世界和我们还面临着金融危机带来的前所未有的经济挑战：城市财政收入下降，城市生活成本与工作成本提高，绿色生态城市的呼声高涨，工业化与信息化融合的变革，创造工作岗位的压力，民生问题需要解决，城市运营与服务水平亟待提高。长期以来，城市管理的各个部门通过运用信息技术手段努力提升城市管理与服务的水平。但是，以职能划分为特征的城市信息化还处于自发零散、各自为战的局面，因而其实施的效果也相对有限，在面对城市产业转型、提升城市综合竞争力、实现城市可持续发展、推进政府服务升级等全局问题的解决上捉襟见肘，更无法适应未来城市迅猛扩张所带来的运营与服务需求。城市的管理者们迫切需要找到一种更具智慧的新方法，以更快、更好地实现从管理到服务，从治理到运营，从零碎分割的局部应用到协同一体的平台服务的三大跨越。

基于"物联网"的"智能＋互联＋协同"智慧城市理念的提出，是在已有"数字城市"建设的丰富实践基础上，进一步推进先进信息技术应用与全新城市运营理念的融合，从而推动城市规划建设上台阶，城市公共服务上水平，为创新城市运营模式提供的新方法、新思路。

以"物联网"为基础的"智慧城市"这一新思路的提出，不仅是对现存问题的小修小补，更是站在现代城市运营、"强市"持续发展的高度，对城市基础设施的前瞻布局，对先进技术和人才的战略投资，对更多服务型工作岗位、培育有竞争力的现代信息服务行业的创造，从而构建响应 21 世纪发展需求，实现城市经济与自然环境更加和谐、可持续发展的理想家园。

二　"物联网"与"智慧城市"

（一）什么是"物联网"

"物联网"（Internet of Things，简称 IOT），在技术上也叫传感网，是指通过射频识别（RFID）装置、红外感应器、全球定位系统、激光扫描器等信息传感设备，按约定的协议，把任何物品与互联网相连接，进行信息交换和通信，以实现智能化识别、定位、跟踪、监控和管理的一种网络。通俗来讲就是"物与物相连的互联网",可以实现物与物之间的智能连接,为未来家庭生活和办公提供便利。物联网被看作是全球信息产业继计算机、互联网之后的第三次革命性浪潮,有望在十年内大规模普及,发展成为全球下一个万亿元级规模的新兴产业之一。

针对新一轮的信息产业革命浪潮,2008年11月,IBM公司首席执行官彭明盛(Sam Palmisano)首次提出"智慧的地球"(Smarter Planet)这一概念,其战略核心就是"云计算(CC)+物联网(IOT)"的结合。2009年1月28日,刚上任的美国总统奥巴马在和工商领袖举行的圆桌会议上也对包括物联网在内的智慧型基础设施建设给予了积极回应。欧盟、日本和韩国则分别提出了"欧洲物联网行动计划"、"i-japan战略:2015"和"韩国物联网基础设施构建基本规划",这些都是从国家层面提出的重大信息产业发展战略。中国针对即将到来的物联网信息产业浪潮,提出了"感知中国"的发展战略。2009年8月7日,温家宝总理在考察"无锡物联网产业研究院"(原名中国科学院无锡高新微纳传感网工程技术研发中心)时,指示要加快物联网研究,把传感系统和3G中的TD技术结合起来,尽快建立"感知中国"中心。

(二)什么是"智慧城市"

在"智慧的地球"理念推动下,针对各个城市的"智能+互联+协同"的"智慧城市"概念的提出,使城市有机会通过利用新的"智能"解决方案和管理实践加快实现可持续繁荣,有助于加快城市的改进和变化,并为城市实现其战略目标提供新的视角。

"智慧城市"是指充分借助物联网、传感网,包括智能楼宇、智能家居、路网监控、智能医院、城市生命线管理、食品药品管理、票证管理、家庭护理、个人健康与数字生活等诸多领域,把握新一轮科技创新革命和信息产业浪潮的重大机遇,充分发挥信息通信(ICT)产业发达、RFID相关技术领先、电信业务及信息化基础设施优良等优势,通过建设ICT基础设施、认证、安全等平台和示范工程,加快产业关键技术攻关,构建城市发展的智慧环境,形成基于海量信息和智能过滤处理的新的生活、产业发展、社会管理等模式,面向未来构建全新的可持续发展的城市形态。

智慧城市,不是城市信息化、"数字城市"的简单升级。智慧城市是围绕城乡一体化发展、城市可持续发展、民生核心需求,将先进信息技术与先进的城市经营服务理念进行有效融合,通过对城市的地理、资源、环境、经济、社会等系统进行数字网络化管理,对城市基础设施、基础环境、生产生

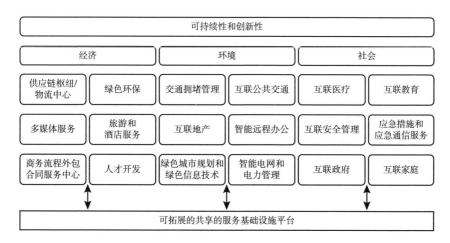

图 1　智慧城市，实现城市可持续发展

活相关产业和设施的多方位数字化、信息化的实时处理与利用，构建政府、企业、市民三大主体的交互、共享平台，为城市治理与运营提供更简捷、高效、灵活的决策支持与行动工具，为城市公共管理与服务提供更便捷、高效、灵活的创新应用与服务模式，从而推进现代城市运作更安全、更高效、更便捷、更绿色。

（三）"智慧城市"的特征

智慧城市通过发挥空间信息承载应用这一技术手段的巨大潜力，以精细化管理理念大幅提升现代化城市管理与服务水平，推进城乡一体化协调发展。通俗地讲，智慧城市就是"智能＋互联＋协同"，具体来说有如下几个主要特征。

1. 智能：更深入的智能化

遍布各处的传感器和智能设备组成"物联网"，对城市运行的核心系统进行测量、监控和分析。城市拥有海量的信息资源，通过分布在城市重要基础设施、城市公共环境中部署的传感系统、自动监测和监控设施的联网，以及分布在城市中各个角落的个人、组织、政府信息系统，实现城市海量信息与数据的实时收集与存储。构建如个人信息、法人信息、地理信息、统计信息城市基础数据库，以及如城市重大基础设施智能监测信息、治安与道路实时监测信息等城市应用数据库。这些数据库构成了现代城市精细化管理运营不可或缺的信息基础。

2. 互联：更全面的互联互通

"物联网"与互联网系统完全连接和融合，将数据整合为城市核心系统的运行全图，提供智慧的基础设施。通过城市高带宽的固定网络、无线网络、移动通信网络，各类运行维护及数据平台得以实时在线连接起来，从而可以帮助用户从全局的角度分析并实时解决问题，使得工作、任务通过多方协作、远程操作成为可能，彻底地改变城市管理与运作的方式。

3. 协同：更有效的交换共享，更协作的关联应用

通过管理体制的创新保障，构建身份认证、目录交换、结算清分、信用评估等技术平台的体系性建设，确立信息系统之间的层次性，从而促进分布在城市不同角落海量数据的流转、交换、共享、比对，为应用提供良好的协同工作环境。数据的交换共享将极大推动城市治理运营的良性循环。

表1　利用物联化、互联化和智能化使城市核心系统更具"智慧"的实例

系统	要素	物联	互联	智能
城市服务	● 公共服务管理 ● 当地政府管理	地方当局管理信息系统的创建	互联的服务交付	实时且联合的服务提供
市民	● 健康与教育 ● 公共安全 ● 政府服务	患者诊断与筛查设备	连接医生、医院和其他健康服务提供商	以患者为驱动的早期治疗
商业	● 商业环境 ● 管理负担	关于在线商业服务的数据收集	连接城市商业系统各利益相关方	为商业提供定制服务
交通	● 汽车、公路 ● 公共交通 ● 机场、海港	测量交通流量和通行费的使用	集成的交通、天气和旅行信息服务	公路收费
通信	● 宽带、无线 ● 电话、计算机	通过手机收集数据	连接手机、固定有线电话和宽带	为消费者提供个性化的城市服务信息
水	● 卫生 ● 净水供应 ● 海水	收集水质监控数据	连接供水企业、港口、能源用户	质量、洪旱灾响应
能源	● 油、气 ● 可再生能源 ● 核能	利用传感器收集能源系统中的使用量数据	连接能源消费者和提供商之间的装置和设备	优化系统的利用，并平衡不同时间的使用量

资料来源：IBM 商业价值研究院分析。

　　在互联互通网络，数据交换与共享基础上，以政府、城乡居民、企业的互动为核心构建公共管理与服务平台，可以为用户提供整合式的协同服务——政府协同办公、城市协同治理、面向城乡居民的协同式服务、面向企业的协同式管理等。

　　智慧城市这个由多重先进信息技术支撑，以政府、城乡居民、企业的互动为核心的新生态系统，通过智能化的物联网与互联网为城市管理与运营提供了整体规划与系统的解决方案，为城市管理与运营提供更智能、更高效，响应更及时、更灵活的决策支持系统与公共管理服务手段，从而实现城市更高的生活质量、更具竞争力的商务环境和更大的投资吸引力。

三　"智慧城市"中"物联网"的应用体系结构

　　现阶段，中国移动主推的M2M（"Machine to Machine"，即"机器到机器"）是在"智慧城市"建设中"物联网"的最普遍应用形式。"感知层""网络层""应用层"是中国移动对物联网的结构划分。物联网的应用有三个层次，一是传感网络，即以二维码、RFID、传感器、摄像头为主，实现"物"的识别；二是传输网络，即通过现有的互联网、广电网、通信网或者下一代互联网，实现数据的传输和计算；三是应用网络，即输入输出控制终端，包括手机、电脑等终端。物联网的体系架构如图2所示。

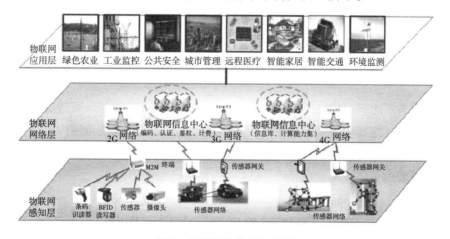

图2　物联网的体系架构图

　　资料来源：中国移动通信研究院：《全方位展开应用实践》，《世界通信》2009年第11期封面专题报道。

"感知层"解决的是人类世界和物理世界的数据获取问题。可进一步划分为两个子层，首先是通过传感器、数码相机等设备采集外部物理世界的数据，然后通过 RFID、条码、工业现场总线、蓝牙、红外等短距离传输技术传递数据。也可以只有数据的短距离传输这一层，特别是在仅传递物品的唯一识别码时。在实际上，这两个子层有时很难明确区分开。感知层所需要的关键技术包括检测技术、短距离有线和无线通信技术等。

"网络层"解决的是感知层所获得的数据在一定范围内，通常是长距离的传输问题。这些数据可以通过移动通信网、国际互联网、企业内部网、各类专网、小型局域网等网络传输。特别是当三网融合后，有线电视网也能承担物联网网络层的功能，有利于物联网的加快推进。网络层所需要的关键技术包括长距离有线和无线通信技术、网络技术等。

"应用层"解决的是信息处理和人机界面的问题。网络层传输而来的数据在这一层里进入各类信息系统进行处理，并通过各种设备与人进行交互。这一层也可按形态直观地划分为两个子层。一个是应用程序层，进行数据处理，它涵盖了国民经济和社会的每一领域，包括电力、医疗、银行、交通、环保、物流、工业、农业、城市管理、家居生活等，也包括支付、监控、安保、定位、盘点、预测等，可用于政府、企业、社会组织、家庭、个人等。这正是物联网作为深度信息化的重要体现。另一个是终端设备层，提供人机界面。物联网虽然是"物与物相连的网"，但最终是要以人为本的，最终还是需要人的操作与控制，不过这里的人机界面已远远超出现时人与计算机交互的概念，而是泛指与应用程序相连的各种设备与人的反馈。

在各层之间，信息不是单向传递的，可有交互、控制等，所传递的信息多种多样，这其中关键是物品的信息，包括在特定应用系统范围内能唯一标识物品的识别码和物品的静态与动态信息。此外，软件和集成电路技术都是各层所需的关键技术。

四　我国"物联网"的发展现状

目前，我国信息化进程尚未完成人与人广泛互联互通的阶段，离"物联网"的显著特征还具有比较长的距离。

（一）政府部门积极推动物联网发展

2009年8月，温家宝总理在考察无锡高新微纳传感网工程技术研发中心时指出，要积极创造条件，在无锡建立中国的传感网中心（"感知中国"中心），发展物联网；同年11月在首都科技界大会再次提出发展物联网。各部门、各地区积极响应，纷纷出台各项举措，推动物联网发展。《国家中长期科学与技术发展规划（2006～2020年）》和"新一代宽带移动无线通信网"重大专项中均将传感网列入重点研究领域。工业和信息化部开展物联网的调研，将从技术研发、标准制定、推进市场应用、加强产业协作四个方面支持物联网发展。无锡市大力建设国家传感网创新示范区（国家传感信息中心），在物联网人才引进、资金、税收、土地等方面对相关企业进行大力支持，吸引了中科院、清华大学、北京邮电大学、中国移动、中国联通、中国电信等企事业单位在无锡设立机构。北京着手启动物联网的规划工作，市经济和信息化委员会与中关村管委会成立中关村物联网产业联盟。其他地区也从制定规划、设立相应机构等方面着手推动物联网的发展。

（二）国内形成了RFID、M2M、传感网等丰富的物联网应用

虽然物联网的概念在我国最近才得到广泛关注，但物联网的应用很早就在我国得到开展，目前主要以RFID、M2M、传感网三种形态为主。在RFID方面，2009年中国RFID产业市场规模达110亿元，相比2008年增长36.8%，已用于物流、城市交通、工业生产、食品追溯、移动支付等领域，特别是随着3G网络开始运营，各运营商推出了移动支付方式，如中国移动于11月宣布采用RFID技术的SIM卡，在星巴克和上海世博园园区内可以通过手机终端刷卡消费。在M2M方面，电信运营商积极开展M2M应用。如中国移动从2004年开始发展M2M业务，2008年M2M终端数量发展了229万部，目前已超过300万部，预计未来年增长率将超过60%，在智能楼宇、路灯监控等方面得到广泛应用。国内在传感器网络方面则处于发展的初级阶段，基本上还是依托于科研项目、科研成果的示范，使用的协议也还是专用协议。

（三）全社会对物联网的内涵尚未达成共识

虽然物联网受到全社会的普遍关注，但目前全社会对"物联网"的概念和技术架构缺乏统一的清晰描述，对它的内涵尚未达成共识。有的认为物联网就是传感网；有的认为物联网必然与RFID相关；有的认为EPC网络就

是物联网；有的认为物联网不是网络，而是应用；还有的认为物联网太过遥远，只是一个概念。笔者提出以下观点：物联网广义上是深度信息化，狭义上是此深度信息化的承载网络，这其中的"深度"体现在与当前信息化的三大显著不同特征上。这仅是一家之言，还需要与业内人士共同探讨，不断发展完善。

（四）编码方式落后，统一的编码体系尚未形成

在物联网系统中，唯一识别码是非常重要的关键点。不过，我国的物品编码建设还需要不断加强。一方面，我国各企事业单位的编码方式较为落后，体现在设计编码较为随意，没有考虑到编码的科学性、可扩展性、兼容性等；另一方面，我国很多领域还未形成统一的编码方案，已形成统一编码方案的领域也处于宣传和推广阶段，各行业、各单位编码呈现各自为战的局面，多数编码体系不仅跨行业无法使用，就是在本行业内不同企业间都无法通用。

（五）数据采集信息化水平低

物联网发展的关键因素之一是数据采集技术的突破和融合应用，但是在数据采集领域，我国的信息化水平还很低，体现在以下方面。

第一，很多场合的数据采集还是通过人工观察得来，传感器、仪器仪表等设备远未达到无所不在的普及程度。

第二，现有的数据采集设施很多还是传统的机械式、电气式设备，还未改造成电子化设备，设备的智能化水平较低，如我国的智能仪器仪表还很少。

第三，很多数据采集设施还需要人的直接操作，如零售业广泛采用的是需要售货员操作的激光条码扫描器等。

第四，数据采集设施多数还是孤立运行的，所采集的数据直接提供给人工查看、处理，或者进一步由人工录入信息系统，并未与信息系统直接互联互通并进行处理，从而无法给人类提供更大的便利和作用。

（六）标准化进程有待推进，其中传感网标准建设开始起步

物联网所联通的物品多种多样，所采用的通信方式也很多，要实现广泛的互联互通，特别需要有统一、规范的标准，包括通信协议、程序接口等。目前，不仅在国内，而且在全球，物联网所涉及的很多领域都尚未建立统一的标准，如短距离通信技术协议众多，包括蓝牙、Wifi、红外数据传输、ZigBee等。物联网中如何有效整合各种协议或进行有效兼容，尚未取得一致

意见。在众多领域中，我国传感网标准建设开始起步。全国信息技术标准化技术委员会组建了传感器网络标准工作组，积极开展传感网标准制定工作，并争取国际标准的主导权。自 2007 年 ISO/IECJTC1 成立传感器网络研究组（SGSN）以来，全国信息技术标准化技术委员会先后四次组织国内的专家参加 SGSN 工作会议，并承办了 SGSN 的第一次会议。2009 年 9 月，传感器网络标准工作组通过中国国家成员体向 ISO/IEC JTC1 提交了关于传感网信息处理服务和接口的国际标准提案。

（七）信息产业大而不强

作为信息化的进一步推进阶段，物联网的发展仍然有赖于信息产业的自主创新发展，但我国信息产业"大而不强"，自主创新能力较弱。首先，我国的信息产业处于世界产业链的低端。我国信息产业的高速增长，是建立在外资大规模进入、三资企业在产业发展中占据主导地位的基础之上的，本土企业主要从事技术含量和附加值较低的产品加工制造。其次，核心技术和关键装备主要依赖进口。集成电路设计总体水平不高，真正根植于中国的大规模集成电路制造体系尚未形成；核心材料及设备等行业仍处于起步阶段；基础软件严重依靠国外企业。最后，本土企业竞争力与跨国公司相比仍有较大的差距，具有国际竞争力的企业或企业集团很少。

五　我国物联网的研究与发展战略的若干建议

虽然国外发达国家关于物联网的研究才刚刚起步，而我国的物联网研究和开发与国外发达国家基本上是同时开始的，但是，我国物联网产业基础薄弱，目前市场化水平较低，现阶段物联网产业的发展中仍然存在不少障碍，如产业内部结构不合理，缺乏关键性核心技术和标准，技术创新能力不强，缺少物联网高端人才等。借鉴美欧日韩等国制定的物联网产业发展战略计划，并结合我国物联网产业发展的实际情况和面临的机遇与挑战，我们从中得到如下启示。

（一）加大对物联网研发（R&D）的投入，高度重视参与物联网国际标准的制定，加快物联网核心技术的研发和创新

美、欧、日、韩等国的物联网发展战略都强调研发投入。物联网具有多种新技术交叉衍生融合创新的特性，它不同于以往电信网络、计算机网络等

产业的特点和发展路径，持续的创新和新技术的不断涌现与融合应用是物联网产生和发展的源动力。研究与开发（R&D）投入是物联网产业快速发展的关键因素，我国在制定物联网产业发展战略和政策时，也应该以推动核心技术发展、抢占产业制高点为要务。我国在物联网产业的核心技术及其研发方面还与世界水平有较大差距，在技术研发上加大投入应该是目前亟待解决的一个问题。根据我国物联网产业发展现状，有选择地发展核心技术，在某些领域实现技术领先是可能的，即从本国实际出发、结合自身优势、突出特色、重点突破。

物联网产业是新兴的朝阳产业，具有高投入、高风险、高收益性的特点，发展物联网产业需要大量的资金支持。物联网关键技术和标准的研发投入不仅需要政府的推动，更需要企业的共同努力。因为从美欧日韩等国的物联网发展战略来看，政府对物联网产业研发投入是对产业界的补充，而不是代替产业界，企业是物联网产业研发和产业化的主体。所以，增强我国物联网产业的研发实力，一方面要靠增加政府的财政投入，同时借鉴国外税收支出的经验注意采用间接的减免税来推动物联网的研发与产业化，注重向重点企业和关键技术倾斜以优化财力支持的结构。另一方面是要深化科技体制改革，培育企业在技术开发中的主体地位，增强企业在政府税收、信贷、产业政策引导下自主研发及对引进技术消化创新的积极性。另外，要加紧建立健全新兴产业风险投资机制，完善资本市场对物联网产业发展的支持作用，鼓励风险资本在物联网产业的投资。

（二）以我国现有的创新产业示范科技园区为基础，建设一批国家物联网产业基地

美国重视走产学研合作的道路，建立科技园区，从体制上加强大学、科研机构和产业界的合作。自硅谷崛起以来，科技园的发展已成为当代经济、科技和社会发展的强大动力。美国成功的科技园无疑都是以著名的研究性大学为依托，利用大学的科研与人才优势创建高科技园区，发挥高新技术的辐射作用。美国四所一流的研究性大学——斯坦福大学、加州大学伯克利分校、哈佛大学、麻省理工学院，它们的"产—学—研"合作中心是较为成功的范例。前两者在硅谷的发展中功不可没，后两者则是美国128公路地区高新技术产业发展的重要技术支撑。因此，我国应该依托已经形成的各地创新产业示范科技园区，进一步扩大物联网产业的总量规模，遵循电子信息产业区域聚集的发展规律，注重物联网产业发展综合环境和配套体系的建设，使我国成为世界性的物联网产业制造基地。同时，通过以点带面的基地战略实现全国物联网产业的优化布局和技术结构的升级。

（三）坚持产用结合，以抓"专项"的思路进一步促进物联网的核心技术和重点产品的发展

在我国信息产业的发展历程中，利用"专项工程"的方式抓重大核心技术和重点产品的发展都取得了巨大成功。例如，我国的"彩电国产化专项""汉字激光照排系统专项""大型数字程控交换机专项"等一系列重大专项工程的成功实施，使我国信息产业在发展过程中不断取得新的突破，为国家经济建设和社会发展也做出了巨大贡献。例如，在近几年实施的"移动通信专项"工程中，国家三年内只投入6.5亿元启动资金，却为企业新增50多亿元销售收入，为国家新增200多亿元利税，国产手机份额从0跃升到30%，催生了数家较有实力的国内手机厂商，使得国内电信设备采购成本降低了30%以上，带动12家跨国公司在华设立移动通信研发中心，这是非常成功的经验。国家应继续采取"专项工程"的方式，将纳米技术、智能嵌入技术、无线传感技术等物联网的关键核心技术列为优先发展的重点，并在政策和资金上给予重点扶持。

（四）重视物联网技术研究开发高级人才的培养

物联网产业是新兴的高新技术产业，对高技术研发人才的依赖程度大，从移动通信领域最近毕业的博士、硕士学位论文选题来看，我国物联网产业方面的高端技术研发人才十分匮乏，而且现有人力资源可开发与利用的环境也不理想。一是高端科技人才开展科学研究和科研开发所需要的资金、设备、场地等条件不充足，相关激励政策不到位；二是没有建立产学研结合和技术成果转化为生产力的有效机制。

首先，应从高等教育抓起，在高校中增设和物联网技术与应用、物联网工程等相关的专业，培养更多的物联网研发和应用的高层次人才。我国教育经费投入虽然已有很大的提高，但还是严重不足，而且现行的教育制度主要是应试教育，难以培养出创新型人才。所以，政府应该加大教育经费的投入，改革教育体制，大力培养创新型人才。而对于现有的物联网研发人员，要加强培训，不断拓宽其研究领域，改善其知识结构。要重视产学研的合作，建立合理的相关机制，形成科研院所和创新企业间人才与资金的良性循环，有效地在第一时间把科学技术转化成生产力。

其次，要建立有效的人才激励机制。目前，我国高科技人才的流失现象非常严重，对科技人员利用效率也不高。为了改善这种状况，我们必须建立一整套完善的高科技人才引进、培养、使用、评价和激励机制。加大对有突出贡献人才的奖励力度，鼓励科技人员以成果、专利入股，把企业技术创新的风险同经营者和职工的利益挂钩，充分调动和激发科研人员的智慧与创新潜力。同时，还应创造条件吸引海外留学人员归国工作，使他们更好地发挥自己的聪明才智，为发展物联网产业做出应有的贡献。

参考文献

Dirks，Susanne，Mary Keeling & Jacob Dencik，2010，《IBM 商业价值研究院：您的城市到底有多智慧?》，http：//www － 935. ibm. com/services/cn/bcs/iibv/industry/government/smart_ city. html。

刘海涛，2009，《物联网"推高"第三次信息浪潮》，《中国电子报》12 月 11 日第 3 版。

彭明盛，2009，《智慧的地球》，《人民日报》7 月 24 日第 A9 版。

钱大群，2009，《建设智慧的地球》，《互联网周刊》第 1 期。

王建宙，2009，《从互联网到"物联网"》，《人民日报》8 月 24 日，第 A12 版。

——，2009，《"物联网"将成为经济发展的又一驱动器》，《IT 时代周刊》第 10 期。

徐晓兰，2010，《物联网产业发展需要突破六大瓶颈》，《物联网世界》第 2 期。

姚传富，2009，《科学准确地认识物联网——访南京邮电大学校长杨震教授》，《人民邮电》12 月 10 日第 5 版。

Chen － Ritzo，C － H，C. Harrison，J. Paraszczak&F. Parr，2009，"Instrumenting the Planet. " *IBM Journal of Research & Development* 53（3）.

ITU2005，Internet Reports：The Internet of Things. http：//www. docin. com/p － 293689093. html.

作者简介

卢涛　男

所属博士后流动站：中国科学院大学管理学院

合作导师：周即中

在站时间：2009.06 ~ 2011.06

现工作单位：中国科学院大学管理学院

联系方式：lutao@ gucas. ac. cn

后单位社会棚户区改造及其居民利益保护的国家责任[*]

赵定东

摘　要： 以棚户区改造为主要表现形式的民生工程建设构筑了中国后单位社会国家责任的外在表现形式，构成了民生工程研究的"中国寓意"。棚户区居民的社会地位底层化是后单位社会民众利益寻求国家保护的社会基础。单位社会中政府对社会空间的长期高度控制、民众的单位依赖心理长期浸淫和资源国家独控等赋予国家提供保护的责任。后单位社会国家保护动力、能力、合力和激励功能表现为以政府的公共权威和高强的社会资源动员及支配能力完成国家保护以完善社会整合机制。

关键词： 地位底层化　后单位社会　国家保护　辽宁棚户区

　　中国在 30 年的改革过程中，国家与社会的关系是不断变化的，其中一个最明显的变化就是由总体性的国家形态分化出一个具有相对独立性和自主性的社会空间，也正由此，"国家—社会"关系的讨论一直在社会科学的话语空间中占据着显要位置，该理论范式也被众多国内外学者用以解读改革开放以来中国社会变迁的本质和过程，其采取的观看方式是所谓的"社会中心论"，即讨论的主轴为"独立于国家的社会"的发育及成长（王汉生，2008）。对此有论者指出，20 世纪 90 年代，当学界试图运用"国家—社会"

---

　　* 中国博士后科学基金资助项目（20080430522）成果。

二元分析架构努力寻找市民社会在中国的萌生之时，实则有意无意地遮蔽了"国家—社会"的另一维度——国家（徐勇，2006）。因为在实践层面，作为改革主导者的国家并没有消退，当下以民生建设为主的社会建设亦是由国家推动而非社会自生自发的。中国社会的一个最重要的特征是"政府主导型社会"。政府的主导功能不仅表现在计划经济时代，到了改革开放以后，政府的作用仍然是最重要的。政府主导型社会的特征，是理解中国的一条主要脉络。

由于我国特殊的转型背景和要求，学界的讨论着重强调转变政府职能、发挥市场配置资源的基础性作用，这无疑是正确的。但是偏重于强调"放开"和"退出"的方面，而对于市场经济体制下，后单位社会政府职能应该加强的方面，如对于社会弱势群体等普通民众利益保护方面应该承担的更大责任没有足够重视，引发了国家在公共资源投入和实际工作安排方面相对削弱的结果。本文试图以辽宁省棚户区改造事实为个案探讨后单位社会"单位人"国家保护的机制问题。

一 学界的研究与研究问题的提出

按照我国政府有关文件的规定，城市棚户区的标准主要有三条：一是主要以木板、土坯、240mm厚砖墙为承重结构，以油毡或石棉瓦为屋面材料的简易房屋和棚厦房屋；二是低洼易涝、基础设施配套不齐的小平房；三是按建设部《房屋等级评定标准》和《危险房屋鉴定标准》被评定为严重损坏房、危险房的房屋。棚户房建筑面积在5万平方米以上的为棚户区。棚户区房屋的共同特点是结构简陋或者老化、抗灾性差，拥挤、功能设施不完善、居住环境差。棚户区的特殊性，引发了国内外学界的广泛关注，在研究的过程中，由于中外研究者知识背景、研究立场等方面的不同，体现出不同的研究初衷与理论抱负。

目前国外学界的"棚户区"研究主要集中在贫民窟、城市边缘、城市更新、社区发展和都市村庄等方面，体现出自下而上的研究视角。如 Vinit Mukhiija 通过孟买贫民窟改造案例研究发现，与传统上仅关注私有产权相反，贫民窟升级政策必须基于一种面向不同所有权的视野，政策必须考虑产权价值、不动产权的物质属性以及所有权、产权价值和物质属性之间的相互影响；Yok-Shiu 等以曼谷为研究个案发现，贫民窟改造需要外部的中介机构在活跃社区内部资源和获得外界投入方面向社区提供支持；旧城更新理论方面出现了诸如厄斯金的倡导性规划、布兰奇的连续性规划、索伦森的公共选择规划和塞杰的联络性规划等观点，这些理论的着力点差异明显，但都反对大规模的激进式改造，更多地关注人与环境的平衡关系，强调规划上的公共参与。城市边缘研究在西方自 1936 年德国 Louis 教授开始以来，经历了 20 世纪 50年代 Quee 和 Thomas 教授的推进，目前的研究内容扩展到了包括城乡边缘区的地域结构特征、郊区特性、城乡连续统一体、城郊农工综合体、城乡边缘区的城市化阶段与地域空间配置等方面（孙霞，2007）。

　　国内学界对棚户区研究始于 20 世纪 90 年代以后，其研究范围主要集中在南方市场发达地区的旧城改造、城中村改造和传统街区的保护更新等方面。研究方法既有理论性的逻辑思辨，也有基于调查的实证分析。学科范围包含了诸如社会学、经济学、地理学、政治学、建筑学等方面，体现出自上而下的研究视角。总的来看，在旧城改造方面，学界的共同观点是强调改造的渐进性、开放性、多元性，强化政府的调控作用；城中村改造方面大多与城市化及大都市建设紧密相关，注重村落的社会层面与本土资源（蓝宇蕴，2005）、经济运行的社会规则（李培林，2002）及城市化过程中的农民命运（李俊夫、孟昊，2004）；传统街区的保护更新方面主要是强化政府在资金、人口疏散、新城区规划等方面的政策保护功能。

　　对于棚户区的研究目前仅限于上海地区。如 2005 年，陈映芳在《棚户区——记忆中的生活史》一书中对 20 世纪 80 年代以前上海市棚户区改造历程的梳理，讨论在社会主义实践过程中城市的空间结构、城市改造计划以及住宅政策对于贫民区居民生活的影响。其具体围绕以下两个问题：一是1949 年以后的"棚户区改造"是在什么样的城市空间结构及城市政策中发生的；二是在 20 世纪 80 年代城市大开发开始之前的 30 多年中，棚户区的改造模式及其城市的住宅政策，对于棚户区的居民而言，意味着什么；并指出了中心与边缘的城市空间结构。谈到社会主义实践的棚户区改造时，作者认为主要表现为政治的需要和财政的限制，最后是关注作为社会底层的棚户区居民研究（陈映芳，2005）。有人对上海市棚户区代际流动问题进行研究，发现棚户区中向上流动的水平远远低于上海市和全国的一般水平，而向下流动率很高，远远高于上海市和全国居民的一般水平，并从结构性和非结构性两方面分析了上海市 C 村居民的流动情况（江建军，2004）。有研究者通过对上海市 C 棚户区具体日常生活进行直接观察，描写了本地居民的日常生活，以及与外来者之间的冲突与裂变、矛盾与融合过程。通过对本地居民日常生活的叙述，作者直观地展示出他们日常生活的变化，特别是大量外来者进入之后，本地居民的日常生活是如何得以消解与重构的（赵晔琴，2005）。有研究者以空间视角进入棚户区研究，从城市更新与空间变迁双重维度展开，注重阶段分析与空间分析相结合、历史分析与逻辑分析相结合、整体分析与区域分析相结合，在深刻分析城市贫困理论与城市居住空间理论的基础上，围绕棚户区的空间变迁及其影响因素等相关问题，从新中国成立以前、新中国成立初期、改革开放以后三个阶段展开棚户区研究（孟眉君，2006）。有研究者从社会支持视角对上海市棚户区外来人口进行研究，一是分析棚户区外来人口实际的社会支持体系的基本结构和特征，并以此来透视当代社会的结构性特征。二是通过分析社会支持体系的实际运作过程，探讨社会支持获得的影响因素和相关策略，以及通过社会支持对棚户区外来人口生存和发展功效的考察来验证是否存在一种贫困文化。通过上述两个方面的分析，作者提出棚户区外来人口通过寻求社会支持改善自身境遇的建议和意见（吴义平，2007）。

　　国内外学界的研究无疑为本课题的进一步推进奠定了坚实的基础，但也应看到，过于重视对策性的应用研究事实上是忽视了棚户区改造的"中国寓意"，即和谐社会构建下中国后单位社会特殊的政府与社会关系，特别是缺乏结构与机制的社会学分析，导致了棚户区改造的时空内涵研究缺失，进而导致了"底层社会"研究的扁平化走向。同时在研究范围上过多注重了南方市场活跃社会，忽视了北方的单位社会。

　　由于东北的棚户区有着与南方地区迥然不同的形成历史和体制背景，因此本文重点解析后单位社会棚户区居民住房获得的国家保护机制。所谓"后单位社会"，作为学术话语是相对于单位社会而言的，但它不是单位社会的后续，也不是单位社会终结后的自然延续过程，因此它不只是一个时间概念。它是一种新的社会类型，相对于单位社会，它至少有三个方面的特征：第一，市场经济的运作规则逐渐成为社会关系的协调机制。市场经济是建立在个人独立、自主精神充分发挥之上的，强调市场活动的主体都是平等的，并通过公平竞争去获得各种资源。而在单位社会下，企业生活中存在着一种依赖（附）性的结构：企业承担了定量分配大批日常必需品和消费品的行政功能，它是满足工人各方面需求的主要来源，而外部选择的机会则越来越小（华尔德，1996：84）。于是，个人利益和需求的满足，很大程度上有赖于单位组织（李路路、李汉林，2004：48）。第二，单位组织不可能再像计划经济时期那样成为一个诸多功能的复合体，更不可能成为人们生活的中心，相反，大量的社会职能将被从企业中剥离出来，将职工的社会生活从单位之中分离开来，使之回归到社会。同时，单位组织将企业从社会功能的束缚中解脱出来，使之成为一个"纯粹"的经济实体。第三，随着单位制的逐渐消解，在社会生活中迥异于单位社会的另一种社会生活形态正在孕育和形成，即以社会或社区为主要生活场域的时代来临。而与此相关的是整个社会的发展方式和发展逻辑也会发生根本性的改变。

在此认识基础上，本文重点探讨两个问题：其一，在全面市场化的今天，政府何以自主投入如此大的资金而非采用市场化的方式来进行棚户区改造，政府扮演改造主体角色的逻辑何在？其二，棚户区改造是社会主义的传统再现还是现代区域社会发展模式的另一种体现？是传统单位制的惯性作用还是一种新的社会发展机制？

二　东北棚户区的形成、改造历程及居民生活状况

东北老工业基地社会目前最具有代表性的民生工程当指东北的棚户区改造工程。本文主要以辽宁省抚顺市棚户区改造个案为分析基点。

抚顺市拥有辽宁省最大的棚户区，抚顺市棚户区从形成、分布到类型结构，在东北老工业基地城市中都具有历史的代表性、现实的典型性和社会因素的复杂性的特点，既有矿区类，又有城区类；既有市区棚户区，又有城乡接合部棚户区；既有产业工人集聚区，又有社会闲散人员混聚区，基本涵盖了老工业基地城市棚户区的各种表现形式。

1901年，抚顺煤矿正式开采，棚户区就是伴随着煤炭开采出现的。特别是"九一八"事变后，日本侵略者对抚顺的煤炭资源进行了掠夺式开采，并大肆奴役劳工，在煤矿周围建成了极其简陋的劳工房，这就是棚户区的雏形。解放初期为了支援新中国建设，抚顺的采煤规模进一步扩大，工人剧增，按照"先生产后生活"的原则抚顺陆续建设了大量的简易工房。后来，随着矿区人口的不断增加，居民又贴近主房搭建起更为简易的房棚（百姓称为"偏厦子"），由此衍生出成片的棚户区。截至2004年底，该市有各类棚户区55片，房屋建筑面积229.56万平方米，共有居民7.04万户、23.78万人（占城市人口的1/6），其中低保户3.36万户、人口11.34万人。

抚顺市棚户区具有以下明显特征（傅波，2008：7、8、12）：一是煤矿棚户区所占比重大。全市55片棚户区中有32片是煤矿棚户区，房屋建筑面积165.2万平方米（占全市棚户区总面积的72%），居住户数5.42万户、人口18.9万人（占全市棚户区居住人口的79.5%），其中低保户2.74万

户、人口 9.25 万人。二是房龄长、房屋陈旧、险房危房多。抚顺棚户区房屋大多年久失修，建筑年限大都超过 50 年，墙体普遍开裂，地底下沉，室内阴暗潮湿，夏季常漏雨，冬季难御寒，每年有近 2% 的房屋倒塌，亟须改造。三是人口数量多，人均面积极小。抚顺城市人口 6 个人中就有 1 个生活在棚户区，棚户区人均建筑面积 8 平方米，居住面积仅有 3.6 平方米，远远低于全省人均建筑面积 21.12 平方米，人均居住面积 9.6 平方米的水平。四是基础配套设施缺乏，生活环境恶劣。棚户区内缺乏基本的基础设施，街巷全部为土路，晴天尘土飞扬，雨天道路泥泞。棚户区居民吃水难、排水难、行路难和如厕难的问题非常突出，98% 以上的房屋没有排水设施，6 万人饮用工业水，所有的棚户区中只有 47 座旱厕，平均 790 户共用一座。五是大多不具备市场化运作的条件。棚户区大多数远离市中心区，93% 的土地级只属于六、七级，附加值极低，出让价格仅为 20～50 元/平方米，且在短时间内很难出让并实现收益。此外，棚户区所处地区的商品房实际售价约为 600元/平方米，远低于抚顺地区 1080 元/平方米的建筑成本，因而根本无法通过市场化运作的方式实施改造。六是形成了较为庞大且集中的弱势群体。主要表现为"三多三少"：下岗职工多，能就业的少，平均每 10 户家庭中仅有 1.34 人在岗工作，绝大多数靠打零工或做小生意维持生计；低保户多，有独立生存能力的少，低保户 3.36 万户、11.34 万人，占居民总户数的47.65%；因生活困难离婚的多，家庭稳定的少。另外还有各类残疾人 2500余人。棚户区居民每月人均收入仅 188 元，仅够维持基本生活。

就棚户区居民社会生活状况而言，主要表现为四点：一是煤矿城市转型过程中产生了贫困阶层。抚顺市矿区及其所属企业曾经承载了包括职工家属在内万人的生计，占同期城市人口的 1/3。到 2003 年底，矿区低保人数有7.5 万人，占全市享受低保人数的 46%。棚户区低保人数 11.34 万人，占棚户区居住人口的 47.68%，占全市享受低保人数的 69.2%（傅波，2008：13）。二是居民呈现贫困集聚和代际传递的特点。据统计，抚顺市棚户区有25.9% 的住户是三代或三代以上同堂。据对棚户区内抚矿集团 100 户集体职工家庭进行的随机调查，有 14 户因无力缴费而子女辍学，子女待业的占46%，临时工的占 27%，外出临时打工的占 20%。数据显示，大专以上文化程度的仅占 5.33%，家庭收入在 500 元以下的占 75.5%（傅波，2008：14）。三是社会生活严重脱离社会大环境。由于地域偏僻，基础设施严重落后和缺乏，社会治安状况不好，很难吸引外来投资，地区经济社会发展长期滞后于社会整体发展水平。四是低就业率下形成庞大的就业弱势群体。抚顺

市棚户区居民占城市人口的比重大，近 17%，绝对数也高，多数家庭为
"零就业家庭"。2004 年抚顺市城市平均每户家庭就业人口为 1.46 人。棚户
区中平均每 10 户家庭仅有 1.34 人在岗，在岗人数占棚户区总人口的 3.6%，
相当于城市就业人口的近 1/11（傅波，2008：15）。

从 1987 年开始，抚顺市就率先开始改造棚户区，近 20 年的时间里，全
市改造了 70 多万平方米。面对棚户区改造历史欠账，辽宁省委、省政府提
出了"省委常委包市，市领导包片，党员干部包户"的要求，采取政府主
导与市场化运作相结合的办法投入了改造资金 187 亿元，其中辽宁省筹集
30 亿元资金下拨各市，剩下 100 多亿元资金缺口，通过政府补贴、银行贷
款、居民个人出资、土地出让金减免、税费减免、腾空土地转让、商业用地
开发等途径解决。

2005 年 2 月 23 日，当时的辽宁省省长张文岳在《政府工作报告》中提
出："用两至三年的时间基本完成 800 万平方米城市集中连片的棚户区改造
任务。"覆盖全省惠及百万群众的"1 号民心工程"由此拉开帷幕。在抚顺、
本溪、阜新、铁岭等市，棚户区改造成了"头号民生工程"。目前主要采用
三种改造模式，即抚顺、本溪、阜新、朝阳等改造任务较重的市，由于棚户
区大都地处城市边缘和矿区周围，开发商不愿干也不敢干，基本上由政府操
盘改造；丹东、锦州、营口、辽阳、盘锦和葫芦岛市，则采取招标、拍卖和
挂牌的方式出让土地，开发商业用房，吸引社会资金；沈阳、大连、鞍山 3
个市，自行筹集资金改造。但无论哪个市，市场化不足以解决资金的，一律
由政府兜底。

整个改造过程由于政府的强有力干预而变得十分顺利。2005 年 10 月
底，全省就已拆除集中连片棚户区 583 万平方米，完成全年计划改造总量的
68.75%，而至 2006 年 12 月，全省 14 个市共改造城市集中连片棚户区 1212
万平方米，改善了 34.5 万户、120 万人的住房条件，提前一年超额完成任
务。改造结果是明显的：一是增加了棚户区居民居住面积。棚户区居民原来
人均住房建筑面积只有 10.03 平方米，比全省平均水平少 11.94 平方米。通
过棚户区改造，棚户区居民人均住房建筑面积达到 18 平方米，与全省平均
水平 22.6 平方米的差距明显缩小，矿区与城市中心区的人均住房面积差距
也相应缩小。二是缩小了生活差距。棚户区居民从没有基础设施的棚户区，
搬进了设施齐全的新区，一些棚户区居民回迁小区的环境比商品房还要好，
缩小了城市不同群体之间的住房差距与生活差距。三是结合棚户区改造，各
市筹措资金 25.6 亿元，用于城市基础设施和公共服务配套设施建设，新增

道路面积197.5万平方米，铺设供水管线381公里、排水管线570公里、煤气管线262公里，新建学校25所，进一步完善了城市功能。四是使城市土地成倍升值。两年来，全省14个市棚户区改造共投入建设资金上百亿元，有力地拉动了全省建筑业、建材业、交通运输业等相关产业的发展，而且通过棚户区改造，政府对土地进行了整合，腾出了部分土地，用于建设创业基地、工业园区等。

三　单位社会中的责任主体与东北棚户区改造

单位社会作为1949年之后到改革前中国社会的一种特殊表现形态，其利益格局具有一些特定的内容，进而表现出特殊的责任主体。在1949年之后的计划经济下，国家集中财力、物力和人力，在短期内恢复了战争中遭到破坏的区域，重点投资建成一批带动整个经济发展的大型企业，通过指令性计划有效地保证了社会生产和人民生活的基本需要。所以在新中国成立初期，东北单位社会的快速形成，虽然跟伪满时期的工业积累及其地理环境、自然资源、地区社会组织力有一定关系，但在很大程度上还是国家财力、物力、人力等资源配置、政策导向的结果。国家把全部力量集中到东北，使东北不得不快速走上单位制的道路。由于单位内群体同质性强，互动频繁，社会认同度高，人们的工作方式、生活方式、交往方式乃至思想意识都严重受制于单位制度，形成某种共性化的生存模式，成为真正意义上的"单位人"，所形成的这种共性化区域社会我们称为单位社会。因此在一定意义上说单位社会也特指东北老工业基地社会（揭爱花，2000）。

从社会学的责任主体视角看，在单位社会中，政府对社会空间的长期高度控制首先导致了其责任主体崇拜。第一，从制度方面看，当时的户籍制、劳动人事制度使单位的封闭性得到强化。首先是户籍制度所建立起来的严密的城乡壁垒限制了农村居民进入城市，除了参军、提干、招工等少量机会，体制外的农民根本无法通过正常渠道获取单位人的身份。与此同时，计划经济所提供的永久性就业制度，又排除了单位利用解雇单位成员而提高工作效率的可能。一个单位成员只要没有严重的违法乱纪行为，就可以高枕无忧地保留其单位人的身份。同样，劳动人事制度严格地限制了单位人在体制内的流动，它将绝大部分单位人长期固定在一个个特殊的社会位置上。这样，通过严格控制单位成员进出单位的社会自由流动，控制单位成员单位内部的职位流动，单位制度有效地维持了单位内部的相对稳定性，把人们控制在单位的空间中。第二，从资源获得方面看，又产生了两方面影响：其一，就业问题。只要户主是单位人，家属几乎也被纳入单位当中。浓郁的单位氛围使得这一空间具有明显的封闭性，体制性的限制使得其员工无法走出单位的辖区，缺乏社会流动性。在单位体制中可以子承父业，不仅解决家属的就业问题，而且可以把家属组织起来，将其纳入广义的单位体系中，这样单位家庭成为单位的主要组成部分。其二，社会资源网络。单位人一旦进入体制内就固定在其职位上，不愿付出很大的代价来流动，所以会付出很多精力来建构单位内的社会网络，巩固自己较好的社会地位，而单位也把资源全部提供给体制内的员工，对体制外的人员有"排他性"。第三，从行政控制方面看，单位组织是将命令权力和财产权利结合起来的国家统治的一种组织化工具或手段。单位之所以能够扮演如此重要的角色，主要是因为它代表国家垄断性地占有了大量的社会资源。在单位体制下，国家全面占有和控制了各种社会资源，但国家并不是直接面向单位成员分配这些资源，而是通过单位来实现这一分配过程的。"单位办社会"就成为典型特征。这三个方面的原因使得政府对于棚户区改造有着天然的义务。

其次，单位社会里民众的依赖心理长期浸淫，使得社会和个体的责任主体意识消失。布迪厄认为，空间是一个关系的体系，社会空间可以比拟为区域在其中划分的地理空间，但空间的建构由位居此空间的行为者、群体或制度所决定，越接近的人同质性越多，即空间的距离与社会的距离相符（何雪松，2006）。由于单位内群体同质性强，互动频繁，社会认同度高，从摇篮到坟墓的单位体制内，单位人充满了一种优越情结，人们不愿离开单位空间，他们虽然在单位中的岗位不同，但其生活方式、交往方式乃至思想意识都具有相当的"同质性"。在单位制中，职工所属不同的单位空间，决定了职工不同的资源获得能力。由于单位级别、性质及控制资源的权力，同单位成员的社会地位、福利待遇以及获得各种机会的可能性紧密相关，人们归属的单位组织的好坏实际上成了他的社会身份与社会地位的标识。同时在单位体制内，人们生活在熟人社会，并且单位满足了职工衣食住行等各方面的需求，强化了职工对单位的依赖性。在单位交往中，人们关注的首先不是其阶级归属，而是他的单位归属。人们的工作空间与生活空间高度重叠，加上单位成员之间错综复杂的非工作关系，人们有意无意地在工作关系中渗入亲情关系、乡土邻里关系的成分，使自己的情感需求通过单位内部的人际互动获得满足。同时，对于各种生产、生活资源以及福利保障制度的需求，单位人更是深深地依附于单位。个人的创造精神、冒险精神、自主意识等由此变得日趋淡薄。单位制度就是这样以"保护—束缚"的双重机制，将单位人的生活，封闭在单位狭小的天地之内（揭爱花，2000）。单位人的利益、自我保护意识的缺失迫使代表国家的单位成为唯一的责任主体。

再次，单位社会中的资源独控使得国家具有"赎罪"的冲动感。单位通过垄断政治、经济、社会资源，形成了对单位成员的支配关系；通过严格控制单位成员的社会自由流动，造成了单位成员空间的封闭。没有自由流动的资源，缺乏自由流动的空间，单位成员只有全面依附单位，最终造就了依赖性的人格。同时单位又使得全部社会生活呈政治化、行政化趋向，社会的各个子系统缺乏独立运作的条件。从前述的个案中可以看到，抚顺的棚户区形成是"解放初期为了支持新中国建设，抚顺的采煤规模进一步扩大，工人剧增，按照'先生产后生活'的原则陆续建设了大量的简易工房"。也就是说国家有对棚户区居民"赎罪"的责任。

改革以来，随着国有企业破产和转制，社会资源越来越多地进入市场自由流动。社会成员不再拘泥于国企的身份，试图通过构建和扩张自己的关系网来获取所需资源和实现社会的流动。单位社会里的责任主体正在发生明显的变化，社会和个人的责任主体意识正在迅速增长，国家的单一责任也在逐渐消失。

但要看到，改革开放前 30 年，中国所形成的特有的国家的单一责任，并非通过简单的制度变革所能彻底改变。其实综观 1978 年之后 30 年的改革进程，中国的经济发展显现明显的悖论：一方面中国经济长时期高速增长，经济上取得了显著的成就；另一方面中国社会两极分化日益严重以致成为贫富差距最大的国家之一。在中国经济取得长足进展的同时，作为改革代价承担者的利益受损群体的生活状况，非但没有因为中国经济的高速增长而得到改善，反而还有所下降。正如沃勒斯坦关于发展的追问——发展是发展什么？是谁或什么实际上得到发展？谋求发展的背后是什么需求？（沃勒斯坦，2001：2）这一发问对反思当下中国经济发展与社会和谐运行之间的关系格外重要。作为改革的代价承担者何以能够共享改革发展的成果呢？以民生建设为主的社会建设就是要试图回答这一问题。

四　棚户区居民社会地位底层化与棚户区改造

任何学科都与价值体系相连，研究者所处的文化价值体系对他们的立场有决定性的作用。这种作用不仅在于赋予事物以价值意义，同时也是对于这种意义的限定。任何立场都有它的局限性，自上而下的国家立场是一种强有力的社会价值体系的构建与整合，在历史上它也几乎一直是单一的主流意识形态和价值观念，但国家立场也有它的局限性，比如对于底层社会、非主流人群的关注就有欠缺。如对棚户区居民社会地位的研究目前就很缺乏。而以知识人群为主体的现代人文与社会却能对此进行有力的解读。正是在这个意义上，在今天这个社会秩序激烈变动的时候，中国社会学应该尤其重视对非主流人群、弱势群体，也就是对底层小人物的关怀。

国家主导的以民生建设为主的社会建设体现了国家对改革过程中底层小人物的正视，作为改革代价的承担者和利益受损者的底层群体逐渐成为民生建设的受援主体。国家由 20 世纪 90 年代推卸责任到负责任的转变，体现了国家的回归。国家回归的一个重要方向就是对改革进程中底层群体利益受损的关注和补偿。

棚户区居民的社会底层化形成有一定的历史社会背景。

首先是棚户区居民工作情景的单位化决定了其生活环境的边缘化。这主要表现在两个方面：一是棚户区居民大多工作在自然条件艰苦的工矿地区，二是单位制时代全家工作性质重合。

69 岁的万先生原来是抚顺市矿业集团西露天矿的退休职工，已经在矿上工作了 30 多年。

> 我 1957 年参军，在二炮当了 6 年兵，1963 年复员后，我和战友一块儿到西露天矿当了工人，那时候能当上工人老厉害了，人年轻，身体也好，来了就从井下采掘工干起，这一干就是 30 多年，不怎么地，就成老头了，现在这腰根本直不起来，全身是病，没钱治，也治不好，就等死了。

> 原来在矿上，那老多人羡慕了，每个月 47.19 块钱，吃喝不愁，娶个姑娘一点不费劲，我老伴就是看中我这些硬条件，大老远跟我到这儿的，生了三个孩儿，两个姑娘，一个小子。那时全家人就住在我自己搭在矿边上的小屋里，那屋是我一砖一瓦垒的，别看现在不成个样子，可是当时能从矿上批点木料砖瓦建个小房是很不错的，开始就我们俩住，挺好，但是姑娘儿子多了，大了，又结婚生子就出问题了，挤挤巴巴的，我就又在这边上搭了一间，全家三代七八口人总算能装下。

> 我大姑娘和儿子原来是安排到矿里工作的。老大就在单位找了一个结婚了，当时我们都挺满意的，儿子也娶了个媳妇，和我们住在一起，

虽然有时候吵吵架，但对我们还行，也想让矿上分个房，但我就觉得人家都给你两个孩子安排个稳定工作了就不能要求太多，再说咱还是党员当过兵，要有风格，就等着，这可好，现在单位也黄了，姑娘一家、儿子都下岗了，媳妇受不了穷，带着孩子跑了。我那个儿子今年都38了，还和我住在一起，就指着我那几百块的退休金活着。活儿也不是没找过，可不是人家不要，就是自己不愿干，反正自从下岗后他就没顺过，喝酒、打架，老婆跟人跑了，求别人再给介绍，一看家里这样就完了，我也认了，再过几年我和他妈走了，他自己愿咋活就咋活吧，我是管不了了。现在社会就是这样，一听是沟里人就正眼不愿瞅你，好像能抢他钱似的，我们穷是穷，可要不是逼的谁愿矮人一等啊。其实他也不是没出去试过，但是没技术，赚个百八的还不愿出力，老婆跑了更完了，就是整天找人喝大酒，我和他妈怎么说也没有用，整天混日子，都让他气死了。①

　　这个个案典型地说明了棚户区是单位化的直接后果。众所周知，在新中国成立初期，我国社会政治、经济、文化都处于低水平状态，无城市管理经验，经济发展缓慢，社会动员、整合能力较为低下。在这种背景下，如何整合、凝聚起整个民族的力量，建立一个高效的社会动员系统，成为当时迫在眉睫的任务。同时人们厌倦了连年战乱、无组织的生活，急需要一股力量把国民凝聚起来，单位制正顺应了这一要求。单位制通过统一的"充分就业"、劳保福利、分配住房、子女入学等制度，实现了自身的高度组织化。

　　但由于特殊的历史背景和空间条件，单位体制的诸要素在东北老工业基地出现得最早，贯彻最为彻底，持续时间最长，其内在结构也更为单一，其消解过程自然也非常缓慢，形成了一种别具特色的"典型单位制"。其"典型性"主要表现在：第一，从时间上看，以东北老工业基地为代表的"典型单位制"是在较短的时间里，在相对集中的空间内，在国家力量的直接推动下建立起来的。因东北解放时间最早，其成为全国最早进入以计划体制为核心内容的单位体制的地域，并对其他地区起到了"典型示范"作用。

---

①　本文的调查经历了三个阶段，一是2005年笔者的偶然调查，二是2007年5月的结构式访谈，三是2007年8月的全面调查和部分回访。后两次调查由沈阳师范大学社会学系的于森、赵辉、张娜等教师和徐元等2005级、2006级的20多名本科生完成，辽宁工程技术大学的张飞参与了阜新的调查。

第二，从社会空间的角度看，企业成员是在一个相对封闭的社会空间内展开互动的，更易形成浓郁的单位氛围。第三，典型单位制的内在结构比较单一，缺乏来自非单位体制的挑战，故其在社会转型期走向消解的过程也非常缓慢，其典型单位制的特色更加突出（田毅鹏，2004）。棚户区居民在这个转化过程中实际上丧失了社会资源的支配能力，也因此逐渐被边缘化，这是棚户区居民社会地位底层化状态产生的历史根源。

其次，棚户区居民职业技术的单一化和工作环境的松散化使之难以适应市场化之后的转型，这是目前棚户区居民强地位底层化状态产生的内在根源。单位社会的实质对于单位人而言就是依附，它不仅表现为工作职位的依附，也表现为身份和技术的依附，这种依附在一定意义上决定了单位人的职业定位。

> 我们都是下乡抽回城的，随父母就分配了，安排你干啥就干啥。……那时候都想搞个技术工种，学点车钳铆电焊啥的，像咱们普通工人，又没有门路，那就只能是熟练工、力工。比较苦，比较累的你也得干。这一干就是一辈子……
>
> 就我这活，你到那儿，一天你就会，一瞅你就会，啥技术也没有，现在（下岗了）谁还要你，……学别的劳动技能？那个时代不可能。你学了人家也不用你。你要学也得是单位让你学，要提拔你啊，给你调动啥的，不然你学它干啥。你也走不了，那时候你就得在这干，别处都不要你。那时候我们也不想学，你没别的门子，就是干这活，一天上班，到号就开工资，啥愁事也没有，那时候谁能想到下岗啊，都老天真了，就寻思国企好了，下岗？那不能啊，就跟你们这么单纯。（李师傅）

在单位制时代，城市居民必须通过国家提供的就业体系获得生活所必需的资源，计划体制以外，个人生存空间极其狭小。在国家保障充分就业的社会政策影响下，城市居民可以通过招工和接班等方式进入稳定的就业体系。他们中的大多数人只能接受单位安排，被束缚在固定的岗位上，即使是在职期间参加技能培训也主要是对原有工作岗位劳动技能的提升。稳定的工作，牢固的依靠，使人们将自己的命运紧紧地和单位捆绑在一起。潜意识里，单位成了一个人生活的依靠。这种单位意识使惰性心理元素占据了生活的主流，遇事不动脑筋，平日不思进取，一味地等、靠、要，成了许多人的心理惯性，许多有才华、有能力的人，一生糊里糊涂地就混过去了。如上述个案所示，单位氛围和单位人的职业态度在一定意义上决定了其技能单一化的基础，这个基础又在一定程度上影响了其转型适应的艰难性，从而导致后期整个群体社会地位下降，甚至底层化。

这种社会地位底层化过程是漫长且不自觉的。它主要体现为两个方面：一是技能的群体衰落，二是动力的群体衰落。在前一方面正如个案所揭示的"就我这活，你到那，一天你就会，一瞅你就会，啥技术也没有"，在原有单位体制中，棚户区居民从事的大多是这种低技能工作，在体制保护下其工作岗位得以保全，但在市场经济下竞争机制使其几乎无力抗争，反而首先遭受打击。同时这种低技能工作又使其追求进步的动力减弱，还如个案所说的"那时候我们也不想学，你没别的门子，就是干这活，一天上班，到号就开工资，啥愁事也没有，那时候谁能想到下岗啊"。这两个方面的衰退为棚户区居民强地位底层化的形成奠定了内在的基础。

再次，中国社会结构逐渐定型化。产业工人群体社会地位的逐步下降是棚户区居民强地位底层化状态产生的外在根源。1978 年以后，市场经济成分的逐步引入，在原有的计划经济体制之外，出现了市场经济因素，改变了由权力占有及再分配为基本特征的社会资源的配置关系，出现了原体制外的自由流动资源与自由流动空间；社会关系发生了自"文化大革命"后期开始的从一种以表达为取向的普遍主义的关系向以功利为取向的特殊主义的关系演变（孙立平，1993），工人群体在这种转变中由于缺乏自由流动空间而变得更加自我封闭。

> 虽然我们住在棚户区，但那时候我们多威风，知道不，（我们县）工人阶级，中国的领导阶级。经常有领导来慰问，工资、福利等收入最高，到亲戚家串门有面子。现在不行了，谁见我们都躲着，怕我们来借钱。我们出去找工作，一听我们是矿上的，就不要。没办法，今不如昔啊，我们的时代过去了。
>
> 自 20 世纪 90 年代开始，社区小伙子娶媳妇就是一大难题，同是城里人，但一提到房子，咱区的小伙子就得矮上半个头，住得不好怎么收拾都显得埋汰，不像好好生活的样，有的孩子虽然有个工作能赚五六百块钱，可是姑娘来家一看就完了，你说就指望那几个钱啥时能住进新房？外面人都说我们这还配叫城市？连农村都不如！虽然居民不愿听，可确实是这么回事儿。（张先生）

　　根据李培林教授在"羊村"的发现，村落终结的艰难，并不仅仅在于生活的改善，也不仅仅是非农化和工业化的问题，甚至也不单纯是变更城乡分割的户籍制度问题，而在于它最终要伴随产权的重新界定和社会关系网络的重组（李培林，2002）。这个发现事实上为分析棚户区群体的社会地位变化提供了一个思路，即工人群体地位的变化具有体制变化外的意外后果。这在一定意义上构成了棚户区居民国家保护状态产生的社会背景。

　　又次，市场化之后的政府业绩评价体系变化，成为棚户区居民社会地位底层化状态产生的现实根源。刘平认为传统计划的社会机制与市场化的社会机制共生的社会结构是对中国改革进程的一种新的理解，也是分析中国社会转型的新视角（刘平，2007）。因为市场经济关系的建立本身就是一个复杂困难的过程，社会转型从原有的利益分配机制到新的利益关系的建立往往经过反复的社会动荡，甚至传统体制的一再复归。只有在基本经济制度建立以后，才能在市场之上建立起社会化的利益协调与纠正机制，最后形成现代社会的整体利益关系结构。在这种情况下，市场化转型既涉及分配新的利益，又涉及已经社会化的利益转交问题。前者要求承认基于市场的利益分配结构，后者则依赖于市场以外的社会化的调节与纠正机制。但从这个意义上看棚户区的利益分配结构形式，与其说是体制根源，还不如说是政府业绩评价体系变化，因为根据中国的历史发展状况可以看出，政府业绩评价体系是体制要求的直接表现形式。

　　　这里棚户区居民多是煤矿的员工，属于工人阶级，靠工资生活，普遍收入不高，生活水平也不理想。住房多是50年代矿上集中分配传下来的，当时是一个小房子，只有14平方米，稍加改建进行居住。之后在这里生活下来，成立家庭养育子女，发展到子孙三代居住。最初多为筒子房，没有上下水，由多家共同使用，很不方便，条件也不好，但单位管维修。1998年后居民都由居民委员会管理，但管理比较松散，协调统一性差。经常会出现排队打水，排队用厕所的现象，尤其使用的是旱厕，夏天气味难耐，冬天出入不便。外面下雨、屋里打伞，外面雨停、屋里抢险。行路难、吃水难、取暖难、儿子娶媳妇难……我们也多次找到了政府，（政府）没有办法啊，让我们自己克服，自己解决。

　　　我是2005年被动员，2006年搬进新房的，现在政府好啊，还多次来问我有没有困难，生活条件提高了，居住环境改善了。无论是生活还是外出都更加便利了，哪有困难。只是邻里之间没有了在棚户区居住的

亲近感，相互之间的沟通变少了，彼此之间不太熟悉，希望可以加强沟通。对政府周到的考虑表示感谢。（莫大爷）

一般可以认为，政府业绩评价体系自 1949 年以来在城市至少发生了三次变化：1949～1978 年主要是以政治标准作为地方政府业绩好坏评价的指标，1978～2002 年主要是以经济发展状况作为地方政府业绩好坏评价的标准，2002 年后主要是以社会发展状况作为地方政府业绩好坏评价的指标。这几个阶段性变化虽说与国家发展的主要任务有关，但对于棚户区居民强地位底层化状态产生的根源而言就有实质性的意义，特别是 1949～2002 年以政治和经济作为评价标准直接导致了棚户区居民社会地位底层化状态的形成。这是上述个案所反映情境的政策背景和根源。

最后是棚户区居民事实上的底层生存逻辑给政府造成强大的压力。它主要表现在两个方面。

一是棚户区居民群体的依赖性给当地政府增添了一种有形或无形的社会压力。中国社会当前正处在快速转型过程中，经济体制转轨和社会结构转型的相互交织加剧了社会分化的趋势，利益多元化格局鲜明地摆在人们面前。特别是改革开放以来，中国的社会结构与社会关系发生了史无前例和翻天覆地的结构性变迁，国家与社区、国家与市场的关系终于"浮出水面"，并且成为中国社会经济政策的核心议题。经济改革深化使城市居民真切感受到市场竞争的残酷无情和市场规则的优胜劣汰，无形之手在营造机会平等的环境、社会资源配置与社会生活中扮演着日趋重要的角色。但改革以来，在社会服务领域引入市场机制，不仅没有使社会大众获益，反而削弱甚至直接剥夺了社会成员获得基本社会服务的权利，增加了社会不公平。在个人没有力量或根本就不愿意保护自我利益的背景下，缓解群体性依赖所造成的社会压力的最佳路径可能就是寻求国家保护。

克俭棚户区是 2001 年动迁，之后大概过了两年半才回迁的，在这个过程中棚户区居民经历了漫长的等待。为了早日动迁，几乎全体居民参加的闹事活动有三次，找过区政府，闹过市政府，甚至还堵过铁道，终于盼到了动迁的时候。这个棚户区早就该动迁了，居民都是厂里的老职工，年轻人早跑了。以前遇到房子坏了，还可以找单位，现在单位没了，只有找政府。找政府也难啊，人去少了，几句话就打发回来。回迁的过程还算顺利，2004 年 8 月份发布回迁的消息，9 月份开始办手续，

10月份就入住了。

回迁工作大致经历了这样几个阶段，首先是划片排号，按号码分房，采用先搬走的先分房后搬走的后分房的原则。政府、开发商和住户之间进行协调，尽量保证每个住户都能住上满意的楼房。由于我家有残疾人，并且是特困户，所以在分房的时候给予了照顾。按动迁的房屋米数分新房，原来14平方米（房屋少的）分到现在的56平方米新房，超出的部分采用每平方米400元计费，由于我家的实际情况政府照顾一万元，自己大概花了两万元钱就住上了新房，属于一类房，住户十分满意。两室一厅的房子，冬天有暖气，而且24小时供暖。新小区人员多是以前棚户区的老邻居，联络也很方便。有的社区有部分老人腿脚不便，要求住一楼，通过协商，开发商放弃了一楼建门市房的打算，想方设法满足百姓需求。（秦女士）

众所周知，在我国的不协调因素活跃期和社会矛盾多发期，随着改革的深化，利益问题的尖锐和紧张会一直存在。20世纪90年代以来，在这方面最有代表性的是三件大事，即国有企业的改制重组破产引发的职工下岗失业、农村土地征用造成的农民失地、城市房屋拆迁导致的居民失房，它们的影响一直持续到现在。学术界称为"三失"。由于"三失"与政府行为主导有直接或间接的关系，因而也是党群关系、官民关系紧张的重要缘由，所有这些都涉及利益调整导致的关系紧张和冲突，它们是贯穿我国社会矛盾中的一条主线。在单位制时代由于体制等方面的因素，政府自觉不自觉地都肩负起了民众利益保护的职责，但在后单位制社会，由于利益主体的多元化，很多民众个体的利益保护主体虚置了，在国家稳定主义的思维模式下，民众通过集体行为来达到利益表达的目标可能是一条比较有用的路径。

二是国家保护的动机彰显了政府社会发展目标的新取向。东北地区由于历史的根源，其社会、市场力量都不是太发达，其棚户区的产生是计划经济的产物，特别是由于地价低等原因，棚户区缺乏市场开发的价值，而开发商等市场主体更加重视个体经济利益而非社会责任，因此对这一问题的解决忽视政府责任而片面强调市场的力量是不合适的，棚户区产生于计划体制下，在一定程度上说是单位制的副产品，因此在政府、社会、市场关系中也应该有自己的独特表现形式，关键看实践效果，即是否有效促进了当地社会的良性发展。抚顺市的棚户区改造个案就很深刻地说明了这个问题。

从中国社会转型的整体动态过程来看，市场体制取代计划体制成为不可逆转的潮流，是与世界主流发展模式接轨的主要表现形式。但具体到差异性很大的各个区域，计划与市场的作用或政府与市场的力量表现不一，特别是对于国有企业集中、单位制盛行的东北地域而言呈现计划体制与市场体制并存且计划体制进一步扩张的势头，在这种背景下，中国整体发展模式实际上是多重区域发展模式并存。棚户区改造只是一个典型的个案，实际上它反映了多重区域发展模式下政府责任、市场力量协调与民众利益保护机制的差异问题。随着市场经济的不断发展，"市场失灵"的问题也出现了，特别是改革中的急躁冒进，不切实际地把政府职能一下子全部推给社会，从而导致社会无力承受而引发社会问题。

五　后单位社会国家责任机制探讨

后单位社会是市场转型的直接后果。市场转型直接导致中国社会资源配置逻辑的变换。棚户区改造在一定意义上就充分体现了这种资源配置方式变换的内在逻辑。于棚户区改造中社会资源的国家主导配置而言，它实际上包含了四个方面的内容，即国家保护的动力、能力、合力和激励功能。

所谓国家保护的动力机制是指在后单位社会国家的内在需求。就资源配置而言，市场机制的最大特点是能合理配置资源，从而极大地提高生产效率。改革开放以来，特别是确立了社会主义市场经济体制目标以来，我国的市场经济体制建设取得了快速进展，但仍处于政府主导经济的阶段。市场机制的作用说到底就是通过市场的各种功能来调节供给和需求，从而调节经济资源的配置。因为在计划经济体制下，中国政府是一个权威性政府，资源靠行政手段来配置，基本不重视市场机制，或者说没有这种市场机制的调节，经过近三十年市场化的改革，我们目前市场经济体制基本建立起来了，如何有效地发挥市场在整个社会经济生活中，特别是在资源配置中的基础性作用是非常重要的。在分配结构上，建立和完善了劳动分配为主体的多要素分配并存结构，这种分配结构既强调资本、土地、技术、信息等生产要素凭借所有权参与分配，又强调市场按劳分配的机制和原则，同时政府又通过工资、奖金、税收、公共福利、社会保障等手段和机制进行调节，防止分配不公，调节个人收入的过分悬殊，以促进效率与公平的统一。棚户区改造与其说是城市化的必然和市场化中的国家补位，不如说是国家追求效率与公平统一的体现。

所谓国家保护的能力机制是指国家对社会资源的动员能力和支配能力。在中国，计划经济体制长期运行，形成了无所不包、高度集权的政府管理体制。这种体制因效率低下而越来越不适应经济社会的发展，从而直接导致十一届三中全会以来持续不断的经济体制的市场化改革和政府管理体制的社会化改革。但政府机构改革与职能转换等改革措施应急性的成分较多，并没有把社会化当成政府管理变革的方向或价值目标。这种经验型的政府管理改革在外部状况稍有好转就会停止甚至倒退，使改革陷入"精减－膨胀"的困境和"放权－收权"的旧路循环，导致了政府权力的过度膨胀与社会的极度萎缩，导致了政府管理能力与社会自主管理能力的双重失落。中国是在进行了多年的计划经济之后转入市场经济的，政府的作用和社会资源动员的能力还很大，这使得在诸如棚户区改造等社会建设方面国家的作用凸显，因为社会建设必须注重社会公平，不能照搬经济领域简单地采用"产业化"和"市场化"的做法，市场竞争不可能自发地达到社会公平的目标，这是政府应该负起的责任。

所谓国家保护的合力机制是指国家必须高度重视收入差距扩大的事实，积极解决由此引发的社会问题。这是新的发展阶段一个重要的政策着力点。可以看到，收入差距扩大甚至社会在某种程度上的分化，是经济体制转轨过程中多种所有制经济发展和市场竞争难以避免的结果。问题在于把握合理的限度，制定政策调节过高收入，帮助低收入阶层，社会弱势群体基本利益保护机制问题是必须由政府强加干预才能真正解决的问题。

所谓国家保护的激励机制于棚户区改造所体现出来的社会资源配置而言，有两个方面的含义，一是国家通过资源的再分配实现社会转型成果的再分配，二是通过普通民众的利益获得实现和谐局面的产生和保持。如何在社会转型的过程中以最小的代价换取社会最大的发展？实现这个目标的最佳选择是保持社会的相对稳定，也即是社会利益关系得到协调和有效整合。社会转型中的利益关系协调研究主要体现在，一方面，社会转型引起了人们之间大量非规范性关系的产生，即人们相互之间的社会交往不再遵循原有设定的、统一的行为模式。它的产生事实上是原有利益格局的突破而导致的新生利益群体之间关系的协调问题。另一方面，在一定意义上社会转型也就意味着社会控制机制的转型。在计划经济条件下，社会整合主要是通过政治和行政手段以及思维方式的整齐划一来实现的，政治权力之网覆盖社会生活的一切方面（沈亚平，2002：277），而在转型时期，随着政治与经济、国家与社会的相对分离，特别是旧有利益关系格局的打破，在一定时期内出现了社会整合机制的"真空"。

国家通过直接配置社会资源的意义在此就表现得特别突出。中国从1978 年开始的改革应该说是社会主义改造完成后对经济管理体制改革的第一次重要探索，此前没有任何实践经验可以借鉴。正因为如此，邓小平同志一再指出，中国的改革要"摸着石头过河"，边实践，边探索，边总结，逐步推广。由于此前几十年的闭关锁国，中国对外部世界的了解相当缺乏，对外开放是在改革过程中逐渐展开的，因此说对外部模式的模仿也只能是一个渐进的过程。社会资源从国家全面控制转向国家与社会共有，民间力量的逐渐壮大成为中国社会进一步发展的动因，市场机制及基于其上的利益矫正机制已经产生，社会整体层面的利益均衡机制出现并开始发挥作用。

同时从文化的影响力看，我们知道，文化并非像生物基因遗传那样仅向制度提供蓝本或模板这样一种简单的单向作用，而是与制度存在着复杂的双向作用。一方面种种正式的制度本身承载和保持着文化；另一方面，文化作为制度的精神内核又是制度沿存、演化和变迁的基因。就此而言，人类生活世界现实的制度变迁又往往是文化变迁的起因和催化剂。文化是制度的基础，制度的存在与变迁必以文化的相对稳定和转型为先导。文化作为制度内在结构的一个重要组成部分，其作用至少表现在三个方面：第一，维持制度的存在，它使制度获取了生存的内在精神支柱；第二，推动制度的演变，它使制度在文化的驱动下有秩序、有目的地平稳转型；第三，赋予制度发生效用的合法性基础。众所周知，中国的社会转型在一定意义上说是以西方的市场化发展模式为初步摹本的，但中国并没有简单停留在西方制度引进上，而是将中国传统文化与中国特殊发展道路紧密结合起来。这也就是为什么一些发展中国家引进、搬用了西方国家的先进制度后，未能促进本国社会发展的内在根源，因为这些国家对制度的引进是看到了西方国家社会的繁荣现实，而没有充分考虑到这些制度与西方文化的亲和性。我认为，这也是德国社会学家马克斯·韦伯谈新教伦理与资本主义精神的实质所在。忽视自身文化的改进而片面引进所谓的先进制度只能导致社会的混乱与自身的异化。这在分析市场化后单位社会的政府责任中必须加以注意。

从上述意义上说，以棚户区改造为主要表现形式的民生工程建设构筑了中国后单位社会国家责任的外在表现形式，事实上也就构成了民生工程研究的"中国寓意"。

参考文献

边燕杰，1999，《社会网络与求职过程》，载涂肇庆、林益民主编《改革开放与中国社会：西方社会学文献述评》，香港：牛津大学出版社。

邴正，2006，《论东北社会结构的历史特点》，《吉林日报》2 月 18 日。

陈映芳，2005，《棚户区——记忆中的生活史》，上海：上海古籍出版社。

傅波，2008，《抚顺棚改纪实》，辽新内资 D 字〔01〕号。

宫志刚，2004，《社会转型与秩序重建》，北京：中国人民公安大学出版社。

何雪松，2006，《社会理论的空间转向》，《社会》第 2 期。

华尔德，1996，《共产党社会的新传统主义》，龚小夏译，香港：牛津大学出版社。

江建军，2004，《棚户区本地居民的代际流动研究》，华东师范大学硕士学位论文。

揭爱花，2000，《单位：一种特殊的社会生活空间》，《浙江大学学报》第 5 期。

蓝宇蕴，2005，《对改制公司"办"社区的思考——广州城中村撤村改制个案研究》，《社会》第 2 期。

李俊夫、孟昊，2004，《从"二元"向"一元"的转制——城中村改造中的土地制度突破及其意义》，《中国土地》第 10 期。

李路路、李汉林，2004，《中国的单位组织——资源、权利与交换》，杭州：浙江人民出版社。

李培林，2002，《巨变：村落的终结——都市里的村庄研究》，《中国社会科学》第 1 期。

刘平，2007，《新二元社会与中国社会转型研究》，《中国社会科学》第 1 期。

刘祖云，2006，《政府与市场的关系：双重博弈与伙伴相依》，《江海学刊》第 2 期。

孟眉君，2006，《上海市棚户区空间变迁研究》，华东师范大学硕士学位论文。

乔木，2004，《振兴东北——中国经济"第四极"的战略与实践》，北京：中国工人出版社。

沈亚平，2002，《社会秩序及其转型研究》，保定：河北大学出版社。

孙立平，1993，《"自由流动资源"与"自由流动空间"》，《探索》第 1 期。

——，2002，《迈向对市场转型实践过程的分析》，《中国社会科学》第 5 期。

孙霞，2007，《济南棚户区改造研究》，山东师范大学硕士学位论文。

田毅鹏，2004，《"典型单位制"对东北老工业基地社区发展的制约》，《吉林大学社会科学学报》第 4 期。

王汉生，2008，《基层社会中"看得见"与"看不见"的国家》，"国家的回归：关于中国社会转型的反思"国际学术研讨会会议论文。

沃勒斯坦，2001，《发展是指路明灯还是幻象?》，载许宝强、汪晖选编《发展的幻象》，北京：中央编译出版社。

吴义平，2007，《上海市棚户区外来人口社会支持系统研究——对闸北某棚户区的调查》，华东师范大学硕士学位论文。

徐勇，2006，《"回归国家"与现代国家的建构》，《东南学术》第 4 期。

张宛丽，1996，《非制度因素与地位获得——兼论现阶段社会分层结构》，《社会学研究》第 1 期。

赵晔琴，2005，《外来者的进入与棚户区本地居民日常生活的重构——对上海市 C 棚户区的个案研究》，华东师范大学硕士学位论文。

作者简介

赵定东　男

所属博士后流动站：中国社会科学院社会学研究所

合作导师：李培林

在站时间：2007. 10 ~ 2009. 10

现工作单位：杭州师范大学政治与社会学院社会学系

联系方式：zhaodingdong1971@ 126. com

北京市与国际大都市公交客运票制
票价对比分析

王　超　徐文勇

摘　要：本文通过对部分世界大都市公共交通的票制票价信息进行分析，将北京公交客运的票制票价与其他国际大都市情况进行对比研究，主要从基本票价，票价支出占收入的比例，以及公交汽车票价与地铁、出租汽车票价的比价三个方面来研究说明北京作为国际大城市，其票价处于一个相对较低的水平，其票制也简单局限。通过对比研究，本文认为北京市公共交通票制票价制度应当及时改革，应提高公共交通票价基准水平，改变单一的公共交通票制结构，这样既能改善公共交通对财政的过分依赖，也能提高公共交通的出行效率。

关键词：交通管理　交通政策　公共交通　票制票价

一　引言

2006 年，北京市交通委等部门对外发布《关于优先发展公共交通的意见》，进一步确立了公共交通的优先发展战略地位。2007 年 1 月 1 日，北京市取消了已使用 50 多年的公交月票，实行更为普遍的低票价政策，对公交刷卡乘客实行大幅度的折扣优惠。2008 年，北京的公共交通补贴中，地面公交拨付资金 91.5 亿元，地铁拨付资金 7.9 亿元。2010 年 4 月 2 日，北京市轨道交通日客流量达到 584.39 万的历史峰值。与此同时，东京、巴黎、伦敦等国际大城市公共交通出行比例已经达到了 60%，甚至 80%，而 2009 年北京公共交通承担的出行比例仅为 38.9%，小汽车的出行比例却高达 34.0%。

二 世界大都市公共交通票制票价状况

（一）巴黎

巴黎大区，包括巴黎市区、近郊的 3 个省和远郊的 4 个省，总面积 12000 平方公里，人口 1100 万。巴黎大区交通管理委员会负责公共交通规划和发展。该委员会负责确定巴黎大区的公共交通规划、评估、投资项目以及运营和票价的管理，并通过签订合同对运营企业进行监督和补贴。在公共交通重大项目的投资上，除委员会内部的协调之外，还要与巴黎市政府和有关省政府进行协调。

1. 地铁

地铁是巴黎市内交通的主力军，全长 215 公里，16 条线路，384 站，地铁站遍布市内。目前巴黎地铁无论从其覆盖的范围，管理水平还是运行的效率来看都可以说是世界一流的水平。巴黎地铁每天的客流量超过 600 万人次，约为巴黎市区人口总数的 2 倍。

2. 公共汽车

作为地铁覆盖盲区的重要补充，巴黎大区公交系统拥有 1436 条线路，其中巴黎市区 62 条，巴黎近郊 3 省 205 条，远郊 4 省 1078 条，夜间车线路 42 条和大区内其他公交线路近 50 条。

3. 出租车

出租车以高收费、高质量的车型和较少的数量，成为在其他公共交通不能到达时的选择。

表 1 巴黎公共交通票制票价状况

	票制	票价
地铁、公交统一标准	根据离市区的距离有不同标准，设有日卡、周卡和月卡	单程票:1.5 欧(市区),2.5 欧 周卡:13.75 欧(市区内) 月卡:46.05 欧(市区内)
出租	根据白天与夜间、市区与郊区不同,行驶价不同	2 欧起步,每公里 0.6 欧(白天市区价)

（二）纽约

纽约中心区包含五个区，790 平方公里，地铁有 360 多公里。纽约是美国最大的城市及第一大港，同时也是世界第一大城市。因此该市的交通流量十分庞大。纽约公共交通网络布局合理，公交、地铁和通勤火车相辅相成。据统计，高峰期间进出纽约中央商务区（曼哈顿核心区）的人群中，乘坐公共交通工具的高达 80%。纽约公共交通主要由纽约大都会运输署（MTA）主管。MTA 为了改善包括公共汽车在内的大众运输网络，在联邦政府、州政府和地方政府的财政支持下，并通过发行债券融资，过去 20 年间，耗资 530 亿美元建成了高效安全、票价合理、绿色环保的大众运输系统。

1. 地铁

地铁是美国纽约市的快速大众交通系统，也是全球最错综复杂，且历史最悠久的公共地下铁路系统之一。站数在 470 座上下，商业营运路线长度为 368 公里，每日客流量为 400 万人次。由于其价格低廉、快捷，成为纽约人出行的首选工具。

2. 公共汽车

线路总长 2967 英里，公共汽车路网遍布纽约市五大行政区，并在多处与地铁路网配合转乘，形成了便捷的交通网。目前市区公共汽车由纽约大都会运输署营运管理，平均每天有 5800 辆公共汽车载着 2.01 万人次的乘客，行走于 200 多条的慢车线及 301 条的快车线上。

3. 出租车

出租车在城市街道穿梭的速度比巴士要快，不过费用非常昂贵。

表 2　纽约公共交通票制票价状况

	票制	票价
地铁、公交统一标准	统一价格；使用 MetroCard 有优惠；设有日卡、周卡和月卡，可以在该时段无限次搭乘	单程票：2.25 美元
		周卡：27 美元
		月卡：89 美元
出租	高峰时段收取额外费用	2.5 美元起步，每 0.3 公里 0.4 美元（非高峰）

（三）伦敦

伦敦是欧洲第三大都市，面积 1580 平方公里，人口 700 多万。伦敦的行政区划分为伦敦城和 32 个市区，伦敦城外的 12 个市区称为内伦敦，其他 20 个市区称为外伦敦。伦敦实行公交优先、车票一卡通政策（Oyster card）。

1. 地铁

地铁是伦敦公交的核心，承载着全市 45% 的公交客运量，地面轨道交通也因其客运量大而受到青睐。伦敦的地面轨道交通包括火车和轻轨两个部分，主要集中在泰晤士河南岸地铁较少的地区，其客运量占公交客运总量的 12%。

2. 公共汽车

公共汽车是短期内提高公交运载能力的最佳选择，伦敦现有公交线路 700 多条，日载客达 540 万人次。

3. 出租车

因奇特的外形和舒适度，伦敦出租车成为旅游观光交通的选择。

表 3　伦敦公共交通票制票价状况

	票制	票价
地铁	根据距离并分高峰时段和非高峰时段收费，有日卡、周卡和月卡（无限次搭乘）	单次 1 区：2.25 英镑（非高峰） 周卡 1 区：25.8 英镑 月卡 1 区：69.2 英镑
公交（电车）	统一收费，设有日卡、周卡和月卡（无限次搭乘）	Oyster 单次：1 英镑 周卡：13.8 英镑 月卡：53 英镑
出租	按照时间或路程收费，工作日和周末收费标准不同	2.2 英镑起步（321 米或 69 秒），之后 160 米或 34.5 秒 20 便士

（四）东京

东京的总面积为 2162 平方公里，包括 23 个特别区、26 个市、5 个町和 8 个村。目前东京约有 1255 万人口。每天有数百万人从首都圈外围地区通勤至东京上班，使得东京的中心区域白天经常人声鼎沸。到了夜晚，人潮则转移至银座、涩谷、六本木、台场等休闲娱乐场所林立的区域，开启夜生活的序幕。

1. 地铁

地铁既稳又快，是东京最便利的交通工具，共有 12 条路线，分都营和营团，各站出口都以数字标示在地图上。大江户线是常用的景点观光地铁线，新宿站是最繁忙的车站。东京地铁发售一种"IC"卡，乘客下车时通过自动检票机刷卡，机器便会自动扣除票款。

2. 公共汽车

公共汽车是停靠在多摩中心站的京王电铁巴士。路线众多而复杂，大多以铁路车站或重要地点为端点站或主要换乘站，主要街道上也经常可见巴士站牌；都心部的市区巴士以都营路线为主，兼有里程较长路线与短程接驳路线，以及几条观光巴士路线。都心以外的地区巴士多由私铁业者兼营，因此经常以私铁车站作为端点站。

3. 出租车

出租车作为地铁和巴士的补充交通工具，在铁路车站附近与主要街道上可以找到出租车站。

表 4　东京公共交通票制票价状况

	票制	票价
地铁	根据距离收费，设有月卡、季卡和半年卡（无限次搭乘）	1~6公里：160日元 7~11公里：190日元 月卡：16820日元
公交	统一收费	200日元
出租	按照时间或路程收费，工作日和周末收费标准不同	2公里710日元起步，之后每274米增加80日元

（五）新加坡

新加坡面积699.4平方公里，常住人口已达484万人。新加坡交通发达便利，交通产业占到全国GDP总产值的10%左右。截至2008年，新加坡的集装箱港口吞吐量年吨位为标准箱2992万个，领先于我国上海和香港，续居世界首位。同时新加坡的旅游业十分发达，每年来访本地的外国游客逾900万人次。

1. 地铁

已经发展成有5条路线的地铁系统。新加坡地铁系统穿行整个新加坡，为全国接近一半的人口服务。每天平均搭乘人数为158万。服务从早上5：30起到凌晨1点结束。地铁服务班次约5分钟一次。

2. 公共汽车

新加坡设立公交车专用道、公交车专用街、公交车专用弯道，为公交车

辆提供了交通优先权。政府对公共汽车的站点设置、安全标准、服务收费等
也进行了严格的管制，规定在距离住户门口 400 米内必须设有公交车站。

3. 出租车

新加坡全国共有出租车 2.5 万辆左右，完全按照市场需求调节，但政府规
定了许多方便乘客的规则要求从业者必须遵守。这些规则确保了政府"裁判
员"的角色，而运营商则全力当好"运动员"，否则会失去"上场"的机会。

表 5 新加坡公共交通票制票价状况

	票制	票价
地铁	根据距离收费	新元 0.80 ~ 新元 1.70
公交	根据距离收费，分空调和非空调车	非空调车：新元 0.70 ~ 新元 1.40 空调车：新元 0.80 ~ 新元 1.70
出租	按照时间或路程收费，工作日和周末收费标准不同，中央商业区收取附加费	起价 2.40 新元，首 10 公里每 225 米增加 0.1 新元，之后每 200 米增加 0.1 新元。每 30 秒等候时间增加 0.1 新元

（六）香港

香港面积 1104 平方公里，拥有高度发达及复杂的交通网络。公共运输
的主要组成部分包括铁路、巴士、小巴、的士及轮渡等。由于香港人口密度
高，对高载客量的交通工具有一定的需求，香港道路的使用率之高，居世界
前列。道路总长度有 2040 公里，主要由街道、桥梁及隧道等组成 9 条主要
的干线连接香港各地。

1. 地铁

地铁是香港最主要的公共运输工具，综合铁路系统全长 168.1 公里，由
9 条市区线共 80 个车站组成，每日载客约 420 万人次。

2. 公共汽车

香港巴士共有 300 多条线路，其中通过海底隧道的有 20 多条，交通网
四通八达。双层巴士每日由上午 6 时运营至午夜 12 时，行走全港大部分地
区，每日载客约 390 万人次。

3. 出租车

对于一些短途的旅程，的士通常是最好的选择。香港的士有不同的颜
色，红色的在市港岛及九龙行驶，绿色在新界，而蓝色是在大屿山行驶的。
所有的士均能到达新机场。

表6　香港公共交通票制票价状况

	票制	票价
地铁	乘车使用储值磁卡，按路程收费	车费 4～26 元
公交	根据距离收费	车费 2～22.5 元
出租	按照路程收费	2公里起步18元，以后每0.2公里1.5元，每分钟等候时间1.5元

（七）上海

上海面积6340.5平方公里，人口1888.46万。上海的市区交通较为发达，公共交通设施有公交汽车、公交电车、黄浦江上轮渡、轨道交通，基本上每一个住宅区周围至少会有一个公交线路停靠。

1. 地铁

上海目前建成八条轨道交通线路及一条磁浮线路，总运营里程为250公里。其中上海地铁一号线的日均客流为129.8万人次，是世界之最，而二号线也突破了100万人次，达到104.1万人次。

2. 公共汽车

论公交线路数量和复杂性，上海拥有全世界最大的公共交通网络和全世界最高的日公共交通客运量，公交线路总里程和公交车配备总量亦为世界第一。上海全市有1350多条公交线路，并且正以每年新辟、延伸、调整50多条公交线路的纪录持续扩充。

3. 出租车

由于大多数公交车和轨道交通在晚间都不运行，故在晚间出租车仍然是市民出行的选择。

表7　上海公共交通票制票价状况

	票制	票价
地铁	储值卡，按路程收费	票价从3元起至9元
公交	根据距离收费	普通车有单一票价1元、1.5元和多级票价
出租	按照路程收费	12元3公里，超过3公里2.4元/公里（市区）

（八）北京

全市面积 16410.54 平方公里，全市常住人口 1755 万人。北京交通发达，是中国最大的铁路、公路及航空枢纽，城市交通网比较完善，北京市城区的路网结构以矩形环状为主，道路多以此为依托，与经纬线平行呈网状分布。先后依托城市扩展，建设了二、三、四、五和六环路。截至 2009 年，全市道路总长 25765 公里，其中城八区道路总长 4460 公里，全市立交桥数共有 381 座。

1. 地铁

北京是中国第一个建设地铁的城市，地铁始建于 1965 年 7 月 1 日。运营线路总里程 220 多公里，共有 147 座运营车站。2010 年 4 月，北京地铁日均客运量达 500 万人次左右。到 2015 年，北京市会最终形成 19 条线路、561 公里的轨道交通线网规模。

2. 公共汽车

截止到 2008 年底，北京拥有各类运营车辆 28071 辆，运营线路 861 条，年总行驶里程 18.22 亿公里，总客运量达 45.81 亿人次。使用公交卡每次乘坐的刷卡费用以 0.4 元起价（本地学生 0.2 元起）。

3. 出租车

由于其适中的价格、人们收入水平的提高和较强的出行灵活性，出租车成为一种重要的交通工具，2008 年年客运量为 6.9 亿人次。

表 8　北京公共交通票制票价状况

	票制	票价
地铁	单一票制	2 元
公交	根据距离收费，使用公交卡四折	1 元、2 元（市内）
出租	按照路程收费	10 元 2 公里，超过 2 公里以 2 元/公里计

三　北京市与各大都市的票制票价对比分析

（一）票制票价对比分析

由于各大都市的票制各不一样，如存在区域差别和时段差别等，为了比较的方便，本文选取各个城市市区、非高峰时段、普通车辆的票价，即选择各个城市交通费用的最低计算方式计算交通费用，同时以各个城市 10 公里车程下不同交通方式下的费用作为比较依据。通过比较可以得出以下结果。

1. 各城市同北京交通费用比较

通过各城市同北京交通费用比较（见表 9、表 10），可以看出其他各城市 10 公里交通费用基本在北京的 2 倍以上，这说明北京交通方式的定价是明显偏低的。尤其在各项指标中（见表 10），北京公交费用明显低于其他城市。

表 9　各大城市每 10 公里各种交通方式的费用

城市	币种	公交	地铁	出租车
新加坡	新元	0.7	1	11.5
	人民币	3	4.8	56
东京	日元	200	210	3000
	人民币	14	15	222
香港	港元	3.7	8	78
	人民币	3	7	68
纽约	美元	2.25	2.25	14.5
	人民币	15	15	99
伦敦	英镑	1	2.25	14.2
	人民币	11	25	158
巴黎	欧元	1.5	1.5	7.4
	人民币	15	15	75
上海	人民币	1	4	28.8
北京		0.4	2	26

注：币种为人民币的数据，为折算成人民币后对应的金额。

表 10　各城市同北京 10 公里各种交通方式费用比

城　市	公交	地铁	出租车
新加坡	7.5	2.4	2
东　京	35	7.5	8.5
香　港	7.5	3.5	2.6
纽　约	37.5	7.5	3.8
伦　敦	27.5	12.5	6
巴　黎	37.5	7.5	2.9
上　海	2.5	2	1.1

注：表中数据为其他城市 10 公里各种交通方式的费用/北京相应交通方式的费用。

2. 各城市人均收入水平的比较

加入各城市人均收入水平的比较后（见表 11），可以看出北京公交和地铁定价在各城市中的定价更是偏低的。由于公共交通需要政府进行大量的补贴和投入，从表 11 中也可以得出北京政府对公共交通的投入比例是远远超过其他城市的。新加坡的比例相对较低，这是由于旅游是新加坡的三大支柱产业之一，政府对交通基础设施大力投入，同时制定较低的公共交通价格，开设了许多旅游线路。

表 11　交通方式费用占城市人均日收入的比例对比

城市	各种交通方式费用占该城市人均日收入的比例			不同交通方式间比价	
	公交(%)	地铁(%)	出租车(%)	地铁/公交	出租车费/公交
新加坡	0.75	1.2	13.9	1.6	18.7
东　京	1.4	1.5	21.9	1.1	15.9
香　港	1	2	13.9	2	13.6
纽　约	3.5	3.5	23.3	1	6.6
巴　黎	6.4	6.5	32.2	1	5
上　海	1.1	4.5	32	4	28.8
北　京	0.47	2.4	30.6	5	65

3. 不同交通方式间的比价关系

从表 11 可以看到，公交定价的显著偏低使得地铁和出租车对其的比价远远超过国际水平。一般情况下，当比价差异过大时，相对价格较低的公交将被过度使用，而地铁在非高峰阶段出现较低的载客率，但北京公共交通资源不足，尤其是覆盖范围相对较小、高峰运营能力较差，市民出行对公共交通的需求缺乏价格弹性，公交相对的低价只是使运营商放弃了一部分合理的收入，而政府将负担起这部分的补贴，对市民在选择公共交通方式的调节作用微弱。

通过上述的比较分析，可以看到，北京的票制单一，票价较低，不仅使票制票价调节各种交通出行方式的能力大为削弱；同时也为政府财政背上了沉重的负担，虽然为短期流动人口提供了便利，但是随之带来了一些其他社会问题。

（二）票制票价对比分析结论及影响

从以上票制的介绍可以看到，在轨道交通和公交系统中，北京的票制是比较单一的票制，而其他大都市根据不同的距离或时间段制定了不同的票制。这些票制票价的不同特点带来了以下影响。

1. 财政补贴数额庞大

各大都市基本都按照距离、是否高峰时段或离城市中心的远近来收取不同的费用，实行票制多元化。对郊区、远途和高峰时段出行收取较高的费用，可以增加公交运营收入，而且在东京等城市的郊县还引入了民间投资经营，不仅提高了服务质量而且减少了政府投入。而北京公共交通票制票价比较单一，尤其轨道交通实行统一的票价，没有距离和时间段的差别，优点是操作简单易行，核算容易。但由于统一票价没有区域和距离的差别定价，而且票价相对较低，所以北京市公共交通系统需要有比其他大都市更大量的财政补贴。

2. 出行需求的调节方式单一

由于采用多元化的票制，各大都市在进行区域和时间段调节时充分利用价格调节出行时间，缓解高峰时段拥堵问题。而北京的单一票制以及低廉的票价，仅能依靠市民对拥堵的状况和各种交通方式的可获得性做出理性判断来计划出行，所能达到的调节效果有限。

3. 票价补贴造成不公平

国外大都市在施行公共交通补贴时推出了周卡、月卡甚至是季卡的优惠票制，这种补贴的对象主要是在一定时期内可以在该城市进行各种经济活动的个人，停留时间越长，补贴的比例越大。而北京施行的是统一的补贴优惠政策，这样不区分人口留京时间进行的统一补贴政策，不仅加重了常住人口的税负，而且减少了超短期流动人口的流动成本，助长了"免费乘车者"，进而带来了一些其他的城市问题。

四　政策建议

（一）建立多元化的票制

根据是否工作日、是否高峰时段、不同距离制定不同的票价，强化政府通过票制票价制定来调节出行方式的能力，尤其要加大研究通勤高峰时期的票制机制，从而保证高峰时段公交通勤出行比例。同时建立日票、周票、月票制，根据交通资源状况，利用票制票价和日票、周票、月票的组合策略，对各出行方式进行调节，同时减少流动人口流动过快过多带来的社会问题。

（二）合理提高公交票价

要逐步完善城市公共交通定价、调价机制，基于成本定价的原则，综合考虑各方面因素，科学制定群众能接受、财政能承担的城市公共交通价格。适时建立公交票价与企业运营成本和物价水平的联动机制。这样不仅可以提高公共交通运营收入进而提升服务质量，还可以减少纳税负担、节约补贴资金用于其他公共交通资源建设。

（三）根据区域发展策略制定不同的票制票价

根据各区域不同的经济发展战略，如旅游区、商业区或工业区，制定不同的票制票价，为区域经济的发展、人民生活水平的提高起到一定的调节作用。

参考文献

郭淑霞，2010，《北京城市公交汽车出行特征分析及对策》，《综合运输》第 4 期。

黄海军，1998，《公共与个体竞争交通系统的定价研究》，《管理科学学报》第 11 期。

李华强，2010，《新时期推进城市公共交通优先发展的战略思考》，《交通运输部管理干部学院学报》第 1 期。

王健、安实、徐亚国，2005，《道路拥挤定价下的公交收费模型研究》，《中国公路学报》第 4 期。

杨帆，2010，《公共交通定价与最优政府补偿模型》，《交通运输工程学报》第 4 期。

作者简介

王超　男

所属博士后流动站：北京工业大学经管学院管理科学与工程流动站

合作导师：宗刚

在站时间：2009.06 ~ 2011.06

现工作单位：北京交通大学

联系方式：chaowang@ bjtu. edu. cn

徐文勇　男

现工作单位：北京工业大学经管学院

山东半岛城市群技术创新空间网络体系建设对策刍议

王旭东

摘　要： 山东半岛城市群是山东省对外开放的前沿、经济发展的支柱、社会文化发展的重心。如何以半岛城市群的经济发展为龙头，通过构建科学而合理的半岛城市群的技术创新体系，引领山东省经济的发展，成为目前各界急需解决的重点问题之一。本文针对山东半岛城市群技术创新体系发展现状，探讨了山东半岛城市群技术创新体系面临的问题，提出了山东半岛城市群技术创新空间网络体系对策建议。

关键词： 山东半岛城市群　技术创新体系　自主创新　产业集群

山东半岛毗邻日、韩两国，处于"长三角"和京津唐、辽中南之间，是黄河经济带与环渤海经济区的交汇点，华北地区和华东地区的接合部，聚集了山东省主要的优势资源，是山东省对外开放的前沿、经济发展的支柱、社会文化发展的重心。城市群内拥有 76 个国家级和省级开发区，占全省开发区总数的 75%。全省 20 个国家驰名商标和出口 100 强企业集中在山东半岛城市群。随着山东半岛城市群的快速发展，自主创新能力偏弱的问题已开始制约山东省经济的良性发展。因此，如何以半岛城市群的经济发展为龙头，通过构建科学而合理的山东半岛城市群的技术创新空间网络体系，引领山东省经济的发展，成为目前各界急需解决的重点问题之一。山东半岛城市群作为我国北方环黄渤海湾重要的经济发展区域，其技术创新空间网络体系的构建不仅事关山东经济的健康发展，更对我国北方经济的技术辐射作用具有深远影响。因此，对山东半岛城市群技术创新空间网络体系的研究，可以进一步完善现有理论体系，对山东省区域经济发展以及我国区域创新体系的构建，也具有重要的现实意义。

一 山东半岛城市群技术创新体系存在的问题

山东半岛城市群面临着加快发展的良好机遇，也面临着与长三角、珠三角、京津冀等发达区域的竞争与挑战。根据中国社会科学院"中国城市竞争力"课题组在《2007年中国城市竞争力综述》中对中国30个城市群竞争力的排名来看，山东半岛城市群综合竞争力排名位列第四，但综合竞争力指数与前三位的城市群差距很大，而较位列其后的辽中南城市群其优势并不十分明显。其中，在衡量综合竞争力的三个指标中，短时期内难以改变的先天竞争力尤其偏弱，这需要依靠现实竞争力和成长竞争力的快速提高来弥补。但与珠三角、长三角相比，山东半岛城市群在经济市场化程度、产业配套能力、对外开放水平、区域一体化进程等方面都存在不小的差距。推动竞争力提高的关键因素在于技术创新，因此这也暴露出山东半岛城市群技术创新体系建设中存在的诸多问题。主要是：第一，城市群科技贡献率区域差异过大。威海、青岛、济南等地科技贡献率水平较高，东营、淄博等地科技贡献率则较低，烟台、潍坊的科技贡献力水平与其经济实力明显不符。第二，科技贡献率低的地区科技进步速度也较慢，而科技贡献率高的地区科技进步速度则较快。这容易进一步拉大城市群区域发展不均衡，使相对落后地市的发展陷入不良循环。第三，科技贡献率的变化及其区域差异也反映出区域创新体系建设中重投入、轻效率，重局部、轻整体，各自为政、缺乏整合等突出问题。山东半岛城市群技术创新体系建设既包括创新体系自身组成部分的体系建设，更要注重城市群区域的一体化创新发展。

总之，通过技术创新，加强各城市之间的产业分工与合作，从整体上优化产业结构与布局，提升产业素质和竞争力，已成为山东半岛城市群在激烈的区域经济竞争中取胜的当务之急。

二 山东半岛城市群技术创新空间网络体系建设对策

山东半岛城市群工业层次低、技术等级不高、产品国际竞争力较差等问题比较突出，必须通过技术创新重新优化产业定位和区域分工，重点打造特色鲜明、重点突出、分工合理、产出高效的优势产业集聚区，通过推动产业升级与合理布局，以产业的空间优化调整带动区域形成地方特色鲜明的技术创新空间网络体系。

（一）优化产业定位

2008年11月26日，经山东省政府批准的《胶东半岛城市群和省会城市群一体化发展规划》中提到，将按照"两个中心城市、两个城市群、两条产业聚集带（轴）、四类主体功能区"进行布局，将该区域建成全国重要的现代产业和创新人才集聚区，全省改革开放和转变经济方式的先行区，建设经济文化强省的主导区，全国重要的经济增长区。要实现以上目标，必须充分利用山东半岛城市群加工制造业基础较好、基础设施完备、科教资源密集、人口集中等有利条件，构建以高端制造业为基础，高科技产业为主导，现代流通服务业合理配套，海洋经济特色鲜明，基础设施、环境及人力资源为支撑的产业经济体系，进一步增强区域产业经济的核心竞争力。

1. 打造先进制造业基地

作为制造业基地，必须瞄准"高端、高质、高效"的产业发展战略，在原有制造业的基础上，推动产业层次的优化升级，重点发展交通运输设备和机械、电子信息以及家电、装备制造、化工和医药等优势产业。

船舶工业是山东省重要的产业链之一，目前全省有列入行业统计范围的造修船及相关配套产业119家，船舶产品省内配套率为30%。此次全球金融危机对造船市场形成重大冲击，船价下跌，新接船舶订单量大幅减少。据山东省国防科工办的信息显示，2008年第四季度山东省新接订单仅4万载重吨，同比减少93%；未来三年，世界造船市场预计仍将处于低谷期。为了应对国际市场低迷带来的冲击，未来船舶工业应重点发展大型油船、集装箱船、海洋工程船、远洋捕捞及加工船、高速豪华游艇及高附加值船舶，提高船用柴油机、发动机组等配套产品的质量，形成制造水平高、配套能力强的船舶产业体系；通过采取扶持重点企业、强化技改、突破关键共性技术等措施促进船舶工业的发展。

汽车及零部件工业方面，力争以节能、环保和车辆安全技术为主攻方向，推动新能源汽车产业化发展，重点发展节能与新能源汽车。依靠日韩产业转移，以及自身发展基础和国内高速发展的汽车市场，发展轿车、载重车、特种车，围绕整车配套，进一步提高发动机、空调器、车桥、曲轴、连杆等关键零部件的生产能力和水平，形成以经济型乘用车、载重车和特种车为龙头，关键零部件协作配套的汽车产业格局。面对缺乏一汽、上汽那样产量过百万、主营收入过千亿的大企业集团的问题，城市群应着力推进企业兼并重组，抓紧培育8~10家具有较强竞争力的大型企业集团，同时支持汽车零部件骨干企业通过兼并重组扩大规模，要在尊重市场规律、尊重双方意愿的前提下，政府为企业重组创造有利条件。抓紧调整汽车产业区域布局，提高济南、青岛、烟台、潍坊四个整车主产区及淄博、威海、日照三个重要产区的生产能力，使产能进一步集中，推动产业集群的发展壮大。

信息产业方面，国际金融危机为城市群信息产业合理布局、融合产业资源、向国际分工高端延伸提供了机遇。计算机及其外围设备和配套件产业、网络与通信产品、高智能信息家电、软件产业、集成电路产业、新型元器件产业、电子材料产业、应用电子产业等将成为下一步信息产业领域发展的重点。要建立完善以青岛为龙头，胶东半岛和济南都市圈为基地，沿胶济铁路沿线铺开并向两翼拓展的产业格局。重点建设青岛电子信息产业基地、济南软件产业基地以及国家级电子信息产业园，形成地方特色明显、技术水平高、产业发达、竞争力强的电子信息产业聚集区；培育手机及计算机、电声器件、光电子、传感器等产业，力争把烟台建成全国重要的电子信息产业基地，把潍坊建成国家级电子信息产业园。家电产业应以信息家电为龙头，开发数字化家电产品和家具集成产品，改造提升传统产品，积极发展小家电，保持其在全国的领先地位。

装备制造业方面，山东省在全国同行业处于优势地位。经济总量占全国同行业的13%，主营业务收入、工业增加值、利润均居全国同行业第二位。电工电器成为带动行业发展的优势产业，农机行业跃居全国第一位，农用运输车产量占全国总产量的80%以上，拖拉机、联合收割机、机动植保机械、工程机械、石油机械等产能及市场占有率均居全国首位，金切机床居全国第二位。但同时结构性矛盾比较突出，缺少大型、重型成套设备和为轻工、化工、纺织等行业服务的专用设备，高新技术产品比重较小，缺少国际竞争力强的名牌产品。能够支撑和带动行业结构优化升级的大企业较少。在今后的发展中，应发挥市场机制的作用，鼓励装备制造业企业与上下游企业、研发机构之间通过上市、兼并、联合、重组等形式，组成战略联盟，实现优势互补，形成一批拥有自主知识产权、核心竞争力强的大企业和企业集团，提高规模效益和整体竞争力。围绕产业转型升级，支持装备制造骨干企业在工程承包、系统集成、设备租赁、提供解决方案、再制造等方面开展增值服务，逐步实现由生产型制造向服务型制造转变。鼓励有条件的企业，延伸扩展研发、设计、信息化服务等业务，为其他企业提供社会化服务支持企业建立技术中心，形成有利于自主创新的组织体系和运行机制，开发拥有自主知识产权的主导产品和核心技术，支持企业以战略联盟的形式实施国家和全省的重大项目。重点发展机床工具、工程建筑机械、农业机械、纺织机械、电工电器、内燃机、轻工机械、化工机械、大型和重型成套装备、基础部件等十大行业。此外，山东半岛海洋工程装备制造业的发展大有潜力，应以海洋调查、海水综合利用、海洋能源开发、海水养殖与捕捞的相关设备制造为重点，在海洋勘探设备、海水淡化设备、风力发电设备、集约化研制设备、海洋油气勘探设备的开发和生产上争取实现大的突破。

化工和医药产业方面，重点发展石油化工、新领域精细化工、橡胶和海洋生物药物、基因工程药物、植物药物。依靠现有较好的石油化工工业基础，通过齐鲁石化、济南炼油、青岛大炼油、威海橡胶等大企业的建设及其影响力，吸引外商投资，吸引国外公司来设立研发基地。采取"扁平化"策略，加强企业间的横向联系及协同发展，使山东半岛成为中国大型石油和化学工业基地之一。依靠丰富的海洋资源，加大科技投入，重点开发海洋生物药物、基因工程药物、植物药物，把海洋产业做大做强。

2. 提升高新技术产业的层次

山东半岛城市群高新技术产业目前的结构层次总体水平不高，且区域间同构现象严重、自主创新能力不强，与江苏、上海、北京等先进省市相比有较大差距。高新技术产业层次的提升是带动整个城市群区域乃至山东省转变经济发展方式、实现跨越式发展的重要举措。

应顺应经济全球化、信息化和世界新科技革命的潮流，集中有限的资金、技术、人才和服务等资源，依托现有的和未来可能具备的条件，重点在电子信息、生物工程、新材料三大领域实现重大突破和质的飞跃，以此带动海洋新兴产业、先进制造技术、新能源等领域的发展。以培育骨干企业和高新技术产业群为目标，坚持统筹规划、产学研结合和资源整合，强化上、中、下游配套产品的开发，拉长产业链条，培育具有山东特色和竞争优势的高新技术产业群，带动全省经济结构优化升级。在新的历史时期，山东半岛城市群要依据品牌产品—品牌企业—品牌产业—品牌集群—品牌城市—品牌城市群的发展思路，延伸品牌产业链，提高产业国际竞争力，争取取得更多的世界和中国名牌产品及行业标准（马传栋，2008）。在跻身国内高新产业发展前列的基础上，争取在国际上占有"一席之地"。以山东半岛高新技术产业带建设为契机，借助区域优势，重点打造以下高新技术产业集群。

（1）计算机和通信产品产业群。借助于计算机和通信领域良好的产业基础，以浪潮、海尔、海信为龙头打造计算机和通信产品产业群。

（2）软件产业群。以齐鲁软件园的发展为基础，以制造业信息化和胶东制造业基地建设为契机，打造软件产业群。

（3）高性能信息化智能家电产业群。跟踪国内外发展趋势，联合高校、科研单位建立专用集成电路设计研究中心和工程技术研究中心，加强专用集成电路、音视频处理技术、模糊控制技术、蓝牙技术等的自主研究开发，围绕龙头产品拉长产业链，提高自主配套能力，促进传统家电实现数字化、智能化、网络化，形成以海尔、海信、澳柯玛等骨干企业为主体的高性能信息化智能家电产业群。

（4）光电子材料及器件产业群。借助于非线性晶体材料、发光二极管、电子基础材料等领域的特色和优势，在现有基础上，强化现有产品的深加工，打造光电子材料及器件产业群。

（5）创新药物产业群。利用化学合成技术、基因克隆技术、生化提取技术、发酵后处理技术、蛋白质修饰技术等，发展化学合成、基因工程、发酵工程、生化制药四大类创新药物，形成创新药物产业群。

（6）中药现代化产业群。依靠中药现代化科技产业基地平台，借助道地中药材种植、中成药开发方面的技术特色和产业基础，重点建设道地中药材种植基地，研究开发中成药制备技术和创新药物，培育中药现代化产业群。

（7）精细化工和新型高分子材料产业群。立足现有的资源优势和产业基础，围绕龙头产品的深加工，强化自主知识产权的研究开发，建立一批公用开发的技术研发中心和具有核心竞争力的特色产业基地，形成精细化工和新型高分子材料产业群。

（8）非金属材料产业群。借助在特种纤维、陶瓷和复合材料等非金属材料领域的产业基础，加强原材料和后续深加工产品的开发，建设以特种纤维、特种陶瓷和复合材料为主的非金属材料产业群。

（9）汽车及零部件产业群。在现有产业格局的基础上，研究开发虚拟制造、快速成型等重大关键共性技术，建立汽车及零部件制造业公用技术支撑平台，围绕整车提高产业集成度，进一步提高技术开发能力、零部件配套能力，形成汽车及零部件产业群。

（10）数字化装备及机械制造产业群。大力实施制造业信息化工程，进一步提高设计、生产装备水平和产品技术档次，大力开发适应市场需求的新产品，同时，加强相关零部件的开发，创建上、中、下游产品配套的先进制造产业基地。

（11）海洋新兴产业群。重点在沿海城市建设海洋高新技术开发基地，围绕推广高产抗逆养殖新品种、海洋药物与保健品开发、海洋精细化工产品开发、海水健康养殖、水产品加工和海水淡化等技术，培植一批规模较大的海洋高技术龙头企业，形成各具特色的海洋高技术产业集群。

（12）农产品精深加工产业群。借助于丰富的农业动植物资源条件，在建立农业良种培育体系的基础上，加快发展农产品精深加工业，建设农产品精深加工产业群。

3. 大力发展现代服务业

山东半岛服务业发展相对滞后，应把发展服务业作为调整产业结构的重要突破口，大力发展现代服务业，规范提升传统服务业。

首先，着力发展生产性服务业。大力发展金融保险、现代物流、科技与信息、商务服务等生产性服务业。金融保险业的布局应遵循集中发展的原则，在济南、青岛两个龙头城市建设金融机构集聚区，加快引进金融机构法人总部、地区总部和结算中心，建成国内重要的区域性金融中心。整合各地金融资源，在城市商业银行、农村信用社、信托投资公司等金融机构发展的基础上，以资产为纽带，组建大型金融集团。整合、规范发展各类保险业、担保公司、企业财务公司以及其他中小金融机构，拓展大中保险市场。依托中心城市、重要交通枢纽、工业园区等，加快生产性服务业集聚区或基地建设。以青岛、烟台、威海、日照等沿海港口为核心，加强立体疏港交通体系建设，着力构建海陆相连的临港物流网络。发挥保税区、出口加工区和对外开放口岸的物流平台作用，强化其国际中转、国际配送、国际采购和国际转口贸易四大功能，促进港航、仓储和物流产业的联动发展。

其次，促进生产性服务业与制造业的互动发展。积极推动制造业从加工制造化向研发和营销两端拓展延伸，发展为制造业配套服务的产品研发、工业设计、产品分销、售后服务、技术培训、品牌推广等专业化服务，形成生产性服务业发展与制造业优化升级的良性互动。

再次，抓好服务外包产业基地建设，积极承接国际服务业转移。目前，以金融、保险、软件、研发为代表的生产性服务贸易逐渐成为发达国家对外直接投资的重要领域。山东半岛城市群各城市应抓住国际生产性服务业专业的有利时机，通过引进国外先进的生产性服务业，增强生产性服务业的实力。济南市要抓住我国信息通讯国际创新园（CIIIC）、"中国服务外包基地城市"和山东省唯一一个国家级服务外包示范市的优势，充分利用区位、市场、人才、政策等优势，大力发展以软件和信息服务为主体的外包产业。青岛要利用其"欧美软件出口试点基地"的有利条件，把 IT 服务外包、创意产业发展到更高层次。烟台可利用其动漫基地建设，突出培育国家级动漫产业发展基地。潍坊可大力发展呼叫中心产业，为全国乃至全球提供综合信息服务。

最后，还应加快对传统服务业的升级改造，提升居民生活服务业的发展水平。对商贸、交通运输、餐饮等传统服务业进行升级改造，围绕满足城乡居民服务需求，大力发展旅游休闲、房地产、家居物业、家政服务、文化娱乐、健康保健、教育培训等消费服务业。

4. 壮大海洋产业

山东半岛已形成集海洋渔业、海洋盐业和盐化工业、海洋交通运输业、海洋油气开采业、滨海旅游及海洋科教等服务于一体的门类较为齐全的海洋产业体系。其中，海洋渔业、盐业和盐化工业、海洋港口运输业、海洋科研教育等在全国具有举足轻重的地位，海洋经济总量多年来位居全国前列。但目前的海洋产业结构不尽合理，海洋新兴产业规模较小，产业增加值占产业总量的比重较小；技术含量低、低水平重复建设、以劳动密集型为主的产业项目较多；人才结构、产学研合作体系尚待进一步发展等。今后应逐步完善海洋科技创新体系，构建以青岛为龙头，以环渤海的潍坊、东营、滨州为西北翼，以黄海沿岸的烟台、威海、日照为东南翼的山东半岛海洋科技创新和新兴产业发展布局。黄河三角洲高效生态经济区、长山列岛海洋科技综合开发区、荣成湾海洋水产技术密集区、潍北卤水化工技术产业区、胶州湾海水利用示范区、日照海域生物资源保护与可持续利用示范区等六大海洋科技产业开发示范区，为壮大海洋产业的重点开发建设区域。现代海水养殖及精深加工、海洋药物与生物制品、海洋精细化工、海水综合利用、海洋新材料、海洋仪器装备制造、海洋文化旅游等九大产业将成为今后重点发展领域。

（二）明确区域产业联系与职能分工

1. 弱化城市个体的利益，加强分工与协作

区域经济一体化的最终目的是使区域整体效益最大化，而这与各地市追求各自利益最大化的目的不可避免地发生冲突，因此应当弱化城市个体的利益，强化区域整体的利益，加强分工与协作。在区域职能分工中，首先是要强化济南和青岛两个区域经济中心，增强中心城市的辐射力。济南市和青岛市要率先在山东半岛城市群中建成以高新技术和现代制造业、现代服务业为主导的产业群，成为推进胶济现代制造业带快速发展的两大辐射中心（马传栋，2008）。其次，重视产业细分，实行错位发展，各市可在同一产业内选择不同的产品种类作为发展的重点，从而改变目前各城市产业竞争大于合作的尴尬局面，形成各具特色而又相互补充的产业体系，推动城市群产业的整体升级和经济协同发展。最后，以产业链为纽带进行分工与协作，提高产业配套程度和能力。目前山东半岛城市群内各市之间尚缺乏比较紧密的产业链联系，不仅导致现有企业当地采购率低，而且对引进外资产生不利影响，而以产业链为纽带的分工与协作则更有利于城市群内部竞合格局的形成。

2. 加快海陆统筹建设

山东半岛城市群建设要兼顾"海"与"陆"两个方面。海陆统筹建设的主导产业选择要充分考虑海洋经济对陆域经济的带动作用和陆域经济对海洋经济的促进作用，选择那些带动能力强、关联度较大的产业。海洋主导产业要定位于资源条件较好、产业链完整且对海岸带区域经济贡献度较大的产业部门；陆域产业要重点发展对海洋开发支撑作用较强、产业感应度系数和影响力系数都较高的产业。海陆统筹的产业空间结构适合采取点轴式发展模式。一方面，在沿海地区实行重点开发，形成几个海陆产业联系紧密的区域作为增长极，带动周边区域经济的发展；另一方面，借助于基础设施建设，通过加强海陆城市之间的联系，形成具有辐射和带动作用的轴线。

3. 协调布局高新技术产业

在地域上优先发展济南、青岛两市的高新技术产业，以它们为中心向周围辐射发展，依次带动山东省的发展。产业结构上调整区内分工，根据不同城市的区位、资源条件以及现有的发展基础合理布局，形成城市间错位竞争、区内协调发展、共同应对区外竞争与挑战的局面。

济南市：充分发挥驻济高校、科研院所、高技术人才较多的优势，加快国家级软件科研、技术创新、人才培养、开发研制、出口和博览基地的建设，重点发展信息服务和信息制造业、生物技术与生物医药、高科技农业。其中，以浪潮集团、中创软件、齐鲁软件园、山东松下等企业为骨干，培植计算机、服务器、软件、网络信息安全、存储系列产品等五大电子信息产业群，形成以齐鲁软件园为中心的电子信息生产基地是当前的工作重点。

青岛市：以发展信息产业为龙头，以电子信息、生物技术、新材料等新兴产业为切入点，进一步促进海尔集团、海信集团、澳柯玛集团等大型信息家电企业的发展，真正把青岛建成世界级的信息家电制造业基地。发挥青岛市海洋科技人才最集中的优势，把青岛建成世界级海洋生物工程基地；提升新材料产业的技术密集度和产品的先进水平，提升其在全市经济产出中的贡献度。

烟台市：进一步加大国家级经济技术开发区、高新技术开发区、中俄技术开发区的招标力度，吸引韩国、日本、俄罗斯和我国港台地区资金的投入，进一步加快信息技术、现代家用轿车、生物工程以及精细化工等产业的发展。

威海市：发挥临近韩国和韩资企业集聚的优势，进一步加大吸引韩资大型企业投资设厂的力度，大力发展生物技术、新材料、电子信息、海洋技术四大高新技术领域，以及汽车零部件和轮胎、造船业等现代制造业和韩国来料加工出口产品制造业。

日照市：充分利用靠近韩日两国和新亚欧大陆桥桥头堡的区位优势，以青、烟、威三市为依托，主动接受青岛的辐射，大力发展循环经济型高新技术滨海工业和环保产业。

潍坊市：在加大对原有电子工业改革力度的同时，加快改造提升生物医药、海洋化工以及新材料等高新技术产业群。同时，加快发展寿光市高新技术农业，以农业生产标准化、食品安全生产示范为重点，加大在农业标准化、食品安全、农产品精深加工等关键技术方面的研究和示范力度。

淄博市：大力发展新材料产业，重点建设现代高分子材料、纳米材料、稀土材料、新型陶瓷材料、电子新材料和建筑新材料等科研和生产基地，建设成全国最大的助塑剂高分子材料和氧化锌稀土材料生产企业。

东营市：发挥胜利油田的石油资源、资金和石油大学的人才资源和科研优势，充分利用广阔的土地资源，大力发展民营企业，建设黄河三角洲高效生态经济区，加大经济技术开发区吸引外资的力度，建设东营市石油机械研制、石油化工、海洋化工等加工业为主的新型制造业基地，降低地方经济对石油开采的依存度。

在进行产业布局的同时，城市群各地市要建立技术合作与转让机制，以青岛、济南为主增长点，威海、淄博、潍坊、烟台、东营、日照为次增长点，实现高新技术的共享与梯级式开发。

4. 参与国际分工与协作，构建开放经济新格局

山东半岛毗邻黄海和渤海，与日本、韩国隔海相望，在泛黄海经济圈和东北亚经济圈区域合作中均处于重要位置。加强与日韩等国的交流与合作有利于将山东半岛建设成为我国对外开放的重要门户，有利于面向东北亚全方位参与国际分工与协作，从而形成我国新的开放热点和经济增长极。在金融危机的背景下，加强与日韩等国的合作，更利于在各国产业结构调整和国际分工调整的时机，承接产业转移，构建国际化产业带。

一方面，在山东半岛城市群构建中日韩自由贸易先行区。2008年9月7日国务院批准设立青岛前湾保税港区，于2009年9月1日通过国家十一部委联合验收，正式封关运营。这是我国目前开放层次最高、政策最优惠、功能最齐全、手续最简便的海关特殊监管区域之一，实现了"境内关外"的自由贸易功能，奠定了向中日韩自由贸易先行区转型的基础。2009年9月7日，国务院又批准设立烟台保税港区。山东半岛城市群应抓住中日韩拟建自由贸易区的历史机遇，借鉴国际自由贸易区建设的成功经验，充分利用中日韩"泛黄海经济技术交流会议"中方秘书处设在山东的有利条件，发挥山东半岛在三方投资协议谈判和三国自由贸易区联合研究中的积极作用，依托青岛前湾保税港区、烟台保税港区，并整合青岛、烟台、威海、日照等经济技术开发区和相关出口加工区，积极争取国家有关部门在青岛、烟台、威海、日照等市批建中日韩自由贸易先行区。努力在区域监管、区域功能、行政管理、地域发展、政策法规等方面实现新突破，争取实现货物流通自由、资金流通自由、人员进出自由。

另一方面，借助于建设自由贸易区，在完善构筑海陆空交通网络的基础上，加强中日韩产业合作。山东半岛是我国重要的制造业基地，与日韩产业互补性强，有利于形成与日韩优势互补、配套协作的产业合作区。在高新技术产业领域，根据日韩信息技术、生物工程、新材料、新能源及海洋资源开发等高新技术领域的发展处于世界重要地位的实际，大力引进日韩相关企业，在资本、技术、营销、管理等方面展开全方位合作。推进沿海城市的高新技术产业开发区与日韩工业园区相对接，建立与日韩高新技术产业合作的平台。在先进制造业领域，积极推进与日韩在汽车、电子、造船、机械装备、化工等产业的合作，促进产业链的延伸和升级，并加大与日韩制造业研发合作的力度，建立中日韩制造业合作示范区，打造与日韩制造业合作的平台。在现代服务业领域，重点加强与日韩发展软件外包、流程外包和动漫产

品制作等方面的合作，建立外包服务平台；加强与日韩银行、保险、证券等
金融机构的合作交流，建立现代金融服务体系和金融创新基地；加强在现代
物流和旅游等方面的合作，建立现代服务业合作平台。

（三）加快模块化产业集群建设

产业集群能够形成区域内企业间的分工与协作，分工能够带来交易费用
的节省、成本的降低及规模经济与外部经济效应，协作能够产生集聚效应、
品牌优势及资源、基础设施的共享等。而模块化能够将集群的大系统分解为
多个子系统，而子系统又逐渐分解，同时各子系统保持紧密的分工协作关系
（见图1）。通过调研，笔者认为对于以现代制造业为主的山东半岛城市群当
前应大力发展模块化产业集群。

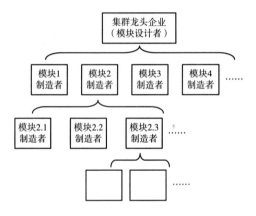

图1　高新产业集群模块化运作模式

模块化产业集群中的厂商可分化为两类典型组织：一类是若干核心厂商
（或称标准制定商或系统集成商），它们是几家规模较大、具有核心技术和
核心产品的"中心企业"（龙头企业），这些企业可以承担模块设计者角色。
另一类是模块供应商，主要是一些中小企业，负责加工、制造、装配、检
测、包装等非核心价值环节，一般不具有自有品牌，因此都属于独立的价值
模块制造者。核心厂商与模块供应商之间形成"中心—卫星"式结构（见
图2）。这样，产业的竞争呈现多层次性，既在不同的核心企业之间展开，
同时也在经营每一个价值模块的多个模块供应商之间展开。

这种模块化产业集群具有面向模块化的创新分工和创新协作功能，具有
系列化模块产品开发和基于模块化组合与模块化集成的快速开发新产品能

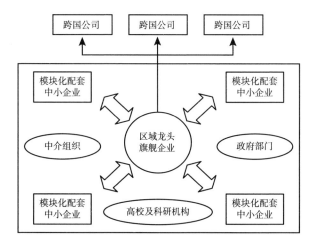

图 2　模块化产业集群结构

力，还具有快速嵌入全球制造网络、承担全球制造业某一产品模块或流程模块的专业化优势，同时具有基于模块化组合变异的快速响应能力、动态柔性能力和抗经济波动风险能力。如台湾聚焦于全球计算机设备制造产业链中的芯片代工、主板、光碟机等模块化产品，迅速发展成为全球计算机配件产业最大的制造基地，通过产业集群带动了一大批科技型中小企业和研发机构的发展。结合模块化产业集群理论，山东半岛城市群的制造业可采取以下方式促进技术创新。

第一，制造商通过与跨国品牌制造商的合作、结盟以及并购重组，逐步发展成具有集成服务功能的零部件企业集团；通过制造业的集聚式发展来增强企业间的互动、学习和竞争，形成对关键价值模块开发与创新的群体优势。

第二，鼓励和推动本土大型企业在某些核心价值模块上加大研发力度，争取在若干核心技术和产品中拥有自主知识产权，向价值链的高端环节延伸。可以通过设立政府性的研发基金以及给予政策导向与扶植，集中开发关键的价值模块，并与全球生产网络对接，在做专做精的基础上做强做大，实质性地提升技术创新水平。

第三，探索实施模块化改造，组建若干大型专业化零部件供应商，积极参与国际相关技术标准的制定。在产业模块化框架下，产业的竞争力主要取决于对关键价值模块和技术标准升级的控制。因此，高新区内的各类企业要摒弃"大而全、小而全"的一体化产品开发模式，通过产业重组和流程重组，形成专注于核心价值模块开发的品牌制造商和能为国内外品牌厂商提供专业化服务的模块供应商。

加快山东半岛产业集群的建设与发展，必须从全球的战略高度，充分利用国内外产业、技术、人才和市场优势，迅速融入国际产业分工体系，以产业创新、产业升级、产业转移、高端项目建设为载体，加大高端产业的增量投入，完善零部件产业的配置和集聚体系；以可持续发展能力与创新能力促进现代服务业发展与制造业配套、高新技术产业发展与劳动密集型产业协调。

这一发展模式不仅以工业的空间扩张来实现空间结构的质与量的有机增长，而且主要是通过"自主创新—产业转型—出口带动"，实现城市空间和产业技术的集群扩张。在"产业创新圈"的基础上，使城市空间结构、创新网络、人才队伍和产业集群构成了一个"科技产业化、服务市场化、创新国际化"的整体，推动城市新型工业化、现代化与科技经济一体化的协调发展。

参考文献

陈琪、徐东，2007，《区域创新体系的系统结构研究》，《科技进步与对策》第8期。

科技部，2003，《关于印发〈区域创新体系建设研究工作研讨会会议纪要〉的通知》（国科发政字〔2003〕139号），5月8日。

柳卸林、胡志坚，2002，《中国区域创新能力的分布与成因》，《科学研究》第5期。

马传栋，2008，《从山东半岛城市群到泛山东半岛城市群》，《东岳论丛》第1期。

谢富纪，2009，《中国都市圈创新体系》，上海：格致出版社。

谢富纪、朱苑秋，2008，《我国三大都市圈创新要素配置分析》，《技术经济》第2期。

Asheim, B. T. & Coenen L. 2004, "The Role of Regional Innovation System in A Globalising Economy：Comparing Knowledge Bases and Institutional Frameworks of Nordic Clusters." Conference paper, in the 2004 DRUID Summer Conference on "Industrial Dynamics, Innovation and Development".

Asheim, B. T. & Isaksen A. 2002, "Regional Innovation Systems：the Integration of Local 'Sticky' and Global 'Ubiquitous' Knowledge." *Journal of Technology Transfer* 27.

Autio, E. 1998, "Evaluation of RTD in Regional Systems of Innovation." *European Planning Studies* 2.

Cooke, P. 1992, "Regional Innovation Systems：Competitive Regulation in the New Europe." *Geoforum* 23.

作者简介

王旭东　男

所属博士后流动站：上海交通大学安泰经济与管理学院、中国都市圈发展与管理研究中心

合作导师：谢富纪

在站时间：2008.01～2010.07

现工作单位：山东省财政厅

联系方式：wxd8578@126.com

城市发展理论与辽宁城镇化创新发展模式选择[*]

孟翔飞　刘玉梅

摘　要：在现代化和工业化过程中，城镇化一直是一个非常重要的内容。本文力图摆脱单一的经济视角，从经济学和社会学"双视角"思考中国进入工业化中后期城镇化的进程及发展模式的选择，提出中国城镇化的本质就是"城乡一体化"。通过对老工业基地振兴与再工业化背景下辽宁城镇化创新发展模式的探索，本文力求"管中窥豹"——以辽宁为案例，预测分析深度城镇化过程中中国城镇化创新发展的若干模式。

关键词：城镇化　工业化　发展模式

辽宁城镇化创新模式的选择要将世界城市化发展的规律与辽宁的经济发展实际情况结合起来。辽宁的城镇化创新发展过程，就是在城镇化实践中不断深化认识经济发展现状，认识和解决城镇化发展实际问题的过程。辽宁的城镇化创新发展模式选择要建立在工业化中后期这个发展阶段的研判基础上，站在统筹区域经济发展的战略高度，从单一的经济学视野转向经济学和社会学双视角的理论视野，坚持以人为本，选择辽宁城镇化创新发展模式，推进辽宁城镇化的科学发展。

---

* 辽宁省中青年哲学社会科学人才培养工程委托重点课题"辽宁老工业基地全面振兴中若干成功模式研究"之子课题成果。

一　经济学与社会学"双视角"下的城市发展理论述评

（一）经济学视角下的城市发展理论综述

在经济学的研究中，工业化是现代经济发展的一个特定阶段，库兹涅茨把它看作现代经济增长的同义语；而城市化则是现代经济发展的一个必然结果，是伴随着现代经济发展而产生的经济现象。因此，二者之间是一个相互联系、不可分割的统一体，共同反映了经济发展的基本进程。

20世纪50年代中期，美国发展经济学家刘易斯按照古典学派的传统，建立了一个在二元经济框架内分析发展中国家工业化和城市化的早期模型，指出了工业化带动城市化，城市化反作用于工业化，使得整个经济由二元结构向同质的现代化结构转变。但刘易斯模型没有考虑到发展中国家现代资本主义部门生产出来的产品市场实现的困难，事实上工业化的发展是受到市场容量限制的。拉尼斯和费景汉在刘易斯模型的基础上有所改进，他们认为，发展中国家工业化的关键就在于如何把农村隐蔽失业者全部转移到工业部门中去。发展中国家在推进工业化与城市化的进程中，应该充分考虑到本国劳动力丰富的特点，在多种可供选择的技术中尽量采用劳动偏向的技术，鼓励劳动偏向的技术进步，不能大量引进先进国家的具有很高资本偏向的技术。否则，高资本积累率很可能带来低的就业创造率，从而妨碍工业化与城市化的发展。同样，拉尼斯—费模型也存在一些重大缺陷。在考虑发展中国家城市也存在严重失业的基础上，托达罗提出，一个农业劳动者是否迁入城市的决策不仅仅决定于城乡实际收入差别，而且决定于城市就业率和失业率。农业劳动者迁入城市的动机主要决定于城乡预期收入差距，差距越大，流入城市的人口越多。他发现劳动力迁入城市对经济发展的影响，比起它所带来的城市失业和就业不足的明显恶化更为广泛。

虽然早期的城镇化理论均将城镇化的内涵界定在农村人口向城市转移上，但是，其背后的经济增长，亦即工业化，被普遍认为是城镇化的根本原因。工业化对城镇化具有明显的带动作用。根据钱纳里的世界发展模型，在工业化率、城镇化率共同处于0.13左右的水平以后，城镇化率开始加速，并明显超过工业化率。同时，发展中的城市以其"聚集效应"，以及提供一个总量不断扩大的享有较高收入的城市就业人口等优势，对工业持续增长起到拉动作用。1860 年，居住在城市里的美国人尚不足 20%，而到 1920 年，大多数美国人已经生活在城市里了。1920 年，农业劳动力只占全部劳动力的 20%，而一百年以前，这个比例高达 72%（曲达科夫、史密斯，1988）。在工业化后期，制造业占 GDP 的比重开始持续下降，这时工业化对城镇化的贡献作用开始减弱。

经济学研究的另外一个理论倾向就是将城镇化放到区域经济发展的大系统中，从区域经济整体协调发展的视角认识城镇化。英国学者霍华德（Noward，1898）提出"田园城市模式"，最早表达了将城市与区域相联系进行研究的思想。盖迪斯（Geddes，1915）首创了区域规划综合研究方法，提出城市扩散到更大范围形成新区域发展形态。德国地理学家克里斯泰勒（Christaller，1933）提出著名的中心地理论，第一次把区域内的城市进行系统化论述。戈特曼（Gottmann，1961）在 20 世纪 60 年代的代表作《特大都市区：城市化了的美国东北海岸》中，首次指出了沿美国东海岸从新罕布什尔到北卡罗来纳的城镇化的都市区内农村与城市共生、土地综合利用的空间现象，并预言这种情形在世界许多地区将会重复出现。加拿大地理学家麦吉（MeGee）对东南亚城镇化做了大量实证研究，提出以区域为基础的城镇化道路，认为这种区域与欧美等发达国家的区域范围不同，欧美重点研究的区域是由"中心城市支持起来的系统"，主要由城市居民外迁引起，而东南亚城镇化与区域发展相结合的支持系统是城市、乡村相混合的复杂体系，主要是由工业化、城市扩张引起的，对于我国区域社会发展有直接的借鉴意义。西方区域经济理论研究最活跃的新经济地理学力图把"空间"因素引入对区际贸易的分析，通过把运输成本作为"空间"因素纳入区际贸易模型来解释贸易量随距离的增加而迅速减少，以及价格、要素报酬和行业生产率在不同区域间的差异等问题。Krugman 通过模型分析表明，一个经济规模较大的区域，由于前向和后向联系，会出现一种自我持续的制造业集中现象，经济规模越大，集中越明显（1991：483～499）。Waltz 则认为，区域经济一体化会导致规模收益递增的生产和创新产品的区域性集中，区域经济增长源于产业部门的地理集中及由此产生的持续的生产率提高。这些理论既分析了区域非均衡发展的形成机理，同时又阐述了经济发展的辐射、扩散和传递过程。

（二）　社会学视角下的城市发展理论综述

现代社会学的兴起源于近代城镇化运动。在社会学家的视野中，城市的本质显然不在于建筑的密集和高楼的林立，而在于创造并使用着这些物质基础的人。因此，城市数量增多，城市规模扩大，仅仅是城镇化的外在形式，至于由此带来的城市素质提高，城市社会结构分化，社会结构要素复杂化，才是城镇化的内在形式，更能体现出城镇化对于社会领域中文明要素积累的意义。城市之所以能够以特有的社会变迁带动社会发展，其本质就是城市的生存与生活方式构成了一种与乡村不同的结构关系，这种关系形成压力机制并赋予城市社会多样性的机制关系——生活方式压力选择机制、生活压力竞争机制、文化积累进化机制、科学技术创新机制、分工深化创造机制、个体差异需求机制、交换关系形成的互动依存机制——这些机制构成一种社会关系，进而形成城市社会变迁的动力机制。工业文明与民主政治乃是现代城市的两大核心制度，分别代表了新的经济形态和新的政治架构。

芝加哥学派关注城市成长的机制及其社会后果，提出第一个城市研究范式——"人类生态学"和城市动力学。作为人文主义城市理论的代表，简·雅各布斯把城市的意义和功能界定为人性成长的需要，城市空间不应是单纯工程性的和只追求技术效率的，它更应成为人性成长、人际互动的空间，这种互动为城市环境注入生活的血液。

针对古典城市生态学忽视政治和经济制度作用的缺点，城市政治经济学注重运用社会的变量，如阶级、种族、性别等分析城市空间。列斐伏尔提出"空间是社会的产物"的理论。长期以来，人们关注的只是"空间中事物"的生产，现在要转向"空间本身"的生产。在理性制度下，城市规划已经成为塑造和改变城市空间最有力的公共政策，卡斯特甚至将城市问题等同于城市规划。芝加哥学派的城市生态学是以自然生态过程类比城市过程，研究为争夺有限资源发生的城市空间的扩张和分化过程，以及相关的城市问题。生态过程是城市扩张分化的动力机制，空间面相（spatial）是过程的表现，生活方式是社会文化和道德。芝加哥学派的研究者们对空间的探索仍然停留在地理学意义上，缺乏对空间的批判精神。他们并没有从更高的理论层面去探索城市空间背后的社会关系模式。

20 世纪 80 年代出现了两位最有代表性的新城市社会学人物：大卫·哈维（David Harvey）和曼纽埃尔·卡斯特尔（Manuel Castells）。哈维认为城市从本质上来说是一个人造环境（building environment），是包含了不同元素的混合商品，是一系列的物质结构，也是资本本身发展需要所创造的一种人文物质景观。卡斯特尔以"消费"为切入点开始了城市社会学研究之路。他认为"消费概念就其性质和规模，其组织和管理只能是集体供给，集体消费满足了空间单位与社会单位的一致性，它应该成为城市社会学理想的研究对象"。

如果说新城市社会学理论致力的方向是如何将空间引入城市社会学研究中，那么后现代的空间理论则在于推动思想家们重新思考空间在社会理论和日常生活实践中所起到的作用，使得空间成为一种普遍共识。作为后现代地理学家，爱德华·苏贾致力于发展出一套空间——历史辩证唯物论以弥补马克思主义对空间的忽视。秉承列斐伏尔的思想，他指出，空间乃是社会关系和社会结构的前提、手段以及结果。它不仅仅是人类生活的地点场所，也是可以被构想的思想和观念领域、一种"思维的图示"或者构想性的空间事实，还可以是"真实的和想象的"开放性的视野——既是结构化的个体的位置，又是集体经验的结果，为在经验研究中思考时间和空间、历时性和共时性的相互关系提供了新的思路。

（三）若干评论

从经济学到社会学，城市理论完成了一个由"经济人"到"社会人"的转换。在经济学家的视野里，看到的是产业的集聚，是要素的流动，是商品需求的叠加；在社会学家的视野里，看到的是人和人群的集聚，是福利和健康，是安全舒适。当然社会学里的人不是抽象的自然人，而是生活中现实的人，而现实的人是需要支付其需求的成本的，城市里没有"免费的午餐"，所以需要综合社会学和经济学两个视角来认识，选择我国的城镇化道路。中国的城镇化道路选择正确与否，关键要看这条道路是否符合生产力发展的要求，是否符合人民的根本利益。

中国的城镇化包含了双重的要求：首先，中国的城镇化要有一个科学的出发点。所谓科学的出发点，就是"是否有利于发展社会主义社会的生产力，是否有利于增强社会主义国家的综合国力"。城镇化与工业化形成互动，推动经济的发展。城市对工业化的推动作用主要体现在：①若干外部经济可以使城市中的企业受益；②每一个企业还得益于因众多的企业共存而产生的集聚经济效应；③城市能够产生巨大的市场。简·雅各布斯断言："在所有不同类型的经济体中，城市是独特的。它能塑造和改变其他地区的经济，包括那些地理位置离它非常遥远的地方。"

　　其次，中国的城镇化需要一个价值的出发点，这个出发点就是要"有利于提高人民的生活水平"。城市是人口聚集的结果，同时城市也是为了人类的福祉而建立的。城市的根本价值在于城市能够更好地为人"服务"，"人口的迁出是造成贫民区的原因，一旦一个贫民区形成后，迁移这种现象并不会减弱，而是持续下去"。城市如果不能够很好地提高人民的生活水平，这个城市就会失去竞争的优势地位，越来越多的人就会远离这个城市，其衰落是迟早的事情。

　　城市发展由经济学视角转向经济学和社会学双视角，归根到底要实现以人为本的发展理念，进而推进"深度"城镇化，实现城镇化的科学发展。这就需要反思目前制约城镇化科学发展中的一些重大问题。这些问题包括：①如何认识城镇化的本质？与把经济发展简单地等同于GDP增长的流行看法一样，时下盛行的看法也把城镇化简单地等同于城镇化水平。于是提高城市人口比重，发动农民进城，使其"市民化"成为推动城镇化的根本目标。农民市民化改变了农民作为"二等公民"的身份，提高了农民的福利水平，但是为什么农民的积极性不高呢？原因在于就业。农民进了城，没有相应的技能，而且教育文化水平偏低，如何能找到饭碗？对年轻大学生就业都难以保障的城市，如何"化"得了数以亿计的农民？问题的关键不是"化"农村为城市，"化"农民为市民，而是使得农民享有市民的基本待遇，推动满足农民的基本需要（BHN），实现"城乡基本公共服务均等化"，即实现城乡教育均衡发展，城乡医疗卫生事业发展，社会保障体系的城乡衔接，建立城乡统筹的文化事业发展体制，统筹城乡社会管理等方面。所以说，城镇化的本质不是城镇化水平，而是城乡基本公共服务均等化。②如何适度选择城市规模？大城市好，还是小城市好，抑或是中等城市好？对于这个问题，无论是理论还是实践上都没有一个成熟的看法。国外学者对美国城市规模对生产率的影响所进行的计量分析表明，城市生产率大体上随着城市规模的扩大而有所增加，但却依递减的速率增加。所以需要"具体情况具体分析"——"大未必好""小未必不好"。所以，盲目选择大城市群或者小城市的发展战略未必是适合的。③如何重新界定城镇化与工业化的互动关系？工业化是城镇化的推动力，这个结论已经得到了充分解释。但是，反过来，城镇化对工业化的推动却是不确定的。原因在于现代工业对地理位置的依赖越来越少了，工厂是可以移动的。而且，就工厂而言,机器越来越不重要了,人才、信息更重要。所以,企业可以选择城市,而城市只能是讨好企业。面对选择机制,城市只有提供优质服务这一条制胜的法宝了。④城镇化与行政区划的关系是什么?在现行的管理体制下,行政区划对城镇化的发展具有很大的制约作用,不同的行政区划所控制的资源有很大差别。但是一个城市的发展是有历史传承的,正是历史资源禀赋的不同造就了城市现实的多样性。所以说,行政区划一定会为区划内资源的优化配置提供制度平台,但是也不能说,行政区划会解决所有的问题。柏林墙被推倒后,东西德的融合差不多用了10年的时间。制度也是资源的一种,它也需要优化配置。⑤如何协调大城市与城市周边地区的发展?城市的极化作用在城镇化的初期会起到主导作用,大量的优质资源会被吸纳到中心城市中来,一些被逐渐淘汰的产业会自动地转移到周边地区。但是,当逆城镇化到来的时候,一些优质的资源又会向周边地区转移。发达国家城镇化的发展历程已经证明了城镇化发展的阶段性演进特点。⑥如何统筹东部沿海城市与西部内陆城市的关系?自古以来,城市就是嫌贫爱富的。富裕地区商贾云集,于是出现了城市。对于发展中地区,第一,城市不会多;第二,城市规模相对小。所以,东西部城镇化的发展战略思路是不同的,东部的城市要大,要多;西部要小,要少。

对于以上六个方面问题的澄清有助于对城镇化的科学解读,进而有效地推动中国城镇化的科学发展。本文试图把这几个问题综合到辽宁城镇化创新发展模式的案例中,通过对老工业基地振兴,再工业化背景下辽宁城镇化创新模式的探索,力求"管中窥豹",为全国的城镇化道路选择提供一个新思路。

二　辽宁城镇化进程中的制约因素

改革开放前期,辽宁城镇化步入快速发展轨道。1990年城镇人口达到1644.9万人,城镇化水平为42.0%,比1978年的城镇化率提高了10.3%,平均每年提高0.86%。这一时期,全国城镇化水平从1978年的17.9%提高到1990年的26.2%,平均每年提高0.69%,辽宁城市化速度快于全国平均水平(见表1)。

表 1　辽宁城镇化与全国城镇化的发展情况比较

单位：%

年份	辽宁					全国				
	城镇化水平	第二产业占GDP的比重	第二、三产业占GDP的比重	城镇化滞后工业化程度①	城镇化滞后工业化程度②	城镇化水平	第二产业占GDP的比重	第二、三产业占GDP的比重	城镇化滞后工业化程度①	城镇化滞后工业化程度②
1978	31.7	71.1	85.9	39.4	54.2	17.9	47.88	71.81	29.96	53.89
1980	35.5	68.4	83.6	32.9	48.1	19.4	48.22	69.83	28.82	50.43
1982	37.3	63.4	82.6	26.1	45.3	20.6	54.16	76.00	33.56	55.40
1985	40.8	63.3	85.6	22.5	44.8	23.7	42.89	71.56	19.19	47.86
1990	42.0	50.9	84.1	8.9	42.1	26.2	41.34	72.88	15.11	46.65
1995	44.5	49.8	86.0	5.3	41.5	29.0	47.18	80.04	18.18	51.04
1998	45.6	47.8	86.3	2.2	40.7	30.4	46.21	82.44	15.81	52.04
2000	46.0	50.2	89.2	4.2	43.2	36.1	45.92	84.94	9.83	48.84
2001	46.3	48.5	89.2	2.2	42.9	37.1	45.15	85.61	8.05	48.51
2002	46.8	47.8	89.2	1	42.4	39.1	44.79	86.26	5.69	47.16
2003	47.2	48.3	89.7	1.1	42.5	40.5	45.97	87.20	5.44	46.67
2004	47.8	45.9	88.0	-1.9	40.2	41.8	46.23	86.61	4.43	44.81
2005	48.5	49.4	89.0	0.9	40.5	43.0	47.68	87.76	4.69	44.77
2006	48.9	51.1	89.4	2.2	40.5	43.9	48.68	88.66	4.78	44.76
2007	49.1	53.1	89.7	4	40.6	44.9	48.50	88.87	3.56	43.93
2008	49.9	55.8	90.3	5.9	40.4	45.7	48.62	88.69	2.94	43.01
2009	60.3					46.6				

注：①城镇化滞后工业化程度是由第二产业占 GDP 比重与城镇化水平比较得出；②城镇化滞后工业化程度是由第二、三产业占 GDP 比重与城镇化水平比较得出。

资料来源：2009 年辽宁统计年鉴和 2009 年中国统计年鉴。

1990 年以后，辽宁城镇化进程明显减慢。截至 2008 年，城镇化率由 1990 年的 42.0% 提高到 2008 年的 49.9%，仅提高了 7.9 个百分点，平均每年增长 0.44%。在这段时间，全国城市化水平提高了 19.5 个百分点，平均每年增长 1.08%，辽宁城镇化水平提高幅度不足全国平均水平的一半（见表 1）。可见，20 世纪 90 年代以来辽宁的城镇化严重滞后，而造成这种滞后的原因是多方面的。

首先，辽宁城镇化与工业化脱节是导致辽宁城镇化滞后的主要原因，辽宁的城镇化具有典型的"外部嵌入性"，是借助传统工业基础，在优先发展重工业的战略背景下，由重工业化带动，国家自上而下推动，采取计划的手段和方式，通过城市集中和扩展而进行的，城镇化表现出集约式、外生性和内向化的特点。随着我国经济体制从传统计划经济向现代市场经济转变，国家计划投资体制和自上而下的城镇化模式受到严峻挑战。长期以来依赖国家计划投资发展经济的格局被打破，使辽宁城市发展动力明显不足，从 1978 年开始，辽宁城镇化进入快速发展时期，城镇化率持续上升，而与之相反，辽宁工业化率特别是重工业比重随着经济体制转轨和国企改革出现了一定程度的下降，工业化率（工业总产值占国民生产总值的比重）与城镇化率（城市人口占总人口的比重）的关系在逐渐弱化，并出现了显著的异向变动趋向（见图 1）。工业化是城镇化的根本动力，自 1990 年以后，辽宁的城镇化没有了工业化的强力推动和支持，速度难免要下降。

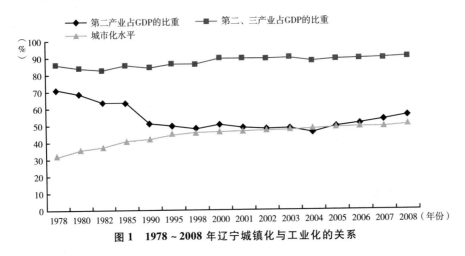

图 1   1978~2008 年辽宁城镇化与工业化的关系

其次，辽宁老工业基地二元结构是城镇化进程缓慢的又一因素。由于辽宁地区城市规模结构以大城市为主，大城市处于过度聚集的状态，导致大城市交通拥挤、人口密度过高、环境恶化等"城市病"问题日益突出。而且辽宁的乡村城镇化进程十分缓慢，导致乡村经济发展缓慢，辽宁城镇化地域推进过程中凸现了二元结构矛盾。从消费水平来看，辽宁地区城乡之间存在很大的差异，2007 年农村居民的消费水平为 3634 元。而城镇居民的消费水平是 10950 元，是农村居民的 3 倍以上。从城乡居民的收入来看，辽宁地区的城乡差异也十分明显，2008 年农民家庭人均纯收入为 5576.5 元。而城镇居民家庭人均可支配收入为 14392.7 元，是农民家庭人均收入的 2.6 倍，可见差异之大。

另外，辽宁的城镇化空间布局不尽合理，辽宁中部城市群形成比较早，集中了沈阳、鞍山、抚顺、本溪、营口、辽阳、铁岭等一大批大中型城市，该区域内有超大城市 1 个（沈阳），特大城市 2 个（鞍山、抚顺），大城市 3 个（本溪、营口、辽阳），中等城市 1 个（铁岭），城镇化水平高达 54%，城镇化水平之高居国内城市群的前列。而辽宁东部西部和北部的城镇化发展严重滞后，辽宁东部以大连为龙头的辽东半岛沿海经济区，有着良好的发展基础，具有较大的发展潜力和势能，而辽宁西部和北部与之相比环境压力较大，农业基础十分薄弱，属于欠发达地区，城镇化发展困难重重。

同时，在辽宁城镇化发展的过程中，人口不断集聚、城市规模逐步扩大，必然要求基础设施的种类和功能能够满足各方面的需要。但是，目前辽宁城市基础设施建设要滞后于辽宁城镇化进程，并且低于全国的整体水平（见表 2）。尤其在一些特大城市和工矿城镇经常出现供水不足、排水不畅、能源电力短缺、交通堵塞、城市污染严重等情况，这样必然会使城市集聚而产生的高效率不能得到有效的发挥。

表 2　2008 年辽宁与全国城市基本情况的比较

	辽　宁	全　国
供水综合生产能力（万立方米/日）	1383.5	26604.1
人工煤气生产能力（万立方米/日）	293.9	11026.7
蒸汽的供应能力（吨/小时）	11612	94454
每万人拥有公交车辆（台）	10.58	11.13
人均城市道路面积（平方米）	9.95	12.21
人均公园绿化面积（平方米）	9.37	9.71
城市污水日处理能力（万立方米）	499.1	11172.5

资料来源：2009 年中国统计年鉴、2009 年辽宁统计年鉴。

最后，辽宁在城镇化进程中，对生态环境的破坏是十分严重的。辽宁的城市多数为资源型城市，这些城市大都面临资源枯竭和紧迫的经济转型以及区域环境破坏和污染严重问题。2008 年，辽宁省工业废水排放量达到83072.94 万吨、工业废气排放量为 402189043 万标立方米、工业烟尘排放量 469586 吨、工业固体废物生产量为 15841 万吨，水体污染严重，全省 62 条河流中有 43 条受到明显污染，其中 29 条污染严重，对城镇化、区域环境、人体健康及经济进一步发展都构成了严重威胁。

三　辽宁城镇化创新发展模式选择

日本学者大西康雄归纳了中国城镇化的三种模式：沿海型、中部型、内陆型。这三种模式暗示了三个发展方向：第一，以沿海经济圈牵引整体经济；第二，中部地区在发挥补充机能的同时，将自身建设成为本地区的发展基地；第三，内陆地区发展大城市，借助城镇化进程拉动城市周边农村地区的经济，包括在公共服务领域缩小城市与农村的差距。

辽宁城镇化创新发展模式选择一定要立足于国际产业转移和国家振兴老工业基地的战略机遇期，调整发展思路，按照市场化的原则培植优势产业，优化产业结构，提升城市的综合竞争力。城市创新发展模式的选择，不仅要有助于提升区域经济的集约程度，而且应该为产业结构的调整升级创造发展空间，为科学发展提供社会依托，以维系老工业基地调整改造和满足城市社会转型的需要。要站在区域经济一体化的高度，实施与工业化相适应的城镇化战略，以城市群为核心，通过加速产业集聚和城市职能的转换、升级，合理调整城镇区域布局，以城市经济带动区域经济的振兴，以社区重建为重点重塑城市内部的社会关系，从社会生活、产业结构和空间布局三个层面，系统推进辽宁老工业基地的全面振兴。

（一）大城市（群）内涵创新发展模式

大城市（群）要站在高端产业，引领区域产业升级。同时，要注重解决类似"城市病"的城市问题。过度拥挤的交通、空气污染、大量城市贫困人口、沉重的心理压力等，这些都是城镇化的代价。在扩大城市规模的同时，要坚持以人为本的发展。扩张虽然是大城市（群）发展的规律，但是在规模扩张的同时，也要注重水平的提升，注重城市内涵的提升。沈大沿线是辽宁城市的密集带，是沿哈大线最重要的城市群。沈大城市群应该着眼于进一步调整和优化经济、产业及其行业结构，提高工业生产的集约化、规模化和现代化水平，通过高新技术的发展来带动传统产业的改造，不断提高包括高新技术产业在内的技术密集型产业的比重，加速工业部门的产业结构优化升级，促进其中高端技术产业和产品的发展。发展重点应主要放在发展高新技术产业特别是电子信息制造业、新型装备制造业和新材料工业及纵深推进以农副产品为原材料的加工业等方面。产业结构与行业结构的调整和升级，一方面应通过以高新技术发展为先导的技术密集型产业的发展，来达到新兴技术产业发展及对传统优势产业和重点产业的改造，另一方面则以产业结构政策、产业组织政策和产业技术政策作为再工业化的重要支撑，立足制度创新，推动辽宁新型工业化的进程。

（二）中心城市扩张创新发展模式

辽宁的城镇化水平和数量都体现在沈大沿线的城市带上，所以辽宁的城镇化创新发展模式要在中心城市扩张的前提下，坚持多样化发展。在城市群发展的主轴线上，走"堤岸—轴"扩张发展的道路。由于沿海经济带尚未形成系统的城市网络，所以这个地区的城镇化发展的重点是培育"点"，在经历一个成长时期后，再寻求"点线"综合协调发展。辽中南地区，应以现代化和国际化为目标，重点加强"中心城市"建设，建立以大城市为核心的城市群。辽宁北部和东部地区应以大力发展中等城市为目标，走集中与分散并举型的城市化道路。改造和发展地级城市，如铁岭、丹东、本溪等，充实城市功能，增强经济实力，真正起到区域中心的功能。西部地区地域辽阔，人口密度小，城市化水平低，大中小城市发展都显不足，在资金、人才、技术、资源有限的情况下，应走特色城市化发展道路，选择一些基础好，交通便利的城镇，集中投资、集中建设，使其成为次中心城市，带动区域城镇化与现代化。

（三）城乡一体化创新发展模式

老工业基地城市创新发展模式的根本目标，是打破城乡二元结构的经济和社会生活，建立以工促农，以城带乡的长效机制，形成城乡经济社会一体化的新格局。第一，要推进城乡规划一体化。把农村和城市作为一个有机整体，在统一制定土地利用总体规划的基础上，明确分区功能定位，统一规划基本农田保护区、居民生活区、工业园区、商贸区、休闲区、生态涵养区等，使城乡发展能够相互衔接，互相促进。第二，要推进城乡基础设施建设一体化。把城市和农村作为一个系统，着眼于强化城乡基础设施衔接、互补，加大对农村基础设施的投入。第三，要推进城乡公共服务一体化。按照有利于逐步实现基本公共服务均等化的要求，加快完善公共财政体系，加大向农村教育和公共卫生等方面的转移支付。另外，要推进城乡劳动力就业一体化。将农民就业纳入整个社会就业体系中，加快建立适合农民工的社会保障体系。第四，要推进城乡社会管理一体化。发挥政府在协调城乡经济社会发展和制度建设方面的作用，加大户籍制度改革，改革农村征地制度，解决失地农民的就业和生活保障问题。

（四）公共管理制度创新发展模式

刚刚结束的中央经济工作会议提出，要把解决符合条件的农业转移人口逐步在城镇就业和落户作为推进城镇化的重要任务，放宽中小城市和城镇户籍限制。这项政策措施，将有助于推动农业转移人口身份的真正转换，推动城镇化的落实，同时也将为农村和现代农业的发展及土地承包经营权流转、土地规模经营提供坚实的制度保障。放宽户籍限制意味着放大了一系列配套措施的制度创新。关键是尽快将农业转移人口纳入城市的社会福利和社会保障体系当中，让这些人享有与城镇居民同等的待遇。

就管理体制而言，现行辽宁地区的省、县之间的多重管理体制需要整合，减少纵向管理层次，合理配置管理职能，推进政府管理体制的创新。建议划入大城市的县由大城市圈的中心城市实施包括人事、财政、土地在内的全面管理，中心城市对省负责。对市、县各层次政府进行合理的职能分工。县政府负责所在城市的日常社会服务职能，如教育、住房、卫生和社会保障等；中心城市政府则负责全地区的区域性服务职能，如区域性基础设施建设、环境保护、农业发展、土地开发管理、编制战略规划及监督实施等。

（五）低碳城市的创新发展模式

仇保兴认为低碳城市包括低碳机动化城市交通模式、绿色建筑、低冲击开发模式与规划建设生态城市四个方面。一是创建低碳机动化城市交通模式，推行以城际轨道交通为主、高速公路为辅的交通模式；城市交通保留和扩展自行车道和步行道，大力发展地铁、快速交通、公交专用道、普通公交等；推行快速公交系统和交通导向开发模式。二是倡导绿色建筑和建筑节能。对北方地区推行供热计量改革；对新建建筑一律实行强制推广节能标准；推行以奖代拨式的财政补贴，限期对耗能大的公共建筑进行改造。三是推广低冲击开发模式。低冲击开发模式的主要含义是让城市与大自然共生。低冲击开发模式的主要策略是城市建设之后不影响原有自然环境的地表径流量。城市可以实现人工系统与自然生态互惠共生，这不仅能节约城市基础设施投资，而且能大量减少能源消耗和碳排放。四是规划建设生态城市。进一步在城市甚至区域的范围内倡导土地使用功能的混合，大力推广节地紧凑的发展模式；改变城市园林绿化的方式，充分利用城市绿化来达到增加碳汇、吸附污染物、减少热岛效应、为建筑和行人遮阳等节能减排的效果；推行绿色城市基础设施，在交通、供水、供热、污水和垃圾处理诸方面采用节能减排新技术和经济激励政策。辽宁应在上述四个方面积极开展生态城市的国际合作和老城市"生态化改造"。

参考文献

阿瑟·刘易斯，1989，《二元经济论》，北京：北京经济学院出版社。

埃比尼泽·霍华德，1898，《明日的田园城市》，北京：商务印书馆。

Christaller, W., 1998（1933），《德国南部中心地理论原理》，常正文、王兴中等译，北京：商务印书馆。

大西康雄，2009，《中国以城市化推动经济质变》，《参考消息》10月10日第3版。

戴维·波普诺，1999，《社会学》（第10版），北京：中国人民大学出版社。

费景汉等，1988，《劳力剩余经济的发展》，北京：华夏出版社。

吉利斯，1998，《发展经济学》，北京：中国人民大学出版社。

简·雅各布斯，2008，《城市与国家财富》，北京：中信出版社。

——，2008，《美国大城市的死与生》，南京：译林出版社。

罗国振、文军，2006，《现代意识与都市发展：社会学的视角》，上海：华东师范大学出版社。

钱纳里等，1995，《工业化和经济增长的比较研究》，上海：上海三联出版社。

折晓叶，1997，《村庄的再造——一个"超级村庄"的社会变迁》，北京：中国社会科学出版社。

托达罗，1999，《经济发展》，北京：中国经济出版社。

徐曙娜，2000，《政府与基础设施、基础产业》，《财经研究》第3期。

于海，2005，《城市社会学文选》，上海：复旦大学出版社。

张鸿雁，2000，《侵入与接替——城市社会结构变迁新论》，南京：东南大学出版社。

赵秋成，2005，《辽宁老工业基地的工业化、城市化及其路径选择》，《经济地理》第3期。

Gottman, J. &Megalopolis, 1961, *The Urbanized Northeastern Seaboard of the United States.* New

York: Twentieth Century Fund.

Krugman, P., 1991, "Increasing Returns and Economic Geography." *Journal of Political Economy* 99 (3).

Lefebvre, Henri, 1969, *The Sociology of Marx.* New York: Random House Inc.

——1971, *Everyday Life in the Modern World.* London: The Penguin Press.

——2004, *Rhythm Analysis.* London and New York: Continuum.

McGee, T. G., 1989, *New Regions of Emerging Rural-Urban Mix in Asia: Implications for National and Regional Policy.* Bangkok.

Waltz, Kenneth N., 1979, *Theory of International Relations.* New York: Random House.

作者简介

孟翔飞　男

所属博士后流动站：中国社会科学院社会学研究所

合作导师：折晓叶

在站时间：2007. 10～2009. 10

现工作单位：辽宁公安司法管理干部学院

联系方式：xiangfeim@ 126. com

刘玉梅　女

现工作单位：辽宁公安司法管理干部学院

联系方式：mabbleliu@ 126. com

立体城市

—— 探索城市·空间·环境·社会的可持续发展之路

李永乐

摘　要： 改革开放 30 年来，中国高速发展的城市化凸显出一个最大的发展问题——城市蔓延（摊大饼）的模式不可持续。面对城市人口快速膨胀、大环境恶化、交通拥堵、可耕地减少、人居幸福感下挫等综合性问题，下一步该如何应对？研究认为，应走集约化城市发展道路——兴建立体城市。立体城市是东西方历史文化与现代建筑技术相结合的产物。在现代大工业和高科技的支持下，它可以综合性地解决居住、环境、交通、土地、社会和谐等问题。

关键词： 城市蔓延　立体城市　一体化　可持续

改革开放 30 年来，中国城市化取得了巨大成就。根据国际经验，中国目前已经进入城市化加速阶段，未来 20 年城市化将成为中国经济社会发展的主动力。

然而，正值中国城市化加速之际，却出现了诸多内在的难以持续的阻碍因素。这些阻碍因素，引起了各方面专家学者的争论与反思，其焦点直指中国城市化模式的合理性问题。

本文认为，城市化问题之所以集中出现，是因为 30 年来中国错误照搬了美国无限蔓延的城市化模式，今后中国再也不能按照这个模式走下去了，中国城市化模式创新是解决这些问题的关键。

一　城市蔓延（摊大饼）模式不可持续

30 年来，中国照搬了美国"小汽车 + 高速路 + 城外大房子"这种无限蔓延的粗放型城市化模式。这种粗放型摊大饼模式在中国城市化率不高的情况下危害性显现不出来，当城市化率较高时，这种模式在中国就难以为继了。

（一）中国城市蔓延（摊大饼）造成的种种问题

1. 交通拥堵成顽疾

现在中国一线、二线大城市交通拥堵已经成为顽疾，汽车产业刺激政策出台之后，中国内陆很多三线城市也出现了大面积交通拥堵。城市人口膨胀，汽车保有量剧增，配套道路不足使得城市交通拥堵问题难以得到快速和根本性解决。交通拥堵和割裂的大道加重了人们的不安，增大了人与人、人与城市的心理距离。

2. 土地利用率低下，土地供给日益严峻

据统计，1990～2004 年，中国城镇建设用地由 1.3 万平方公里扩大到近 3.4 万平方公里，沿海各省市 2010 年的土地指标在 2001 年已经用完。目前中国城市人均建设用地之多（130 平方米），甚至超过世界最繁华的城市纽约，总量更是已达世界第一。"冒进式城镇化导致城镇建设用地盲目扩张和无序蔓延，过度侵占了大量的优质耕地。"[①] 以保住 18 亿亩耕地红线为前提，2030 年前中国只有 2700 万亩耕地可以占用。如果 2030 年前还有 8.5 亿人口要转移到城市，则新增城市人口的人均占地就只有 21 平方米。[②]

3. 生态环境恶化

大面积城市蔓延、土地硬化破坏了原有河流、湿地、林带、植被，导致城市及其周边生态环境恶化。剧增的小汽车加重了城市大气污染。城市用水的浪费导致了整个中国水资源的紧缺和河流水系的变态。城市地下水的过度开采，导致了地表沉降和地质环境恶化。

---

① 2008 年 4 月 21 日，中科院院士陆大道在北京大学林肯研究院城市发展与土地政策研究中心成立大会上的观点。

② 王建，2007，《借鉴美日经验　我国 2030 拟建 20 个大都市圈（名单）》，《中国证券报》，转引自中国网新闻，10 月 10 日。

4. 城市居民幸福感下挫

无限蔓延的大城市并没有提高城市居民的生活幸福感，恰好相反，当城市越来越大时人们的幸福感却越来越低。今天，中产阶级和中产阶级以下收入的主体人群，普遍面临着高房价、出行交通成本增加、上下班时间成本增加、自我提升成本增加、就业竞争加剧、家庭教育投资成本增加等生活压力和精神压力，难有幸福快乐可言，即便是那些高收入人群，也难以避免。

5. 社会和谐有隐患

无限蔓延的大城市吸纳了大量外来人口，阶层差距加大，地域文化和生活习惯差异，不同层级人群的无序分布，综合导致了人与人之间空间距离和心理距离的拉大。毫不夸张地说，你家对门住着本·拉登或者发生了命案你都不知道，也不想去知道。这些伴随着城市无限蔓延而生的东西，暗藏着极大的不和谐隐患，更加重了社会管理成本。

（二）中国城市蔓延（摊大饼）模式的理论与真实根源

1. 30 年来中国的城市化模式照搬美国无限蔓延模式

改革开放 30 年来，"美国最好"这种思想意识成为绝大多数中国人做选择的一个判断标准。从高科技到非科技，方方面面无不如此。中国的城市发展模式也不例外，改革开放之前 30 年主要学苏联，之后的 30 年抛开苏联模式开始照搬美国模式。有意思的是，新中国成立之初，梁思成与陈占祥就反对当时的城市规划方案，认为"重复近来欧美大城市已发现的痛苦，而需要不断耗费地用近代技术去纠正"。[①]

美国城市爆炸式蔓延，发生在二战后到 20 世纪 70 年代。实际上，第一次世界大战之前美国的城市格局还是仿效中国古典的街巷制，曼哈顿是最好的例证；不同的是，在相同格局下曼哈顿的房子是高楼，中国的房子是四合院。二战之后，美国原来的城市格局完全被打破，洛杉矶是无限蔓延模式的代表，"手离不开方向盘"是现代美国城市生活的真实写照。透过美国爆炸式的城市化过程可以看出，美国现代城市化实质上是"小汽车+高速路+城外大房子"的泛滥。

2. 美国城市无限蔓延的真正幕后推手是利益集团

从表象看，美国无限制城市蔓延是二战后福特生产模式、产业刺激政策、中产阶级壮大、退伍老兵安置政策、二战期间工业膨胀以及城市人口膨

---

① 王军，2008，《采访本上的城市》，北京：生活·读书·新知三联书店，第 55 页。

胀等多重因素作用的结果。而事实并非如此，石油、汽车及其垄断寡头的联手才是造成美国无限制城市蔓延的真正推手。

第一次世界大战的赢家证明了一个石油真理，谁掌握了石油谁就拥有左右世界政治经济的权力。在1933年罗斯福反托拉斯之前，洛克菲勒标准石油公司已经具备了控制美国和欧洲石油供应的实力，多卖石油是洛克菲勒石油公司的梦想。而作为美国汽车生产的两大巨头——通用公司和福特公司，也在想方设法卖小汽车。1939年世界博览会上，通用汽车公司就成功地向美国民众展示出以私家小汽车为依托的一种远离城市中心的乌托邦式居住图景。艾森豪威尔任总统期间，以提防苏联为借口，通用汽车公司和其他公司合伙买断并且拆除了城市有轨交通系统，大肆兴建州际以及郊外的高速公路网。他们一方面努力推动对发展小汽车有利的各种政策，另一方面又不断清除对发展小汽车的不利因素。同样，作为回馈，战后美国政府允许福特公司在生产汽车的同时生产住宅。这两个看似不搭界的东西，放在同一个小汽车生产商手里就可想而知了。于是，石油、汽车及其垄断寡头联手把美国人的生活方式引向了"小汽车＋高速路＋城外大房子"，把美国的城市化推向了无限蔓延的歧途。

二　走集约化的城市化道路——兴建立体城市

中国该不该走美国的无限蔓延城市化道路？先看一些基本事实数据。中美国土总面积接近，但中国人均可耕地面积不到美国的1/8。中国95%的人口生活在瑷珲腾冲线（胡焕庸线）以东36%的国土上。如果仅按东部人口密度计算，中国每平方公里364人，人口密度列全球第三位，而美国每平方公里只有32人，但中国的城市规划者和执行者并没有充分考虑这些。所以，采用美式城市蔓延最终只能阻碍中国发展，而不能让中国得到可持续发展。

考察中国古代的城市与建筑规划模式，结合中西方现代建筑和人居经验，以及现在中国城市化面临的种种现实问题之后，本文提出未来中国城市化要走集约化道路，具体做法是兴建立体城市。

（一）立体城市的理论事实依据

1. 城市生活的尺度

现代城市生活的绝大多数方面都可以在1公里步行范围内得到满足，由于远距离上下班，造成交通拥堵，而城市蔓延再进一步造成恶性循环。让人能够在 1 公里范围内上下班，减少非必要远距离出行，浓缩城市生活的平面半径，在小地域大尺度的空间范围内构建人类生活的复杂系统，成为立体城市的缘起和现实依据。

2. 立体城市的历史文化与经验依据

"立体城市"的提出，一方面基于中国城市发展蔓延不可持续的现状；另一方面来源于中国古代建城的历史经验和现代西方工业文明成果。中国古代从周朝到明清的建城模式都是建筑与城市一体化的模式，而现代西方工业文明为兴建立体城市提供了建筑技术、材料技术、建筑设计支持。

3. 立体城市的现代建筑经验来源

迄今为止，全世界已经建成很多摩天大楼。迪拜"哈里发塔"总高 828 米，中国上海环球金融中心高 492 米。这都说明我们已经具备了建造摩天大楼的建筑经验和在高处生活工作的经验。

4. 中国古代建筑与建城的一体化模式

商周以降，中国古代建筑与建城已经一体化，明清的北京城就是按照这样的理念和方法修建的。整个北京城是按照面积模数建造的一座大小不同的四合院，用 20 世纪美国著名现代城市规划大师埃德蒙·培根的话说："也许地球上人类最伟大的单项建筑就是北京。"[①] 中国古代建筑与建城一体化的模数制方法极大地影响了现代建筑，李约瑟说，现代建筑事实上比一般的猜想更多地受到中国观念的影响。中国古代建筑这类"模数"存在于柯布西耶等一类现代建筑师的理论与实践中。

5. 中国古代高速一体化建城范例

翻开中国城市的建筑史，可以清楚地看到，自古以来中国的城市建设是有目的、有规划的，按人口来统一规划，是多大就是多大。并且，中国古代按照模数制来建城的速度是惊人的。公元 582 年隋文帝建都大兴城，即后来的长安城，方圆 86 平方公里，一年建成。[②]

这一切证明，今天用中国古代的建筑与建城一体化设计思想，沿用模数制这种建筑方式，能够用极短的时间建造摩天大楼林立的城市。

（二）立体城市描述

1. 立体城市概貌

占地 1 平方公里（基数），总建筑面积 1000 万~2000 万平方米，高度

---

① 李允鉌，2008，《华夏意匠》，天津：天津大学出版社，第 382 页。
② 傅熹年，2004，《中国古代建筑十论》，上海：复旦大学出版社，第 9 页。

400 米，可居住 10 万～20 万人，地面有住宅、写字楼、商场、银行、交易所、博物馆、展览馆、宾馆、学校、医院、绿化景观和游乐公园，地下放置有噪声污染的轻工业等。人们不出立体城市就可以实现上班、居家、购物、观光、游乐等现代生活。如需出城，地面有高速全封闭道路系统，地下有高速轨道交通。

2. 立体城市结构

采用全钢榫卯框架结构，每个框架就是一个模数细胞，所有框架通过钢质榫卯相互连接形成一个整体建筑。从模数细胞到整体建筑的一体化设计，使得建房能够实现工厂化和标准化生产。榫卯框架结构加强了立体城市的整体连接，这种柔弹性连接方式具有很强的抗震性能，同时还可利用其无须承重墙这个特点灵活设置道路、采光、通风口。

3. 立体城市生活

"立体城市"内部没有石化能源汽车，只有有限数量的电瓶车或磁悬浮轨道车，人行车行道路完全从空间上分开，互不交叉，取消红绿灯，人流物流电梯及其通道口分开互不影响，在这里不存在交通拥堵。人们在一公里范围内步行上下班，每天可以自由支配节省下来的时间用于观光、购物、锻炼、休闲等。立体城市是实现物联网的智慧城，整个城市的监测、管理以及家居都能实现智能化。同时，立体城市按照低碳标准设计，其内部有绿化景观，真正实现生态环保。立体城市的能源采用可再生能源，太阳能、风能、地热能是其主要能源。

4. 立体城市与现有城市的结合

立体城市作为未来城市发展的趋势，存在着与现有城市的衔接过渡与并存的过程，它不需要对现有城市"动外科手术"，也不必要立即推倒现有城市。一开始它是无限蔓延城市化问题的缓释剂，随着城市化的进一步深入，它会成为主流的城市化模式。所以，立体城市的设计应着眼于未来 100 年，第一个立体城市最好建在现有交通条件较好的地段，充分利用现有城市的基础设施和有利条件。当立体城市形成趋势之后，不再需要的各种多余城市配套设施自然报废，退耕还林或退耕还田。对于城市重工业区域，可以专门规划，加以配套建设小型立体城市。可以设想，50 年之后北京城将会是一个森林完全覆盖的立体城市网，中国大地上不再是硬化水泥地的无限蔓延，而是良田万里，绿树成行，城在林中，人在景中，景在城中。

三 立体城市的综合价值与可持续性评估

（一）立体城市的空间资源价值

1. 城市蔓延模式下的空间资源问题

现代城市生活的多样化，使得人们有了更多的空间资源需求，如居住空间、建筑空间、运动空间、购物空间、绿地景观空间、休闲空间、广场空间、道路空间等。但是，城市人口的快速膨胀、配套设施的滞后以及未来土地的紧缺，直接导致了现代城市空间资源的紧缺。同时，无限蔓延的大城市又使得这些空间资源成为低效城市碎片，难以得到高效整合与充分利用，造成资源浪费。这是无限蔓延城市化模式难以克服的缺陷。

2. 立体城市的空间资源价值

立体城市恰好克服了无限蔓延的城市化的空间资源低效浪费问题，将碎片化的空间资源直接加以高效整合，使之完全能够满足人们的生活需求，在舒适宽松的城市空间生活。最为重要的是，立体城市大面积缩减了城市占地，退还人类大量自然空间。立体城市将所有的这些需求空间集中在1平方公里的摩天立体区域内，实现了空间需求的高效整合。立体城市人均自由空间面积大，每人至少100平方米。这个平均数值，远超欧洲发达国家人均占地，也超过东南亚的发达城市和中国香港。日本东京人均占地78.7平方米，香港人均占地仅35平方米。立体城市内部在满足以上空间需求的情况下，外部的大面积森林、绿地、湿地提供了更加广阔的运动空间、绿地景观空间、休闲空间，完全能够实现钱学森先生所提倡的"山水城市"设想，[①] 更进一步满足了人们的空间自由。生活工作一切都在1平方公里的立体城市内无须出城，城内不用挤公交车不用开私家车，城外高速道路封闭，地下有高速轨道，没有交通拥堵。相对而言，人们不但减少了对城内外道路空间的需求，反而是因为立体城市增加了城外道路空间供给。

3. 立体城市是未来中国大都市经济圈空间结构调整的支撑

国家发改委"十一五"规划区域规划课题组提出"到2030年建设20个大都市圈，每个都市圈可容纳5000万城市人口，每个都市圈以120公里

---

① 鲍世行编，2010，《钱学森论山水城市》，北京：中国建筑工业出版社，第22页。

为半径"。① 2009 年 12 月 30 日，在中国社会科学院城市发展与环境研究所建所揭牌仪式上，中科院院士陆大道进一步指出，城市群发展的空间战略影响国家未来发展，要以"城市—区域"的空间形态构建应对全球竞争的国家竞争力。②

这两个战略性研究成果都指出，未来城市区域空间结构必须调整和扩大，但目前都受制于同一个问题——土地。发改委区域规划课题组最后指出，"为此中国必须对现有的城市规划标准、城市建筑物标准乃至施工技术标准，进行较重大的重新调整"。③

显然，立体城市的功能结构完全能够解决上述国家战略的瓶颈问题，为增强中国的国家竞争力做贡献。

（二）立体城市的环境可持续价值

立体城市的首要建筑设计理念就是环保低碳，其环境可持续价值主要体现为以下四个方面。

1. "零"空气污染

（1）立体城市内无石化动力能源，基本实现"零"空气污染排放；（2）立体城市所使用各类建材须符合挥发性有机气体及放射性物质释放量的最高标准；（3）立体城市将充分利用可再生能源来满足能源需求，打造零碳排放城市。

2. 水资源再生

（1）立体城市将采取分级处理、分级利用方式，将各类生活污水有效回收再生利用；（2）立体城市将利用外围腹地挖设人工湿地来进行终排污水的深度处理，再回收利用；（3）立体城市另将挖凿人工湖泊，除提供人工湿地排水继续进行自然净化外，还可作为立体城市雨水收集储存系统，成为立体城市的补充用水来源。

3. 节能措施

（1）建筑物围护结构保温节能：①采用建筑节能一体化技术，使用热传导系数最低的新型材料来对建筑物保温；②采用中空镀膜低辐射玻璃

---

① 王建，2007，《借鉴美日经验 我国 2030 拟建 20 个大都市圈》，转引自中国网新闻，10 月 10 日。

② 陆大道，2009，《城市群发展的空间战略影响国家未来发展》，中国网新闻中心 12 月 30 日（http://www.china.com.cn/news/2009 - 12/30/content_ 19156088.htm）。

③ 同上。

（low-E 玻璃）来防止热传导及热辐射；（2）空调采暖节能：立体城市将采用太阳能—风能—地源热泵联合系统，来满足需求；（3）照明节能：①以节能灯全面取代白炽灯；②用发光二极管（LED）为公共照明、指示及广告光源；③太阳能光纤及光导管照明提供内部日间照明；④用环境智能控制系统来管理调控空调及照明需求。

4. 再生能源利用

（1）立体城市为超高层建筑，楼顶拥有远较一般平面城市建筑充沛且稳定的风能资源，可采用效率最高的中小型风力发电机发电利用；（2）立体城市拥有广大的外墙围护和楼顶面积，可采用"太阳能—建筑"一体化技术和综合地热收集技术集中收集太阳辐射热能和地热能，以光伏发电板装置结合热泵技术来满足立体城市制冷、供暖的热能需求；（3）立体城市每天会稳定产生大量粪污水及生活垃圾等有机废弃物，可采用最高效技术转化为衍生性燃料后，结合高效发电技术，为立体城市供电，发电废热可再满足制冷、供暖的部分需求。

（三）立体城市的经济可持续价值

1. 大幅提高土地利用效率，高度节省土地

土地供给与高效率利用问题是当前所有城市发展论坛与房地产发展论坛的一个核心问题，这个问题成为制约中国城市化和调控房价的瓶颈问题。尽管讨论很多，却不见有效办法和方向措施。

立体城市就是为解决这个问题而生的。以北京望京新城为例对比立体城市：望京新城总用地约 14 平方公里，总人口约 30 万。1 个立体城市占地 1 平方公里，总人口 20 万。立体城市的土地利用率是望京新城的 9.3 倍，如果把望京新城建成立体城市，至少可节省土地 12 平方公里。

进一步比较：北京城区面积约 1040 平方公里，实际居住人口约 1972 万（2009 年底数据）。如果在北京城的主要交通网络建造 50 个立体城市，那么可以为现在的北京城节约土地 477.3 平方公里，土地利用效率提高 9 倍。

2. 节约城市基础设施建设投资，对宏观经济有拉动作用

立体城市建筑空间与城市空间的一体化，使其具有很大的经济效益。首先，可以大大节约城市基础设施建设投资；其次，作为大型的城市建设和建筑项目，它对宏观经济具有拉动作用。

仍然与望京新城作对比：立体城市节省下来的 12 平方公里土地，可减少土地费用近 1000 亿（当然，节省土地费用减少了地方财政收入）。望京新城配套的公路、城铁、地铁等公共交通线路及其软硬件配套设施，总造价估计数百亿元。而立体城市一方面就近利用现成交通网络，另一方面城内交通已经凭借建筑空间得到解决，上述所有交通基础设施建设成本已经包含在建筑成本之中不存在此项成本，所以立体城市又能够在这些方面节省政府专项投资数百亿元。

进一步比较：2009 年，北京商品房及二手房的成交总金额达 7100 多亿元，等同于北京全年 GDP 收入 11346 亿元的 62.6%。据专业人士估算，在北京建 1 个立体城市总投资约 1000 亿元。如果北京建造 10 个立体城市，其总投资 1 万亿元。同时，10 个立体城市可带动相关产业 2.2 万亿（房地产业涉及 50 多个行业，房地产投资 1 元，带动相关行业投资 2.2 元），合计 3.2 万亿，几乎是北京全年 GDP 的 3 倍。足以见得立体城市对宏观经济的强大拉动作用，如果全国各大城市建设立体城市，那么中国的 GDP 年增长速度还会更高。

3. 创新房地产业模式带动相关产业升级

目前，国内的房地产开发商大大小小多如牛毛，央企、国企、民企各自为政各显神通。这种"春秋战国式"的局面既不利于政府对高房价的调控，也不利于房地产业的提升发展。中国的房地产商在现有运作模式下，更多的只是中间商和组织者，在现有运作管理模式和思维模式下不可能实现中国房地产业提升和带动相关产业升级。而立体城市的出现，却能超越创新。

（1）立体城市的巨额投资和超级体量，必须有与之匹配的投资模式和组织机制。现有房地产开发商独家投资的组织开发模式完全不能承担立体城市建设，与之匹配的模式一定是集团化、综合性、产业链式的多元组合。所以，立体城市未来的投资者一定是政府、银行、基金、开发商、相关产业链的生产商等的联合。同时，这种联合投资模式必然会产生与之对应的集团化公司，这个集团化的立体城市开发公司，是多家房地产开发商和上下游相关企业组建而成的股份公司。新公司既是横向产业的联合者又是纵向产业链的联合者，它从规模、运作模式、组织结构、综合竞争力等方面都超越了现有的任何房地产公司。所以，立体城市能够创新中国公司组织模式，打造世界级的企业，增强中国在世界上的竞争实力。

（2）房地产工业化在中国已经提出很久，但迄今为止房地产也没有实现工业化，最多是利用了工业化产品。主要原因在于，房地产商只是盖房子，没有达到这个层次。立体城市是建城与盖房子的一体化，全钢框架结构无承重墙的细胞模数一体化设计，使得建房能够实现工厂化和标准化生产，这些按照事先设计生产的标准化构件只需在建筑工地安装就行。① 这样，立体城市房地产业才真正能够实现工业化。此外，立体城市对相应高科技的需求必定会带动与之对应的上下游产业进一步科技化，促进相关产业在有效需求带动下升级，而不是为了升级而升级。

所以，建造立体城市的好处是引领中国房地产工业化，带动相关产业的集体发展和全面换代升级，为中国成为世界一流超级大国打基础。

4. 可实现低房价

当前，北京土地均价已经超过 1 万元/平方米，新房均价已经超过 3 万元/平方米。如此高的房价老百姓喊买不起，政府想调控又投鼠忌器，专家学者更担心中国"次贷危机"。

上述危机在现有房地产运作模式下确实很危险，但是在立体城市这里基本可以忽略不计。造成高房价的一个最主要因素是高地价。1 个立体城市占地 1 平方公里，总地价 100 亿元（100 万平方米 ∗ 1 万元/平方米），立体城市总建筑面积 2000 万平方米，那么平均楼面地价只有 500 元/平方米。总投资 1000 亿元，总建筑面积 2000 万平方米，那么每平方米的平均总成本为 5000 元。

算罢细账就知道了立体城市为什么不用政府担心就可自动实现低房价，5000 元/平方米总成本，而不是 3 万元/平方米，老百姓会喊买不起吗？中国"次贷危机"的堰塞湖还存在吗？同时，它对宏观经济的巨大拉动，政府能不愿意吗？还有必要调控房地产吗？

（四）立体城市对中国科技发展有持续推动作用

世人皆知李约瑟难题——"为什么近代科学没有在中国发展出来？"通过多年扎根中国研究，李约瑟才知道中国之前早就拥有超越于西方的科学技术，只不过中国的科学技术着眼于实用，重在老百姓日常生活的衣食住行。

1. 西方发展高科技的目的不可持续

西方人确实是在近现代发展出了让世界侧目的高科技，但其目的是征服自然、征服世界、战胜对手，搞军事扩张，搞资本控制，根本不是为了老百姓的衣食住行。直到今天，美国人发展高科技的目的还是如此，曼哈顿工程、阿波罗登月计划、信息高速公路、导弹防御系统、反恐高科技等都没有

---

① 这正是著名科学家钱学森在 1984 年 11 月 21 日致新建筑编辑部的信中提到的建议，但至今仍未实现。

跳出这个圈子。

通过这些事实，我们可以看出以美国为首的西方人发展高科技的方向和目的，不错，美国人自己是成功了，但是美国人错了！因为对立、扩张、征服、侵略在当今世界和有限的地球资源的情况下，是不可持续的，不能长久的。如果一味这样做，其结果是美国为了发展高科技，为了占有世界资源而毁灭人类。

2. 中国现代高科技向民间转化应用的缺位

现代中国在世界竞争的大环境之下高科技得到大力发展，但向民用转化远远不够。中国今天不是没有高科技，而是缺乏使用高科技的民间"深谷"。中国民间不是不需要高科技，而是没有足够消化高科技的"大胃"。"立体城市"就是未来的"深谷"和"大胃"，它的出现会促进未来中国高科技全面发展。

3. 立体城市对发展高科技具有持续推动作用

为了衣食住行发展高科技，把高科技应用于衣食住行，既可持续，又会造福人类。同时，也是中国的文化传统，在中国这样做取得的成效一定会大于在西方。

在好多人眼里，城市与建筑根本没有什么高科技可言，不过就是混凝土加上装修。但立体城市不是这样，它是一个完全改变人类的新事物，它具有促进高科技发展的无限遐想。

（1）作为硬体的高科技有新材料科技、环保科技、能源科技、安全保障科技、信息化智能化科技，作为软体的高科技有社群管理、信息管理、人流物流的运筹学和神经网络学等方面。"十五攻关计划"7个重点任务安排项目中，有6项与立体城市直接相关，在其中有用武之地。

（2）今天的立体城市立足于陆地上。正如美日等发达国家所想象的，未来的城市将会在海上漂游，在大海深处，在地下，在空中。本着这样的一个设想前景，立体城市将会无限推动高科技发展。科学源于好奇，技术产生于需求。只要有这些好奇和需求，这种推动的内动力就持续存在。立体城市对科技的推动，绝不亚于美国的登月计划。

（3）立体城市是一个高度集成的大系统，它是一个强大的科技、管理、组织、协调工程。其作用类同于美国的阿波罗登月计划，所不同的是立体城市为了民生。阿波罗计划拉动了与之相关的各行各业的发展，立体城市作为科技的"深谷"和"大胃"，完全可以在消化现有高科技的基础上，产生强大的吸聚效应，拉动与之相关的科技和产业发展。

（五）立体城市的社会价值

1. 城市秩序增强，治安事故减少

影响城市秩序的主要方面：一是治安案件，二是交通事故，三是市容管理。立体城市在解决这三方面问题上有自身优势。

（1）据统计，北京市流动人口涉案数由 2001 年的 35314 件增加到 2008 年的 56098 件，占全市案件的比重由 71.4% 上升到 89.5%。在平面城市，监控和追踪缉拿犯罪嫌疑人很困难，而立体城市的全智能化监控管理，使得任何一个嫌疑人的行为随时都在完全可监控范围内，对于追踪缉拿嫌疑人最为便利快捷，一个身处立体城市的嫌疑人，他的影像记录会在几秒钟之内送达各个出口的安保处，而嫌疑人从立体城市逃离的难度远远大于在平地上逃离的难度。另外，由于邻里之间的相互熟识，也会在一定程度上防范外部人员的犯罪发生几率，同时，也在一定程度上起到内部相互监督的作用。这样，立体城市既发挥了科技对治安的维护作用，也发挥了社区邻里对治安的维护作用。

（2）据统计（2008 年），中国每年因交通事故死亡的人数超过 10 万，连续六年居世界第一位。立体城市中人车不同道，人车道路错层分开，内部只有少量电瓶车，完全可以实现零交通事故。既减少了城市交通治安管理成本，也保障了生命安全。

（3）城管与小商小贩的冲突事件，是现在城市市容市貌管理中的家常便饭，由此而产生的社会不和谐极大降低了政府在人民心目中的地位。在立体城市里不存在这样的事情。为了满足不同阶层人群的需求，小商小贩在立体城市是城市生活复杂性多样化的有益补充。在立体城市内有他们的专属地。立体城市为底层人提供了合法的生存地，化解了社会矛盾，促进了社会和谐。

2. 城市生活幸福感增强，自由度增大

现在城市居民幸福感之所以下挫主要是房奴、车奴等各种精神压力和生活压力时刻压在身上。立体城市大大减轻了压在城市人身上的这些综合性压力。低房价、舒适高效能的居住环境，不用买车只需步行就可上下班，出行不受挤车堵车之苦，办事就在近旁，购物便捷，自由时间增多数小时，治安秩序良好，休闲运动场地多样，内外环境优美空气清新，立体城市创造的这些便利条件就是让人幸福自由，也完全能够满足人们的幸福自由需求。

生活在这样的城市，能不幸福吗？在这样的城市生活，能不和谐吗？

3. 社会和谐度增加

美国的无限制城市蔓延不是没有人反对，而是遭到强烈反对。20 世纪 60 年代雅各布斯的思想震撼了当时的美国规划界。她的著作《美国大城市的死与生》被视为扭转美国无限制城市蔓延的重要标志。她认为城市原有的生活复杂性被交通的复杂性所取代，居住、工作、商业被截然分开，建筑毫无特色，城市建设使得原有社区关系弱化，人与人关系冷漠。

立体城市完全扭转了城市蔓延带来的社区人际隔离，住在一起，同在 1 平方公里的范围内上班生活，有充足的空闲时间和共同的休闲场地，彼此接触和接近的机会增多、了解增多，同城家庭之间的相互串门变得如此容易，社区及人际冷漠自然会慢慢消失。原来中国城市邻里之间是相互照应、彼此熟知的，主要原因就是大家都在家附近上下班，有时间有机会在一起。立体城市实际上就恢复了以前城市生活人际关系的优点，取消了交通复杂性对生活复杂性的替代，创造居住、工作、商业、休闲、娱乐的紧密联系与和谐环境。

参考文献

鲍世行编，2010，《钱学森论山水城市》，北京：中国建筑工业出版社。

彼得·卡尔索普、威廉·富尔顿，2007，《区域城市——终结蔓延的规划》，叶齐茂、倪晓晖译，北京：中国建筑工业出版社。

傅崇兰、白晨曦、曹文明等，2009，《中国城市发展史》，北京：社会科学文献出版社。

傅熹年，2004，《中国古代建筑十论》，上海：复旦大学出版社。

汉宝德，2006，《中国建筑文化讲座》，北京：生活·读书·新知三联书店。

简·雅各布斯，2006，《美国大城市的死与生》，金衡山译，南京：译林出版社。

李允鉌，2008，《华夏意匠》，天津：天津大学出版社。

迈克·詹克斯、伊丽莎白·伯顿、凯蒂·威廉姆斯编著，2004，《紧缩城市——一种可持续发展的城市形态》，周玉鹏、龙洋、楚先锋译，北京：中国建筑工业出版社。

缪朴编著，2007，《亚太城市的公共空间——当前的问题与对策》，司玲、司然译，北京：中国建筑工业出版社。

王军，2008，《采访本上的城市》，北京：生活·读书·新知三联书店。

赵冈，2006，《中国城市发展史论集》，北京：新星出版社。

作者简介

李永乐　男

所属博士后流动站：中国社会科学院城市发展与环境研究所

合作导师：李景国

在站时间：2009. 09 ~ 2012. 12

现工作单位：北京第二外国语学院思政部

联系方式：lylswpi@ sina. com / liyongle@ bisu. edu. cn

盲目城市化与中国经济发展

叶启良

摘　要：欧美发达国家的城市化是以工业化为动力、健康发展的城市化；而在中国，畸形的经济发展和危机四伏的经济现状却是盲目推动城市化的动力之一。盲目城市化造成了过度城市化，引起了一系列问题。

关键词：城市化　经济危机　盲目改革

自中国改革开放以来，伴随经济高速增长，城市化进程加快，城市化水平提高，城市数量增加，城市规模扩大，都市区和都市群形成并增多。中国城市化程度愈来愈深，国务院发展研究中心预估，中国 30 年后的农村人口，将从现在的 9 亿减为 4 亿。有统计资料显示，中国目前的城镇人口比例为46%，远低于发达国家平均85%的水平，也低于世界平均55%的水平，这显示中国城市化还有很大的空间，也代表中国正进入城市化进程中的中期加速阶段。

城市化是指某区域农村人口转变为城市人口、农村地域转变为城市地域的过程，是一个国家或地区经济发展的重要标志，是衡量一个国家或地区社会组织程度和管理水平的重要标识，也是当今世界上最重要的社会、经济现象之一，是人类社会生产力发展到一定阶段的产物，是一个变传统落后的乡村社会为现代的城市社会的自然历史过程。城市化在当前的中国，还有另外一层含义，即 20 世纪 90 年代以来，它是政府以扩大城市的规模，强化城的经济功能，提升城市的辐射能力为手段，加快国家经济建设的一种手段或者方案。从这个角度看，城市化就是政府的一种经济发展战略、方针或者策略，具有很强的经济社会发展的政策特征。① 根据中国社科院 2009 年底发布的《社会蓝皮书：2010 年中国社会形态分析与预测》，预期中国城市化比率将由现在的 46% 增至 48%，并可望于 2012～2013 年，突破 50% 的临界值，而于 2015 年达到 53% 左右。中国城市化的进展，将成为今后中国经济"促成长""调结构"的关键性社会指标。②

事实表明，我国在城市化道路上取得了长足的发展，但是，伴随着全国大张旗鼓的城市化运动，很多问题也暴露出来，其中最突出的便是"过度城市化"或者叫作"盲目城市化"。

西方学者曾经提出了"城市化过度"的概念。有学者指出："城市化过度是伴随着前殖民地国家经济发展而产生的一种状况，即一国城市居民相对于全国人口的比例大于该国经济发展水平所允许的比例，一般来说，它是迅速城市化的孪生兄弟。"③ 城市居民占全国人口的比例高于国家经济发展水平所允许的比例，可以作为讨论过度城市化问题的衡量指标。所谓过度城市化，是指在城市发展过程中，产业落后，供养能力不足，管理水平低下，但是人口数量畸形增长，其膨胀速度大大超过了经济、环境与公共设施所能承受的程度，使城市不仅失去了现代化发展的牵引作用，而且成为充满社会不公、环境污染、疾病、贫困、混乱、犯罪、黑帮势力和政治冲突的恶劣生存空间。过度城市化是人口片面增长，经济社会发展失去协调性，城市管理严重失控的结果。在城市发展的历史上，过度城市化是任何国家在一定阶段上都会或多或少地发生的问题。

在发达国家城市化的历史进程中，工业化是先于城市化的，城市化是在工业带动下发展的，即发达国家的城市化是源于工业化，以工业化为动力的，二者相辅相成，形成了社会经济协调发展的良性局面。以拉美国家为例，拉美国家城市人口的增长速度是世界上最快的，据统计，欧洲的城市人口由总人口的 40% 增长到 64% 经历了 50 年的时间，而拉美国家仅用了 30 年的时间。比较这期间的人均国民生产总值，发达国家的人均 GNP 从 835 美元上升到 2920 美元，增加了 2 倍多；拉美国家的人均 GNP 从 465 美元升

---

① 李良玉，2009，《城市化与过度城市化》，《中国名城》第 4 期。
② 中国评论新闻网，2010，《城市化是中国成长的新亮点》，3 月 1 日（http://www.crntt. com/crn‐webapp/doc/docDetailCreate. jsp? coluid = 7&kindid = 0&docid = 101244372）。
③ 康少邦、张宁，1987，《城市社会学》，杭州：浙江人民出版社，第 292 页。

至 775 美元，增长不到一倍。经济发展严重滞后与城市化的结果就是，城市人口快速增加，大量农村人口涌向城市，尤其是特大城市，而城市工业无力承担如此快速的城市化带来的压力，从而导致城市人口严重超载，失业率居高不下；城市贫富悬殊，人口贫困向城市转移，城市被贫民窟包围；环境污染，治安混乱，社会失序，政局动荡，资源生态遭到严重破坏，形成了典型的"过度城市化"现象。

城市不能无止境无限制地盲目发展，此类教训国外已经很多，对于我国城市化现状来说，出现的问题还未到拉美国家那么严重的地步，但也不容小觑，其中主要有以下几点。

（1）城市人口的过度增长。目前北京市的常住人口和外来人口的总和已经超过 2200 万人。人口的膨胀，导致城市各个群体之间的亲和度不够，按照迪尔凯姆的观点，在一个分工高度发达和相互依赖的有机团结社会中，高度的分工造成了高度的异质性和个性，削弱了社会成员的共同联系，集体意识的削弱是对社会团结的威胁，导致社会的极度不稳定。

（2）政府的过度消费。如今中国社会，"黑领"已经超过"金领""白领"，成为人们追求的职业，最重要的原因就是这些公务员和国企人员可以消耗大量的社会资源，从而导致了公务员和编制外人员数量快速增长，公款消费数额巨大，政府楼堂馆所豪华气派，豪华的电梯，庞大的空调，加上物管费，每年支出费用极大。

（3）过度的资源消耗和污染。目前我国很多城市都面临着缺水的问题，再加上各种污染，空气质量下降，出现地面开裂或下沉、地下水资源枯竭、噪声、粉尘、废气、酸雨、沙尘、热岛效应等现象，使得城市化过程中的环境问题日益严重。

（4）城市化进程中的拆迁问题。近几年，城市拆迁当中强拆和暴力抗拆的问题日益突出，甚至有自焚抗拆的现象出现。拆迁矛盾的背后，是国家利益和住户个人生存权利的博弈，随着大规模的城市扩张和旧城改造，拆迁问题愈发凸显，各地发生的拆迁事件说明，在经济快速发展的同时，拆迁问题如不妥善解决，必将影响正常的生活秩序和社会稳定。

（5）城市的各种利益阶层、各种等级之间的利益协调问题。中国人出身观念根深蒂固，城市外来人口与城市原住民的矛盾、利益的协调也是城市化过程中日益凸显的问题。

（6）城市化进程中的农民工问题。快速推进的城市化吸引了大量农民进城从事非农工作，却未改变农民身份，未被城市认同接纳，他们处在产业的边缘、城乡的边缘、体制的边缘，引发了一系列社会问题。农民工处于中国社会的底层，他们干的是城里人不愿干的最苦最累最脏最险的工作，工作时间最长，获得报酬却最低。

欧美发达国家的城市化是以工业化为动力的，而在中国，城市化所取得的成就不能否定快速发展的工业推动力，但一个不争的现实就是，中国的经济发展模式和现状也在一定程度上推动了中国无奈、盲目的城市化。

自改革开放以来，中国外向型的经济发展模式使得国家经济迅速发展，GDP 增速也常年保持在 9% 左右，然而国内消费能力的不足，使得经济发展不得不严重依赖出口和国内投资，其中基础建设投资是最重要的板块，基础建设就是盖房、修路、架桥等，带来了全国一片"大工地"的热闹景象，也加快了我们国家的城市化步伐。1982 年中国 GDP 中投资的比重只有不到 27%，到了 2007 年，投资已经占到 GDP 的 40%。最新统计表明，我国总共有 657 个大、中、小城市，其中有 100 多个提出了要建"国际化大都市"或"国际化城市"；还有一些城市追求城市变大、变新、变洋，盲目对文脉之本、风貌特色的老城区进行成片改造；大广场、宽马路、豪华办公楼、欧化建筑席卷全国。而翻开各城市以往的规划文件与实际发展状况进行对照，可以看到突破"土地利用总体规划"用地指标的现象比比皆是。

加速城市化带来了经济的增长，据有关研究显示，目前中国城市化率每提高 1 个百分点，可以带动 GDP 增长 1.5 个百分点，国内消费每增长 1 个百分点，则可拉动国民生产总值增长 6 个百分点，所以，扩大内需对中国经济的发展更具有重大深远的影响。然而事实情况却是，不断上涨的房价，严重抑制了城镇居民的消费投入；基础建设投资属于一次性投资，今年修了路，明年不可能再在原地重新修路，这就造成了水泥、钢铁等行业的产能过剩。

2008 年席卷全球的金融海啸，突如其来，又呼啸而去，只有中国依靠房地产行业支撑度过，GDP 增速仍然保持在 8%，股市暴涨在先，楼市反弹随后，在这些看似欣欣向荣的景象的背后，是房地产泡沫的形成以及房地产独撑中国经济的危局。中国最终消费占 GDP 比重已从 20 世纪 80 年代超过 62% 下降到 2005 年的 52.1%，居民消费率也从 1991 年的 48.8% 下降到 2005 年的 38.2%，均达到历史最低水平。而在中国居民消费率持续下降的同时，世界平均消费率达 78%~79%，比较起来差别之大就如天上和地下。房地产泡沫将导致通货膨胀，通货膨胀将引发经济危机，如果不加控制，接着就会引发社会危机，最后是政治危机。

此时的景象跟 20 世纪 60 年代后期的日本相似，可以把日本经济视为中国的微缩版。日本在 1950～1990 年，城市化率从 34.9% 提升到 63%，吹起了一个股市楼市的"超级泡沫"：东京股市的总市值后来超过了美国、英国、德国三国之和；东京新宿高尚区的两居室售价超过 120 万美元，而现在只有不到 50 万美元。日本经济"起飞"的前期也是外向型经济主导的工业化，以大阪—神户为中心的"阪神工业区"人口激增，而随着股市楼市的繁荣，大东京接棒崛起，诞生了日本人口占比最高的超级城市。然而随着经济泡沫的破灭，自 1990 年开始，日本进入了"消失的十年"，国内生产总值的实际年均增长率仅为 1.1%，投资信心严重受挫，企业不良资产增加，银行不良贷款剧增，个人消费萎缩，经济增长停滞甚至出现负增长，失业率增加，居民生活水平下降。

可以设想，如果不合理控制城市化进度，在未来的十年内，中国会出现两个超级都市——大北京和大上海，甚至第三个超级都市大广州，合计人口占总人口比例超过 30%，即 5 亿～6 亿人，股市楼市泡沫如果破灭，带来的严重后果可想而知。

世界经济危机发生以来，中国经济一枝独秀。中国 GDP 将超日本成为"全球第二大经济体"的呼声屡见不鲜。但是不管中国经济总量处在第几位，中国的人均 GDP 仍居世界百位以后，按联合国"一天收入低于 1 美元"的贫困标准，中国还有约 1.5 亿贫困人口。把国民工资收入加在一起，占国家的 GDP 的比重，欧美最高，大约为 55%，南美为 38%，非洲为 20%，而中国是 8%。中国的最低年收入不到世界平均水平的 15%，全球排名 159 位，最低工资甚至低于 32 个非洲国家。

中国的经济增长，74% 依赖出口。经济危机以来，国外市场急剧萎缩，为了"保 8"，国家投资 4 万亿元救市，10 万亿元信贷；但这些救市资金，并不是扶持那些倒闭的或将要倒闭的民企，而是都给了国企，给了铁路、公路、机场，还有给了房地产业。靠基本建设，维持了 GDP 的增长。有数据显示，靠钢筋水泥创造 GDP，2008 年是 57%，2009 年是 70%。2009 年固定资产投资对经济增长的贡献率接近 90%。这意味着全国都大张旗鼓地上项目，公路一条接一条修，楼盘一个接一个开，国家也出台政策，考虑适当放宽户籍限制，越来越多的农民会成为城里人，越来越多的小城市的人会留在大城市，这些人要想在城市里生活，就得买房，刺激了房地产业的发展。

经济危机的根本问题是生产过剩。大量的基础建设投资是增加过剩，雪上加霜，在制造经济危机。但目前国内生产能力过剩、生产经济危机的现象比比皆是，例如安徽阜阳市，修了个飞机场，但没有飞机起落，没有客流，成了赔钱货，因为运营要养一大批职工，还有各种行政开支，只好关闭。湖南长沙为了利用中央政府给"铁、公、机"的拨款，拆除 2 英里的现代飞行跑道重建。内蒙古新建的鄂尔多斯城仍然是一座空城。截至 2008 年 12 月末，全国商品房空置率达 60%，面积达 2 亿平方米。[①] 不断膨胀的产能和不断萎缩的消费之间的矛盾只能通过继续投资和对外出口消化，这样导致投资的比重不断增加。

严重依赖出口是中国经济长期的诟病，导致目前中国经济看似繁荣实则危机四伏的原因，要追溯到 1997 年亚洲金融危机时，为了短期内摆脱出口不振的经济困境，当时中国政府提出了三大刺激经济的方案：商品房改革，让居民掏钱购房，刺激房地产；医疗体制改革，让居民掏钱看病，拉动医药行业发展；教育产业化，让居民掏钱上学，推动教育产业。[②] 这三大举措，在当时对刺激经济起了立竿见影的效果。然而这些饮鸩止渴的做法，使得不到十年后，住房、医疗、教育成为了压在人民头上沉重的"三座大山"。

我们很清楚泡沫经济的危害，也了解 1720 年发生在英国的"南海泡沫公司事件"对英国经济的影响，更清楚日本 1990 年房地产泡沫对日本经济造成的重创，以当前房地产业的支柱地位来讲，在投资、出口、消费这三驾维系 GDP 的马车效用相对都渐小的今天，房地产业已经完全成为当前经济的唯一支柱，在没有实体经济的支撑下，房地产泡沫也就当之无愧地成为经济泡沫。

城市化进程中的"超级泡沫"来源于股市楼市的非理性繁荣。高高在上的房价，抑制了居民的消费，内需不足，为了刺激经济增长，又不能不继续对房地产投资，由此产生了恶性循环。如果投资，盖了再多的楼，房价仍居高不下，中国人的传统观念使得城镇居民还是会继续攒钱买房，而削减其他消费，购买力下降；如果任由房价下跌，中国经济马上就会回落，放慢增速，由此引发失业、通货膨胀等一系列问题。可以说，中国经济的非健康发展，造成了中国盲目的城市化，甚至过度的城市化；不能过度城市化，而又不得不城市化。

---

① 中华网论坛，2010，《中国经济危机刚刚开始：富官穷民，万劫不复的深渊》，2 月 28 日。
② fly89（论坛注册名），2008，《中国经济危机产生的根本原因：萎缩的居民购买力》，世界经理人社区（http://bbs.icxo.com/thread-231704-1-1.html）。

参考文献

顾建光，1997，《我国城市化发展的历史、现状和展望》，《苏州大学学报》（哲学社会科学版）第 3 期。

黄凤祝，2009，《城市社会学》，上海：同济大学出版社。

康少邦、张宁，1987，《城市社会学》，杭州：浙江人民出版社。

郎咸平，2009，《郎咸平说：谁在谋杀中国经济》，北京：东方出版社。

——，2010，《郎咸平说：新帝国主义在中国》，北京：东方出版社。

李良玉，2009，《城市化与过度城市化》，《中国名城》第 4 期。

张惟英，2006，《拉美过度城市化的教训与北京人口调控》，《人口研究》第 4 期。

郑也夫，2009，《城市社会学》，上海：上海交通大学出版社。

作者简介

叶启良　男

所属博士后流动站：中国社会科学院社会学研究所

合作导师：李培林

在站时间：2004.06~2007.10

现工作单位：中国社会科学院研究生院

联系方式：yql2118@163.com

农村建设与发展

乡约对新农村的整合意义[*]

陆自荣　禹云闪

摘　要： 乡约是传统乡村社会整合的主要力量之一。20世纪30年代，面对日益衰落的乡村，一些改良主义知识分子发动了乡村建设运动，力图在乡村社会重新进行乡约整合。本文通过分析传统乡村社会和现代乡村建设中的乡约整合机制，指出乡约整合是以"礼"为主要内容的文化整合。最后本文探讨了这一文化整合机制对新农村建设的意义，以及如何创造性地改造传统乡约，使其在新农村建设中发挥应有的整合作用。

关键词： 乡约　新农村整合

在当前的新农村建设中，文化建设将是其重要组成部分。对于文化与新农村建设的关系，贺雪峰在《新农村建设与中国道路》一文中指出："当前农民的问题，不纯粹是一个经济问题，而更是一个文化问题，不纯粹是生产方式问题，而更是一个生活方式问题。"[①] 当前在乡村，受消费主义文化影响，农民的消费欲望被调动起来，但农民收入增长缓慢；消费主义价值观时

---

[*] 国家社会科学基金"文化整合与社区和谐——兼析王阳明南赣社区治理及意义"（07BSH042）的阶段性成果；中国博士后基金（中博基字〔2007〕12号，资助编号：20070410607）的阶段性成果。

① 贺雪峰，2008，《新农村建设与中国道路》，载薛毅编《乡土中国与文化研究》，上海：上海新世纪出版公司、上海书店出版社，第67页。

刻提醒着农民，花钱是体面的，进而导致农民不断反省自己原有的价值观，怀疑自己原有的价值信仰，怀疑原有的地方性知识体系。这些怀疑自然导致乡村社会出现一系列问题，如人们之间的联系减弱，信任下降，生活意义逐步丧失。要缓解和解决这些问题就必须开辟一条新的农村现代化路径。对此，贺雪峰提出了"一种以社会和文化建设为主体，以建设'低消费、高福利'生活方式为目标的新农村建设思路"。① 乡约是一种地方性知识，也是中国传统乡村习俗文化的主要形式。作为地方性知识、地方习俗文化，乡约在传统乡村社区整合中发挥过重要作用。那么，其在当代新农村建设、农村社区整合中是否也可以有所作为？其整合模式能否被当代借鉴？这正是一个很值得探讨的问题。

一　乡约及其对传统乡村的整合

据现有的资料，乡约起源于周礼读法之典，州长、党正、族师皆以时而属民读邦法。北宋蓝田吕氏四兄弟（吕大忠、吕大防、吕大钧、吕大临）创立了《蓝田吕氏乡约》，乡约正式诞生。南宋浮熙年间，大儒朱熹为之增损，将乡约四条加以注释、细化，又去罚式，而为月旦集会读约之礼，成《朱子增损吕氏乡约》，使吕氏乡约声名更噪。正德十五年（1518 年）四月，王阳明平定南赣山民起义。为了正人心，救时俗，存善去恶，其在南赣创建了乡村民间的自治组织，将封建宗族中的家训、族规等内容结合起来，并亲自撰写了约规，即《南赣乡约》。

乡约自诞生之日起就为乡村社会整合提供了一种组织方式，也得到了朝廷和地方社会的重视，特别是明清时期，乡约更是得到了上至帝王下至地方官员和缙绅的推广。

明朝建立后，明太祖朱元璋十分重视教育，提倡以社会教化为治国之先务，指出"天下初定，所急者在衣食，所重者在教化"。② 为此，即位之初，他即下诏要求"臣民之家，务要父子有亲，率土之民，要知君臣之义；务要夫妇有别，乡里亲戚，必然长幼有序，朋友有信"。为了实施教化，明太祖于洪武三十年特颁布《圣训六谕》作为教化万民之大纲，其内容为"孝

---

① 贺雪峰，2008，《新农村建设与中国道路》，载薛毅编《乡土中国与文化研究》，上海：上海新世纪出版公司、上海书店出版社，第 68~69 页。

② 胡广，1962，《明太祖实录》（卷九十六），台北：中央研究院历史语言研究所。

顺父母，尊敬长上，和睦乡里，教训子弟，各安生理，无作非为"。六谕原木是教化大纲，但到后来，随着乡约宣讲的推行，六谕逐渐成为乡约宣讲的主要内容。

永乐年间，明成祖"尝取蓝田《吕氏乡约》列于性理成书，颁降天下，使诵行焉"。① 于是，各地纷纷以《吕氏乡约》为蓝本，进行宣讲活动。如潮州知府王源就"刻《蓝田吕氏乡约》，择民为约正、约副、约士，讲肄其中，而时谐寮宗董率焉"。②

到明代中后期，方孝孺、吕坤、王阳明等都赞赏并提倡乡约教化。特别是王阳明，为了南赣社会治理，亲自制定乡约，并推广实践。明末隆庆年间，徽州知府何东序曾"力行乡约为条，教以训民，风俗为之一振"。婺源知县张槚"举行乡约，一时有无讼之化"。万历年间，休宁知县李乔岱"尝申乡约保甲合一法，刻书颁示"。黟县知县甘士价也曾"严保甲、讲乡约"。

清朝皇权初定后，为了对乡村社会进行教化和治理，康熙和雍正都亲自颁发了圣谕（康熙《圣谕十六条》和雍正《圣谕广训》）；同时，乡约在地方社会也得到了广泛推广；如清初休宁县一百八十余都，每都都有乡约。再如，江西则把保甲和乡约结合，常见华曾对《西江视臬纪事》进行研究，指出《纪事》中的一篇文章（《设牌劝缴罗经详》）具体规定了如何把保甲和乡约结合实现社会治理："至外来异言异服之人，所在多有。设立保甲，本以稽查匪类，相应一并责令保甲严查。凡庵堂、寺院、歇店等处，如有容留来历不明之人，保甲一并惩处。至星象艺卜，律所不禁，苟非行踪诡秘，不得概事混拿，则奸宄可惩，而地方不扰矣。至本地居民作何化导改邪归正之处，查各乡设立约长，值日宣讲《圣谕广训》，原以化导愚顽无知，各县视为具文，其实心奉行者究为无几。应饬各州县遵照雍正八年奉行条议实力遵行，勤于宣布，庶几渐仁摩义，不难易俗移风矣。"③ 在此，保甲主要稽查社区外来人口，乡约主要化导社区内部居民。

乡约的推行主要是实现地方社会教化。其教化作用在《吕氏乡约》的条规中就得到充分体现。《吕氏乡约》规条乃是以关中理学为宗旨，曰德业相劝、过失相规、礼俗相交、患难相恤，而规条提出的前提即是"人之所

① 王樵，1962，《金坛县保甲乡约记》，载明伦汇编《古今图书集成·文谊典》（卷28册），第19页。

② 汤相，1992，《龙岩县志》（卷下），北京：全国图书馆缩微文献复制中心。

③ 常建华，2006，《乡约·保甲·族正与清代乡村治理——以凌火寿〈西江视臬纪事〉为中心》，《华中师范大学学报》（人文社会科学版）第11期，第72页。

赖于乡党邻里者，扰身有手足，家有兄弟，善恶利害皆与之同，不可一日而无之，不然，则秦越其视何于我哉"，[1] 核心就是要在"利害善恶"上做文章。行"乡约"之宗旨是实现地方社会教化，是"协和尔民"以成仁厚之俗。对此，王阳明在《南赣乡约》中表达得非常明确。

> 咨尔民：昔人有言："蓬生麻中，不扶而直；白沙在泥，不染而黑。"民俗之善恶，岂不由于积习使然哉！往者新民盖常弃其宗族，畔其乡里，四出而为暴，岂独其性之异，其人之罪哉？亦由我有司治之无道，教之无方。尔父老子弟所以训诲戒饬于家庭者不早，熏陶渐染于里闬者无素，诱掖奖劝之不行，连属叶和之无具；又或愤怒相激，狡伪相残，故遂使之靡然日流于恶，则我有司与尔父老子弟，皆宜分受其责。呜呼！往者不可及，来者犹可追。故今特为乡约，以协和尔民，自今凡尔同约之民，皆宜孝尔父母，敬尔兄长，教训尔子孙，和顺尔乡里，死丧相助，患难相恤，善相劝勉，恶相告戒，息讼罢争，讲信修睦，务为良善之民，共成仁厚之俗。[2]

乡约的推行对百姓确实也起到了一定的教化作用，对地方社会的风俗和治安也产生了一些积极的影响。如王阳明以及弟子在南赣推行乡约，使南赣地区社会治安得到了一定的好转。相关县志对此都有记载。如瑞金县"近被政教，甄陶稍识，礼度趋正，休风日有渐矣。习俗之交，存乎其人也"；[3] 大庾县"俗尚朴淳，事简民怡，为先贤过化之邦，有中州清淑之气"；赣县"人心大约淳正，急公输纳，守礼畏法……子弟有游惰争讼者，父兄闻而严惩之，乡党见而耻辱之"；[4] 等等。

二　现代乡村社会的乡约实践

20 世纪 30 年代，中国农村衰落日趋严重，拯救农村、复兴农村成为一种普遍的社会意识。为了改变农村日益衰落的局面，在改良主义知识分子的

---

① 陶宗仪，《说郛》（卷80），涵芬楼排印本，第 10 页。
② 王守仁，1992，《南赣乡约》，《王阳明全集》（卷十七），上海：上海古籍出版社，第599～600 页。
③ 赵勋，《嘉靖瑞金县志·疆域附土俗》（卷2），同治戊辰重刊本，第 38 页。
④ 黄德溥，《赣县志·风俗》（卷8），同治十一年刻本，第 1 页。

倡导下，中国开展了系列乡村建设运动。其中，杨开道和梁漱溟就主张从古代乡约制度中寻找符合中国农村社会发展的组织模式。

（一）杨开道的农村地方社会组织

关于乡约，杨开道主要是从理论的视角，对中国历代乡约制度发展和变异过程进行了系统的考察。通过考察，他出版了著作《中国乡约制度》，该著作详细地阐述了乡约的产生，以及在宋、明、清的发展。同时，杨开道认为中国古代的乡约可以被现代农村组织借鉴，"乡约发起的动机，完全合于现代地方共同社会（community）的原理"。[①] 对于乡约在现代农村的发展，他借用了西方社会学理论中的一个概念——rural community organization，他将其翻译为"农村地方社会组织"。

对于组织，杨开道根据性质将其划分为两类：同质共同合作组织和异质分工合作组织。[②] 同质共同合作组织是指组织内部有机体的构造、功能、意识、活动基本相同，组织成员为同一目的做同样工作，如生产组织、运销组织、教育组织、医疗组织、自卫组织等。异质分工合作组织是指进化较高的有机体和人群，性质逐渐发展演变而发生异化，组织内部分化出功用相异的不同或专门的部分，进而出现专工和分工。农村社会中家庭组织是最古老和最主要的异质组织。

区分了两类组织类型后，他认为，当时农村的各种组织还没有按照其性质和类别找到各自适当的位置和职责范围。农村社会存在的组织往往各自为政，鲜有配合，进而导致资源浪费和组织失灵。于是，按照同质、异质的不同，杨开道对农村组织体系进行了重新划分：农村家庭组织、农村地方组织等属于异质组织；农村阶级组织和农村事业组织等属于同质组织。就农村地方基层建设而言，杨开道认为古代乡约制度中，乡治机关作为领袖，包含社学、保甲、社仓三方面的组织形式最适合农村社会。他据此提出要建立一个统筹性强的组织，它"不是一种事业的组织（Organization of interests），乃是一切事业的组织（Organization of all interests）；不是一种特殊的组织，乃是一种普通的组织，高级的组织。他不同旁的社会组织平行，乃是在一切社会事业组织的上面。他不惟是一种组织，并且是一种组织的组织

---

① 杨开道，1931，《乡约制度的研究》，《社会学界》第 5 期，第 20 页。

② 杨开道，1932，《农村组织》，上海：世界书局，第 16～17 页。

（Organization of Organizations）"。① 这种组织是西方社会学理论中的 rural community organization，即"农村地方社会组织"。

"农村地方社会组织"在全村组织中居于核心地位；它负责农村总体的工作，是一个大的异质组织；它包含农村各种同质的事业组织和阶级组织；它调剂各机构间的关系，集中人力、物力、财力，计划全村的工作。但是，"农村地方社会组织"并不负责具体的实施，具体实施都由其下属组织去执行，如教育组织专管教育，自卫组织专管保卫，经济组织专管经济，救济组织专管救济。"农村地方社会组织"的形式与陆梓亭合并后的《治乡三约》相符合，是典型的乡约组织。

对于"农村地方社会组织"的组织形式，杨开道提出了"地方自动发起、人民自行负责"的自下而上的方式来建立农村基层组织。只有"村民自己"是农村事务的主体，任何个人和团体都不能越俎代庖。"最大多数的农民，才是农村的统治者。现在的问题是怎么样叫农村的主人翁，去行使他们的职权。"② 他提出农村组织要采用直接组织法，由全体村民组成，组织直接对人民负责，其余的各种机关都只能服务于人民，而不能代表人民。杨开道之所以强调人民自动的重要性，在于他的农村组织建设的目标是要建立民治社会。农村地方社会组织的建设是其社会建设思想的基础，是民主改良的第一步。农村地方社会组织与农村自治组织十分相似，只是前者由章程、会员大会和委员会构成，是一个社会组织，后者是有自治法、村长、村民大会、村约规的政治组织。

"农村地方社会组织"的提出为现代乡约组织提供了典范形式，明确了现代乡约组织的性质（异质分工合作组织）、职能（统筹协调组织）、组织方式（自下而上的方式），为现代乡约组织的建立提供了理论指导。杨开道所提到的"农村地方社会组织"和现阶段我国的法律（《中华人民共和国村民委员会组织法》，第九届全国人民代表大会常务委员会第五次会议于1998年11月4日修订通过）也并无明显冲突，并且存在高度的一致性。如在村民自治、农村地方组织自下而上的组织方式等方面，村民组织法给予了明确的肯定。村民组织法第二条规定：村民委员会是村民自我管理、自我教育、自我服务的基层群众性自治组织，实行民主选举、民主决策、民主管理、民

---

① 杨开道，1931，《农村社会学》，载孙本文主编《社会学大纲》（下册），上海：世界书局，第113页。

② 杨开道，1935，《农村问题》，上海：世界书局，第56页。

主监督。《村民委员会组织法》第十一条规定：村民委员会主任、副主任和委员，由村民直接选举产出。任何组织或者个人不得指定、委派或者撤换村民委员会成员。虽然村委会不同于杨开道的"农村地方社会组织"，但是，《村民委员会组织法》对村级组织自治性质的肯定、对村委会直接选举的规定也为当代"农村地方社会组织"的生存和发展提供了法律上的可能性。

（二）梁漱溟的乡农学校

在《乡村建设理论》中，梁漱溟充分肯定了乡约组织对当时农村社区建设的积极意义。他认为，乡约是中国传统文化孕育出来的、卓有成效的自治组织。他指出，如果按照乡约的条款去做，则乡村能成为很好的地方自治组织。"假定这个乡约能继续不断地增进其关系，则可成为一个很好的地方自治组织。"① 同时，梁漱溟把乡约组织和教化的社学（乡农学校）一起来考察。对于乡约和社学的关系，他特意提到了陆桴亭先生的《治乡三约》。"乡约的内容，必须包含三大项……即所谓三约：社学、保甲、社仓。乡约为纲，三约为目；精神为虚，三约为实。"② 他认为乡约是组织文化，是精神，社学则是具体的组织形式。

对此，梁漱溟在邹平县进行了社学实验——创办乡农学校。乡农学校的组织构造包括四个方面：校董事会、校长、教员和乡民（学生）。对于乡农学校和乡约的关系，他指出："我们的乡农学校，是讲求进步的组织，它是乡约里边的——它也就是乡约。所谓'就是乡约'怎讲？因为在乡约里边，有所谓约长，此即相当于乡农学校的校长；常常办事的有所谓值约，此即相当于常务校董；约史即有书记的意思；约众即相当于学生（我们名之曰学众）。在乡约内所有的，乡校内也都有，只有在乡校里边的教员一名词，在乡约中无与相当者，所以大体上说乡约与乡农学校就是一个东西。"③ 也就是说，在梁漱溟看来，由其提倡创办的乡村改进会、乡农学校即是乡约的代表。

正如乡约具有约规，梁漱溟的"乡农学校"的各项事务都有详细的规定，如《乡农学校的办法及意义》，《乡村乡学须知》（包括《学众须知》《学懂须知》《学长须知》《教员辅导员须知》）。从乡农学校的各项规定来

① 梁漱溟，2006，《乡村建设理论》，上海：上海世纪出版集团、上海人民出版社，第157页。
② 同上，第164页。
③ 同上，第180页。

看，其实，乡农学校就是在今天照样对乡村社区（甚至是都市社区）建设具有很强的现实意义。如《乡农学校的办法及意义》中对乡农学校的各项工作及意义进行了规定，规定如何帮助乡民造林、种棉。"山地可以造林，我们的教员要指点出来使他们注意，并且帮助着他想办法……产棉的区域，我们要帮助他选用好的种子，指导种植方法，然后再指导他们组织运销合作社，这一切都是我们乡校的功课。因此乡农学校可以随时成立种种短期的职业补习班，或讲习班，在实地作时就与他讲解；如种棉、造林、织布、养蚕、烘茧等等。又因此可以随宜成立种种组织；如林业公会、机织合作、棉花运销合作、储蓄会、禁赌会等等数不尽。"① 在此，当前乡村社区建设中如何帮助农民搞好生产自然也是重要内容；甚至都市社区如何对居民进行就业和再就业培训、关心居民特别是弱势群体的生活等都是进行当代社区建设的重要任务。

在梁漱溟的乡约和乡农学校中，"礼"是其根本，也就是说，梁漱溟想从中国传统文化的礼制精神中开创现代社区新的组织类型。他认为中国的礼制文化的最大优点在于引导人向上，在于教化人。所以其乡村建设的主要目的是教化人。其建设的社区组织的文化根源是传统礼制，是礼制的再造，是新礼制。此种新礼制下的社团组织是伦理组织，是关怀人、帮助人、教化人的组织。用梁漱溟的话来说，就是"这个社会组织乃是以伦理情谊为本原，以人生向上为目的，可名之情谊化的组织或教育化的组织；因其关系是建筑在伦理情谊之上，其作用为教学相长"。②

正是由于梁漱溟把"礼"看作乡约和乡农学校的根本，看到了"礼"引领人生向上的积极意义，所以他对乡约组织给予了很高的评价。他认为乡约不仅是地方自治，更为重要的是引领人生向上。他指出："乡约这个东西，它充满了中国人精神——人生向上之意，所以开头就说'德业相劝'，'过失相规'。它着眼的是人生向上，先提出人生向上之意；主要的是人生向上，把生活上一切事情包含在里边。地方自治则完全是注意事情，没注意到人生向上。这种乡约的组织，实在是西洋人所不能想象的，他做梦也梦不到能有这么一个组织。"③

梁漱溟或许是过高地估计了传统乡约的组织文化作用，但是乡约组织文

---

① 梁漱溟，2006，《乡村建设理论》，上海：上海世纪出版集团、上海人民出版社，第186页。
② 同上，第146页。
③ 同上，第157页。

化具有教化人、引领人向上的精神对当代社区文化建设具有积极的、重要的借鉴意义。当代中国的社区文化建设，虽然缺少不了现代法治精神，但是，社区本身是一个文化共同体，具有伦理诉求，而"礼"的文化内涵、伦理诉求刚好能满足社区的要求。因此，在社区组织文化中"礼"具有重要的借鉴意义。

三　新农村建设中的新乡约

现代乡约实践虽然没有从根本上挽救中国乡村社会，但其在理论上对乡约在现代乡村社会中的作用给予了肯定。同时，梁漱溟等人在实践现代乡约模式上进行了有益的探讨。新中国成立后，由于人民公社运动，乡约组织基本消失。但是，随着当代新农村建设的推进，农村自治组织又开始活跃在中国乡村社会。这些组织是否能在未来的新农村建设中结出硕果，有待历史证明，在此，笔者就相关问题进行初步的探讨。

（一）乡约对新农村建设的意义

新农村建设是一场新的农村改革运动。如何推进这项改革，是当代中国政府和学者必须认真思考的问题。自 1949 年以来，农村进行了多次改革，但很多时期都是以"自上而下"的动员方式加以开展，通过树立典型之后加以推广。这种改革实践取得了一定的成效，但也有失败。对于新农村建设而言，由于其处于农村转型的关键时期，其绝不仅仅是只与经济发展相关的数字增长，更不仅仅是"破旧立新"，其涉及政治、经济、文化、社会等各个方面；相对于经济发展，农村精神文明建设、社会文化建设可能更具根本性意义。对于这种改革，绝非动员就能达到目的。对此，李小云认为："媒体的宣传与典型的树立并不能有效地解决中国千差万别的农村问题，因此如何在此过程中发挥乡土文化的优势，让乡土文化发出有价值的声音，体现出乡村自我的发展意愿将成为农村发展的关键。"[1]也就是说，强调精神文明建设的社会主义新农村建设更应考虑如何与有着数千年农耕文明历史并且受儒家文化影响的"旧"农村传统相衔接。只有根植于传统的"推陈出新"，才会使新农村建设不流于形式。因此，对乡村传

---

[1]　李小云，2008，《文化符号视角下的新农村建设——理论创新与实践反思》，载李小云、赵旭东、叶敬忠主编《乡村文化与新农村建设》，北京：社会科学文献出版社，第 35 页。

统文化的考察和认识也就具有重要意义。事实上，合理利用乡村传统文化并发挥其良性功能是新农村建设的有机组成部分，甚至是新农村建设具有持久生命力的关键。

作为传统乡村制度文化的代表，乡约在当代新农村建设中会发挥什么样的作用，具有什么样的意义，同样值得深入研究。问题的关键也许并非应不应该保留和发展乡约，更关键的是如何去发展？如何对其进行创新？任何一种文化规范体系要获得持续生存和发展的机会，都需要具有不断自我调整以适应外在的自然环境和社会环境的能力；也就是说，需要在新的环境中不断进行创新。创新并不是断然地否定已有的所有形式和内容，创新是扬弃，是通过对原有规范体系的审查，使认知主体对原有规范体系获得新的体验，从而使原有规范体系在新的环境下得以延续。而且如果可能的话，它还要力图寻求或创造出一种新的认知系统，从而脱离旧规范的框架，使文化形态呈现崭新的面貌。因此，乡约有无可能在新农村建设中发挥作用，关键是如何对其进行创新，如何使其具有内在的创新机制。

传统社会乡约的产生有其特定的历史条件、特定的时代背景；现代化使传统乡约的时空特征发生了巨大变化，作为一种乡村社会的秩序，随着中国社会结构的变迁，传统乡约整体上呈现了消解的趋势。虽然传统乡约的特定时空条件已经变化，但作为历史文化和传统，其在当代社会还是具有一定的文化价值，甚至有可能在特定条件下、以特定方式发挥巨大作用。对此，张中秋认为，传统乡约的治理模式与国民习性和国民的审美情趣相契合，所以，乡约还可能以多种流变的形式继续影响中国乡村的风俗习惯和村民的心理意识、思维取向、行为模式以及他们的关系网络。[①] 接下来，本文想立足于新农村建设，探讨乡约的新形式以及这种新乡约的内涵与特征。

（二）村民自治与新乡约

村民自治是乡村治理改革的主要趋势。随着 1998 年《中华人民共和国村民委员会组织法》的实施，村民自治取得了长足的发展，村民自治的推进以及相关法律的出台，为新乡约的发展提供了前提条件。对于村民自治的性质、办法，《村民委员会组织法》第一到第四条做出了明确规定，如第二条指出："村民委员会是村民自我管理、自我教育、自我服务的基层群众性

---

① 张中秋，2004，《乡约的诸属性及其文化原理认识》，《南京大学学报》（哲学·人文科学·社会科学）第 5 期。

自治组织，实行民主选举、民主决策、民主管理、民主监督"，第四条规定
"乡、民族乡、镇的人民政府对村民委员会的工作给予指导、支持和帮助，
但是不得干预依法属于村民自治范围内的事项"。《村民委员会组织法》所
规定的"村民自治"为乡约组织得到国家法律层面的认可打下了基础；使
"乡约"在新农村建设中发展起来成为可能。为了推进村民自治，《村民委
员会组织法》对村民委员会的性质、功能都作出了明确的规定。如第五条
规定："村民委员会应当支持和组织村民依法发展各种形式的合作经济和其
他经济，承担本村生产的服务和协调工作，促进农村生产建设和社会主义市
场经济的发展"；第六条规定："村民委员会应当宣传宪法、法律、法规和
国家的政策，教育和推动村民履行法律规定的义务，爱护公共财产，维护村
民的合法权利和利益，发展文化教育，普及科技知识，促进村和村之间的团
结、互助，开展多种形式的社会主义精神文明建设活动"。① 从村民委员会
的性质和功能来看，其和乡约组织并不矛盾，甚至在一定意义上可以实现二
者的功能互补。从性质来看，村委会本身就是村民自治组织，强调乡村的治
理要发挥村民的主观能动性。作为一种要调动村民主观能动性的村民组织，
仅仅靠"自上而下"的强制是难以实现的，更应该从内部来培育和发展。
从这一角度出发，村民委员会必须能和本土文化融合，和地方习俗结合；而
村民委员会要达到这一目的，有两条选择的路径，要么直接和地方习俗结合
起来，要么允许和扶植符合当地习俗的地方性知识组织的发展并和其协调发
展。但是，从村民委员会的性质和功能来看，其直接和地方习俗结合起来、
发展成按地方习俗的方式处理问题的组织是不可能的。村民委员会组织法虽
然规定了村民委员会是自治组织，但村民委员会直接受上级政府（乡镇）
的指导，其工作任务也主要集中在经济和意识形态层面的文化教育方面，如
村民委员会组织法第五条对其经济功能进行了明确的规定，而第六条对其意
识形态层面的文化教育功能进行了明确规定。因此，《村民委员会组织法》
所规定的村民自治仅靠"村民委员会"来推进还不够，必须把"村民委员
会"和以地方性知识来处理问题的相关组织结合起来，二者共同作用，实
现功能互补，从而达到村民自治的目的。

　　以地方性知识来处理社会问题的组织，在中国传统的乡村历史中，主要
包括宗族、乡约、社学等。自 1949 年以后，这类组织遭到了很大的破坏；

---

① 《中华人民共和国村民委员会组织法》（1998 年 11 月 4 日第九届全国人民代表大会常务委
　员会第五次会议通过）。

但是，自 20 世纪 80 年代以来，地方性知识又逐渐现身于乡村事务处理之中，并且其作用越来越明显。地方性知识组织的发展自然为新乡约的产生打下了基础，作为新乡约，其主要要处理好和两类组织的关系，即处理好新乡约和村民委员会以及乡村其他社会自治组织的关系。

（三）　新乡约与村民委员会及其他自治组织的关系

乡约在新农村建设中是否有其发展的必要和可能？这完全可以从新农村建设的现实出发，考察农村现阶段存在的相关组织以及这些组织和乡约是否具有共存和互补关系。现阶段乡村组织中最常见的有村党支部、村民委员会、村经济合作社、宗族组织和其他自治性社会组织等。其中，村党支部是乡村政治组织，村经济合作社是乡村经济组织，两者和乡约这一文化组织、社会组织关联不强；而村民委员会、宗族组织、乡村自治性社会组织与乡约的关系比较密切。在此，主要考察后三类组织和乡约的关系，并以此说明乡约组织在新农村建设中的必要性和可能性。

首先，新乡约与村民委员会的关系。新乡约的定位应该与国家法律相容，是对国家法律的补充，其将协助国家法律，实现乡村社会治理。虽然新乡约要与国家法律相容，但从作用方式来看，其与国家法律不同，国家法律的强制力来自国家权威、国家机器、公民权利的让渡，而新乡约的强制力来自地方社会的习俗、伦理和道德，是地方村民权力的让渡。新乡约与国家法律的关系，现阶段具体涉及最多的是乡约组织和村民委员会的关系。村民委员会是国家法律层面的乡村组织，那么，乡约该如何与其相处，二者在分工合作上如何协调？村委会虽然是自治组织，但由于其和上层（乡政府）的关系，其必定要担负一定的政治和经济组织的功能。与村民委员会不同，乡约应当成为体现地方社会伦理和习俗，具有地方社会草根性的组织。当然，乡约组织可以由一些具体的组织构成，其负责处理具体的社会事务（如接下来要讨论的"忙头"组织）。此时，村委会和新乡约组织在处理地方事务时既有分工又有合作，村委会对村民事务的调节借助的是国家法律层面的力量；乡约组织处理地方事务借助的是地方习俗、道德和伦理的力量。

其次，新乡约与宗族组织的关系。当代中国的宗族组织兴盛于 20 世纪80 年代。自 1949 年以来，很长时间，中国乡村的宗族组织被看作非法组织，宗族活动也基本处于停止状态。20 世纪 80 年代以后，乡村宗族活动得到了法律认可，宗族组织得到一定发展，如很多地方都修订了族谱、修建了祖祠。宗族的复兴在一定意义上也是和儒家文化复兴连在一起，作为宗族纽带的祖先崇拜和父系血缘观念与儒家文化有着直接的联系。钱杭认为："宗族的出现与持续存在，从根本上来说，是汉人为满足其对自身历史感、归属感需求的体现。"① 因此，民间社会宗族的复兴在一定意义上也是地方文化整合的表现。新乡约也承担着一种地方文化整合的功能，宗族和民间自治组织的复兴说明乡约组织的产生具备了相应的社会文化基础。乡约和宗族相比二者具有共同的文化基础，都具有传承和发展地方性知识、利用地方性知识实现乡村社会整合（如为村民提供生活本体意义等）的作用；但乡约组织可以克服宗族的狭隘性，更能承载现代文明精神，更能和现代化的主题融合。

最后，新乡约与其他乡村自治组织的关系。当前乡村的地方组织，除宗族组织外，还出现了许多自治性强的社会组织，如陆学艺等人在河北农村行仁庄考察时所提到的"忙头"组织就是典型代表。"忙头"组织其实是"以'忙头'为首的红白喜事理事会，这一纯民间组织承担着村民的婚丧嫁娶等生命礼仪组织功能，其成员具有超越血缘纽带、超日常利益的在生命意义上的共同归属意识，是中国村落共同体的基础要素。"② "忙头"组织是当今农村普遍存在的一种社会组织形式，不同的地方可能具有不同的名称；华北地区的村落除称"忙头"外，还称为"问事""了事"等。在实践中，"忙头"组织一般独立于村委会、村支部，却又和村民委员会和谐共处。各地的"忙头"一般不由村党支部指定，而是村民公认的民间能人。"忙头"需要具备一定的素质，如丰富的社会经验，精通当地的民俗礼节，有威信、有信用，能组织，办事认真、热情，好张罗事。"忙头"组织并不介入村落中的行政和经济事务，村民日常生活中的民事调解也由正式组织承担，其主要职责履行范围仅限于村民婚丧嫁娶等生命礼仪，管理村民非日常的活动。从历史传统来看，民间俗事的处理，乡约向来发挥着重要作用。从当代实践来看，中国农村已出现了许多类似于乡约的民间组织；这些组织确实承担了部分乡约组织的功能，这些组织在乡村社区整合中也发挥着重要作用；同时，这些组织和村民委员会和谐相处，实现了功能互补。

---

① 钱杭，2008，《现代化与汉人宗族问题》，载李小云、赵旭东、叶敬忠主编《乡村文化与新农村建设》，北京：社会科学文献出版社，第123页。

② 陆学艺，2001，《内发的村庄》，北京：社会科学文献出版社，第171页。

（四）新乡约的特征

现代化使传统乡约存在的时空特殊性和文化价值渐渐失去，但历史惯性及现实变革使新型乡约在促进社会主义新农村建设中发挥着重要的作用。乡约可以作为亚洲经验对西方经验的补充，对我国乃至东亚地区的社区建设仍有着不可替代的作用。梁漱溟认为乡村建设从根本上来说是一个文化建设，中国问题根本是改造文化。在他看来，一个民族的文化对于这个民族来说，绝不仅仅是一种符号意义上的象征，而是一个民族存在的内在基础。文化的拯救必须发于心而依乎礼，在"礼失而求诸野"的乡土社会中，乡村文化不能泛滥无所归，必须从中华民族传统文化资源入手，以期达到信念伦理与责任伦理统一。"乡约"既是一种地方自治制度，也是一种文化载体。作为地方自治制度，它调节乡里人际关系，规范乡里行为，造就乡里秩序；作为文化载体，它变革乡里风俗习惯，对村民的心理意识、思维取向和行为模式起潜移默化的作用。因此，在社会主义新农村建设中，乡约应该能够找到发挥作用的一席之地。但是，正如上面所提到的，由于时空特征的变化，传统乡约在现代社会的作用终究有限，要想更好地发挥乡约的作用，必须与时俱进，创新乡约的内容和形式，使其适应社会主义新农村建设的需要。因此，作为新农村建设的新乡约必须具备如下特点。

一是新乡约的作用定位是促进社会主义乡村精神文明建设，启发和唤醒村民的合作精神、自主性、主观能动性和创造性。传统乡约的宗旨就是提倡伦理道德，推广社会教化，维护社会安宁，净化社会风气。《吕氏乡约》的四条——"德业相劝、过失相规、礼俗相交、患难相恤"就是为了促进当时乡村的道德建设、促进当时的社会文明。新乡约自然应继承并发扬这一积极因素。同时，针对社会主义新农村的需要，特别要强调村民自主权，强调村民建设新农村的积极主动性、创造性，强调村民的合作精神。村民的合作精神，村民建设新农村的积极主动性、创造性是当代公民精神的体现，是新农村建设的道德要求，也是彻底转变农村面貌的要求。农村精神面貌改变，对于新农村建设来说，或许比经济发展更为重要。这一点，20世纪70年代韩国新村运动提供了很好的启示。当时，韩国将新村运动定位为一次泛国民精神运动，与以往其他任何类似运动最大的不同在于，它是注重内涵和精神实质的运动。韩国的新村运动在建立国家伦理和公民道德，建设和谐、诚信、文明的社会方面发挥了不可代替的作用，彻底转变了韩国全体国民的精神面貌和生活态度。韩国新村运动对我国新农村建设的启发在于，要将我国社会主义新农村建设中的"生产发展、生活宽裕、乡风文明、村容整洁、管理民主"等要求提升到文化建设的层次上来，在国民的审美情趣和价值选择的基础上开展一次广泛的国民精神运动。乡约是乡民的精神家园，是乡民与乡民之间交流与合作所依赖的共同体形式，作为一种地方社会的文化精神，能够促进共同体精神的形成。因此，作为一项文化建设、一种国民精神教育的新农村建设，或许新乡约能够为其提供一种较好的形式。

二是新乡约的组织方式应该是村民自觉、自愿和自发行动。乡约历来就是一种自治组织，能起到真正作用的乡约往往都是村民自觉、自愿和自发行动的产物。历史上，因乡约被官役化后其教化价值明显弱化的例子很多。清前期的一位封疆大吏就对此有所批判："乡约一途，尽失古意。或以衰残备数，凤无懿美之称；或以庸碌具员，每从议之口。遂致匪人竞进以为荣，高士鄙弃而不肖，良法美意，灭尽矣。"① 因此，新乡约绝不应该完全依赖政治力量，而应该依赖社会各阶层，尤其是广大农民自觉自愿的行动，使之成为一种新的社会运动或新的文化运动。如果过于依赖政府的行政权力，就使农民滋生了依赖思想和情绪，束缚了他们原有和潜在的自主性、创造性和积极性。改革开放以来，特别是《中华人民共和国村民委员会组织法》实施以来，"由民作主"的理念正在逐渐取代"为民作主""替民作主"的理念。对于"由民作主"，让村民自觉、自愿、自发参与组织生活这一原则，韩国新村运动也为我们提供了有益的经验。在韩国的新村建设中，首先是政府投入、积极倡导，一旦搭建了新农村建设的平台后，政府就逐步放手隐退，而很多诸如调查研究、宣传教育、检查评价、跟踪服务等具体工作，都交由科技教育和民间部门去管理和实施。通过这一方式，最后收到了较好的效果。② 韩国的经验值得我们借鉴，在我国的新农村建设中，要逐步将政府主导转变为农民自主、发自内心和积极参与的建设运动。

三是新乡约的组织性质应该是村民自治的"伦理情谊组织"。"伦理情谊组织"是梁漱溟在乡村建设中对乡约的一个称呼。他认为现代中国应该建立的乡约组织是以伦理情谊为本原，以人生向上为目的的组织；该组织既

---

① 王庆成，1988，《稀见清世史料并考释》，武汉：武汉出版社。
② 李水山，2005，《韩国新村运动的经验和教训》，光明网（http://guancha.gmw.cn），10月26日。

继承了中国传统文化的精华，又吸收了西洋文化的长处。其实，他所讲的"伦理情谊组织"是把理性与情感、伦理精神与道德情感结合的组织。一方面，该组织要体现一种理性精神、伦理精神；另一方面，该组织要关心人、体验人、爱护人、提升人，是一种人情味浓厚的组织，是一种人性化、人本化的组织。也就是说，新型乡约的制定必须强调以民为本、以人为本，着力于乡土社会中的"人"，符合乡民的习性与审美情趣，融汇乡土社会的"情""理"价值，以此来寻求建设一个精神共同体。这种"伦理情谊组织"，使乡民感受到乡村生活并非是孤独无助的，一家困难众家帮，在这样的群体中自然而然就会养成合作互助等善良品性。

参考文献

常建华，2006，《乡约·保甲·族正与清代乡村治理——以凌火寿〈西江视臬纪事〉为中心》，《华中师范大学学报》（人文社会科学版）第 11 期。

贺雪峰，2008，《新农村建设与中国道路》，载薛毅主编《乡土中国与文化研究》，上海：上海新世纪出版公司、上海书店出版社。

胡广，1962，《明太祖实录》（卷九十六），台北：中央研究院历史语言研究所。

黄德溥，《赣县志·风俗》（卷 8），同治十一年刻本。

李小云、赵旭东、叶敬忠编，2008，《乡村文化与新农村建设》，北京：社会科学文献出版社。

梁漱溟，2006，《乡村建设理论》，上海：上海世纪出版集团、上海人民出版社。

陆学艺，2001，《内发的村庄》，北京：社会科学文献出版社。

汤相，1992，《龙岩县志》（卷下），北京：全国图书馆缩微文献复制中心。

陶宗仪，《说郛》（卷 80），涵芬楼排印本。

王樵，1962，《金坛县保甲乡约记》，载明伦汇编《古今图书集成·文谊典》（卷 28 册）。

王庆成，1988，《稀见清世史料并考释》，武汉：武汉出版社。

王守仁，1992，《南赣乡约》，《王阳明全集》（卷十七），上海：上海古籍出版社。

杨开道，1931，《农村社会学》，载孙本文编《社会学大纲》（下册），上海：世界书局。

——，1931，《乡约制度的研究》，《社会学界》第 5 期。

——，1932，《农村组织》，上海：世界书局。

——，1935，《农村问题》，上海：世界书局。

张中秋，2004，《乡约的诸属性及其文化原理认识》，《南京大学学报》（哲学·人文科学·社会科学）第 5 期。

赵勋，《嘉靖瑞金县志·疆域附土俗》（卷 2），同治戊辰重刊本。

作者简介

陆自荣　男

所属博士后流动站：中国社会科学院社会学研究所

合作导师：苏国勋

在站时间：2006.10～2009.10

现工作单位：湖南科技大学管理学院

联系方式：zironglu@ sina. com

禹云闪　女

现工作单位：云南师范大学文理学院

联系方式：155313628@ qq. com

关于农民工代际问题的讨论

陈　辉

摘　要：农民工是中国社会特有的一个群体，自改革开放后农民被允许跨区域流动以来，这个群体已经存在和发展了 30 多年。随着社会的发展，农民工群体自身内部的异质性在不断增加，呈现一些代际的差异。本文借鉴曼海姆关于"代"的问题的讨论，把"代"看作一种社会学现象，根据社会历史经验这一决定代际差异的核心概念，从家庭生活、学校教育和工作经历对农民工代际划分的分析框架进行了理论探讨。

关键词：农民工　代际　社会历史经验

农民工，是现代中国社会特有的一个群体。自 1978 年改革开放后农民被允许跨区域流动以来，这个群体已经存在和发展了 30 多年。在这 30 多年里，他们为中国的城市化、工业化的发展做出了不可磨灭的贡献，同时，他们的生存状况、地位、身份和权利等问题也备受关注与争议。

改革开放 30 年多年来，随着社会的发展，农民工这一群体自身内部的异质性也在不断增加。早期的农民工和后期的农民工无论是在观念还是在行为上都表现出较大的差异。许多研究者也注意到这一现象，比较普遍的一种划分是将农民工分成"老一代/第一代农民工"和"新生代/第二代农民工"两代。两代农民工的划分，一方面凸显了农民工群体内部的异质性，表明农民工群体内部的差异已经比较明显，也受到研究者们的充分关注；另一方面，随着时代和社会的发展，这一划分也显现其局限性。关于农民工代际的划分标准，一直以来比较模糊，也不统一。而且，"新生代"这一概念的提出是在 2001 年左右，距今已有 10 年之久，社会发展 10 年的历史进程使新生代这一概念的内涵和外延都有所扩展，新生代农民工群体内部也有进一步分化的趋势。因此，如果仍然仅把农民工分成"老一代"和"新生代"，就会忽略农民工群体的成长与发展、农民工群体可能出现的新问题以及农民工群体新的需要，从而不利于我们对农民工群体的深入了解以及很好地处理新出现的关于农民工群体的问题。

综上所述，探索目前农民工群体内部发生的变化，尝试提出一种适应新情境的划分农民工代际的标准则具有重要的理论和实践意义，这也是本文力图探讨的问题。

一　已有关于农民工代际划分的研究

首次提出"新生代"农民工概念的研究者主要根据年代与年龄特性、教育特征、务农经历和外出动机等标准把 20 世纪 80 年代初次外出打工的称作"第一代"农村流动人口，20 世纪 90 年代初次外出打工的称作"新生代"农村流动人口。通过调查，他还发现两代农民工在社会认同上存在较大差异。[1] 也有研究者根据生活经历、文化水平、务农技能、职业期望值等标准把农民工分成三代（1970 年前出生、1980 年前出生和 1980 年后出生）。[2] 还有研究者根据受教育年限、婚姻状况、务农经验、未来归属倾向、自我身份判断以及市民化意愿等标准把农民工分为两代。[3] 另外，研究者们也从心理的角度比较了第一代和新生代农民工在社会心态（如相对剥夺感、社会差异感、社会距离感、身份归属感和生活满意度等）、一些基本的心理特点（如自尊、排斥感）等方面的区别。[4]

---

① 王春光，2001，《新生代农村流动人口的社会认同与城乡融合的关系》，《社会学研究》第 3 期。
② 吴红宇、谢国强，2006，《新生代农民工的特征、利益诉求及角色变迁——基于东莞塘厦镇的调查分析》，《南方人口》第 2 期。
③ 刘传江、程建林，2008，《第二代农民工市民化：现状分析与进程测度》，《人口研究》第 5 期。
④ 许传新，2007，《新生代农民工城市生活中的社会心态》，《社会心理科学》第 1~2 期；李伟东，2009，《彷徨在城市边缘——"80 后"农民工行为和心理研究》，《西南民族大学学报》（人文社科版）第 8 期；熊易寒，2009，《城市化的孩子：农民工子女的城乡认知》，《中国农村观察》第 2 期。

　　从已有研究中我们可以看出，目前关于农民工代际的划分标准很不统一，有的是以初次外出打工的时间来区分"第一代"和"新生代"，有的则是以出生年代来进行区分。划分标准的不统一导致了标准比较模糊，对农民工代际的区分也显得混乱，如对于基本上是同一年龄范围的人，有的是分为两代，有的则是分为三代。

　　农民工代际的划分确实是一件比较复杂的事情，虽然年龄等生物因素是代际区分的一个重要基础，但不能简单地以之为区分标准，十年为一代的说法并不妥当。可能正是因为代际划分的复杂性，研究者们也发现日益庞大的农民工群体的内部异质性。为了区别差异日益显著的农民工群体，大部分研究者都用"第一代/老一代"和"第二代/新生代"来进行区分。但是，这一区分的提出比较早，距今有十年的时间。在这十年内，社会环境日新月异，农民工群体自身也发生了很大的变化，仅以两代来区分农民工显得过于笼统。不同代的农民工群体，他们在思想与行为等方面存在较大的差异，对他们进行比较清楚的区分，有助于我们把握各个子群体的基本特征以及容易出现的问题；同时，由于人是思想的承担者，人的行为、思想象征着整体的面貌，把农民工的代际问题区分得越清楚，也越有利于我们认识社会的发展和变迁。因此，笔者尝试对农民工的代际问题进行细致的探讨。

二　关于代际问题的理论探讨

　　如上所述，目前关于农民工代际划分的标准很不统一，而且现有的划分表现出简单依据年代来区分代际的不妥当倾向。由于农民工代际的划分确实是一件比较复杂的事情，因此，在我们提出其分析框架前，有必要对代际问题进行一些理论探讨。

　　过去关于代的问题的理论探讨主要有三种观点：实证主义、浪漫历史主义和社会学的观点。

　　实证主义和浪漫历史主义学派对现实的态度是相对的，他们对代的不同看法反映了他们基本态度上的鲜明对比。实证主义者把他们的问题简化为数量，他们寻求的是最终决定人类存在因素的数量公式。他们关注代的问题是因为这使他感到接触到了一些人类存在的基本因素，包括生和死，明确的、可测量的生命周期，代与代之间的间隔是有规律的等。在实证主义者看来，这就是人类命运以可理解的，甚至是可测量的形式存在的框架。其他所有的因素都是受到生命过程自身内部的制约的，因为它们只是具体关系的表达。实证主义者希望找到一种基于人有限的生命周期和新、老一代交叠的生物定律而体现历史发展规律的普遍法则。他们的目的是理解生物学意义上的智力和社会的发展，建构关于人类物种重要基础的发展曲线。在这一过程中，一切事物都尽可能地被简化。在这种简化之后，代的问题的核心似乎就是找到在公共生活中老一代被新一代取代的平均时间段，以及主要是找到计算新阶段的实质性历史起点。实证主义者喜欢估算某一代的持续时间，估算方式有多种——许多人认为是 15 年（如 Dromel），但大多数人认为是 30年，因为在生命中的最初 30 年，人还在学习，所以平均来讲个体的创造性只始于那个年龄，在 60 岁时，人就离开了公共生活。

浪漫历史主义者则采用质性的方法，坚决回避明确的数学问题，把问题转向人的内心。浪漫历史主义者认为，代的问题是一种内部时间的存在问题，它不能被测量，而只能以质性的方式被体验。浪漫历史主义学派的重要代表人物 Dilthey 认为，把"代"作为思想进化（intellectual evolution）历史的一个时间单位就能够通过内部操作的测量概念将纯外部的单位替换为小时、月份、年、十年等，从而也就能用重新制定（re - enactment）的直觉过程来评价思想运动。Dilthey 还强调，代不仅是连续的，也是共存的。同一时代的人经历了来自主流思想、社会和政治环境中同样的重要影响。正因为他们受到了共同的影响，所以他们是同一时代的人，他们构成了一代。在Dilthey 看来，有些东西并不是可以计量的，而只能被体验，时间间隔分开的代成为能主观体验的时间，同时期性成为受到同样重要影响的主观条件。浪漫历史主义学派的另一个代表人物 Pinder 认为，虽然不同的代生活在同一时期，但是由于他们经历的时间只是唯一的真实时间，所以他们实际上是生活在性质完全不同的主观时期的。也即是每个同样的时间对个体自身来说是不同的，个体只能与他同年龄的人共享这段时间。

曼海姆结合已有的研究，从形式社会学的角度讨论了代的相关问题。曼海姆主要把代看作一种社会现象，这是他讨论代的问题的前提。曼海姆指出，代作为一种社会现象，其本质就是个体在社会中的阶级/阶层位置（class position）。阶级/阶层位置是指某些个体像他大多数人一样在社会约定的经济和权力结构中所具有的共同的"位置"。阶级/阶层位置的变化取决于个体经济和权力地位的变化（K. Mannheim, 1997：289）。在曼海姆看来，组成某一代的成员之间的联系既不像社区群体（如家庭、部落等）成员间的先天关系，也不像组织群体（如协会等）成员间的特定目的的联系，而是一种由个体经济和权力地位决定的共同的社会位置。一代人实质上是由整个社会中许多有着相似位置的个体组成的。

而且，社会位置还有其固有的倾向，也即是属于同一个阶级/阶层或同一代的个体在社会和历史发展的进程中的位置是共同的，从而他们也被限制到某种特定的潜在经验范围中，倾向于表现出某种思维和经验形式以及某类行为。每种社会位置都有其指向某些确定的行为、情感和思维模式的倾向，社会各群体成员所具有的经验、文化和情感并不是完全一样的，每个群体/阶级只具有自己位置的那一小部分。

曼海姆特别强调，代是建立在生物学规律基础之上的，生与死、有限的生命周期以及成熟等因素对代有一定的制约作用，属于同一代的个体出生的年代是相同的，从而在社会发展的历史维度上有同样的位置。但是，生物学规律只是其前提，代的现象本身是一种社会学现象，作为社会学现象的代，其更为本质或者说是更为重要的基础是人之间的社会交往。因为如果人之间的社会交往不存在，也即是没有一定的社会结构、没有基于某种具体连续性的历史，那么代就不会作为一种社会位置现象而存在，那就仅仅只是出生、成熟和死亡。因此，代的社会学问题的基础就是发现这些生物学因素的社会学关联。

曼海姆还指出，具有相似的社会位置并不一定形成实质上的代，位置相似的同时代的人（时间上的共存）共同参与社会历史发展，具有共同的命运、共同的思想和概念时，才构成实质意义上的代。而且，因为应对共同经验的方式不同，代下面还存在不同的单位。

曼海姆批评许多关于代的理论试图在重要的出生年份阶段（设定为30年）和设想的自然的、量化的特点与文化变迁的阶段之间建立直接的联系，而忽略了代的位置固有的内隐潜力的实现是取决于生物学以外的因素（如我们当前的发展速度和社会变化的影响）。他认为，新的一代风格是否每年、每三十年、每一百年出现，或者是否是有节奏地出现，完全取决于社会和文化发展的触发作用。

在以上论述的基础上，曼海姆总结了关于代的几个基本特点（K. Mannheim，1997：292－301）。

第一，在文化发展的过程中，新的参与者在不断出现；同时，之前的参与者在不断地消失。

第二，任何一代的成员只能参与历史进程中有限时间的一部分。也就是说，同一代的成员除了要有相似的位置（不仅是出生于同一时间或者某个成长阶段处于同一时期，而且具有相同的事件经验）以外，所共享的经验还需对产生相似层次的意识有影响。两代人可能生活在同一时期，但他们的经验层次不同，重叠时期的经验不能代表他们具有相同的经验，因为前期的经验会影响后期的，实质上还是会存在差异的。

第三，因为代是处于一种持续的互动状态中的，需要持续不断地传递积累起来的文化遗产。

第四，代与代之间的传承是一个持续的过程，不能中断。处于中间的群体发挥着他们自己的作用，尽管他们不能去除不同代之间的生物学差异，但是他们至少能够起到缓和的作用。由于社会发展的速度加快，老一代的问题在新一代的身上表现得更多，老一代也更多地受到新一代的影响。

三　关于农民工代际划分的分析框架

正如曼海姆所强调的，代是一个社会学的现象和概念，决定某些成员是否构成一代的基本前提是他们出生的年代和生活的时期等生物学因素，而更为本质的因素是他们具有共同的社会历史经验，这些共同的社会历史经验是由他们相似的经济和权力地位决定的。社会和文化的发展触发了代际的更替。本研究尝试借鉴曼海姆关于代的问题的理论来探讨我国农民工代际划分的问题。

（一）农民工产生与发展的社会历史背景

农民工是中国现代社会特有的一个群体，它的产生有其特殊的社会历史背景。我们说，代是一种社会学现象，社会文化的发展触发了代际的更替，那么，要讨论农民工的代际划分问题，就有必要结合农民工产生与发展的社会文化历史背景来进行分析。

农民工的产生源于农民的流动，农民的流动是受到社会经济政治的影响的。自1978年改革开放允许农民流动以来，中国农民的流动大致经历了以下几个阶段。

第一阶段：1979～1984年

这一阶段农民流动意愿薄弱。因为，改革开放初期，承包责任制在农村的推行使农民成为土地的主人，他们劳动热情高涨，全身心扑在刚分回家的土地上。少数外出者主要是农村中素有走南闯北传统的能工巧匠。[1]

---

[1]　朱力，2003，《农民工阶层的特征与社会地位》，《南京大学学报》（哲学、人文科学、社会科学版）第6期。

第二阶段：1985～1989年

这一时期，一方面，由于农业种植成本以较快的速度上升，农民从土地上获得的收益逐步下降；另一方面，由于集体生产的解体和家庭经营的自由化，农村在改革前积累的大量剩余劳动力由隐而显，急需寻求新的就业机会；再一方面，乡镇企业的迅速发展创造了大量就业机会，从而使得大量农民剩余劳动力成规模地主要向乡镇企业流动，形成了第一次农民流动浪潮，其特点是"离土不离乡，进厂不进城"，以乡镇企业为就业目的地就地转移。

第三阶段：1990～2000年

1992年邓小平南方谈话开启了深化改革的方向，即以一体化的市场体制来替代双轨制，以更为明晰的产权制度来改革乡镇企业和国有企业。20世纪90年代以来的市场化和分税制改革，使社会结构发生了深刻的变化。在中西部地区，大量的乡镇企业转制或倒闭，致使将农村劳动力维系在农村社区的各种纽带大为减弱；在东部地区，以城市化为核心动力带动的增长模式为东部地区带来规模巨大的财富，城市私有企业、第三产业蓬勃发展，使得大量农村剩余劳动力的流动开始超出原有经济特区的流向范围，以成本最低的形态向所有资本所在地流动。由此出现的农村剩余劳动力所汇集的洪流，在中国的大地上由西至东、由北向南流动，成为中国现代化进程中一种前所未有的现象。[1] 这一时期农民流动的特点主要表现为"离土又离乡、进厂又进城"，以城市为目的地异地暂居性流动。

第四阶段：2001年至今

2001年底，中国加入世界贸易组织（WTO），中国的经济增长模式由此发生重大转变：通过融入全球性的经济秩序，外向型加工制造业、海外投资与国际贸易成为拉动GDP总量增长的重要力量。中国入世后，外向型经济格局的形成带来了新一波的民工潮。[2] 据国家统计局的统计，我国进城农民工数量当前已超过2亿人。但这一时期，由于农民工的基数已经很大，流动增长的速度明显放慢，在较大总量的规模上平稳运行。

这一阶段农民流动表现出的一个新的特征是：农民工在流入地居住的时间更长，在流入地长期居住的农民工人数增多，并且有举家迁移的倾向。据

---

① 渠敬东、周飞舟、应星，2009，《从总体支配到技术治理——基于中国30年改革经验的社会学分析》，《中国社会科学》第6期。

② 同上。

国家统计局统计，2009 年举家外出农民工 2966 万人，比 2008 年增加 107 万人，增长 3.7%。① 农民工的举家迁移直接导致农民工子女的增加，有研究表明，从 2000~2005 年，全国 14 周岁及以下流动儿童数量增长了 424 万人，5 年增长了 30%，其中大部分是农民工子女，近 1403 万人。②

此外，这一时期还有一个特点，就是受 2008 年全球金融危机的影响，农民工流动的方向第一次发生了变化，即出现 2000 多万人阶段性返乡、回流的现象。虽然随着经济的复苏，大部分返乡农民工又回到城市，但这一经历对返乡农民工以及受到返乡威胁的农民工而言，无疑有着重要的影响。

（二）农民工代际划分分析框架的探讨

曼海姆认为决定某些成员是否构成一代的更为本质的因素是他们具有共同的社会历史经验，这些共同的社会历史经验是由他们相似的经济和权力地位决定的。本文中，我们就以社会历史经验为核心概念来讨论农民工的代际划分问题。

人的主要社会历史经验主要包括三个方面：家庭生活、学校教育以及工作经历。这三方面的经验基本上构成了人的主要社会历史经验，下面我们将分别进行阐述。

1. 家庭生活

家庭生活是人的初次社会化的阶段，也是人社会历史经验的起点。在探讨农民工问题时，家庭生活可以细分为接受学校教育前的家庭生活经验以及外出打工时的家庭生活经验两个方面。

接受学校教育前（一般指 6 岁以前）的家庭生活经验，主要包括出生地、生活地以及是否与父母生活在一起。也就是说，农民工是出生在农村还是城市；6 岁以前是生活在农村还是生活在城市；6 岁以前主要是和爷爷奶奶/姥爷姥姥生活在一起，即所谓的留守儿童，还是和自己的父母生活在一起。就农民工群体来看，大部分农民工是出生在农村而且 6 岁以前是生活在农村的，其中部分是从小和父母生活在一起，也有部分是从小由老人带大的；还有部分农民工则是出生在农村，但一两岁以后被父母接到城市和父母一起生活；再有部分农民工则是出生在城市，一直和父母生活在一起。接受

---

① 中华人民共和国国家统计局农村司，《2009 年农民工监测调查报告》，中华人民共和国国家统计局网站（http://www.stats.gov.cn）。
② 段成荣、杨舸，2008，《我国流动儿童最新状况——基于 2005 年全国 1% 人口抽样调查数据的分析》，《人口学刊》第 6 期。

学校教育前的家庭生活经验对农民工的整个社会历史经验有重要的影响，它也直接影响到农民工对农村和城市的感情与认同，以及自己的归属感。当然，它只是农民工社会历史经验的一部分，其影响作用的最终表现还要结合到后面几个阶段。

外出打工时的家庭生活经验，主要指的是已婚农民工的家庭生活经验。从前面归纳的农民流动的阶段可以看出，已婚农民工的家庭生活经验也是有差异的。"离土不离乡，进厂不进城"时期的农民工是在离家不远的乡镇企业打工，独自出去打工的农民工可以经常回家；而"离土又离乡，进厂又进城"时期的农民工打工的地方则变远了，受到距离以及收入水平的影响，那些独自出去打工的农民工则是一年甚至几年才能回一次家；随着女性就业机会的增多，部分农民工婚后夫妻一起出外打工，子女放在家里让老人带着，一年甚至几年回家看看孩子；再后来，经济条件稍好点的农民工则是把孩子也带在身边，使农民工的流动表现出举家迁移的倾向。

接受学校教育前的家庭生活经验和外出打工时的家庭生活经验共同构成农民工主要的家庭生活经验。两种经验虽然是在不同的年龄阶段，但是根据具体的情况，两者是可以结合起来进行考虑的。

2. 学校教育

学校教育是人社会化的一个重要阶段。农民工的学校教育经验的差异主要表现为三种情况：第一种是整个学校教育阶段都是在农村或者是镇里进行的，也即是可能幼儿园和小学是在村里上的，中学则可能到镇里或县里上；第二种部分学校教育阶段是在农村进行的，部分学校教育阶段是在城市进行的，也即是可能幼儿园或小学低年级是在农村上的，其他学校教育阶段是在城市进行的；第三种是整个学校教育阶段都是在城市里进行的，也即是在城市的公办学校或者民办学校接受学校教育。

这三种学校教育的经验首先影响农民工受教育的质量和程度。如只在村、镇接受学校教育的，受教育质量一般比较低，而且往往其受教育程度只是小学毕业；而后两种则受教育质量更高，而且其受教育程度能达到初中以上。此外，三种学校教育经验还影响农民工对农村生活的记忆、体验和情感。如只在村、镇接受学校教育的农民工，往往在外出打工之前一直是在农村生活，对农村生活的记忆更深刻，情感上也更接受一些；而对于一直在城市接受学校教育的农民工而言，他们在农村生活的时间非常短甚至没有，对农村生活十分陌生，谈不上情感上的联系；而对于跨越两种经验的农民工而言，其影响可能更为复杂。

3. 工作经历

这里的工作经历主要包括：关于务农的经验、外出打工的地点以及外出打工的职业等。

关于务农的经验主要指有没有干过农活及其熟练程度。早期的农民工一般是干过农活的，而且具有成熟的务农技能，这些农民工更可能适应农村的生活，即使是他们从城市返乡，也能靠种地生存。另一部分农民工，也有务农的经验，但是他们务农的时间少，并且不是很熟练，这些农民工对农村生活的适应属于中间水平，没有其他工作可能也能生存，但是他们一般不喜欢做农活。再有一部分农民工，则是根本没有务农经验的，这部分农民工要么只是见过长辈做农活，自己只需要打些简单的下手，自己不用做；要么是没在农村生活过，压根不了解农活，这些农民工如果返回农村生活，基本是无法靠务农生存的。

外出打工的地点则有中小城市和大城市、内陆与沿海之分。在不同地方打工的农民工，他们的生活经验是不同的。如，在中小城市打工的农民工，经济和居住压力可能要小一点；在内陆打工的农民工可能受全球金融危机的影响要小于在沿海打工的农民工；而在大城市和沿海打工的农民工，他们的生活阅历等方面可能又不同于在中小城市和内陆打工的农民工。

外出打工的职业差异也影响农民工的生活经验。从事建筑业、制造业、服务业等不同职业的工作经验对农民工的影响也不一样，反过来看，不同时期、具有不同能力水平的农民工对这些职业的选择也是不一样的。

综上所述，本文根据社会历史经验这一核心概念，从家庭生活、学校教育和工作经历三个方面探讨了农民工代际划分的问题。这只是一种理论探讨，也就是说，从理论上讲，把这三个方面结合起来，根据其相似程度可以尝试对农民工进行代际的划分。这里要强调的是，这三个方面只是我们分析问题的一个结构，三个结构内部可能存在交织的地方。其实，已有研究关于农民工代际区分标准中也涉及里面的部分内容，比如务农经验、受教育程度以及工作的职业等。但是，由于对代际区分的标准没有进行专门的讨论，分析的框架比较模糊、零散，所以在对农民工代际的判断上比较笼统和不统一。本文则是从理论讨论入手，希望首先厘清农民工代际划分的理论标准，然后，至于把农民工分成两代、三代甚至是四代，则需要我们在这一理论框架下通过实证研究来进行调查和总结。这也是研究者后面正在进行的工作。

参考文献

段成荣、杨舸，2008，《我国流动儿童最新状况——基于 2005 年全国 1% 人口抽样调查数据的分析》，《人口学刊》第 6 期。

李培林，1996，《流动民工的社会网络和社会地位》，《社会学研究》第 4 期。

李伟东，2009，《彷徨在城市边缘——"80 后"农民工行为和心理研究》，《西南民族大学学报》（人文社科版）第 8 期。

刘传江、程建林，2008，《第二代农民工市民化：现状分析与进程测度》，《人口研究》第 5 期。

刘小枫，2007，《这一代人的怕和爱》，北京：华夏出版社。

渠敬东、周飞舟、应星，2009，《从总体支配到技术治理——基于中国 30 年改革经验的社会学分析》，《中国社会科学》第 6 期。

王春光，2001，《新生代农村流动人口的社会认同与城乡融合的关系》，《社会学研究》第 3 期。

吴红宇、谢国强，2006，《新生代农民工的特征、利益诉求及角色变迁——基于东莞塘厦镇的调查分析》，《南方人口》第 2 期。

熊易寒，2009，《城市化的孩子：农民工子女的城乡认知》，《中国农村观察》第 2 期。

许传新，2007，《新生代农民工城市生活中的社会心态》，《社会心理科学》第 Z1 期。

中华人民共和国国家统计局农村司，《2009 年农民工监测调查报告》，中华人民共和国国家统计局网站（http：//www. stats. gov. cn）。

朱力，2003，《农民工阶层的特征与社会地位》，《南京大学学报》（哲学、人文科学、社会科学版）第 6 期。

Mannheim, K. 1997, "The Problem of Generations." In *Essays on the Sociology of Knowledge.* London：Routledge.

作者简介

陈辉　女

所属博士后流动站：中国社会科学院社会学研究所

合作导师：杨宜音

在站时间：2009. 10 ～ 2011. 11

现工作单位：中国社会科学院

联系方式：stella_ 325@163.com

资源动员与问题化建构：农村征地群体性事件的形成机理[*]

孟宏斌

摘　要：伴随着城市化进程的加剧，国家征收农村土地的数量、规模不断上升，支出的征地补偿也不断提高，但由农村征地引发的冲突却愈演愈烈。此现象促使我们思考：农村征地与对抗性冲突间的内在逻辑关系是什么？引发征地群体性事件的根源与内在发生机理是什么？本文运用社会冲突相关理论分析表明，在利益认同与身份认同的双重叠加效应下，征地问题会通过资源动员被社会性建构出来，从而形成征地群体性事件。

关键词：农村征地群体性事件　资源动员　社会建构　形成机理

一　引论

（一）概念界定

当前，我国正处于由以乡村社会为主向以城市社会为主、由传统农

---

* 基金项目：教育部人文社科基金项目"农村征地对抗性冲突：内在形成机理及调适化解机制研究"（10YJC790193）；中国博士后科学基金第四批特别资助项目"诱因机会、形成机理及调适机制：农村征地冲突的经济学分析"（201104174）；中国博士后科学基金（20090460433）。

业向现代农业过渡的社会转型期，也即处在"亨廷顿命题"①的现代化进程中，难免会出现系列社会冲突问题。同时，世界各国的发展实践也表明，伴随着城市化进程中农地转用过程，土地权益调整问题不可避免地引发土地矛盾。在由土地引发的众多矛盾中，征地群体性事件尤为突出。

就概念界定而言，"冲突"比"纠纷"更能确切地表达目前农村征地过程中所面临的矛盾问题。功能冲突学派的重要代表路易斯·科塞（L. A. Coser）认为，"冲突是关于价值以及对稀有的地位、权利、资源的要求之争。在这种斗争中，双方对立的目的是要压制、破坏以至消灭对方"。②土地冲突泛指由农村土地问题引发的冲突，本文研究的是其中的征地群体性事件，即农村土地征用过程中由土地矛盾引发的各种冲突。征地冲突是利益主体在获取土地利益过程中矛盾趋于激化所表现出来的一种对抗性的心理或行为的互动过程；利益矛盾是土地冲突的起点，行为对抗是土地冲突的高级形式和最终形式。

（二）问题提出

近年来，由于经济转轨、社会转型和社会结构变迁加快，农村突发性群体事件成为社会冲突的重要表现形式，而由土地纠纷引发的农村征地冲突，又成为税费改革后农村突发性群体事件的重要形式，成为影响农村社会稳定发展的首要问题。

20世纪90年代以来，征地运动的规模不断扩大，不仅造成城乡差距拉大、失地农民增加，而且导致农民的群体性事件大面积发生。据农业部的数据统计，仅2006年因征地引发的农村群体性事件已经占全国农村群体性事件的65%以上。"十一五"期间，全国每年新增被征地农民300万，沦为"三无"状态的失地农民总数已达4000多万；由于没有稳定的职业和社会保障，这些人实际上成了"种地无田、社保无份、就业无门"的困难群体，

---

① 美国当代著名政治学家塞缪尔·P. 亨廷顿（Samuel Phillips Huntington）通过对20世纪50～60年代发展中国家普遍发生政治动荡的原因探讨后，指出"一个高度传统化和已经实现了现代化的社会，其社会运行是稳定而有序的，而一个处在社会急剧变动、社会体制转轨的现代化之中的社会，往往充满着各种社会冲突和动荡"。见塞缪尔·亨廷顿，1999，《变革社会中的政治秩序》，李盛平、杨玉生译，北京：社会出版社，第41页。

② 路易斯·科塞，1989，《社会冲突的功能》，孙立平等译，北京：华夏出版社，第11～15页。

引发了大量矛盾。

新中国成立以来，我国的征地补偿制度经历了从无偿征收到有偿征收的调整阶段。随着市场化、城市化进程的推进，征地规模越来越大、补偿标准越来越高，但农村征地引发的冲突却愈演愈烈。为此，本文提出的研究问题是：农村征地过程与对抗性冲突间的关系是什么？由征地引发对抗性冲突的根本原因何在？农村征地群体性事件的内在社会机理是什么？在哪些因素的作用下，"原子化"的农民会集中起来并如何展开维护土地权益活动？

二　文献回顾

（一）国外研究综述

在针对集体行动（或社会运动）的研究中，西方大批经典著作和理论模型不断涌现，主要有以下几种。

1. 社会冲突研究

在针对集体行动（collective behavior）的研究中，西方先后形成了两大主导理论范式：① 一是以新社会运动理论为基础的欧洲视角，沿袭了欧洲以国家—社会为中心的研究方法。以图海纳（Touraine）、卡斯特尔斯（Castells）、哈贝马斯（Jurgen Habermas）、梅卢西（Alberto Melucci）、奥菲（Claus Offe）为代表。二是以资源动员理论为基础的北美视角，沿袭了美国以机制为中心的研究方法。主要有结构紧张—心理失衡理论（Kornhauser, Gurr）、资源动员理论（John Mc Carthy, Mayer Zald, Tarrow, Charles Tilly）、政治过程理论（Charles Tilly, McAdam）及社会建构理论（Thomas Luckmann, Bert Klandermans）。其中，结构紧张—心理失衡理论认为，个体的挫折感、被剥夺感以及紧张危机感会引起心理失衡，继而引发集体行动；资源动员理论认为，只有掌握资源和权力的精英群体才有可能动员社会成员，推动社会变革；政治过程理论关于制度政治的预设既非完全的多元政治也非完全的精英政治，更倾向于认为精英和被剥夺群体间的差距是社会冲突的起因；社会建构理论则突破了前两者关于理性人的预设，将社会运动的参与者视为处于非正式网络中的意义建构者，从个体、网络或组

---

① 王瑾，2006，《西方社会运动理论研究述评》，《国外社会科学》第 2 期，第 45～52 页。

织、社会政治文化的不同层次，以及社会运动形成、发展、衰亡的不同阶段方面分析了意义的建构问题，给予意义建构进程与资源动员进程以同等重要的地位。

2. 冲突扩散发展

Myers（2000）的研究发现，暴力活动不是独立存在的，其具有内在的扩散和升级机制；Oliver（2008）认为，事件升级是在事件加剧和对事件的镇压的结果；Andrews 和 Michael Biggs（2006）的研究发现，社会网络和核心分子对抗议性事件的升级起到了重要的作用，Martin 和 McPhail（2009）利用事件分析方法，通过对美国四种形式的社会运动（或抗议活动）的案例进行实证检验后发现，事件的规模对事件的暴力化具有重要的影响。

3. 土地征用与土地冲突

国外对土地冲突的研究区域更集中在土地利用类型多样的贫困地区（Desiderius，2000），以及城市化快速推进的城市边缘区（Sullivan etal.，2004）。Kairaba（2002）研究了非洲国家的土地冲突原因，Boydell（2001）研究了南太平洋国家的冲突问题，并提出了建议。Don Paterson（2002）认为土地权利模糊不清是各类土地冲突的诱因，Louis Hotte（2001）的研究表明，土地所有权被保护的可能性越弱，发生土地争夺的可能性越大。

4. 中国农村土地冲突

国外学者对于改革以来的农村对抗性冲突非常关注，从多种角度进行了研究。20 世纪 80 年代以来，美国学者系统研究了中国农村冲突事件（Elizabeth J. Perry，1985；Kevin J. O Brien，Lianjiang Li，1996，1998），认为农村冲突主要表现为村庄间、农户间争夺公共资源，冲突行为的主要特征是"依法抗争"。Heurlin（2005）的研究数据显示，农村土地的重大冲突事件发生次数呈逐年快速上升趋势。

（二）国内研究综述

由于征地引发问题的敏感性与现实性，国内诸多学者对征地问题给予极大关注并发表了相关研究成果。

1. 农村征地冲突的危害

有学者指出，地方政府的违法征地行为造成的后果全由被征地农民来承担。土地征收价格低，土地补偿费的分配和使用管理不规范，失地农民的生活和社会保障受到影响（陶然、徐志刚，2005）。

2. 农村征地冲突的行为特征

在农村社会变迁和结构转型不断深入的背景下，自下而上的制度化表达渠道缺失，制度内有限的表达渠道存在诸多障碍，农村冲突表现为农民为了捍卫自身权益与基层政府之间的抗争。

3. 农村征地冲突的深层次诱因

集体土地所有权模糊、多产权主体同时存在，是我国土地冲突频发的一个基本因素。有学者认为，导致我国农地非农化过程中的土地冲突的深层诱因，包括征地制度的缺陷（黄祖辉等，2002；汪晖，2004）、农地所有权模糊、农地承包权残缺、土地矛盾调解制度缺陷（李红波、谭术魁、彭开丽，2007）、农地征用补偿费偏低、利益表达制度安排滞后、农民在面临经济政治权利被侵犯时难以在体制内寻找到保护。

4. 农村征地冲突的化解

于建嵘（2007）提出要通过法制建设规范农民的公共参与行为，增强司法解决社会纠纷的能力，逐步减少信访以及伴随信访的非制度化的公共参与行动。温铁军（2007）提出利用传统组织制度资源提高农民与外部主体的谈判地位、建立相对稳定的契约关系，可能起到弱化、转化对抗性冲突的作用。

综合梳理国内外研究可以发现，国内对征地群体性事件的研究，多停留于局部静态规范性研究和经验总结层面；国外对土地冲突的研究呈现多视野、多学科的特色，形成相对稳定的理论框架和分析工具，强调计量方法的运用和模型构建。但这些文献多是针对土地私有制国家的土地冲突问题，相关研究成果对我国农村征地群体性事件的适用性有待实践检验。

有鉴于此，我们必须思考：在中国特殊的环境制度约束条件下，为什么在国家补偿不断增加的同时，失地农民的不满也在增加？为什么只有到了特定阶段，才会有一些征地群体性事件问题被关注并予以解决，而另一些征地问题仍被搁置？

三 农村征地群体性事件的内在发生机制

根据社会冲突（social conflict）的相关理论，从静态看，社会冲突是由冲突主体（发起者和参与者）、冲突目标（目的需求）、冲突手段（物质性手段和非物质性手段）及冲突环境（自然环境和社会环境）四要素构成的行动系统；从动态看，社会冲突是冲突起点（目的和需求）、冲突程序（运动的过程结构）及冲突结果（冲突运行的终点）三要素（阶段）的循环运动。① 因此，要研究农村征地群体性事件的内在发生机理，必须循此框架要素分析。

（一）失地农民的维权动力机制

路易斯·科塞（L. A. Coser）将冲突的根源分为物质性原因（权力、地位和资源分配方面的不均）和非物质性原因（价值观念和信仰的冲突、制度性的歧视）两类。② 据此，农民土地附属的相关利益被剥夺、征地利益分配不公、社会调控不力都可能成为冲突的诱发因素。一方面，在"强统治、弱治理"管理模式下，征地对失地农民造成了一种权利的剥夺并形成权利贫困，③ 主要表现为经济权利渐进性缺失（流转权益失衡）、政治权利贫困（参与权、知情权与抗争权）、社会保障权利贫困（养老保险和医疗保险）及生存发展权的贫困（高成本的生存方式）。④ 根据詹姆斯·C.斯科特"生存伦理"⑤ 和"道义经济"的概念，当农民的生存道德和社会公正感受到侵犯时，就会奋起反抗。⑥

另一方面，因缺乏有效的政治参与机会与渠道，农民失地权益难以维护。从现有制度设计的情况来看，当人民群众利益受损后，可以通过信访、调解、仲裁、诉讼等体制内的途径表达其利益诉求，但法律及现实对农民权利保护缺失。在司法救济机制中，农民对土地征收目的、征地补偿安置有异议，无法提起诉讼或司法救济请求；在信访救济机制中，失地农民群体性事件主要牵涉到地方政府利益，信访部门解决问题的效率低下；在群体救济机制中，由于失地农民抗争对象是地方政府，集会、游行、示威等活动无法得到批准，群体救济机制无法发挥效力。

① 宋立会，2008，《论社会冲突与社会和谐》，河北师范大学硕士学位论文。
② 贾春增，2000，《外国社会学史》，北京：中国人民大学出版社，第264页。
③ 指同城市居民相比，农民在政治权利、经济权利、文化权利等方面的差距、不公平与不平等及由这些差距所引起的政治利益、物质利益、文化利益的损失。
④ 李世平、江美丽，2006，《失地农民贫困现状源于中国农民权利贫困》，《农村经济》第1期，第27~30页。
⑤ 生存伦理是根植于农民社会的经济实践和社会交易之中的道德原则和生存权利。
⑥ 詹姆斯·斯科特著，2001，《农民的道义经济学：东南亚的反叛与生存》，程立显等译，南京：译林出版社，第8~10页。

（二）失地农民的群体认同机制

从一定意义上说，集体行动成败的关键是群体认同感是否建构。从利益层面看，征地群体性事件是利益冲突的表现形式，它属于争夺土地稀缺资源的生存福利型抗争，此种福利主要包括经济福利与社会福利。从经济福利看，微薄的征地补偿款不足以维持农户家庭成员原有的生活水平；从社会福利看，失地农民成为"种田无地、就业无岗、低保无份"的特殊群体，不断被社会边缘化。政治限制的放松、构建和谐社会理念和相关土地法规的完善，激发了失地农民表达利益诉求的勇气。

从身份层面看，因失地权益受损而结成的共同身份属性，成为征地群体性事件的核心凝聚因素。家庭联产承包制度的确立和劳动力的城乡流动，农民群体逐渐呈现"非均质化"倾向，自身参与村级事物的能力减弱，对政府强制性侵占土地无能为力。在弱组织的状态下，强烈的认同感已经部分超越了正式组织的凝聚、动员作用，弱者的身份武器作为"隐藏的文本"，在某种情境下可以成为获取维权利益的隐性力量。

根据系统论原理，在一系列的制度和行为准则下，共同利益和相同目标会把个人力量整合形成社会组织，而组织对个体力量的优化组合能产生积极效应。利益认同产生相同的集体行动目标指向，身份认同提高群体的内在凝聚力，两种认同的双重叠加推动失地农民维权行动展开。

（三）乡村精英的资源动员与感染响应机制

拉尔夫·达伦多夫（Ralf Dahrendorf）认为，从准群体中产生利益群体"要有一些人来负责与执行组织事务，并且身先士卒，这些人通常是群体的核心、精英（elite）"。[①] 精英概念并非指一个固定的身份角色，特指征地群体性事件中，直接或间接对失地农民起支配、统治作用的扮演临时角色的人，多是农村知识分子或者在外闯荡多年的能人。资源动员理论认为，弱势群体的集体抗议行动要成功，必须依靠组织者和积极分子开展艰辛的行动动员，取得广泛而持续的外界资源[②]的支持。在资源动员过程中，网络可以沟通传递信

---

① 拉尔夫·达伦多夫，2003，《现代社会冲突——自由政治随感》，林荣远译，北京：中国社会科学出版社，第 13～18 页。

② 资源动员理论关于"资源"的理解非常宽泛，它既包括有形的金钱、资本和设施，也包括无形的领袖气质、组织技巧、合法性支持等。

息，提供"团结诱因"（solidarity incentive）。① 在失地农民的征地维权过程中，精英必须借助媒体和公共话语影响，运用说服性沟通策略，赢得政府的理解和支持认同；建构"共识性危机"，在集体成员中形成认识解放（cognitive liberation），使农民由潜在动员者变成实际参与者。当然，这一系列动员的成功与否会受到人际网络、集体认同感的包容性、组织者的动员技术及政治机遇等因素的制约。

情绪性具有明显的"同频共振"规律，情绪感染和心理暗示在征地群体性事件中也起到了关键性作用。由于匿名、模仿、感染、暗示、顺从等心理因素的作用，处于群体中的个体就会丧失理性和责任感，表现出冲动而具有攻击性等过激行动。② 在征地群体性事件中，由于受到从众心理和去个性化因素的影响，通过暗示和模仿，群体认同的互动关系会产生强烈的情绪感染，通过连锁式的传播，形成群体性的情绪高涨，并会产生将此情绪立即转变为行动的倾向。在"法不责众"心理的支配下，事件参与者会采用体制外利益表达手段释放心中的压力与不满。

（四）征地群体性事件的信息传播与问题建构机制

作为征地群体性事件发生的媒介基础，征地群体性事件的信息传递渠道主要有大众传媒报道和坊间流言传闻两大类。大众传媒的强化作用可能是正强化（沟通桥梁、引导化解），也可能是负强化（不实报道、冲突升级）；网络媒体传播效应与放大效应为农村征地事件提供了组织条件，会引起社会和政府的关注；坊间的流言传闻可能会偏离事件本身的客观面貌，导致公众产生误解，最终激化社会矛盾。在信息传播媒介的推动下，弱者运用自己诉苦的话语策略将遭遇的不满"问题化"，使得他们的问题被上层关注进而得到解决。③

社会建构论认为，对于客观实在的社会现实，除自身具有的客观内容之外，其更多的是由思想、信念、知识等主观过程所进行的社会建构（social

① 麦克亚当等，2006，《斗争的动力》，李义中译，南京：译林出版社，第235页。
② 古斯塔夫·勒庞，2007，《乌合之众——大众心理研究》，冯克利译，桂林：广西师范大学出版社，第45页。
③ 应星、晋军，2002，《集体上访中的"问题化"过程》，《中国社会学年鉴》第1期，第213～214页。

construction）。① 在利益调整的转型阶段，农民征地维权行动过程即是不断建构问题的结果。即是说，"问题"是触发集体行动的现实发生的征地事件的客观状态，"问题化"是征地事件对失地农民权益侵害形成社会共识的主观状态。在与政府的参与互动中，失地农民不断赋予征地事件有意义的过程，形成问题并转换为维权行动的推动力。

（五）征地群体性事件的形成爆发机制

从征地群体性事件的进展看，失地农民维权呈现递进性的逻辑过程。最初，农民以法律政策为维权行动的规范，通过谈判、诉讼、上访等合法途径，试图解决征地过程中的不公正问题。但在政府沉默甚至纵容暴力的情况下，失地农民没有体制内的释放渠道，被迫转向体制外寻找非制度化的表达方式，进行利益表达和压力释放。面对失地农民的激进行动，政府一般在哄劝疏散的同时采用强制驱散措施来应对，在信息封锁和坊间流言推波助澜的混合作用下，激进的武力驱散行为又会激化社会矛盾。因具有公共性和社会震撼性的特点，由导火索事件产生的连锁反应导致征地群体性事件不断扩散，失地农民可能采取更暴力的泄愤行动，如罢市、罢工、围攻或冲击党政机关、阻断交通，甚至打、砸、抢、烧等。在群体心理、暴力环境、双方力量对比的作用下，暴力群体"匿名性"往往会导致冲突波浪式地逐步升级发展，出现延续的暴力攻击行为。② 一旦有人采取极端的暴力行为后，受到情绪感染的其他人也通过此方式表达和发泄情绪，进而引发征地群体性事件的暴力升级。

四　结论

本文从"城市化进程中农村征地规模扩大、补偿标准提高，但农村征地群体性事件却愈演愈烈"的现实问题入手，运用社会冲突相关理论，分析农村征地过程中对抗性冲突的内在形成机理。

分析结果表明，农村征地群体性事件的发生是心理—行动相互强化和事件—刺激结构合力形成的必然结果。多方面诱因的综合作用使征地群体性事

---

① 贝尔特·克兰德曼斯，2002，《抗议的社会建构和多组织场域》，载艾尔东·莫里斯等主编《社会运动理论的前沿领域》，刘能等译，北京：北京大学出版社，第94页。
② 罗伯特·门斯切，2006，《市场、群氓和暴乱——对群体狂热的现代观点》，郑佩芸等译，上海：上海财经大学出版社，第114页。

件的发生成为可能，而动力则激发了征地群体性事件的发生。在官本位思想与民权意识萌芽所产生的利益冲突基础上，失地农民在与政府博弈中无法实现自身权益，导致利益受损和不满；利益认同的目标指向和身份认同的内在凝聚力的双重叠加，形成了农民持续维权的心理动力机制，推动征地问题的社会性建构。在偶然事件的触发诱因下，形成农民激进斗争策略——政府行为偏离——农民升级反抗——政府行为再偏离出合法底线——农民不满加剧——最终采取非法暴力手段的循环过程，从而加速了农村征地群体性事件的爆发。

虽然多方面诱因的综合作用使农村征地对抗性冲突的发生在所难免，但可通过探索多渠道争端解决机制的路径，最终构建出一个融合利益协调机制、诉求表达机制、矛盾调节机制、权益保障机制在内的科学有效的冲突调适机制，化解农村征地对抗性冲突。

参考文献

贝尔特·克兰德曼斯，2002，《抗议的社会建构和多组织场域》，载艾尔东·莫里斯等主编，《社会运动理论的前沿领域》，刘能译，北京：北京大学出版社。

古斯塔夫·勒庞，2007，《乌合之众——大众心理研究》，冯克利译，桂林：广西师范大学出版社。

黄祖辉、汪晖，2002，《非公共利益性质的征地行为与土地发展权补偿》，《经济研究》第 5 期。

贾春增，2000，《外国社会学史》，北京：中国人民大学出版社。

拉尔夫·达伦多夫，2003，《现代社会冲突——自由政治随感》，林荣远译，北京：中国社会科学出版社。

李红波、谭术魁、彭开丽，2007，《诱发农村土地冲突的土地法规缺陷探析》，《经济体制改革》第 1 期。

李红波、谭术魁、游和远，2006，《当代中国土地冲突问题及其根源探究》，《天府新论》第 6 期。

李世平、江美丽，2006，《失地农民贫困现状源于中国农民权利贫困》，《农村经济》第 1 期。

路易斯·科塞，1989，《社会冲突的功能》，孙立平等译，北京：华夏出版社。

罗伯特·门斯切，2006，《市场、群氓和暴乱——对群体狂热的现代观点》，郑佩芸等译，上海：上海财经大学出版社。

麦克亚当等，2006，《斗争的动力》，李义中译，南京：译林出版社。

钱忠好，2004，《土地征用：均衡与非均衡——对现行中国土地征用制度的经济分析》，

《管理世界》第 12 期。

钱忠好、曲福田，2004，《中国土地征用制度：反思与改革》，《中国土地科学》第 5 期。

塞缪尔·亨廷顿，1999，《变革社会中的政治秩序》，李盛平、杨玉生译，北京：社会出版社。

宋立会，2008，《论社会冲突与社会和谐》，河北师范大学硕士学位论文。

谭术魁，2007，《国外有关土地冲突及其管理的研究概要》，《中国土地科学》第 4 期。

陶然、徐志刚，2005，《城市化、农地制度与迁移人口社会保障》，《经济研究》第 12 期。

汪晖，2004，《公共利益、征地范围与公平补偿》，《经济学季刊》第 1 期。

王瑾，2006，《西方社会运动理论研究述评》，《国外社会科学》第 2 期。

王景新，2005，《现代化进程中的农地制度及其利益格局重构》，北京：中国经济出版社。

肖屹、曲福田等，2008，《土地征用中农民土地权益受损程度研究——以江苏省为例》，《农业经济问题》第 3 期。

应星、晋军，2002，《集体上访中的"问题化"过程》，《中国社会学年鉴》第 1 期。

詹姆斯·斯科特，2001，《农民的道义经济学：东南亚的反叛与生存》，程立显等译，南京：译林出版社。

Amman, H. M. &A. K. Duraiappah, 2001, "Land Tenureand Conflict Resolution: A Game Theoretic Approachin the Narok District in Kenya." Working Paper.

Boydell, S. 2001, "Land and Land Conflict in the South Pacific." Consultancy Report for the Food &Agriculture Organization (FOA) of the United Nations.

——2002, "ModellingLand Tenure Conflict Transformation." South Pacific Land Tenure Conflict sysm-posim.

Kairaba, A. 2002, Country Case Study: Rwand. WorldBank Regional Workshop on Land Issues in Africa andthe Middle East, Kampala, Uganda.

Mungai, D. N. , Ong C. K. & Kiteme B. (et al.) 2004, "Lessons from Two Long-term Hydrological Studies inKenya and Sri Lanka." *Agriculture, Ecosystems and Environment* 104.

Pau, L C. 2003, "GIS as Tool for Land Conflict Management in Cambodia." Technishe University Master.

Sullivan, W. C. , Anderson O. & Taylorlovell S. 2004, "Agricultural Buffers at the Rural-urban Fringe: An Examination of Approval by Farmers, Residents, and Academicsin the Midwestern United States." *Landscape and Ur-ban Planning* 69.

作者简介

孟宏斌　男

所属博士后流动站：中国人民大学农业与农村发展学院

合作导师：郑风田

在站时间：2009.09～2011.07

现工作单位：陕西师范大学政治经济学院

联系方式：mhb1009@snnu.edu.cn

完善欠发达地区乡村医生
养老保障路径探讨[*]

张新生

摘　要：我国乡村医生的前身被称为赤脚医生，其承担着农村初级诊疗和基本公共卫生服务工作。目前，国家对乡村医生养老待遇还没有出台明确的政策，政策由地方制定，各地存在着很大的差异。其中绝大部分乡村医生被纳入农村居民社会养老保险，养老标准过低，尤其是欠发达地区更差。从公平和效率角度看，完善欠发达地区乡村医生养老待遇非常必要。国家和各级政府部门应高度关注乡村医生这个特殊群体的养老问题，采取相应措施，健全现有养老保障体制，解除乡村医生的后顾之忧，使其老有所养、老有所依。

关键词：欠发达地区　乡村医生　养老保障

一　我国乡村医生的发展历史和现状

我国乡村医生的前身被称为赤脚医生，1985 年更名为乡村医生，赤脚医生通过考试后可以获得乡村医生的资格，没有通过考试的为卫生员。乡村

---

* 本文为江西省高校人文社科项目"新农村建设中乡村医生养老保障问题研究"（GL1156）的阶段性成果。

医生工作在农村第一线，除了初级诊疗，还负责辖区内的基本公共卫生服务。本文讨论的乡村医生是指在各种村卫生室从业，未进入国家工作人员编制，不享受乡镇卫生院相关待遇并且户籍性质为农民的医务人员。

1980 年全国有乡村医生 607879 人，2008 年末全国 61.3 万个村卫生室中共有乡村医生和卫生员达 93.8 万人；其中，乡村医生 89.4 万人，每千名农业人口乡村医生和卫生员 1.06 人，[1] 乡村医生中具有执业（助理）医师资格达 12.0 万人。[2] 到 2010 年底，有 109.2 万名乡村医生和 17.3 万名执业（助理）医师。第四次全国卫生服务调查显示，农村地区 58% 的患者在村级卫生机构就诊；2010 年村卫生室的诊疗人次达到 16.57 亿人次。[3]

二　我国欠发达地区乡村医生养老保障的运行现状
——以河南、江西、麻城等地为例

我国地域广阔，经济发展差距较大，国家对乡村医生养老待遇还没有出台明确的统一政策，政策由地方制定，存在着很大的差异。一些地区已经根据本地实际制定和实施了乡村医生养老保障制度，其中绝大部分乡村医生被纳入农村居民社会养老保险，但养老标准过低，还有没有实施养老保障的情况。这里就重点研究我国欠发达地区的乡村医生养老保障。

（一）麻城市乡村医生养老保险现状

2010 年 8 月，麻城市卫生局出台《麻城市村卫生室管理办法》，对麻城卫生系统乡村医生待遇进行了明确规定。乡村医生报酬实行乡镇卫生院统筹，各级政府给予补助。在岗乡村医生实行效益工资制，市卫生局对担负卫生防疫、妇幼保健、计划生育技术指导的乡村医生每人每年给予 1200 元补助，按照按劳分配的原则，由卫生院根据考核结果发给。凡 1997 年以来，在一体化管理的村卫生室连续工作满 5 年以上或累计工作满 10 年以上的，年龄已满 60 周岁并离开乡村医生工作岗位的乡村医生，办理离岗手续后，由市卫生局发给荣誉证书，给予每人每月 300 元生活补助（市卫生局补助

---

① 卫生部统计信息中心，2009，《2008 年我国卫生事业发展统计公报》。

② 任苒，2011，《中国乡村医生的发展与作用》，《中国农村卫生事业管理》第 5 期，第 444 页。

③ 李红梅（记者），2011，《孙志刚解读进一步加强乡村医生队伍建设指导意见》，《人民日报》7 月 18 日（http://www.gov.cn/jrzg/2011 - 07/18/content_ 1908239. htm）。

150 元、所在乡镇卫生院补助 150 元）。年龄不到 60 岁因病不能坚持正常工作，经批准离开乡村医生工作岗位，年龄满 60 岁后，符合上述条件给予每人每月 180 元生活补助（市卫生局补助 90 元，所在乡镇卫生院补助 90 元），由乡镇卫生院发给。原已参加乡村医生养老保险的乡村医生同时在人寿保险公司领取养老保险金，不充抵本项生活费补助。[①]

（二）江西省乡村医生社会养老保险运作现状

2008 年末，江西省共有注册乡村医生 5.3 万名，每千农业人口拥有乡村医生 2.015 名。全省注册乡村医生中年龄超过 38 岁的有 25272 名，占乡村医生总数的 47.68%；年龄超过 48 岁的有 15546 名，占乡村医生总数的 29.33%。到 2008 年 12 月 31 日止，达到退休年龄的注册乡村医生有 4170 人。可见，当前江西省乡村医生中相当大一部分已经步入了中老年阶段，养老保险需求非常迫切。

据了解，南丰县是江西省最早推行乡村医生社会养老保险的。自 2007 年开始，南丰县把对乡村医生每人每年 400 元的公共卫生补助用于为乡村医生统一购买社会养老保险，参照当地灵活就业人员进入社会保险的办法，采取乡村医生自愿参与的原则，将乡村医生纳入社会养老保险，不愿意进入社会养老保险的乡村医生仍可领到 400 元的公共卫生补贴。目前，江西省大部分地区将乡村医生纳入农村居民养老保险。

（三）豫西地区乡村医生社会养老保险运作现状

河南西部地区的汝阳、鲁山和汝州是经济欠发达县，2012 年 1 月笔者随机对三个县的乡村医生就待遇和养老问题进行了访谈，三个县目前都在进行乡村医生待遇和养老保险改革。首先是进行村医定员，1000～1200 名村民配一个村医；其次，待遇主要有以下几部分构成：公共服务补贴＋药品差价＋处方费＋人头补贴；养老保险空缺，只有 65 岁以上的村医可以享受每月 300 元养老补贴。例如，汝阳县刘店镇昌村，人口有 1300 多人，卫生所村医焦某，行医 20 多年，目前为止收入大约每月 800 元，没有经济能力参与商业保险，没有养老保险。汝州市寄料镇观上村，人口有 4000 多人，村卫生所的李某、宋某分别是 64 岁和 65 岁，早年从事赤脚医生工作，1983

[①]　安立、胡荣、陈瑾，2010，《麻城补助 60 岁以上"退休"乡村医生每月 300 元》，人民网湖北频道，8 月 12 日（http://hb.people.com.cn/GB/194146/194148/12414846.html）。

年以前记工分，1983 年以后是自给自足（其中多次分开合并），由于收入过低（全镇大概只有 3 个村医收入比较高），前几年村卫生所先后有四位乡村医生出走，只剩下两人依然坚守着，目前没有养老保险。鲁山县背孜乡长河村，人口有 1600 多人，村医养老保险的基本情况基本相同。总的情况是，目前就村医的待遇而言，参与商业养老保险比较困难，养老保险仍然是空白，只有 65 岁以后可获得养老补贴 300 元/月。

三　我国欠发达地区乡村医生养老保障存在问题

乡村医生的养老保障体制仍面临诸多问题，具体表现为以下几个方面。

（一）保障水平低，难以满足晚年生活需要

我国乡村医生已有 40 多年的历史，但随着国家经济的发展，他们的工资待遇没得到明显提高，老年退休金也不高，难以满足他们晚年生活的需要。[①]

国务院出台《国务院办公厅关于建立基层卫生医疗机构的补偿机制的意见》，要求建立健全多渠道加大对乡村医生补偿的制度，其中提到基本医疗卫生服务主要通过新农合门诊统筹的方式解决；2010 年国家财政对每个农民投入 15 元，2011 年增加到 25 元；养老保险问题主要通过新农保的方式解决，国家主管部门是人力资源和社会保障部，西部地区基础养老金由中央财政承担。乡村医生的养老收入是普通农民的 2 倍左右，但是城乡仍然存在差别，在农村 60 岁以后，每人每月补助 55 元，每年只有 660 多元；在北京，2010 年每人每月补助 280 元，2011 年将上升到 310 元。[②]

（二）商业保险金安全性和稳定性差

自"新农合"实行以来，国家对乡村医生的养老保障采取了相应的措施。一些地区的镇医院要求辖区所有乡村医生统一缴纳商业养老保险金，这些并不能彻底解决乡村医生的养老问题。年老的乡村医生无法满足规定缴费年限，仅获得一次性退还的个人缴费部分。年轻乡村医生虽能缴完年限，因

---

① 左魏魏、张汝峰，2009，《浅谈乡村医生的养老问题——以岸堤镇为例》，《西安社会科学》第 6 期，第 120～121 页。

② 张勘、胡天佐，2011，《上海市乡村医生队伍建设的实践探索与前瞻》，《上海医药》第 5 期，第 241～243 页。

为商业保障的安全性系数比较低，对商业保险的保值增值和安全性心存忧虑。

（三）历史遗留问题严重，且城乡间、地区间养老保障差别大

国家和社会不太重视乡村医生，历史形成的城乡医生不公平的养老保障体制依然存在。由于我国城乡二元体制，乡村医生与城市医生的收入和退休待遇差距太大，引起了广大乡村医生的心理不平衡。由于存在区域之间的差距，同一省内的不同地区乡村医生的养老保障存在很大的差异。

（四）养老保障制度不够健全，管理方面存在问题

随着国家计划生育政策的实施，农村家庭开始小型化，家庭养老日益削弱。加之农村老年人自我保障能力差，缺乏相应的保障措施，很多乡村医生在离岗后生活陷入困境。农村社会保障制度的管理也存在很多漏洞，有些地方领导不够重视乡村医生的养老问题，对养老保障金缺乏相应的监督，特别是乡村医生缴纳的商业性养老保险金管理不严，直接影响到乡村医生的养老质量和老年生活。

（五）缺乏严格的人事退休制度，养老保障没有制度化

目前，乡村医生没有建立严格的退休管理制度。由于国家没有统一发放乡村医生的养老保障金，也没有严格的退休年龄，只能活到老，干到老。一旦离岗，乡村医生无力种地和无法维持自己的生活，只能靠子女等亲属照顾，或者依靠商业保险公司提供的微薄的"养老金"生活。[①]

四　我国欠发达地区乡村医生养老保障必要性分析

（一）从社会保障制度的公平角度

公平包括横向公平和纵向公平。目前，乡村医生养老保障制度存在着横向不公平，主要表现为乡村医生在不同地区获得的待遇明显不同；同时乡村医生养老保障制度还存在着纵向不公平，主要表现为不同类人群中乡村医生

---

① 左魏魏、张汝峰，2009，《浅谈乡村医生的养老问题——以岸堤镇为例》，《西安社会科学》第 6 期，第 120～121 页。

的养老保障差距过大。根据民政部颁布的《县级农村社会养老保险基本方案》（1992 年），乡镇企业职工、教师、乡镇招聘的工作人员，可以乡镇或企业为单位确认，组织投保，参加社会养老保险，但不包括乡村医生。

（二）从社会保障制度的效率角度

根据民政部"农村社会养老保险交费领取计算表"计算，假设乡村医生投保 2 元/月，交费 10 年或 15 年，可分别领取养老金 4.7 元/月或 9.9 元/月；如果再把管理费增加、银行利率下调和通货膨胀等因素考虑在内，领到的养老金会更少。可见，目前全国大部分地区现行的乡村医生养老保障制度对乡村医生的激励作用不大，效率较低。

（三）从社会保障的现实角度

目前，乡村医生主要以家庭养老、土地养老、集体养老和社会养老为主，不过这四种模式都存在较多的缺陷。第一，家庭养老模式。乡村医生收入水平较低，不足以应付老年生活，很难抵御养老风险。如果乡村医生仅仅依靠家庭养老，那么年老丧失劳动能力后，就可能陷入困境。第二，土地养老模式。目前依靠土地收入作为生活保障已经弱化，如果仍把土地看作乡村医生的养老保障，就更不公平。乡村医生职业基本要求 24 小时随时应诊，不可能把大部分的时间和精力投入在农业生产中，导致乡村医生的农业技能和农业收入都不很高。因此，一旦乡村医生丧失劳动能力，土地很难给予保障。第三，集体养老模式。该模式通常受制于当地农村的经济发展水平和集体经济实力，不需要个人缴费，但存在地区性差异，集体经济发展差的地区就很难实现。第四，农村社会养老模式。新型农村居民养老保障的保障水平低，农民在缴费 15 年达到 60 岁后开始领取养老金，每月最多可领取一百多元，无法满足乡村医生的养老需求。第五，其他养老保障形式。例如，购买商业保险、实物换保障、以房养老等模式，目前在农村基本很少实施。

（四）从乡村医生现有养老模式引发的社会矛盾角度

2008 年农工党中央对全国乡村医生的养老保险问题进行调研指出：乡村医生养老问题长期得不到解决，不仅影响基本医疗卫生服务的质量，也导致乡村医生"上访"事件不断增多。所以，合理解决乡村医生的养老保障问题，不仅是建设社会主义新农村的一项民心工程，也能促进全社会的和谐进步。

（五）与国内类似社会角色的比较

与乡村医生相似的农村社会群体有民办教师、农村兽医和村干部。通过比较可知，在国家政策支持下，民办教师转为国家公办教师，每月工资有保障，享受退休工资等福利待遇；农村兽医20世纪90年代中后期开始，通过兽医资格考试，取得兽医资格证，可转为正式事业编，享受事业单位在编人员的待遇。一些地区的村干部，在各级政府的关心下，如今也正逐渐获得了养老保险的待遇。如江西省许多地区统一为在职在岗的村支书、村主任办理社会养老保险，其中县、乡两级政府帮助缴纳保费的70%，村支书、村主任个人缴纳保费的30%。[①] 乡村医生与民办教师、兽医等在养老保险等福利上存在的巨大差距，使得一些乡村医生改行或外出打工，导致乡村医生队伍不稳固。[②]

五　我国发达地区乡村医生养老保障模式及借鉴

2008年4月，卫生部办公厅转发了《北京、上海、江苏三省市关于解决乡村医生养老问题有关文件的通知》，介绍了四种乡村医生养老保险模式供各地学习和借鉴。

模式一：将乡村医生纳入农村居民社会养老保险。2007年10月，北京市出台的《关于建立健全乡村医生社会养老保险制度与基本待遇保障机制的意见》规定，自2008年1月1日起，具有北京市户口、取得乡村医生执业资格证书的人员可自愿参加农村社会养老保险。

模式二：将乡村医生纳入小城镇社会保险。2007年按照《上海市小城镇社会保险暂行办法》的标准，乡村医生可分类施保。具有上海市户籍在岗的乡村医生，由其所在单位为其按月缴纳社会保险费，纳入小城镇社会保险。同时也可按"落实社会保险、土地处置、户籍转性"三联动原则，经本人申请、放弃土地承包、办理户籍转性，按规定缴纳基本社会保险费和补充保险费后，按月领取养老金。到龄离岗的乡村医生既可按照三联动原则纳入镇保，也可采取"农保+补贴"的办法。

---

① 高健、朱宏、徐刚、饶江红、高瑞华，2009，《提高江西省乡村医生养老保险等基本待遇的必要性探讨》，《老区建设》第6期，第34~36页。
② 朱宏、徐刚、高健、饶江红，2009，《江西省乡村医生养老保险对策研究》，《农业考古》第4期，第317~320页。

模式三：乡村医生参加企业职工基本养老保险。2007 年 12 月，江苏省下发的《关于切实解决乡村医生养老保障问题的意见》规定，取得执业证书的还没有参加社会养老保险的乡村医生，可以参加企业职工基本养老保险，参照灵活就业人员的参保政策执行。已经达到退休年龄和已离岗的乡村医生，不再纳入社会养老保险，由当地政府给予适当补助。

模式四：为受聘乡村医生统一办理农村社会养老保险。江苏省赣榆县通过重组构建以县镇两级、镇村一体为特征的农村卫生服务体系，以此为基础，为全县范围内在编在岗，并取得"乡村保健医生执业资格证书"的从业注册的乡村医生办理农村养老保险。

通过以上三地四种乡村医生养老保障模式的分析可知，从保障水平看，退休预期的养老金水平并不高，乡村医生社会养老保险仅仅是基础养老保障。如北京乡村医生到法定退休年龄每人每月领取养老金为 300 元。从筹资来源看，都采取多方筹资方式。三地均有省级或市县财政补助，江苏赣榆县的集体筹资和个人承担保费的比例都在 50% 以内。此外，可选择方式较多。如上海市根据乡村医生的各种不同情况进行分类施保，满足不同乡村医生的需求。[①]

六　完善我国欠发达地区乡村医生养老保障的对策

国家和各级政府应高度关注乡村医生这个特殊群体的养老问题，采取相应措施，解除乡村医生的后顾之忧，使他们老有所养、老有所依。

（一）政府要高度重视乡村医生养老保障问题

首先，乡村医生是我国公共卫生三级网络的网底，网底不牢，事倍功半；其次，乡村医生是农村的基层公共卫生服务提供者，是我国农村基层医疗技术人才，可以看作农村的精英人才，切不可忽视这一群体；第三，乡村医生是我国特有的历史产物，应记起他们的历史贡献和现实作用，不能让"赤脚医生"永远"赤脚"，应给他们穿上一双合适的鞋子。

（二）探索乡村医生退休制度

按照"老人老办法、新人新办法"的原则，对于年龄较大符合"前补

---

① 高健、朱宏、徐刚、饶江红、高瑞华，2009，《提高江西省乡村医生养老保险等基本待遇的必要性探讨》，《老区建设》第 6 期，第 34～36 页。

后延"条件的乡村医生补偿时限不应低于 15 年，超龄在岗乡村医生可纳入城乡居民养老保障，离岗人员根据实际情况参照超龄在岗人员解决。年轻乡村医生直接按缴费年限给予补助。建立健全乡村医生退休制度，完善乡村医生退休制度，主管部门应给达到退休年龄的办理退休手续。

（三）政府财政主导，多途径筹资

政府应以财政投入为主，根据乡村医生的历史作用采取多途径筹集资金。可以把乡村医生养老保障制度作为现有农村居民养老保障制度的延续和发展，因此，对于欠发达地区中央政府应该给予资金政策的倾斜，加大中央政府的财政支付力度，中央财政应承担主要的资金支持。对达到退休年龄的乡村医生或工龄达到 25～30 年的乡村医生，政府负责予以一次性的生活补助，减轻他们晚年生活的压力；对于参加社会养老保险的乡村医生，政府或集体应当予以适当的补助。建议财政、卫生、劳动保障等部门齐抓共管、多方投入，切实保证乡村医生老有所养。在这些前提条件下，再提高乡村医生养老保障待遇，可以参照城镇职工养老保障的方式将其纳入社会养老保险系统，同时政府予以补贴。总之，补贴水平应参照城镇居民或企业职工的退休水平，不能太低。

（四）完善乡村医生养老保障的配套措施，规范制度，提高养老水平

首先，要梳理乡村医生队伍，按照农村居民人数按比例配置乡村医生的人数。其次，要加强乡村医生绩效考核，将收入、养老和效益结合起来，保证乡村医生的业务质量。将乡村医生纳入镇村社区卫生统一管理，在工资待遇、人员聘用、养老保险等方面同等对待。对乡村医生的年龄、资质、实践技能进行审查考核，淘汰分流一批年龄老化、技术水平落后的乡村医生；招聘或培养一批掌握适宜技术、有一定资质水平的卫技人员到基层工作；条件成熟后按照职业化要求对乡村医生实行整体非农化身份转换。最后，要加强对乡村医生的监管，确保乡村医生队伍稳定和发展。加强推动镇村社区卫生服务一体化管理。政府应采取公开招考、定向培养等方式，鼓励大中专毕业生到农村工作，通过完善的育人、用人、留人机制，保证乡村医生队伍的稳定和可持续发展。

（五）乡村医生的社会保障可先进行试点

实行全国统一的养老保障制度，可以在有条件的地方先搞试点，积累经

验。应避免在发达地区搞得红红火火，经济落后地区乡村医生的养老保障冷冷清清，应统一解决全国乡村医生养老问题，使他们消除后顾之忧并进行一系列改革和完善，使乡村医生这一特殊群体能安静、祥和地度过晚年。

参考文献

蔡益民，2009，《解决乡村医生养老保障问题的实践与思考》，《江苏卫生保健》第 4 期。

何海明，2011，《临夏州乡村医生现状调查与分析》，《卫生职业教育》第 2 期。

江荣辉、任南、林平、潘俊杰，2011，《新医改形式下福建省乡村医生队伍现状分析与建设对策》，《福建医药杂志》第 1 期。

王靖元，2007，《依托乡村一体化管理解决乡村医生养老保险问题》，《卫生经济研究》第 11 期。

翁淳光、李准、陈雪等，2011，《重庆乡村医生综合素质调查分析及对策研究》，《中国卫生事业管理》第 7 期。

张勘、胡天佐，2011，《上海市乡村医生队伍建设的实践探索与前瞻》，《上海医药》第 5 期。

朱宏、徐刚、高健，饶江红，2009，《江西省乡村医生养老保险对策研究》，《农业考古》第 4 期。

左魏魏、张汝峰，2009，《浅谈乡村医生的养老问题——以岸堤镇为例》，《西安社会科学》第 6 期。

作者简介

张新生　男

所属博士后流动站：中国社会科学院法学研究所

合作导师：陈甦

在站时间：2009. 12～2011. 12

现工作单位：南昌大学 MPA 教育中心

联系方式：zhangxinsheng999@ sina. com

论现代化与农村现代化

袁金辉

　　摘　要：现代化是传统社会向现代社会的转变过程，它是多层面同步转变的过程，涉及人类活动的每个方面。在我国，农村现代化是社会现代化的一个非常重要的组成部分，它主要包括农村经济现代化、农村政治现代化、农村文化现代化以及农民的现代化等内容。

　　关键词：现代化　农村现代化　过程　内容

　　农村现代化是社会现代化的一个非常重要的组成部分，特别是在我国这样一个农业人口占据主导的发展中国家里，农村现代化显得尤为重要。那么什么是现代化？何谓农村现代化？本文拟就这些问题做一简单论述。

一

　　"现代化"作为一种人们追求的目标和具有鼓动性的口号，是第二次世界大战后独立的原殖民地、半殖民地国家为追逐发达国家而广泛提出来的。包括我国在内的一些社会主义国家，也提出了一些类似的口号与目标，并一直沿用到现在。因此在马克思、恩格斯、列宁的著作中是找不到相关论述的。

　　但是，早在唯物史观形成之初，马克思就在《共产党宣言》中，以

"大工业"和"世界市场"为基点，揭示了现代工业化社会的世俗化、变革性、世界化、文明化、都市化、民族国家、征服自然等一系列基本特征。在《不列颠在印度统治的未来结果》中，马克思将"资产阶级时代"之"新世界"的物质基础，归结为借科学而征服自然的"现代生产力"和"世界市场"，这实际上已经扼要地概括了现代化的最基本特征。在《资本论》第一卷第一版序言中，马克思写道："工业较发达的国家向工业较不发达的国家所显示的，只是后者未来的景象。"今天西方现代化学者公认马克思的这一思想是关于落后国家的发展道路和工业化问题的重要论述。美国出版的《国际社会科学百科全书》刊载的"现代化"条目中，一开始就引用马克思这句话作为解释现代化含义的第一根据。按照经典作家的设想："在共产主义社会高级阶段，在迫使人们奴隶地服从分工的情形已经消失，从而脑力劳动和体力劳动的对立消失之后；在劳动已经不仅仅是谋生的手段，而且本身成了第一需要之后；在随着个人的全面发展生产力也增长起来之后，而集体财富的一切源泉都充分涌流之后，——只有在那个时候，才能完全超出资产阶级权利的狭隘眼界，社会才会在自己的旗帜上写上：各尽所能，按劳分配！"达到马克思、恩格斯所设想的未来社会，也就是实现了人类的现代化。列宁也有现代化的思想，他早在十月革命胜利之初，就提出了"共产主义就是苏维埃政权加全国电气化"的著名公式。他认为："只有当国家实现了电气化，为工业、农业和运输业打下现代大工业的技术基础的时候，我们才能得到最后的胜利。"按列宁这一观点，现代化的实质就是落后赶先进，跟上时代步伐。

　　现代化肇始于西欧和北美，它是伴随着近代西方文明的演化而产生和发展的。而现代化作为一种理论，始自 19 世纪末欧洲的一些学者依据西方的历史经验，对以农业为基础的社会向以工业为基础的社会转变的研究。这种理论把社会用二分法区分为"传统社会"与"现代社会"，资本主义工业化后的社会，被称为"现代社会"，在它之前的社会即所谓"传统社会"。现代化的过程，即是指前一类社会转变为后一类社会的过程。自工业革命以来，人类社会开始了从传统农业文明向现代工业文明的转变。伴随着这一历史性的演进，我们社会生活的各个领域也发生了深刻的变革，人们将这一过程称为现代化（modernization）。现代化作为一种世界性的历史发展过程，由于各国的自然条件和社会环境不同，因而显示出各不相同的发展特征，因此，人们对现代化含义的理解也大相径庭。

　　自 20 世纪 60 年代以来，现代化理论得到了较快的发展，并得到了广泛的运用，但是人们对它的理解却从来没有统一过。在实际中对于什么是现代化，现代化到底包括哪些内容，也是众说纷纭。布莱克在《现代化的动力》中说："现代化是反映着人控制环境的知识亘古未有的增长，伴随着科学革命的发生，从历史上发展而来的各种体制适应迅速变化的各种功能的过程"。亨廷顿在《变革社会中的政治秩序》中说："现代化是一个多层面的进程，它涉及人类思想和行为所有领域里的变革。"罗兹曼在《中国的现代化》中说："我们把现代化视作各社会在科学技术的冲击下，业已经历或正在进行的转变过程。""所谓走向现代化，指的是一个从农业为基础的人均收入很低的社会，走向着重利用科学和技术的都市化和工业化社会这样一个巨大的转变。"上述表述说明，现代化是一个尚在持续的变迁过程，它涉及人类活动的每个方面，应该是全面的、全方位的现代化。当然作为一个动态性的概念，"现代化"也不可能获得一个终极确定性的定义。所以对于现代化研究来说，重要的不是对其定义的概括，而是对其过程的描述。

二

中国的现代化运动是在西方现代文明的挑战下引发的。鸦片战争以后，西方的坚船利炮打开了古老的中华帝国的大门，中国由此步履蹒跚地迈开了走向现代化的艰难历程。正是因为处于落后境地，深受列强凌辱，一些不甘落后、立志振兴中华的中国知识分子，首先认识到落后并不可怕，并提出了"现代化"这一论题，并初步形成了相应的范畴。这一点在康有为的"维新变法"中，已初见端倪，进而在辛亥革命和五四运动中，又有进一步的发展。比如在"五四"时代，我们在报刊上经常谈论的"西化"与"欧化"，实际指的就是现代化。当时人们认为，西方即欧美列强是现代国家中独立富强的典范，中国要走向独立富强，就只有向西方国家学习，以达到富国强兵的目的，这就是中国人早期的现代化思想。在 20 世纪 30 年代，"现代化"一词就开始出现在我国当时的报刊上，并将"中国现代化"作为中国社会的发展目标。在随后的 30～40 年代，中国知识界就此问题进行了大量研究，令人遗憾的是，中国学者没有再前进一步，形成现代化理论。

实现中国的社会主义现代化，赶超世界发达国家的社会经济发展水平，一直是中国共产党人孜孜以求的奋斗目标。早在抗日战争后期，毛泽东就提出了中国工业化的要求，指出"要打倒日本帝国主义，必须有工业；要中国的民族独立有巩固的保障，就必须工业化。我们共产党就是要努力于中的工业化的"。新中国成立以后,"国家工业化"写进了过渡时期的总路线。随着社会主义建设经验的积累,中国共产党初步认识到,仅有工业化是不够的。于是周恩来在 1954 年 9 月的第一届全国人大一次会议上的《政府工作报告》中提出,要"建设起强大的现代化的工业、现代化的农业、现代化的交通运输业和现代化的国防",没有再片面强调"工业化"。这是"四个现代化"的最初提法。1959 年底和 1960 年初,毛泽东在读苏联《政治经济学(教科书)》时,又对现代化的提法进行修正,用"科学文化现代化"代替了"交通运输业现代化"。这在一定程度上丰富了现代化的内涵。1964 年 12 月,根据毛泽东的建议,周恩来在三届全国人大一次会议上的《政府工作报告》中,向全国人民正式提出了"全面实现农业、工业、国防和科学技术的现代化"的宏伟目标。这样,在很长一段时间里,中国的现代化被定格为农业、工业、国防和科学技术的现代化。四个现代化相对于工业化来讲是一个进步,但是它仍侧重于经济和科学技术,还属于传统的现代化观念。

从十一届三中全会开始,随着党和国家的工作重点转移到社会主义的经济建设,社会主义的民主政治和精神文明建设被逐步地提了出来。邓小平认为,中国社会主义现代化建设包括经济现代化、政治现代化和文化现代化。他指出:"我们要在大幅度提高社会生产力的同时,改革和完善社会主义的经济制度和政治制度,发展高度的社会主义民主和完备的社会主义法制。我们要在建设高度物质文明的同时,提高全民族的科学文化水平,发展高尚的丰富多彩的文化生活,建设高度的社会主义精神文明。"这段话重新概括了中国社会主义现代化的内涵。据此,党的十三大首次明确提出"把我国建设成为富强、民主、文明的社会主义现代化国家"。"富强"主要体现为经济现代化的要求,"民主"主要体现为政治现代化的要求,"文明"主要体现为文化现代化的要求,即精神文明。于是中国社会主义现代化正式由工业、农业、国防和科学技术的四个现代化,变成"富强、民主、文明"三位一体的全面现代化,使现代化的内涵更加现实、完善、科学。为实现"富强、民主、文明的社会主义现代化",党的十五大报告明确指出,我们应该"围绕经济建设这个中心,经济体制改革要有新的突破,政治体制改革要继续深入,精神文明建设应该切实加强,各个方面相互配合,实现经济进步和社会全面进步"。党的十六大明确提出了全面建设小康社会的奋斗目标,这一目标,是中国特色社会主义经济、政治、文化全面发展的目标,是与加快推进社会主义现代化建设相统一的目标。为实现这一目标,必须坚持以经济建设为中心，大力解放和发展生产力，不断推动社会全面进步和人的全面发展，要正确处理好经济、政治、文化的关系，物质文明、政治文明和精神文明的关系以及改革、发展、稳定的关系。

综上，我们的现代化是全面的、全方位的社会主义现代化，这表明我们党对社会主义现代化的认识达到了一个新的高度。

三

农村现代化是社会现代化的一个非常重要的组成部分，特别是在我国这样一个农业人口占据主导的发展中国家里，农村现代化显得尤为重要。那么何谓农村现代化？它又包括哪些内容呢？

在过去的研究中，许多学者就把它等同于农业现代化，显然，这是不合适的。尽管现代农业的内涵和外延都日趋扩展，但仅仅一个农业问题并不能涵盖农民、农业、农村的主要方面，也不能反映农业、农民、农村与社会经济其他方面的基本关系。加之发展中国家的二元结构并不仅仅表现为二元经济结构，而是表现在城乡之间经济、文化、科技、生态等多个方面的二元结构，因而二元结构的核心不是工业与农业的对应关系，而是城市与农村的对应。所以，农村现代化的提法更能清楚反映农业、农民、农村问题的主要方面。农村现代化是一个有机整体，它比农业现代化有更丰富的内涵，农业现代化只是农村现代化的一个方面而已。因而，关于农村现代化，应将其置于整个农村社会大系统之中来研究和把握。现代化理论认为，社会发展就是从传统社会向现代社会的变迁过程。社会的现代化是社会发展所需要达到的目标。所以农村社会综合发展的目标就是全面实现农村现代化，即经过不懈努力，把农村建设成经济繁荣、科技进步、文教发达、生活富裕、文明和谐、社会安定、环境优美的社会主义现代化地区，使农村全面实现农业机械化、经营产业化、结构非农化、乡村城镇化、生活现代化、管理科学化、保障社会化、农民知识化、社会文明化。因此，农村现代化并不单单是农业的稳定与丰收，也并不仅仅指农民物质文化生活水平的提高，而应该把农业、农民、农村作为一个系统来考察。

围绕农村社会的综合发展和全面进步，笔者认为，农村现代化是人民利用现代科学技术和先进的思想，全面提高农村居民的物质生活条件和精神条件，并最终实现农村社会从政治到经济、从文化到思想等方面的全面发展过程。农村现代化的内容十分丰富，具体来说，可以把它概括为以下四个方面。

（一）农村经济现代化

经济现代化的本身包含着三个层面：第一是物质层面，就是通常理解的人均产值、生活水平等方面的增长与提高；第二是制度层面，它表现为经济秩序的建立与维护；第三是观念层面，指人民对经济生活的世俗化态度。就我国现阶段而言，农村经济现代化主要指农业的机械化、农村产业结构的调整、乡镇企业的发展以及农民的物质生活水平的提高等，也就是说主要指的是物质层面。其中农业现代化是其主要内容，农业现代化要求把传统农业变成现代农业，建立起广泛采用现代生产工具、现代科学技术和现代管理方法的农业生产体系。

（二）农村政治现代化

政治现代化是经济现代化的主要保证，西方学者一般将政治现代化分为三个大的方面，即权威的理性化、功能的分化和参与的扩大。在我国农村，政治现代化主要涉及农村组织的现代化，其中村民自治是农村政治现代化的一个重要内容。根据1982年11月通过的《中华人民共和国村民委员会组织法》的规定，村民委员会是村民自我管理、自我教育、自我服务的基层群众性组织。民主选举、民主管理、民主决策、民主监督是村民自治的核心内容，是实现人民当家作主的具体表现。村民自治不仅是农村政治现代化的主要内容，同时也对农村经济、文化的发展和进步以及农民民主权利观念、法律观念、参与意识的加强具有直接的影响。

（三）农村文化教育现代化

就文化本身而言，世界各个社会的文化并没有高低之分。并且现代社会中的文化不完全是现代的，其中有的还是传统的，所以才构成文化的多元性和多样性。但是文化是可以发展的，而且从现代性扩展的所向披靡的趋势看，传统的文化最终会被改变，对此不能抱任何的侥幸心理。至于农村教育更是需要不断改善，现在全国农村都实现了九年制义务教育，但由于受众多因素的限制，农村教育的现代化还有很长的道路可走。为此，要在做好普及义务教育的基础之上，充分发挥农村各级各类学校的优势，改革农村中小学教育内容，适当增加乡土教学，适当安排针对当地需要的土地劳动技能和技术教育，促进农村基础教育、职业技术教育和成人教育的协调发展，从而培养大批新型的农村建设者。

（四）农民现代化

人是社会活动的主体，当然也是社会现代化的主体。同时人的现代化也是现代化的基本内容之一。因此要全面实现现代化，首先要实现人的现代化。美国的英格尔斯等人曾专门对人的现代化问题进行了社会学的开创性研究，他的研究小组得出一个重要的结论："现代化"包括许多方面，比如民族、政治体系、经济、城市、学校、医院、服装、行为举止等，都有现代化问题。而在各方面的现代化中，人的现代化是至关重要的。英格尔斯指出，理想的现代人是一组相互联系的个人品质的综合，这些品质和特征可以概括为四个重要的方面：①他是一个消息灵通的、积极参与的公民；②他具有明显的个人功效意识；③就与种种受传统影响的关系而言，他具有高度的独立性和自主性，尤其是在他做出如何指导个人事物的基本决定时是如此；④他容易接受新思想，即他是相对心怀开放的和具有认识的弹性。所以现代人的素质涉及人的观念、知识、能力、思维等各个方面。毫无疑问，农村社会的现代化也依赖于农民自身的现代化。我国农村经济向专业化、商品化和市场化的转变，将使越来越多的农民从旧的传统意识中解放出来。

总之，农村社会现代化是一个全面的、全方位的进步过程，只有农村的政治、经济、文化以及农民意识等都实现了现代化，才能说整个农村实现了社会现代化。

参考文献

布莱克，C. E.，1988，《现代化的动力》，段小光译，成都：四川人民出版社。

邓小平，1994，《邓小平文选》（第 2 卷），北京：人民出版社。

吉尔伯特·罗兹曼主编，1988，《中国的现代化》，国家社会科学基金"比较现代化"课题组译，南京：江苏人民出版社。

列宁，1995，《列宁选集》（第 4 卷），中共中央马克思恩格斯列宁斯大林著作编译局编译，北京：人民出版社。

罗荣渠，1993，《现代化新论》，北京：北京大学出版社。

马克思、恩格斯，1995，《马克思恩格斯选集》（第 1～3 卷），中共中央马克思恩格斯列宁斯大林著作编译局译，北京：人民出版社。

毛泽东，1996，《毛泽东文集》（第 3 卷），北京：人民出版社。

塞缪尔·亨廷顿，1989，《变化社会中的政治秩序》，王冠华等译，北京：三联书店。

Inkeles, Alex & D. H. Smith, 1974, *Becoming Modern: Individual Change in Six Developing Countries.* Cambridge, Mass: Harvard University Press.

作者简介

袁金辉　男

所属博士后流动站：中国社会科学院社会学研究所

合作导师：李培林

在站时间：2008.08～2011.08

现工作单位：国家行政学院

联系方式：yjinhui@163.com

"乡土中国"视野下的城市与乡村

——对"乡土派"与"都市派"两种
现代化转型方案的比较

杨清媚

摘　要：20 世纪 20～30 年代，中国学人对中国现代化转型提出了不少方案，其中如何处理都市与乡村的关系成为一个核心问题。本文所关注的是其中对张关系鲜明的"乡土派"和"都市派"两种道路，尽管双方存在不少论争，但是他们的共同前提都是以"乡土中国"为改革目标。值得注意的是，"乡土本色"前所未有地被赋予了民族精神或文化精神的含义，这个偏向后来影响了中国社会学人类学的本土研究。这一点在过去的中国社会学人类学研究中通常容易被忽略。本文意图通过这两种现代化转型方案的简要分析，来讨论这种"乡土中国"观的具体影响和后果，并试图指出，对中国社会的整体理解需要重视历史上城市所承载的文明进程。

关键词：乡土中国　乡村建设　都市化　城市文明

中国城市的兴衰见证着王朝更迭的悠久历史。但是，自清末开始，无论是在中国人还是西方人眼中，中国都迅速失去了它的城市魅力。在鸦片战争以来长期积弱的现实刺激下，中国社会现代化转型问题成为中国学人普遍的关注所在，也使他们看待中国的目光充满了浓郁的乡土特点。在这一情形之下，大约从 1920 年代末开始，随着中国社会科学的逐渐成形，中国学人围绕中国社会现代化转型问题曾经提出过多种不同取向的方案，影响较大的如晏阳初、梁漱溟、吴景超、陈翰笙、费孝通等人，针对具体的城乡结构提出不同进路，有的主张乡土重建、发展乡村工业，以恢复城乡关系的良性循环；有的主张都市救济乡村、发展都市工业化；有的则认为应在乡村和城市进行社会革命，在国家集中下，实现乡村与城市的社会经济地位均平，从而扭转原有的差序式的社会结构。这些主张尽管在具体环节上有诸多不同，但是它们的共同之处都在于并没有将城市和乡村割裂成两个不相关的部分，而是不同程度地关注到两者的纽带关系，并以此对中国社会做全盘的考虑。

在上述诸多现代化方案中，本文所关注的是其中主张乡村建设和主张都市化道路这两种出发点对张鲜明的转型设计，通过对梁漱溟、费孝通和吴景超在具体观点上的比较分析，来做简要的学术史梳理，并对其论争的内在矛盾及其影响展开讨论，以期初步呈现社会转型研究的内在症结，并尝试提出有益于我们对此进行反思的一些探讨。总体上，1920～1930年代本土学者的中国社会研究偏重城镇与乡村的基层社会治理，对传统城市往往缺乏深入的关注，换句话说，"乡土本色"前所未有地被赋予了民族精神或文化精神的含义。这个偏向后来逐渐发展出了中国社会学的本土特点。即便在今日我们对城市问题的诸多关注，仍脱离不了这个时期奠定的思路。

一 以"乡土中国"为前提的两种乡村建设理论

"乡土中国"是费孝通在1947年左右才正式提出的一个对中国社会的概括性说法，他在《乡土中国》一书中开篇所说"从基层上看去，中国社会是乡土性的"这句话成为后来对"乡土中国"标志性的注释。乡土本色、熟人社会、差序格局、礼治秩序、长老统治等等，都作为"乡土中国"基本特点的总结，其影响力直达社会科学学界之外。在费孝通这里，"乡土中国"既是指作为地方基层的乡村社会，也指维系中国传统社会的伦理观念，更广泛地说，还包括农业本身、农工混合的经济形态，等等。其实"乡土"这一意象从1920年代新文化运动开始，已经在酝酿一股内有伦理价值、外化为社会实践的力量（陈平原，1997：147～164；丁帆，2007：1～9）。大约同时期的乡村建设运动中更不乏对于"乡土"的各种叙述，其使用之频繁几乎已经成为时人的共识。考虑到这一点，本文所针对"乡土中国"的讨论将涵括这一时期，而不受限于费孝通提出这个概念的具体时间。

现代中国学人对现代化转型问题的讨论少有脱离"乡土中国"这一前提，而本文所谓"乡土派"与"都市派"只是一个方便概括的说法。大体而言，"乡土派"的叙述和变革立足点是乡土社会，包括城镇、乡村、城乡结合部等，"都市派"则以现代化都市为立足点，以上海和香港等通商口岸城市作为特殊的参照系，来映对传统城市和乡村。这种划分自然不是绝对的，其实它们各自的内部相当多元化。

杜赞奇（Prasenjit Duara）认为，20世纪前半叶一度弥漫在中国学人中间的"乡土"感蕴含着一个内在矛盾，一方面对乡土的迷恋产生了以地方（the local）或区域（the regional）的真实化叙述来表达（present）一个更大的民族文化的精神价值；同时在另一方面，地方在这个重塑的过程中又逐渐意识到这种强制和利用，从而试图在自己的范围之外寻找自身的意义，换言之，在这个意义上地方本身又被否定了（杜赞奇，2007：21～50）。杜赞奇形象地描摹了这种精神气质，他实际指出在近现代中国知识分子那里，民族主义的形成与以乡土为核心的地方感紧密联系在一起，而这种基于地方主义形成的民族主义，因为包含着地方试图对更大范围的国家或民族的超越，所以使地方陷入了认同的两难。他认为刺激地方这种超越倾向的力量来自20世纪全球资本主义引发的区域关系变动，正是全球资本主义带来的时间体系的冲击，促成了一连串的国家转型，进而带动了对地方空间的再生产。[①]但是，杜赞奇的讨论可能只说中了一半，因为投射在地方上的对民族－国家的超越感虽与资本主义的世界体系有关，但其更主要的来源却是地方先于此前已经被置于一个超民族－国家的文明体系下。这种文明的心态更近似一种多元主义的民族主义，它的存在使地方的内涵容许诸多杂糅，因而这种认同的不确定性原本是可接受的。不过，确如杜赞奇所说，近代以来中国在西方列强面前的节节败退对中国知识分子的冲击甚大，他们原有的世界观已经发生改变，对地方空间的认识自然也有深刻变化。面对这种认同的困境，更多人主张对原来社会那种杂糅状态进行有序化甚至泯除。无论是"乡土派"的

---

① 关于这一点，杜赞奇谈道："在20世纪大部分时间里，主权国家（民族和帝国）肩负着两种相互矛盾的责任，即既要向着与全球资本主义的时间关系相一致的方向转型，同时还要生产一种真实的、没有时间性的国粹，这就使得这些国家以及文化生产者们既将地方作为发展的对象，又将其作为身份认同的对象来加以生产。许多把地方作为真实场所而加以生产的散漫实践也再生产出了地方（作为发展对象）与身份认同之间的两难境地。"见杜赞奇，2007：49。

哪个支流，在造就同质性的乡村社会这个层面上，都曾或多或少寄予过希望。

在"乡土派"中，梁漱溟可能是其中最显眼的人物之一。1924 年，而立之年的梁漱溟辞去北大教职，赴山东试办中学，继而立志投身乡村教育运动。1931 年，他在邹平创办山东乡村建设研究院，并陆续有关于乡村建设的论著问世。梁漱溟的出发点是中西文化的对张，他认为中国传统社会结构的特点是伦理本位，文化整体的中轴落在家庭，而不像西方国家那样有一个以团体为核心的社会层面，由此延伸，中国社会的其他特点——有治乱而无革命，历史观为循环绵延而非彻底断裂；依靠教化、礼俗为基础的无为政治，缺乏阶级，而以士大夫为社会治理和维持者（梁漱溟，2006：24 ~ 44）。梁漱溟的社会现代化转型思路以文化与政治经济为双轨，以社会组织建设为关节，以知识分子为主导推动，以教育为主要手段（梁漱溟，2006：170 ~ 177）。

后来的许多研究者把目光聚焦在梁漱溟乡村建设理论的"乡村"二字上，并关注他与毛泽东城市化思路的区别（参见艾恺，2003；马勇，2009）；有观点认为，梁漱溟是要通过乡村的复兴来遏制城市工业化对乡村和农民的剥夺，走出一条以乡土为基础的现代化道路（马勇，2009）。然而讨论至此可能并不充分，因为在梁漱溟这里，"乡村"是因为它的"地方"意义而有意义，不是因为乡村、农业和农民本身成为社会问题才被视为基本问题。

首先，梁漱溟认为在中国旧社会组织构造破坏，国家权力又立不起来的社会崩溃情况下，回到地方建设是一条可以探索的道路。这个思路在历史上并不新鲜，他自觉地追溯到以宋儒朱子为开端、明清两代士绅继之的乡约倡导与实践。梁漱溟认为，宋明乡约运动相对清代做得较成功的一大原因，与那些有名望的倡导者朱熹、王阳明、吕新吾等人的人格魅力密切相关；在乡约这个关涉道德教化的环节上，应当回避国家或官方的直接参与，而代之以团体性的乡村社会组织为载体（梁漱溟，2006/1937：167 ~ 170）。他的乡村建设思路其实不是以零散的乡村为单位，而是有一个区域性的地方实体做背景。他在邹平的实验区首先经过对整个县城的行政区划、官员委任、经济统筹等安排，后来还拟扩散到菏泽县；而指挥中枢乡村建设研究院及其乡建人员培训系统成为这些村落的精神联系（梁漱溟，2006/1937：384 ~ 385）。

其次，在梁漱溟看来，安人心、立制度有一个历史继变的前提，也即诸如伦理、礼、教化等传统社会思想和制度手段如何能脱出胶着的窠臼，经损益而重新化入社会结构之中。这个转化可谓关键。原则上，他是要将其中与家庭粘连的部分转接到社会组织中，使家庭中的个人能同时逐渐为社会组织所吸收。他认为，在中西观念中共同包含的个人、家庭、团体、天下四个递进的层级中，中国人心目中恒常重视的是家庭、天下，其中又以家庭关系为特别重要（梁漱溟，2006/1937：49）。如此，家庭内含了社会基本的伦理礼仪，在外则成为政治经济行动的实体，实际成为一个无所不包的关系体，而个人没有独立的价值，也就无法基于这些个体的联合构成团体——梁漱溟也称之为"阶级"（梁漱溟，2006/1937：74～75）。对此，他所设想的并非要摧毁家庭这一环节，相反要在家庭组织和乡土伦理遭受破坏较小的乡村来开展社会重建，如他所说："中国如果有一个团体组织出现，那就是一个中西具体事实的融合，可以说，是以中国固有精神为主而吸收了西洋人的长处……其组织原理就是根据中国的伦理意思而来的；仿佛在父子、君臣、夫妇、朋友、兄弟这五伦之外，又添了团体对分子、分子对团体一伦而已。"（梁漱溟，2006/1937：146）这多出的一伦其实侧重家庭之外的关系构建，并且不是将家庭的每一个成员都化成独立的个体，而是以其中的某些成员作为公意的代表。那么，新的社会组织的本意便是一种社会教育，是要使乡民理解人与人之间的相互关系，以及维护这些关系的道理。在这个意义上，制度的制定和实行不是死板的，更不应违背这些人们珍视的相处之道，与其不断地规定人们去做什么，不能做什么，不如促使人们肯用心思地去关心和讨论他们的问题，行政治理才可能化繁为简。①

　　由此，梁漱溟强调，都市固然应成为中国社会的政治经济文化中心，但不宜成为社会的重心，因为乡村是人类文明之本，都市是末，"从乡村入手，并不是不要都市，我们是要将社会的重心（无论是政治的、经济的，等等）放在乡村……乡村越发达，都市也越发达"。② 以乡村来救都市，客

---

① 梁漱溟在《乡村建设理论》一书中多次强调，"中国问题的内涵，虽包含有政治问题、经济问题，而实则是一个文化问题"（265 页）；而所谓文化的问题便在于启民智，育民心，他认为政治有两条道路，一条是"礼"，一条是"法"，前者以团体中的行为符合人情为安，表面无所拘定而内有不可易者，后者取决于外面，于事为便，有制裁和凭准，中国只能而且应该走"礼"的道路，"礼"作为一种社会制度，本身又是一种行为规约，使行动有序，则为礼仪，而有礼仪，则个人的生命力能够释放出来，在每一处与人交流的地方都能控制分寸，由此互相影响渐能成俗。梁漱溟，2006（1937），《乡村建设理论》，上海：上海世纪出版集团，第 208～219 页。

② 同上，第 153～154 页。梁漱溟还谈道："都市好比一个风筝，下有许多线分掣于各乡村；风筝可以放得很高，而线则是在乡村人手里牵着，乡村能控制都市，这个就对啦。"梁漱溟，2006（1937），《乡村建设理论》，上海：上海世纪出版集团，第 153 页。

观上乡村自身需要具备足够的政治经济实力，经济上走合作化道路，政治上要依靠知识分子与乡民结合。[1] 而这些，非有高度的理性精神之沟通则不可能做到。梁漱溟通篇竭力论述中国传统思想的理性特征，便是要加强这种结合的紧密度，表明这个联盟不是仅仅为了各自利益的合作，而有其内在的、客观的和共同的价值追求。是以梁漱溟亲身投入乡村建设事业，很可能是想要在实践中一一打通这些观念的隔阂。

与梁漱溟一样提倡乡土重建的另一位著名学人——费孝通，1933 年刚从燕京大学毕业之时曾受到梁氏青睐，受邀到邹平参与乡村建设运动。[2] 费孝通最早关注乡村建设是由其姐姐费达生在江苏农村开展的丝业合作化运动而引起的。从 1930 年代对江村乡村工业的观察到 1940 年代云南三村的调查，费孝通更像是一个进行实验室观察的科学家，这和梁漱溟不一样。梁氏写的是自己的改革实践，而费孝通写的是诸如费达生这样的新绅士的改革实践；立场上一个内在内省，一个外在客观，梁氏的乡民教育主旨是"有教无类"，而费孝通则把希望寄托在知识分子身上，对乡村教育兴趣不大。在费孝通这里，人心是有差等的，乡土社会并不需要文字也不产生文字，它与文字造下的士大夫阶层本来便有不同的历史性质（费孝通，1998：22～23）。如果说梁漱溟更清楚地意识到社会改革需要知识分子和民众的分担，而知识分子最可能发挥作用的地方便是教育，那么费孝通显然把知识分子看得更重，甚至把制度的开辟和道德的奠定都放在知识分子的肩上。从这个角度来说，梁漱溟的作为和后来费孝通的有为呈现一种微妙的对张，梁氏所为是基于他对自身限度的认知，而费氏所为则更多带着他对知识分子的理想化。他试图把江村的乡村工业通过类型学的方式推广，从早年的云南内陆边疆到 1980 年代以后的区域发展模式，变革速度上明显比梁漱溟快许多，只是社会转型的根本问题依旧存在。他的思路——从制度和伦理的角度展开，以乡村工业为主导，乡土伦理为基础；（杨清媚，2010：20～49）本身缺乏了教育这一层，也即他的老师潘光旦

---

[1] 对此，梁漱溟认为："中国问题之解决，其发动主动以至于完成，全在其社会中知识分子与乡村居民打并一起。所构成之一力量。"梁漱溟，2006（1937），《乡村建设理论》，上海：上海世纪出版集团，第 264 页。

[2] 阿古什，2006，《费孝通传》，董天民译，郑州：河南人民出版社，第 29 页。阿古什在传记中提及此事，但对于费孝通究竟是否答应并去了邹平并无叙说，费孝通后来回忆似也未谈到。

主张的"中和位育"。①

费孝通眼中的乡村首先是一个作为研究的单位的"社区"。这个词来自费孝通及其燕京大学的师友对美国社会学家派克（Robert Park）人文区位学中"community"一词的翻译。派克用 society 和 community 分别指称孔德和斯宾塞的社会理论，认为在孔德那里，"社会"的根本是一个文化团体，有同样的风俗、语言和组织；社会中个体之间的关系要超过动植物的器官之间的协作关系，团体结合的坚固程度有赖于个体之间的相互了解，思想上的相互贯通，故称 society；而在斯宾塞那里，"社会"的根本是一个经济组织，个体的分工关系以及由此促生的竞争和合作，才是最基本的联结团体的社会关系，故称 community（派克，2002/1933：28～29）。在派克看来，社会（society）视角向内，社区（community）视角向外，正可以考察不同社会间的交流及其交流的动力（派克，2002：54～55）；社区本身便是一个变动中的关系复合体，包含有人文地理学、经济学、政治学和人类学与社会学（及历史学）这几重维度（派克，2002：60）。基于这个理解，费孝通及其老师吴文藻试图从"社区"这一概念进入来看现代中国的历史变迁。

在吴文藻的设想中，在中国研究"社区"有不同于派克所主张的研究都市社区的独特"国情"，这就是"都市是西方社会学的实验室，乡村是东方社会学的实验室；现代西方的社会问题是都市社会问题，而东方的社会问题是乡村社会问题……东方文明与西方文明根本的不同乃是乡村社会与都市社会的不同，亦是农业社会与工商社会的不同"。② 吴文藻的这个理解与前述梁漱溟的观点极为相近。那么作为方法论而言，社区规模可大可小，可以

---

① 潘光旦，1997（1946），《说乡土教育》，原载《政学罪言》，引自《潘光旦文集》（6），北京：北京大学出版社，第 138～145 页。潘光旦在文中谈道"一切生命的目的在求所谓'位育'。这是百年来演化论的哲学所发现的一个最基本最综合的概念。这概念的西文名词，我们一向译作'适应'或'顺应'，我认为这译名是错误的，误在把一种相互感应的过程看作一种片面感应的过程。人与历史的关系，人与环境的关系，都是相互的，即彼此之间都可以发生影响，引起变迁，而不是片面的。……在中国人的生活经验里，'顺应'那个错误的译名所代表的概念我们很早就叫做'位育'。《中庸》上说：'致中和，天地位焉，万物育焉'；后世注经先生又加以解释说：'位者，安其所，育者，遂其生'，安所遂生，是谓位育。……教育的目的不止一个，而最概没有的一个是促成此种位育的功能，从每一个人的位育做起，而终于可以达到全人类的位育。其实这最后所达到的境界，教育也大可不管，因为，如果因教育的努力而人人各得其位育，人类全部的位育是不求而自致的。"

② 吴文藻，2002，《导言》，北京大学社会学人类学研究所编《社区与功能——派克、布朗社会学文集及学记》，北京：北京大学出版社，第 13 页。本文中所引这一段论述，虽然吴文藻在文中称是派克的观点，但在派克"论中国"一文（同上，第 17～21 页）里，并无直接涉及，根据文中的语气，应是吴文藻与派克交流及阅读其文所做的理解。

是民族、部落、乡村、都市乃至整个中国，但是其内在的意涵，却始终脱离不了这种乡土伦理，也就是一种文明的底色。

与这种社区观念的影响有关，费孝通的乡村研究一开始便置于一个层级性的区域体系之中。从乡村、城镇到城市，这大概更为接近他心目中的乡土社会的政治经济结构模型（费孝通，2007：1～20）。他区分了五种社区：村、围墙衙门式的城（传统城市，如苏州）、临时集市、集镇和通商口岸（新兴都市，如上海）。一个区域的核心是城市，中国的传统城市是皇权在地方的驻扎地点，是一方政治的中心；"城"的最初含义是指"城墙"，环绕这座城的防御工事，不仅仅具有军事职能，它还表明城隍所管理的神灵世界的范围（费孝通，2007：3）。费孝通注意到，在城内通常有一些可以种植的土地，供给居民必要的农蔬产品，理想的城是一个自给自足的堡垒（费孝通，2007：3）。而城外的乡村若发展到一定程度的聚落，同样也要砌一道围墙，即使是在山区分散居住的村落，往往大的村落中心也会筑造围墙，作为一村居民紧急时的避难地和食物储藏地（费孝通，2007：2）。究竟这道围墙可能预示着城市和乡村之间什么样的历史联系，费孝通并没有进一步展开讨论。① 在他看来，乡村、城镇、城市这三级结构作为中国社会的基本模型有其天然的合理性，也即明清以来形成的相互依赖的政治经济关系纽带。

乡村、城镇和城市这个三级结构的中心是城市，而费孝通关注的重点是作为中间项的城镇。发展乡村工业的一个重要目的是恢复乡村自身的经济生产能力和社会组织能力，在此基础上，配合国家的宏观调控，使乡村能够在世界资本主义生产体系中具备更强的自主性。在这样的情况下，促使乡村能够再度给集镇带来生命力，而这种城镇的发达可能逐渐可以成为一个大的经济区域的中心，酝酿着新型城市的胚芽。这个趋向费孝通在故乡吴江已经看

---

① 大约与燕京学派提倡社区研究同时期，法国人类学家葛兰言（Marcel Granet）在其著作《古代中国的节庆与歌谣》中提出对中国古代文明进程的看法，他认为古老的城与城外的乡野之间存在一种具有宇宙论意涵的关系，他从《诗经》的研究中阐发了举行上古节庆仪式所在的山川，如何成为村落共同体（或说社会共同体）打破日常边界进行集会之处，从而获得了社会赋予的神圣力量，成为圣地（葛兰言，2005，《古代中国的节庆与歌谣》，赵丙祥、张宏明译，桂林：广西师范大学出版社）。不过遗憾的是，吴文藻对葛兰言的研究评价不高，认为葛兰言凭借历史文献来做社会学的比较研究方法欠严谨，而并未关注葛氏的研究对于理解整体的中国社会所具有的启发意义［吴文藻，1990（1936），《布朗教授的思想与其在学术上的贡献》，《吴文藻人类学社会学文集》，北京：民族出版社，第189页，注9］。

到。他说,吴江县城远不及附近的镇如震泽、大和发达,现在镇的地位事实上已经超过县城,并且镇上发展了小型工业和手工业,并向乡村地区出售产品,城镇正逐渐接近城市(费孝通,2007:6)。也就是说,集中了小手工业的生产功能和商业的商品流动功能的城镇,向下辐射乡村,向上济援城市,而这些经济活动又要依靠合适的人来实施,那么离乡地主及其后代中的读书人若能回乡指导建设,则新的良性的社会流动有望形成。费孝通的思路在根本上是要以经济制度变革来带动复苏中国社会。

从江村研究开始到后来的小城镇、长三角模式、珠三角模式等,可以越来越清晰地看到费孝通思路背后有明清以来江南地域经济体系的格局影响。而这也确如吴文藻最初所想,社区研究必然要有历史研究的维度,但是这个"历史"至远只到明末清初,再往前推便脱离了社会学研究现代文明的定位。[①] 如果说吴文藻和费孝通的判断确实看到了这段历史的某种社会史结果,那么遗憾的是,他们并没有意识到,这种结果本身其实也是明末以来知识分子强烈的观念塑造。在一点上,梁漱溟似乎比他们看得更清楚。

二 被否定的"乡土"?

吴景超,这位费孝通自认是其"正牌学生"的清华大学社会学系教授,从学士到博士都在美国读的学位,1923 年从芝加哥大学博士毕业后回国执教,有深厚的统计学和人口学知识背景。和前述"乡土派"不太一样,吴景超的现代化变革方案反对"以农立国",主张走都市化、工业化的道路。

在《第四种国家的出路》一书中,吴景超开篇即从人口密度和工农比的角度,指出了中国对比欧美资本主义国家的两个特点:人口密度高,且农业人口多。他用统计数字同样描述了乡土中国的基本特点,而这些特点构成了资本主义发展的巨大阻力,改良工作必然是个艰难的过程(吴景超,2008/1936:10)。继而,吴景超展开探讨的进路是经济学的。虽然他的大方向是要以都市救乡村,但他的都市化方案并没有直接进入城市建设,而是首先从农村和农业问题入手。一方面,这固然是他面对当时主张乡村建设的诸多声音不得不做的回应,另一方面,在他看来,集中了全国 80% 人口以上

[①] 吴文藻在 1935 年写道:"为现代社区的实地研究起见,不妨武断地说一句,至远只要溯到明末清初,无须再往前推,如果再往前推,那便出了近代和现代的范围,踏入历史社会学的园地,而不是社区社会学的研究了。"吴文藻,1990(1935),《现代社区实地研究的意义和功用》,《吴文藻人类学社会学文集》,北京:民族出版社,第 147 页。

的乡村，是任何现代化方案所要解决的问题之重心。如他所说，近来有许多乡村改良运动蓬勃发起，但同时也存在重农业而轻工业、重乡村而恶城市的偏激观点；对此，应该"两手抓"，农业改良和工业改良都要进行，尤其"我们应当欢迎有志人士来创造新工业，创造新都市，为乡下的过剩农民，另辟一条生路"（吴景超，2008/1936：12）。

资源、技术、分配和人口——在影响生活质量的四个因素中，吴景超认为，对乡村和农业而言，分别联系着土地、生产工具、国家调控和节制人口四个重要方面和举措。简化来说，他的想法无非是两个要点，一是扩大国民生产总值，二是收缩人口基数。这也是直到目前依然占据主流的观点。

如果说土地是农村的命脉，无论是乡村建设派还是都市化派可能都不会有异议。因为不管是金融的、政治的、阶级的……何种原因，最终由于丧失土地而失去家业的农民，只能走向流民一途，成为社会溃乱的一个根源；这一点已经成为当时学人的共识。在吴景超眼中，土地作为一种稀缺资源能够扩充的可能性在于：限制土地兼并，加大垦殖，提高单位面积生产率和发展实业吸收多余劳动力。首要的工作便是清查土地和农业人口，得到初步的统计数据。其次便是由国家来平衡土地资源占有。在这个方面，吴景超知道平均分配是不可能实现的，这在历史上已有许多教训，他采用的方法是一方面要促使地主售田，并且出售价格要控制在一定范围之内，以确保没有超出农民的平均承受能力；另一方面由国家出资帮扶，帮助佃户购买土地，成为自耕农（吴景超，2008/1936：24～34）。那么，国家如何能让土地从地主手中流转出来？——他举了19世纪爱尔兰的例子，通过制定保障佃户的减租权法律，使地租下降，于是英国地主开始出让土地，爱尔兰佃户逐渐变成自耕农。那么，国家又如何抑制土地价格上扬？——他举了东欧在第一次世界大战之后的例子，大体上是由国家征收，给予地主低价补贴，并严格控制土地流转价格。接下来的第三步，便是由国家财政低息贷款给农民购地，也可以发行债券用以承担这部分财政支出。假设土地流转按照吴景超的设想顺利进行，接下来的问题就是国家如何能够从中拿回收益，也即税收问题。吴景超提出了四点举措：整理地籍，改订田赋率科则，进行征收方法改良和以推广机械化生产的方式培养税源（吴景超，2008/1936：44～48）。

以上这些乡村和农业的整改，实际是吴景超都市化设想的基础。他认为，从中西古代社会史乃至近代欧美都市化过程来看，都市的兴起不单独是工业革命的结果，其主要原因还有农业革命带动的一系列变革（吴景超，2008/1936：50）。农业革命最主要的一点是生产技术的改变，机器代替了人工,农业增产的同时大量劳动力也从农业中释放出来,这些人口往都市流动,促使都市工业扩大,都市化进程加快。有了这个前提,工业革命的发展才有了基础。所以中国的都市化道路要同时兼顾乡村和城市的变革。在吴景超这里,工业革命亦是同时要兼顾都市和都市以外的区域,但更重要的是针对这两者有不同的布局安排。他认为当前中国的工业革命已没有条件重复欧洲的路子慢慢来,因而需要一套新工业的设计,这是包括一个大都市及其卫星城镇的工业布局,在都市市区建设的是都市本身必需的、以服务性质为主的加工工业,而在其四周环绕地带,放置重工业、占地较大或有污染的工业(吴景超,2008/1936:58~59)。他对这个想法寄予很高的期望,认为"中国的都市化,如建筑在新工业的基础之上的,真是解决中国经济破产问题的一剂起死回生的妙药"(吴景超,2008/1936:60)。影响都市化的还有一个重要因素就是商业的发展。与商业发展关联最紧密的就是交通问题。在吴景超看来,如果为了抵制舶来品的冲击而限制交通动脉建设,那无疑是一种因噎废食的做法;要推动国内的商品流动,打通都市与乡村的往来渠道,就应大力进行交通设施建设(吴景超,2008/1936:70)。

究根到底,吴景超所说的"都市救济乡村"路线中,都市是如何救济乡村的呢?他认为,"现在中国的经济基础,支持不住新的政治。为巩固新政的基础起见,中国人民的经济生活,非彻底的现代化不可"(吴景超,2008/1936:48)。他所谈的现代化的核心也即都市化,都市化进程如果能够顺利进行,则中国全盘的政治经济基础就有保障,前述解决农村问题的四个举措相应有了更多实现的可能。首先在人口问题上,通过都市化的过程将农村剩余劳动力吸纳到都市来,其次通过交通的发展促进乡村的农产品进入城市的市场体系流通,再者,通过国家的财政投入,比如农业银行,来降低农村高利贷的破坏(吴景超,2008/1936:70~72)。

相形之下,吴景超的观点似乎比乡村建设派显得更为激进。他对都市的感受和费孝通、梁漱溟并不一样;在费孝通那里,上海的兴盛恰恰是以苏州及其周围城镇的败落为代价的,并且这个通商口岸成为国外资本不断从中国吸血的伤口(费孝通,1999/1933:105)。吴景超似乎并不愿意以这种带有些许民族主义色彩的感情去看待新兴都市,他对保守的乡土主义论调尤其反感,强调"摧残中国旧工业的势力,并非来自上海,也非来自天津,乃是来自伦敦,来自纽约,或是来自横滨与大阪……都市中的新兴工业,还在幼稚时期,不能收纳乡村中投往都市的人口。因此造成中国今日,乡村与都市的普遍失业现象"(吴景超,2008/1936:60)。"中国的领袖,似乎缺少了一种'都市意识'。……晓得哪些地方,是他的都市的势力范围,因而出全力去经营这些地方,使这些地方与他的都市,共存共荣,便是我所谓的都市意识。假如每个都市中的领袖,都有这种都市意识,然后根据此种意识去努力,那么中国现在虽然经济萧条,农村破产,将来总有繁荣的一日。"(吴景超,2008/1936:67)

在这里,吴景超对"乡土"持否定的态度,他用"都市意识"去否定乡土伦理作为现代化变革的伦理基础。他认为中国过去的观念和现实经验是以农为本,农业过于强势实际是一种畸形发展,以至于压抑或者让我们忽视了传统中国也有相当活跃的工商业因素,因此在现代化转型中这种情况必须扭转过来,后者便成为我们可以借力之处(吴景超,2008/1936:76)。因而在提倡乡村教育的同时,还应提倡都市教育,而都市教育的实质应该是工商教育。

从整体来看,吴景超所描述的"第四种国家"的出路,是要将资本主义的自由经济与社会主义的公平原则结合起来,如他所说,"在价值系统中,我同样地重视'经济平等'与'经济自由'。我一向的看法,深信社会主义可以使我们经济平等,而计划经济则剥夺了消费者的自由。只有社会主义与价格机构一同运用,我们才可以兼平等与自由而有之"(吴景超,2008/1936:160)。如果说乡村建设派的现代化方案呈现的是一个以乡村为基点的区域体系的重建,那么吴景超对都市化的强调则是以现代都市为核心的,以新的经济基础带动来构建新的社会意识——自由主义和公平原则的结合正是在新兴都市充分发育的基础上来实现的。前述资源、技术、分配和人口诸方面的建设,其实是用以培育新都市的基本要件,但并不足以视为成熟都市的本质特征。也就是说,中国要走都市化和工业化的道路不是由"马派"所讨论的资本主义到社会主义的历史必然性所决定的,而是在资本主义世界体系的前提下,中国面对这个历史困境,能否通过造就一些接近欧美资本主义历史经验的社会条件,来获得自身的现代性。

在这个意义上,吴景超和"马派"保持着一定的距离。他认为,不存在一种普遍的文化或制度的阶序进化历史,文化并无遵循一个固定路线发展的理由,文化内部的具体构成才是重点,对文化各部分相互关系的理解,应该放在具体社会历史条件下来看;诸如英国社会学家霍布浩(Leonard Hobhouse)的经济史研究对此就很有启发(吴景超,2008/1936:203~206)。霍氏从经济制度出发,分析不同民族是否因为生产方式的不同而导致整个文化与其他文化判然两别,结果是不尽然,生产方式不同的民族,在

别的文化部分可以相同，反之亦然。① 吴景超表明，他要拆解那种文化整体
性的概念，所谓文化各部分"分开不得"的密切关系其实是可以分开的。②
他并不关心某一民族的文化之所以成为文化、某一社会之所以成为社会这样
的问题，因为文化本身如同诸多因素拼合的七巧板，一个版块的变动虽然可
能引起整个版块的重组，而其组合的结果是偶然的，并具有多种可能。也就
是说，吴景超的都市化道路是尽可能集合资本主义现代化的基本条件，来不
断趋近现代化——尽管这种现代化并没有统一的模板，而只是有欧美等各种
表现形态。

　　至于乡村建设派所要苦苦保留的那种文化内部的精神，吴景超其实不在
这个层面讨论问题。如费孝通所说，他和吴景超最大的区别在于，吴景超的
研究是宏观的，从中国社会外部来进行比较，而他的研究是微观的，从中国
社会内部进行理解（费孝通，2008：2）。尽管如此，他仍旧默认了"乡土
中国"所表达的前资本主义时期的社会特点——它是封闭的、相对静止的、
非都市化的，因而也是非现代性的。有了这个前提作为对立面，他再来看那
些都市化的条件。"乡土"作为一个伦理实体的意义在他这里并不甚突出，
他对"乡土"的否定与其说是道德和价值判断上的，不如说是制度层面上
的。费孝通认为，这样宏观和微观的研究都需要结合起来，互相补充（费
孝通，2008：3）；但其实两者要结合会有相当的难度。吴景超宏观经济学
的研究如果纳入乡村研究之中，其统计数据通常便失去指示不同社会动态趋
向的灵活性，而变成作为背景的某种固定的社会事实本身；反之，若要将社
会变迁完全寄托在经济学和统计学上，就会出现以统计概率来计算道德和人
心变化的荒谬做法。

　　然而难以否认的是，双方对于"乡土"存在着共同的误解，在"乡土
中国"的掩盖下，中国所拥有的很长的一段城市的历史不易为人所察。费

---

①　吴景超说："我们可以仿效他的方法，从政治制度出发，或从宗教制度出发，看看在不同的
　　政治制度及宗教制度之下，别种文化，是否也不相同。这种事实的研究，如果增加起来，
　　我们也许有一天，可以回答社会学中一个中心的问题，便是各部分文化相互关系的问题。"
②　吴景超质疑陈序经的"全盘西化论"，认为其背后是一种文化整体观，这是有问题的，"我
　　们都知道生产方法，是文化的一部分。现在我们愿意问陈先生，渔猎的文化，与哪种政治
　　的文化，哪种家庭的文化是分不开的？畜牧、农业等文化，又与哪种政治的文化，哪种家
　　庭的文化是分不开的？具体一点说，母系的家族制度，与哪一种生产方法是分不开的？多
　　妻的制度，又与哪种文化是分不开的？……'文化分不开'的理论，证据是很薄弱的。我
　　们是主张文化各部分有分不开，也有分得开的，所以在西化的过程中，我们还可以有选择
　　之余地"。

孝通的城乡格局是城市衰败之后的现实，而在吴景超那里，则是干脆将之抹去了。

三 乡土中国缘何遗忘城市

"乡土派"和"都市派"的两种道路呈现了一个根本的差别：我们对现代化的设想是从内在的角度，以道德教化入手，还是从外部的角度，以中国社会在资本主义世界体系中遭遇的具体现实问题来进入？对这个选择的争论其实直到今天也没有得出令人满意的答案。值得我们进一步反思的是，这两种道路所共同关注的城乡格局立足在一个"乡土中国"的前提之下，把中国视为一个大乡村的集合，而遗忘了历史上标志着我们文明高度的古代城市。

1904 年，变法失败的康有为自香港启行，开始他游历欧洲十一国的旅行——踏访了意大利、罗马、法兰西、德国等国每一座记录着文明史的城市；宫殿、博物馆、广场、公园、伟人墓地，无一不使他惊叹西方文明的伟力（康有为，2007/1904）。相形之下，康有为不禁感喟，虽然史上中国文明之灿烂较之罗马尤早且完备，可是中国人不保存古物，亦不善于保存古物，许多领先的技术、精美的宫室不断被湮没和损毁（康有为，2007/1904：71～73）。他所羡慕的是欧洲人的城市文明史依然活在他们的现代生活里，而中国文明的城市之光俨然在数千年历史后似已微乎其微。30 年后，在中国社会科学研究中，连这点星光也几乎不见了。王铭铭曾追溯中国社会科学界开始将"乡土"作为中国自身的形象表达的这一转折，认为这一变化既来自东西方知识分子相互之间认识论上的颠倒，更由于乡村建设运动的推广和燕京学派的理论化努力而成为中国研究的经验起点（王铭铭，2009/2003：215～242）。以乡土中国为主要表述的文明观，确实造成了 1930 年代中国社会科学缺乏真正的对城市的历史研究，它所掩盖的是城市对于理解整体的中国之重要性。

而笔者以为，这个转折或许从另一方面来看，还会发现许多细致的不同。遗忘本身也是一种对历史的否定。康有为对中国人面对历史的双重态度有细致入微的体会，一方面是极为发达的史学传统，另一方面又有不断消灭历史的冲动；城市建筑的毁与建在过去的历史中形成了连绵不断又不断创造的循环。现代性不可逆转的、直线式的时间体系的冲击实际也对乡土中国的表述产生了深远的影响。假如"乡土"本身也意味着我们对历史的看法，那么在费孝通那里，"乡土"似乎被表达为一种难以流动的静态，与现代性的动态构成了对立。在梁漱溟那里，则仍旧试图从"乡土"中寻找历史损益的可能。而在吴景超那里，则表现出了现代时间体系对传统城市的时间和空间观的彻底改造。

作为文明典范的传统城市本身，正如康有为所看到的，往往是历史上某一帝国政治、经济和文化的中心。不仅如此，它亦通常和英雄或伟人联系在一起，成为凝聚文明精神力量的神圣之处。如康有为游览罗马各大教堂和宫殿时所说，"今游其遗宫及后室，想见秦皇汉武之伟略；而椒房兰殿，又如见陈阿娇、卫子夫焉。……今欧洲以罗马为正统，学者必学罗马语言文字，熟读罗马史。而遗宫颓殿，丹青器物，至今犹存，尤足动人之观感。至今其声灵之赫奕于世界，则竟过于我秦皇汉武矣。西人告我曰：'罗马为世界，以罗马都为世界首都。'似可笑，犹中国昔之自谓为'天下'也"（康有为，2007/1904：62）。

事实上，从1928年开始，由当时中研院历史语言研究所主持的河南安阳殷代文化遗址，开始掘出商朝的王都。这片遗址显示，除了居室、窖穴、作坊之外，还有大规模的宗庙、墓葬以及祭坑等用来举行特殊仪式的专用区域（张光直，2002/1980：84）。张光直判断，商的城市规模和形制表明商代已不是一个酋邦而是进入文明阶段的国家。因为在他看来，文明的一个表现是物质文化，如宏伟建筑和宗教艺术，当一个古代社会愿意并且用相当多的财富去做似乎无用的事情的时候，它就已经进入了文明；在考古学面前，物质越无用，文明就显得越清晰（张光直，2002/1980：352）。而遗憾的是，这项当时轰动世界的考古学发现，却都没能及时进入"乡土派"和"都市派"的视野。城市所包含的文明的意义让位给了另一种以西方现代文明为中心的世界想象。若我们总是甘于自居"乡土"，我们其实不是在进步，而是把自己放在一种文明衰落的颓势中，这多少有点自我贬抑。

参考文献

阿古什，2006（1981），《费孝通传》，董天民译，郑州：河南人民出版社。
艾恺，2003，《最后的儒家：梁漱溟与中国现代化的两难》，王中昱、冀建中译，南京：
　　江苏人民出版社。

费孝通，1998，《乡土中国　生育制度》，北京：北京大学出版社。

——，1999（1933），《我们在农村建设事业中的经验》，《费孝通文集》（第1卷），北京：群言出版社。

——，2007（1953），《中国乡村社会结构与经济》，赵旭东、秦志杰译，载王铭铭主编《中国人类学评论》第2辑，北京：世界图书出版公司。

——，2008（1988），《代序一》，载吴景超著《第四种国家的出路》，北京：商务印书馆。

陈平原，1997，《论"乡土文学"》，载《陈平原小说史论集》（上），石家庄：河北人民出版社。

丁帆，2007，《中国乡土小说史》，北京：北京大学出版社。

杜赞奇，2007，《地方世界：现代中国的乡土诗学与政治》，褚建芳译，载王铭铭主编《中国人类学评论》（第2辑），北京：世界图书出版公司，第21~50页。

葛兰言，2005，《古代中国的节庆与歌谣》，赵丙祥、张宏明译，桂林：广西师范大学出版社。

康有为，2007（1904），《欧洲十一国游记》，李冰涛校注，北京：社会科学文献出版社。

梁漱溟，2006（1937），《乡村建设理论》，上海：上海世纪出版集团。

马勇，2009，《梁漱溟：现代化不应牺牲农民》，《中国报道》第11期。

派克，2002（1933），《论社会之性质与社会之概念》，李安宅译，载北京大学社会学人类学研究所编《社区与功能——派克、布朗社会学文集及学记》，北京：北京大学出版社。

——，2002（1933），《社会学》，载北京大学社会学人类学研究所编《社区与功能——派克、布朗社会学文集及学记》，北京：北京大学出版社。

潘光旦，1997（1946），《说乡土教育》，原载《政学罪言》，引自《潘光旦文集》（第6卷），北京：北京大学出版社。

王铭铭，2009（2003），《中国到底有多"乡土"？》，载《走在乡土上——历史人类学札记》，北京：中国人民大学出版社。

吴景超，2008（1936），《第四种国家的出路》，北京：商务印书馆。

吴文藻，1990（1935），《现代社区实地研究的意义和功用》，载《吴文藻人类学社会学文集》，北京：民族出版社。

——，1990（1936），《布朗教授的思想与其在学术上的贡献》，载《吴文藻人类学社会学文集》，北京：民族出版社。

——，2002（1934），《导言》，载北京大学社会学人类学研究所编《社区与功能——派克、布朗社会学文集及学记》，北京：北京大学出版社。

杨清媚，2010，《知识分子心史——从 ethnos 看费孝通的社区研究与民族研究》，《社会学研究》第4期。

张光直，2002（1980），《商文明》，张良仁、岳红彬、丁晓雷译，沈阳：辽宁教育出版社。

作者简介

杨清媚 女

所属博士后流动站:中国社会科学院社会学研究所

合作导师:李汉林

在站时间:2009.07～2011.07

现工作单位:中国社科院社会发展战略研究院

联系方式:xiaomei9000@163.com

社工、社会组织与社区发展

论社区志愿组织的发展及其
志愿服务的完善[*]

——以福建三个社区为例

高和荣

摘　要：本文通过对福建三个类型的社区志愿组织研究发现，行政主导型社区志愿组织缺乏必要的制度、组织以及经费保障，志愿组织开展形式化的志愿服务，志愿者及居民缺乏有效参与，无法实现助人自助目标；社会主导型社区志愿组织能够招募到具有志愿精神的志愿者，调动志愿者的积极性，提高志愿服务技能，为社区居民提供志愿服务，但它无法与社区工作有机结合起来；混合型志愿组织容易形成稳定的志愿队伍招募机制，志愿活动所需经费有保障，但存在着志愿者人数难以扩展，志愿者队伍年龄、学历结构不太合理等问题。这就需要发展和壮大各种志愿组织，完善志愿组织登记注册制度，规范其管理与运作，拓展志愿服务内涵，提升志愿服务质量。

关键词：社区志愿组织　志愿能力　志愿服务体系

改革开放以来，适应从高度集中的计划经济体制向日益开放的市场经济体制转变，中国大陆原来那种"单位制"管理体制逐渐向"社会制"管理体制转变，"小政府、大社会"管理方式越来越得到社会各界的认同。从现实情况来看，中国大陆社区志愿组织及其志愿服务仍处于较低的发展水平，

＊ 本成果得到民政部 2008 年招标项目"发展社区志愿组织"资助。

很多社区志愿组织不是自我选择的结果而是政府主导下建成的，它们的志愿服务内容有限、服务领域不广、公共性不强。同时，社区志愿组织及其服务体系不够完善，大多数社区志愿服务组织带有临时性、随意性。这就内在地要求我们壮大社区志愿组织，完善社会志愿服务体系，发挥志愿服务在社会建设中的作用。

一　问题的提出

中国大陆社会管理体制的变迁不仅意味着政府要变革现有的社会控制方式，也意味着作为 NGO 的社会志愿组织要尽快介入政府所让渡出来的领域当中去，防止社会管理的"失位"与"缺位"。这就内在地要求我们健全 NGO 组织，尤其是各种志愿组织，更好地服务于社区建设。

从应然性角度看，作为一种 NGO 的志愿组织对于社区建设与社区发展具有重要的意义：首先，社区志愿组织是社区居民因为"共同的社会目标"与"共享的价值观"而形成的自愿组织，这有利于居民更好地参与社区建设；其次，社区志愿组织能够整合社区资源，弥补政府部门在社区服务供给方面的不足，更好地满足社区居民个性化、多元化需求；最后，社区志愿组织的完善能够形成良好的社会资本，有助于社区居民的沟通，有利于社会信任的重建，促进社区建设与社区发展。

应当看到，目前中国大陆社区志愿组织数量不多，志愿服务同质化、形式化较为严重，有些社区志愿队伍自组织程度不高，表面上是"自组织"，但实际运作过程还是"被组织"，这就大大限制了这个组织功能的发挥。因此，有必要研究当前大陆社区志愿组织及其服务体系建设情况。

（一）研究对象的选择

本研究选取了福建省厦门、泉州、漳州等城市的三个不同类型的社区志愿组织作为研究对象，运用自组织理论和组织能力建设理论，探讨社区志愿组织建设问题。具体的研究内容包括以下三个方面。

第一，运用面向实践的过程论视角，描述当前这三个不同类型的社区志愿组织以及志愿服务体系生长、发展过程，[1] 展示这些社区志愿者队伍以及

---

[1] "面向实践的过程论是社会学研究方法"是孙立平提出的。见孙立平，2002，《实践社会学与市场转型过程》，《中国社会科学》第 5 期。

志愿服务体系的现实状况、特征。

第二，揭示这三类社区志愿组织及其服务体系的形成条件、动力机制以及运作逻辑。

第三，分析这三类社区志愿组织以及志愿服务体系存在的问题，从组织建设理论提出壮大社区志愿组织、完善社区志愿服务体系的对策与建议。①

（二）基本概念的界定

本文在研究过程中主要涉及社区志愿组织、志愿能力以及志愿服务三个基本概念。

1. 社区志愿组织

社区志愿组织是本文最基本的研究单位。为此，我们将它界定为具有志愿精神的，社区居民自愿贡献自己的时间、精力、技能等资源，为社区居民提供各种公益性、非营利性服务，增进社区居民福利、推动社区发展而成立的自组织。学术界把社区志愿组织划分为"政府组织建立"，"政府倡导、社区居民创建"以及"社区居民自身创建"三种类型。从发展趋势看，用行政命令来推动、管理志愿服务，只能导致形式主义蔓延，使得基层组织混淆志愿服务本来的目的和价值，缺乏长久的生命力（杨团，2004）。为了便于比较分析，我们在调研的基础上将社区志愿组织分为行政主导型，如漳州某社区；自组织型，如泉州某社区；混合型，如厦门某社区三类。在具体的研究过程中，本文着力揭示这三种类型的社区志愿组织及其志愿服务建设情况。

2. 志愿能力

志愿能力是志愿组织进行志愿活动的前提与根本，它同样是一种社会资本，主要包括"要素能力、协调能力、获致能力、影响能力"等（王思斌，2003）。志愿能力能够拓展社区志愿组织服务范围与服务领域，减少社区志愿服务障碍，增强组织内外部成员之间的信任，最大限度地整合各种资源促进社区志愿组织功能的实现。

3. 志愿服务

社区志愿服务强调的是一种自愿的、利他的、没有直接物质报酬的组织

---

① 有学者认为，自我实现、社会互助以及社会和谐是志愿服务的理论基础。但是我认为应当以组织能力建设为核心统领这三个方面。见田军，2007，《志愿服务理论与实践》，北京：立信会计出版社，第43~58页。

化活动。这种志愿服务包括三层意思[①]：第一，志愿服务是志愿者出于增进社会福祉的一种活动（丁元竹等，2007：9）；第二，志愿服务能够使志愿者把自己的时间、知识、能力等资源贡献出来，用来改善服务对象，从而是一种有价值的活动；第三，志愿服务通过志愿理念、志愿宣传、志愿活动等被人们所认识，得以引导社会大众一起关注志愿事业，促进社会发展。

（三）研究方法的确定

本文拟采用质性研究方法。质性研究与"定性研究"有一定的区别，[②]它吸收常人方法论传统，强调应当从老百姓角度与被研究者展开互动，对被研究者的行为与意义获得解释性理解，因而注重研究的过程性、情境性与具体性。质性研究方法所主张的过程论视角及其路径选择符合本文特质，故采用此方法。

由于本文不是对中国大陆社区志愿组织及其服务体系总体规模、发展状况、发展能力等的描述，而是应用过程论视角，揭示典型社区志愿组织及其志愿服务的生长、发展过程，探讨社区志愿组织及其服务体系能力建设问题。所以，在具体的研究过程中可以采取以下三种研究方法。

第一，文献研究法。通过图书馆、社区志愿组织网站等收集有关社区志愿组织及其志愿服务的相关文献，整理成本文的理论基础，同时到这三个社区了解志愿组织发展以及志愿服务的开展情况。

第二，半结构式访谈和深度访谈法。选取社区居委会成员、社区志愿组织的会长、小分队队长，以及若干志愿者及社区居民为访谈对象。对这三个社区的书记、主任、部分社区志愿者、志愿分队队长等进行深度访谈。

第三，参与式观察法。在研究调研过程中，到社区志愿组织中参与他们的活动与日常管理，进行参与式研究。

---

① 美国学者米切尔·夏瑞德、圣·路易斯、乔治·沃伦·布朗认为，"服务"这个概念有六层意思并与"志愿服务"概念有所不同。见米切尔·夏瑞德等，2003，《公民服务：问题、展望和制度建设》，《志愿服务论坛》第1期。

② 虽然定性研究和质性研究方法具有许多相同之处，但也有所不同。如定性研究遵循实证主义传统，目的是寻找普遍本质，而质的研究则遵循批评主义、建构主义原则，对真理的唯一性和客观性进行质疑；定性研究大都没有原始资料作为基础，运用形而上学的思维方式，所以比较偏重抽象性和概括性。见陈向明，2003，《在行动中学作质的研究》，北京：教育科学出版社，第23页；马克斯·威尔，2007，《质的研究设计》，重庆：重庆大学出版社，第37页。

二　不同类型的社区志愿服务比较

一般的，我们可以把志愿服务分为"行政主导型""社会主导型"以及"混合型"三种类型，这些不同类型的志愿服务体系可以按照"志愿服务输入、志愿服务筛选以及志愿服务输出"等组织化过程，把整个志愿服务体系分为"志愿组织组成方式、志愿服务经费来源、志愿服务开展、社会支持网络、志愿服务项目以及志愿服务价值实现"六个方面。① 以此为依据，我们对三种类型的社区志愿服务进行比较分析。

（一）行政主导型的社区志愿服务

漳州某社区的志愿服务队伍属于行政主导型志愿组织。一方面，志愿组织主要采取自上而下的方法按照行政体系建立起来，志愿组织的领导者通过社区干部指派，社区志愿者主要依靠政府有关单位的安排以及社区的动员进行招募，而个人自愿参加的仅有 13 人。② 社区没有成立"志愿服务协会""志愿服务站"等组织，志愿服务围绕着政府下达的"各项任务"进行。另一方面，社区居民志愿参与意识及参与程度比较低，往往依赖于居委会的反复动员，志愿服务活动的持续性比较差。例如，该社区除了社区工作以及治安巡逻等两个小分队能够较为正常地开展志愿服务活动以外，其他志愿服务小分队都是临时组建的，开展一些形式化的活动。这种行政主导型志愿组织存在以下三个方面的问题。

首先，社区志愿服务缺乏必要的组织保障。行政主导型社区志愿组织由于存在信息不对称等因素，很容易遮蔽了那些既有志愿精神，又有组织领导能力、愿意为居民提供服务的人，而把那些缺乏志愿服务精神及志愿服务能力的人"指派"到志愿组织中从事组织工作，而这些人由于缺乏志愿精神，他们不太关注志愿服务工作，很难有效地将志愿者组织起来开展社区志愿服务活动。

其次，社区志愿服务缺乏必要的制度保障。在行政主导型志愿组织里，志愿者的招募、培训、使用与考核等制度比较缺乏，调查显示，该社区没有

① 谭建光、朱莉玲认为，社会志愿体系包括"精神文化、组织机制、行为规范、社会支持等多种因素"，尤其需要"志愿精神、志愿人员、志愿行为、志愿组织、志愿资源"等。本文对志愿服务体系的界定与他们有所不同。见丁元竹、江汛清、谭建光主编，2007，《中国志愿服务研究》，北京：北京大学出版社，第 150～163 页。

② 即使是这 13 位志愿者组成的社区工作志愿小分队，他们也主要根据社区居委会的安排开展活动。

"志愿者章程"以及"志愿协会章程"或者"志愿服务站章程",整个社区的志愿组织以及志愿服务活动比较松散,志愿者缺乏必要的培训,社区志愿服务很难有效地组织起来。

最后,社区志愿服务活动缺乏必要的经费保障。行政主导型社区志愿组织的经费主要依赖于政府的拨款,很难从社会、企业乃至个人那里募集到志愿活动经费。如果政府拨款少,社区居委会就无力发展志愿服务事业。实际上,即使社区对发展志愿服务事业充满热情,但由于经费来源渠道的单一以及经费投入不足,社区在完成上级指派的各项任务甚至一些与社区无关、社区也无力承担的任务之外,① 社区已经不可能有足够的时间、精力以及经费投入社区志愿服务事业中去。

(二) 社会主导型的社区志愿服务

调查表明,泉州某社区的志愿服务组织及其志愿服务属于社会主导型,已经形成了一定的规模。

首先,该社区志愿组织既有个人志愿者又有单位志愿者,既有本社区居民志愿者又有外来员工志愿者,志愿服务活动吸引着社区居民主动加入志愿组织。尤其通过搭建"共驻共建理事会"这个志愿服务平台,实现了辖区单位与社区的共建,使得社区志愿服务站、驻社区单位、社团组织、社区居民之间形成了四位一体的志愿组织机制,最大限度地壮大了社区志愿者队伍。例如,到 2008 年 6 月底为止,该社区拥有 120 多名社区志愿者,其中有专业技能的志愿者达到 63 人。②

其次,该社区志愿服务属于一种自组织服务,社区成立志愿服务站,由社区志愿服务站制订志愿服务计划,③ 集中管理各个社区志愿小分队的志愿服务活动。在志愿服务需求方面,志愿服务站负责掌握社区居民的志愿服务需求,确立志愿服务项目;在志愿服务供给方面,志愿服务站整合社区各种志愿服务资源,最大限度地调动社区内各个单位、居民以及外来人员的志愿服务积极性以及志愿服务技能,组织、指导志愿者对服务对象提供志愿服务;在志

---

① 例如,环保局把全国环境保护数据调查任务也下派到社区来,让社区去做,而这样的调查只有专业人员才能完成。
② 此数据不含各驻社区单位提供的志愿服务人员名单。
③ 该社区志愿服务站每年都制定"志愿者服务队伍工作计划",内容包括"壮大志愿者队伍、组织志愿者学习、经常性志愿服务项目、志愿服务重点"四个方面内容。资料来源:2008年 8 月对该社区的调研。

愿服务管理方面，社区志愿服务站对志愿服务时间、次数以及人数等进行分类统计，总结社区志愿服务工作，开展本辖区志愿服务单位和志愿者评比等活动。

最后，志愿服务站围绕社区求助、社区优抚、社区助残、社区就业、社区敬老、社区生活等方面开展志愿服务，做到尽力而为与量力而行的统一，志愿服务活动得到了社区居民的广泛支持。[①] 在此基础上他们还凝聚成"有时间做社区服务志愿者，有困难找社区服务志愿者""人人为我，我为人人"的社区志愿服务口号，采取了"力所能及、志在奉献、讲求实效、重在参与"的志愿服务原则，形成了"奉献、友爱、互助、进步"的社区志愿服务精神。但是，调查发现该社区志愿服务在实施过程中存在四个问题。

第一，社区志愿服务站开展志愿服务活动经费不足。社区志愿服务站主要依托社区居委会的经费支持，而居委会除了在编工作人员的工资以外，包括办公经费等都要依靠社区自身的经营与创收。"我现在坐在这里，我还得考虑下个月员工的工资怎么发"，这是社区书记跟我们座谈时反复说的一句话。经费的紧张制约着社区志愿服务组织的壮大以及志愿服务活动的开展。

第二，事务性工作过于繁杂，社区无力指导志愿服务活动。社区作为一个基层自治组织，凡是与居民日常生活有关的事情都要落脚到社区。在中国大陆，社区的生存与发展在很大程度上都依赖于政府的拨款和支持，社区实际上仍然是政府部门的支撑点，政府考核社区往往实行一票否决制，社区只要在综治、计生等方面出现问题就会失去年度评奖评优资格，而这又直接关系到社区经费的获得，所以，很多社区对各个部门下派的工作无可奈何。调查发现，就连电业局的电费收缴、税务局的税务收缴也要社区做，诸多日常性事务弱化了社区志愿服务站的功能发挥，弱化了社区志愿服务的开展。

第三，无法更好地动员相关人员参加到志愿组织当中来，从而更好地为社区居民提供志愿服务。一方面，该社区虽然有120多名志愿者，占社区常住人口的2.1%左右，[②] 但是，在开展志愿服务活动中一些居民的积极性仍然不够高，他们只希望别人为自己提供服务，这也是社会主导型志愿服务动员方式的局限。另一方面，该社区外来人口比例高达45%以上，而外来人员担当志愿者的比例极少。[③] 在外来务工人员没有完全融入城市生活的情况下，动员外来务工人员参与志愿服务难度较大。

① 例如，2006年该社区志愿服务站举办的"劳动法、工会法"知识竞答比赛吸引了2000多名社区居民参加，占社区居民总数的40%。
② 其中拥有专业技术职称的志愿者63人。
③ 我们在调查过程中发现该社区只有一个外来务工志愿者。

第四，无法建立起完备的志愿服务运行机制。调查发现，该社区志愿服务站所开展的志愿服务活动大多数是通过"学习"或"移植"获得，嵌入本社区的志愿活动仍然比较薄弱，原因就在于缺乏完备的志愿服务运行机制，特别缺乏一整套志愿者招募、培训、使用、考核、退出机制，缺乏对志愿组织以及志愿服务体系的规划，这就使得志愿服务缺乏长效机制，有应急之疑。

（三）混合型的志愿服务

厦门某社区志愿组织及其志愿服务采取行政与社会动员相结合的混合型方式。这种动员方式既能够招募到具有志愿精神的真正志愿者，也能够找到某种需要的志愿者。同时，社区通过观察与摸底调查相结合，从志愿者在居民中的威信、解决家庭或邻里矛盾的能力、自身志愿服务时间、身体素质等几个方面出发，拟提出志愿小分队队长候选人，交给各志愿小分队成员"自我决定"，即实行"社区定，成员认可"的方法确定志愿小分队负责人。

首先，社区利用社会关系网招募志愿者，发挥居民小组长以及各个楼长的作用，由他们深入各个家庭户当中进行动员，并且把驻地单位领导当成社区志愿工作网络中的一部分，让他们去挖掘本单位的志愿者。

其次，社区采取物质激励与精神激励相结合的方法开展志愿服务工作，对普通社区居民的志愿行为，社区一般发放毛巾、肥皂、牙膏、牙刷、洗衣粉之类的纪念品，单位志愿者则由单位提供物质激励物品；而对于一些以志愿服务为己任、具有良好志愿精神的人则坚持以精神激励为主。这样可以动员更多的人参与志愿服务活动。

最后，志愿者规模相对比较稳定，志愿活动所需经费有保障。一些资深志愿者和骨干志愿者工作踏实，他们把志愿服务当成锻炼自己、服务大家、奉献社会、实现价值的体现。另外，混合型志愿组织模式能够多种渠道获取志愿服务经费。例如，开展环保志愿服务活动可以向环保局申请活动经费，开展义务导游志愿服务时则可以向旅游局、旅行社以及轮渡公司申请活动经费补助，而帮助社区贫困户等志愿服务则采取与驻地单位共建的方式获得支持。当然，这种社区志愿服务仍然存在两个方面的问题。

一方面，志愿服务的主题难以确定，很难确定当前社区志愿服务的内在需求是什么，社区志愿服务存在同质化、形式化倾向，志愿服务往往走外延式服务之路。另一方面，志愿者人数难以扩张，无法动员更多的社区居民参与到社区志愿服务工作当中来，志愿者队伍年龄、学历等结构不太合理，主要以本地55岁以上、中专学历以下的离退休老年志愿者为主，高学历、高技能以及外来人口志愿者人数极少，他们很难为社区居民提供多样化、便利化以及时代化的志愿服务。

三 壮大社区志愿组织，完善志愿服务体系

通过上面的分析，我们认为转型时期要想壮大社区志愿组织，不断完善志愿服务体系必须加快行政主导型志愿组织的转型，坚持发展混合型志愿者组织，吸收社会主导型志愿组织的优点，切实采取如下几点建议。

第一，健全社区志愿队伍登记注册制度，为壮大社区志愿组织提供身份认同。实行社区志愿者登记注册制度，规范社区志愿者登记注册内容、程序，明确注册志愿者的权利和义务，制定志愿服务的法律法规及相关政策，促进社区志愿服务管理工作走向规范化、制度化、法治化。同时要求每一个志愿者都应该进行注册申请，并颁发城市社区志愿者证，使整个城市形成对志愿者志愿活动的认同。

第二，大力发展社区志愿组织，规范自身管理与运作。不仅要继续鼓励老年人参加志愿组织，而且要动员有专业技能的年轻人参加社区志愿服务。为此，就要建立志愿者培训机制，对新招募的志愿者进行志愿活动发展、志愿服务宗旨、志愿服务制度、志愿服务道德法规等方面的培训；对老志愿者进行文化知识、人际交往能力、专业服务技能等方面的专业培训，提高他们的服务技能。也要健全社区志愿考核评估机制，形成志愿激励机制和奖励机制。采取建立"时间银行""爱心储蓄所""文明储蓄所""好人好事储蓄所"等系列制度，对志愿服务的时间、数量等予以储存，把提供志愿服务与优先享受志愿服务结合起来，使志愿服务成为"付出、积累、回报"的爱心储蓄，实现"助人自助"。

第三，拓展志愿服务内涵，提升志愿服务质量。既要努力拓展新的志愿项目，开展对特定群体的志愿服务，完善社区志愿服务内容，扩大服务的覆盖面与受益面；又要不断超越社区原有的志愿服务项目与服务内容，拓展社会救助、慈善公益、优抚助残、敬老扶幼、治安巡逻、环境保护、社区矫正、科普咨询以及法律援助等志愿服务项目内涵，努力提升志愿服务水平和志愿服务质量，使志愿服务的价值得到认同，志愿服务精神得到推广。

第四，加强对社区志愿组织的指导，为社区志愿组织的发展提供支持。政府既要将发展社区志愿服务事业纳入工作日程中去，经常深入社区调查了解社区志愿服务工作开展的情况，也要加大经费投入力度，实行稳定的志愿

经费增长机制，采取制度化财政支持与临时性经费补助相结合的办法确保社区志愿服务组织的开展有一个良好的经费支持。还要加强对社区志愿者队伍建设的氛围建设，利用大众传媒和社区文化宣传设施，广泛宣传社区志愿服务技能以及在实践中涌现出来的先进经验与典型人物，使志愿服务的价值得到认同，志愿服务精神得到推广。

参考文献

安国启，2002，《志愿行动在中国——中国青年志愿者行动研究》，北京：中央文献出版社。

陈向明，2000，《质的研究方法与社会科学研究》，北京：教育科学出版社。

丁元竹、江汛清、谭建光，2007，《中国志愿服务研究》，北京：北京大学出版社。

高丙中，2000，《社团的合法性问题》，《中国社会科学》第 2 期。

孙立平，2005，《首要的问题是利益表达》，新浪网（http：//blog. sina. com. cn/s/blog）。

王宁，2002，《代表性还是典型性——个案的属性与个案研究方法逻辑基础》，《社会学研究》第 2 期。

王思斌，2003，《社团的管理与能力建设》，北京：中国社会出版社。

杨团，2001，《推进社区公共服务的经验研究》，《管理世界》第 4 期。

——，2004，《志愿精神能够用行政方式推动吗》，《志愿服务论坛》第 1 期。

俞杰、张岚，2007，《领导者：社会自组织系统的"序参量"》，《新西部》第 18 期。

作者简介

高和荣　男

所属博士后流动站：中国社会科学院社会学研究所

合作导师：景天魁

在站时间：2004. 09～2007. 12

现工作单位：厦门大学公共事务学院

联系方式：hrgao@126. com

社区工作者队伍建设的制约因素及对策分析

——以北京市 T 街道为例

李　　敏

摘　要： 构建和谐社区，关键在于建立和健全一支高素质的社区工作者队伍。本文通过对北京市 T 街道社区工作者的问卷调查和实地访谈，针对社区工作者队伍的现状，分析了目前制约社区工作者队伍建设的主要因素：经济原因、制度原因和社会原因。在此基础上提出提高经济实力、改善经济待遇，健全运行机制、完善制度环境，加强教育培训、优化成长环境等加强社区工作者队伍建设的对策。

关键词： 社区工作者　制约因素　对策

社区建设和发展目前是全社会普遍关注的一个重要课题。它涉及社区工作者素质、城市的人文环境、组织领导等众多方面。温家宝总理在《关于制定第十一个五年规划建议的说明》一文中指出，加快完善社会保障体系，特别是要建立健全一支高素质的社区工作者队伍来适应构建和谐社会的发展。因此，构建和谐社会，促进社区发展，人才队伍建设是重中之重。

本文在对北京市 T 街道社区工作者的问卷调查和实地访谈的基础上，[①]针对社区工作者队伍的现状，分析了目前制约社区工作者队伍建设的主要因素，并在此基础上提出加强社区工作者队伍建设的对策。本文试图通过对 T 街道的分析，为加强我国城市社区工作者队伍建设提供借鉴。

---

① 本文所用数据来源于北京市海淀区 T 街道加强社区工作者队伍建设调研课题组。

一　T街道社区工作者队伍现状

目前学术界对于社区工作者概念的界定还没有形成统一的认识，实际工作中的社区工作者具体指哪些人员并不确定。有学者从广义和狭义两个层面来界定，广义的概念是指从事社区建设和服务的专职和兼职人员；狭义概念专指社区居民委员会人员（刘霞，2005）。文中的社区工作者是指狭义层面的社区工作者，包括社区居民委员会所有的成员，即社区党组织书记与社区居委会主任、副书记与社区居委会副主任、党务工作者与社区居委会委员。

T街道根据北京市委市政府《关于建设和谐社区和谐村镇的若干意见》和《社区专职工作者管理意见》文件精神，经过近几年的改革探索与实践，社区工作者的政治素质、专业素质和文化素质有了较大提高。在T街道社区工作者中有40%以上的人员是中共党员；有49%的人取得了大专及以上学历；有68.6%的人取得了相关职业资格证书。他们的知识面较宽，沟通和写作能力较强，注重社会认同，具有较强的事业心，工作积极主动，得到了社区居民的普遍认可。

但调查中我们也发现，目前在社区工作者队伍建设中还存在着许多亟待解决的问题。首先，队伍结构不能满足社区建设的要求。女性在社区工作者中占75%，男性仅占25%。性别比例失调将影响到社区治安综合治理、流动人口的管理、社区纠纷解决等工作的开展；年龄结构老化，41岁以上的社区工作者占总人数的68%，他们掌握社区工作专业技能较慢，工作思路和方法陈旧，领会和贯彻市区的方针政策和上级精神不够及时，缺乏创新精神。其次，工作作风不够扎实。随着社区办公条件的现代化，在工作效率提高的同时，社区工作者的惰性在增强，出现了社区工作机关化的倾向。他们主要依靠电话，而较少深入居民家中了解情况，这种工作作风一是不利于和居民情感上的沟通，导致社区工作者的亲和度与凝聚力下降；二是极易出现由于了解情况不全面而在解决问题时不公平、缺乏公信力，进而影响社区威信；三是不能以敏锐的政治意识及早发现影响社区和谐、涉及社会稳定的苗头问题。长此以往，既不利于和谐社区的构建，也不利于突发事件、危机事件的有效防控和及时处理。再次，专业化、职业化程度较低。真正受过社会工作专业培训的社区工作者很少，他们的知识结构不合理。据调查，社区工作者自我认知"专业性不强"的占46%。最后，社区工作者特别是一部分社会公开招考人员对工作的满意度不高，这极大地影响了队伍的稳定性。

二　社区工作者队伍建设的制约因素

（一）经济原因

1. 社区财力支持不足

政府的财政拨款是目前我国社区工作经费的主要来源。社区工作者的工资以及社区建设所需费用都包含在这些拨款中。尽管每个社区的情况各有不同，但共同之处是经费紧缺，如表 1 所示。有限的财政拨付使日益繁重的社区工作很难开展，这已成为社区发展和社区工作者队伍建设的瓶颈。

表 1　社区居委会在组织管理方面存在的问题

问题	频次
经费不足	138
居民素质参差不齐	76
人手不够	52
居民参与积极性不高	33
体制不顺	30

首先，社区财力支持不足，不利于推进社区自治。社区自治需要社区财力为其提供保障。没有财力和财权，社区就不可能自立，不能自立就不能自强，不能自强社区自治就不可能实现。其次，社区财力支持不足，无法满足社区繁重的工作需要。据调查，社区工作者目前要完成的工作任务除了主管机构委派的精神文明建设、党建、治安综合治理等外，还包括许多部门在提出"进社区"口号后，只是将任务带进了社区，而进社区工作的人员和经费并没有进社区，这进一步加重了社区工作者身上的担子。社区管理的加强、社区服务的拓展以及社区工作者素质的提高都需要财力做物质保障。财力支撑不足，即使有好的工作思路和措施也难以实现社区的可持续发展。最后，社区财力支持不足，不利于稳定社区工作者队伍。调查资料显示：目前影响社区工作者队伍稳定的最重要因素是收入。社区工作者的工资按照分组的数据分析，501~1000 元的有 70 人，占总人数的 44.9%；1001~2000 元的有 64 人，占总人数的 41%。两者合计，T 街道社区工作者收入在 500~2000 元的占 85.9%，如图 1 所示。

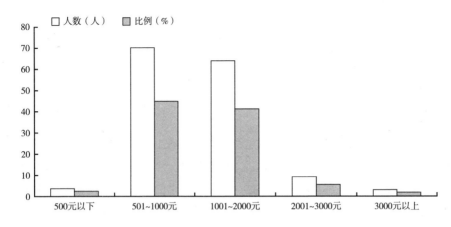

图1 社区工作者的收入情况

可见，目前社区工作者的收入虽然较过去有所提高，但总体水平仍然较低，而且表现出不同的层次。所谓"一个屋檐下，六种不同的待遇"。近年来，北京市的平均工资涨了一倍，而相比之下社区工作者的工资涨幅较低。公开招考人员的工资只有 600 多元。在现行政策的框架内，社区建设经费依托于财政拨款。由于社区没有人权、财权和政策法规依据，要求做到"费随事走，权随事行，人随事增"是很困难的。社区财力支撑力度欠缺极大地影响了社区工作者队伍的稳定，许多公开招考的优秀社区工作者，他们不安心于本职工作，这势必将对社区的建设和发展产生不利影响。

2. 社区经济基础薄弱

社区经济是指在特定的区域范围内，以基层社区组织为主体，以服务于社区建设为目标，利用社区自身的资源优势，为社区居民物质和文化生活的消费需求而提供产品和服务的一切经济活动的总称（文军，2000）。城市社区经济建设是依托基层社区组织建立起来的，是各种经济成分构成的社区经济系统及其生产经营活动的总和，它是履行社区职能的物质基础，具有重要的作用。首先，它是社区建设的主要经费来源。在财政直接拨款不足的情况下，社区经济对社区建设的支持变得愈加重要。除了社区内兴建或添置公共设施需要一定的经费投入外，居民开展公共活动也离不开社区经济的支持。其次，社区经济的发展对稳定社区工作者队伍也有很大作用。

然而，由于社区经济在中国城市的发展是在 20 世纪 80 年代中期才开始的，它是从社会福利型的社区服务中生长并逐渐分离出来的，是经济制度转型后出现的新事物。再加上缺乏经营场地、投资项目、经营资金和经营管理人才等，导致社区经济实体起步艰难，且后劲乏力。在 T 街道，所谓的经济实体更多的是一些规模很小的便民服务。如自行车棚、社区医疗服务所、小商店等，这些经济的来源基础是脆弱的。有的社区没有任何经济实体，成为名副其实的"空壳"居委会。究其原因主要是地域条件和资金短缺的严重制约。社区经济能力弱，缺乏新的增长点，难以形成规模和品牌效益。虽然北京市对社区建设的投入逐年增加，但相对于繁重的工作任务和社区工作者队伍的稳定而言，还需要进一步加大财政支持的力度。

（二）制度原因

在计划经济体制下，城市社区主要是"单位人管理"与"地区管理"模式。经济制度转型后，与社会主义市场经济体制相适应，我国的社区管理制度发生了重大改变。目前虽然城市社区建设稳步发展，但社区管理仍然存在制度供给与制度需求之间的失衡。

1. 社区管理体制矛盾突出

目前我国社区管理体制改革已经取得了可喜成绩，但社会转型的背景决定了社区发展必然要面临新旧体制的矛盾。经济制度转型前，城市管理忽视了分级管理，主要采用垂直型的专业管理。随着"单位"体制的分化，大量的社会职能逐渐回归社会，社区开始逐渐承接社会事务。社会转型期，由于社区居委会缺乏相应资源，包括职权、财力、人力、物力等，因而明显存在着管理缺位或错位。此外，由于街道辖区和社区内各类组织机构之间缺乏横向沟通协调的有效机制。或者说，虽然建立了沟通协调机制，但由于非行政组织的决议没有较强的约束力，所以基本上还要依靠驻社区单位的自觉执行。

2. 社区管理运行机制不完善

首先，社区参与机制不健全。社区参与是社区建设的内在动力和源泉（沈君彬，2005）。社会转型期居民仍处于从"单位人"到"社会人"的过渡阶段，对社区内的各项事务只要不涉及个人利益，一般不太关心，也就不能充分发挥社区主人翁的作用。其次，民主监督和评议机制不完善。对社区管理权力的监督和制约不够，或虽有制度，但落实不力，容易导致"一言堂"现象的出现，使社区工作者脱离群众。最后，激励机制不到位。激励机制是激发和调动社区工作者工作积极性、主动性、创造性，增强其责任心、竞争意识、创新意识、危机意识，进而不断优化队伍结构，优化工作环境，推动社区工作健康发展的有效途径。每个人都期望在达到预期成绩后能够得到适当奖励，如奖金、提升、表扬，得到同事的信任，提高个人威望等。在被调查者中，有73%的社区工作者没有得到过奖励。在得到奖励的社区工作者中，得到增长工资、发放奖金的仅占8%，其余均为颁发证书、口头表扬，如表2所示。可见，T街道对社区工作者的激励机制不尽完善，激励缺乏，获奖方式较少，以精神鼓励为主。如果只要求社区工作者努力工作，而没有相应的物质或精神激励，势必影响社区工作者工作的积极性，给社区建设和发展带来隐性的消极影响。

表 2　奖励方式

奖励方式	人数（人）	百分比（%）
增长工资	5	3.2
发放奖金	9	5.8
颁发证书	21	13.5
口头表扬	5	3.2

3. 社区工作相关法规的缺失

完善社区管理离不开法律规范，法律制度是社会主义市场经济发展过程中的重要资源，它不仅有利于减少冲突，而且有利于减缩改革的代价，尽管北京市在这一方面做了大量的工作，陆续出台了《关于建设和谐社区和谐村镇的若干意见》、《社区专职工作者管理意见》和《关于进一步加强社区专职工作者队伍建设的指导意见》等一系列文件，但与社会的快速发展以及社区工作者承担的工作相比，还需要进一步完善和配套。在调查中我们了解到，社区工作者的定位既是困惑街道和社区两个层面的问题，也是社区工作者自身感到工作不顺的问题。社区居委会是自治组织，但承担着政府的部分管理和服务功能，这些问题需要从法律法规上予以规定和明示。

（三）社会原因

1. 社区工作者的社会和自身认同感较低

（1）社会认同感较低

社会对社区工作者身份缺乏认同，给社区工作带来了消极影响。首先，社区居民和驻社区单位对社区工作者的工作缺乏积极支持，使社区工作者开展工作的难度加大。其次，由于社区工作者的社会认同感低，他们很难使社区居民，特别是驻社区单位自觉地参与社区建设和发展。社会认同感的缺失决定了社区工作者较低的社会地位。长期以来，社区工作被看作是层次较低的工作，在大多数人的眼中，社区工作是老大妈或退休人员的事情，这种思维定式也造成社区工作者中男女性别比例的失调。

（2）对自身身份缺乏认同

社区工作者选择从事社区工作的动机各有不同，但在工作中往往以管理者而不是服务者的面貌出现。这说明他们对社区工作的方法、价值观、角色定位的认识不够明确。由于缺乏身份认同，社区工作者在处理问题的时候更多凭经验，这使得民主意识逐渐增强的社区居民对其产生了排斥。社区工作者的薪酬和福利待遇由街道负责，这势必出现社区工作者在工作中更多奉行对上负责的原则，而较少理会社区居民的感受。

2. 社区工作的专业化、职业化程度有待提高

目前社区居委会是从事社区工作的机构，它的性质是居民自治组织，而不是具有明确宗旨的专业性的社会工作组织。社会工作是一个学科，一门专业，但更是一个职业。20 世纪 80 年代后我国着手开展社会工作教育，但在社会职业分类中，仍然没有社会工作，社会工作的职业化问题没有得到解决。社区工作者较低的社会地位，其原因主要是社区工作者职业定位模糊以及职业化、专业化程度差。社区工作者在一些政治、经济待遇上很难与其他相关职业相比。据调查，社区工作者对自身工作不满意的理由中，有 1/3 的人认为是职业身份没有界定清楚。

在调查中我们发现，在 T 街道，有 107 人，占社区工作者总数 68.6%的人具有相关职业资格证书，未回答的和没有相关职业资格的有 49 人，约占 31.5%，如表 3 所示。T 街道所辖社区中的社区工作者的来源主要是公开招考、退休、内退和一些其他人员，其中公开招考人员占 44.9%，接近社区工作者总人数的一半，这也使得 T 街道社区工作者的专业化、职业化程度较高。但全国绝大多数城市社区工作者没有经过专门、系统的训练，不具备从事社会工作的专业背景。

表 3　社区工作者的职业资格获得情况

职业资格获得	无回答	否	是
人数（人）	11	38	107
百分比（%）	7.1	24.4	68.6

三　加强社区工作者队伍建设的对策

（一）提高经济实力，改善福利待遇

福利待遇是影响队伍建设和稳定的最重要的因素之一。调查显示：目前影响社区工作者工作积极性和创造性的因素中，收入提高和福利改善位居前两位。社区工作者对福利待遇的评价在满意以上的仅占总数的 20.6%，不满意的占 50.6%，很不满意的占 23.7%，如表 4 所示。福利待遇不仅是劳动者维持自身生存的物质基础，更是体现劳动者劳动价值和尊严的重要体现。薪酬是影响劳动者选择岗位的最重要因素之一。改善福利待遇，解决社区工作者的后顾之忧，是社区建设和管理面临的首要问题。

表 4　社区工作者对福利待遇的评价

评价	人数（人）	百分比（%）
很满意	7	4.5
比较满意	14	9
满意	11	7.1
不满意	79	50.6
很不满意	37	23.7
总　计	156	100

注：有缺失值。

社区工作者的工资主要来源于市、区财政拨款，当主管部门要求社区工作者协助完成政府购买服务范围外的社会事务时，一定要按照"费随事转"的原则下拨经费，一方面保障社会事务的顺利完成，另一方面调动了社区工作者的积极性。与此同时，要建立多渠道的融资机制。积极调动社区驻街单位支持社区工作，逐步构建以市、区财政拨付为主，街道追加，社会支持辅助的薪酬体系。

（二）健全运行机制，完善制度环境

在社会转型期，中国城市社区建设出现了许多新的问题，为适应这种变化，我们对旧的社区管理制度和模式进行了改革，但在社区管理等方面还存在一些问题。

1. 创新社区参与机制

从各国社区发展的实践来看，一部社区发展史就是一部不断培育居民社区意识、提高参与能力、扩大参与领域、提升参与质量的历史（徐永祥，2001：230）。居民的广泛参与是社区建设和发展的根本动力。第一，要通过建立科学的社区管理体制和多元组织体系，努力构建保障社区居民参与的协调网络。第二，要通过加大宣传力度，使居民了解社区的建设状况，激发居民参与的动力。第三，要加强社区发展，努力加大经济投入的实力。第四，要拓宽投入渠道。社区建设和发展不仅需要资金和劳务的投入，还需要实物的投入以及社区救助等。第五，要健全规章制度，进一步规范社区居民和驻社区单位的参与活动。

2. 加强民主监督、评议机制

（1）建立公开机制

社区居委会要及时向居民公开涉及居民切身利益的法规、政策、社区规范和居民公约；公开低保户及救灾救济款物的发放；公开社区财务收支情况等。这不仅有利于强化社区工作者的自我约束、服务群众的意识，而且有利于加强居民的监督意识和自治水平。

（2）完善多层评议机制

主要包括社区居民对社区工作进行考核与评价的机制，这一机制一方面能够体现社区居委会作为自治组织的性质，另一方面能够提升社区工作者对社区事务的责任感，以便更好地为居民服务。社区对街道及政府职能部门的民主评议机制，对评价不高的进行通报批评，并限期整改，这既保障了政府与社区合作关系的发展，又为社区自治开拓了渠道。街道及政府职能部门对社区的考核评议机制，这一机制主要考核与评议社区完成与落实市、区、街道布置工作的情况，以及社区居民对社区工作的满意度。

3. 落实激励机制

在实践中有效落实激励机制，不仅可以激励社区工作者的行为，而且对于吸引优秀人才，稳定社区工作者队伍都具有十分重要的作用。社会转型期，应将政治激励、精神激励与物质激励有机结合。首先，要把社区工作者的经济待遇跟绩效直接挂钩，设立专项资金，对工作表现特别突出的进行物质奖励，并形成制度。其次，对能有效开展工作，取得突出成绩的社区工作者，要利用各种手段进行宣传，努力营造真正重视、关爱社区工作者的氛围，创设和谐的人文环境，进一步提高社区工作者对自身工作的认同感和自豪感。最后，对考核结果优秀、群众认可的社区工作者，在进行宣传、表彰的基础上，可选拔到街道等党政机关工作。

4. 构建资源共享机制

要充分调动社区居民、驻街单位等力量参与社区建设和发展，在社区内积极创设共驻共建的良好氛围，达到社区资源共享的目的。首先，必须提倡全局、合作和服务观念，树立资源共享观念，以更好地满足社区居民多层次的需求。其次，加强资源共享平台建设的组织和引导，充分发挥政府的主导作用，建立长效管理运行机制。最后，通过建章立制，规范社区资源共享服务平台的运作，让社区资源共享做到有法可依。

（三）加强教育培训，优化成长环境

1. 提高综合素质

随着社区工作专业化和现代化的发展，社区工作者已经越来越意识到自身素质和能力的欠缺。据调查，78.6%的社区工作者有迫切提高自身素质的需求。为了进一步提高社区工作者的素质和能力。T街道长期以来重视对社区工作者的培训，培训面达到94.9%，但培训并没有取得预想效果。只有11.5%的人认为效果非常好，有46.2%的人认为比较好，合计达到57.7%。但回答"一般""不太理想"的人接近1/3。可见，培训内容和方式的创新是一个亟待解决的问题。调查资料显示：社区工作者最希望参加的培训是电子政务、政策法规等内容，如图2所示。最喜欢的培训方式是参观访问、案例教学等，如图3所示。

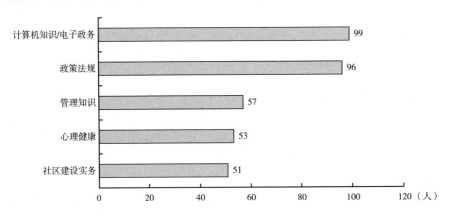

图 2　社区工作者希望参加的培训活动

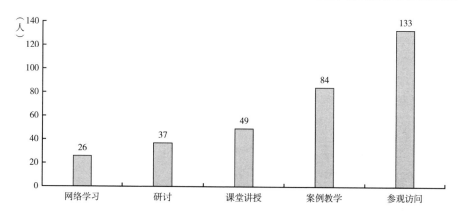

图3　社区工作者喜欢的培训方式

通过教育培训，可使社区工作者树立经营社区的理念，学习专业知识和国外社区建设的成功经验，增强解决社区建设中实际问题的能力，特别是纠纷调节的能力。通过提高社区工作者的素质和能力，不断给社区管理队伍注入新的活力，可提高城市社区管理的现代化水平。

2. 建构和谐环境

加强社区工作者队伍建设，稳定社区工作者队伍，重在"拴心"，也就是做到进得来，留得住，发展好。调查资料显示：除薪酬外，社区工作者最看重的是"社区居民的满意"与"和谐的人际关系"。中国人最大的特点是重情义。由于受国家政策的约束，我们不能更多的满足社区工作者在待遇上的需求时，就应努力营造一种积极向上、温馨互尊的人文环境，使社区工作者能够在良好的氛围中心情舒畅地工作。

社区工作者服务的对象千差万别，在工作中难免会遇到各种各样的问题。这就需要街道、社区的领导者在他们遇到困难、思想产生波动时及时地疏导和排解。领导者要不断提高自身的素质和修养，注重通过开展谈心等活动与社区工作者沟通，达到双方感情的互动。用"情"打动社区工作者，用鼓励、赞扬的话语诠释他们的苦和累，这样才会更好地激励他们为社区服务的热情。

参考文献

陈良谨等，1994，《中国社会工作百科全书》，北京：中国社会出版社。

李晶晶、廖芳，2007，《社会工作建设：地方政府"三大体系"演绎制度创新》，《新资本》第 1 期。

刘俊清，2006，《从职业身份看社区工作者队伍建设》，《云南民族大学学报》第 6 期。

刘霞，2005，《关于我国社区工作者队伍分析》，《云南行政学院学报》第 2 期。

沈君彬，2005，《论社区建设中的居民参与》，《四川行政学院学报》第 2 期。

史柏年，2004，《新世纪：中国社会工作教育面对的选择》，《北京科技大学学报》第 1 期。

王思斌，1999，《社会工作概论》，北京：高等教育出版社。

文军，2000，《社区经济略论》，《社会》第 6 期。

夏学銮，1999，《关于加快中国社会工作专业化的几个问题》，《中国青年政治学院学报》增刊。

向德平，2007，《和谐社会的推动力：社会工作人才队伍建设》，《新资本》第 1 期。

徐永祥，2001，《社区发展论》，上海：华东理工大学出版社。

杨团，2002，《社区公共服务论析》，北京：华夏出版社。

于雷、史铁尔，2005，《社区建设理论与实务》，北京：中国轻工业出版社。

Larson, M. S. 1977, *The Rise of Professionalism Sociological Analysis.* Berkeley：University of California Press.

作者简介

李敏　女

所属博士后流动站：清华大学社会学系

合作导师：李强

在站时间：2010. 03 ~ 2012. 03

现工作单位：中华女子学院性别与社会发展学院

联系方式：limin760@ 163. com

社会工作的主体结构及对中国
国家安全的影响*

周　勇　王　晖

摘　要：社会问题频现，社会事故频发给中国社会工作队伍组织建设带来了迫切性。社会工作的主体自政府到民间可分成几个层次，如政府、社区、企业、社会和个人。从地域和国别来看，又可分为境内社会工作、境外社会工作。从相互关系来看，又可分为健康友好型、不健康敌对型。因而社会工作主体是个多维的体系，社会工作的开展要靠行动主体组织，对主体的分层和分类有利于厘清社会工作的体系和结构，找出社会工作组织中存在的不足。此外厘清社会工作的主体体系有利于我国社会工作领域国家安全问题的研究，谨防不健康或者敌对社会工作主体对我国社会工作的渗透。

关键词：社会工作　主体结构　国家安全

恢复于20世纪80年代末的中国大陆社会工作教育，在20世纪90年代末得以迅速发展。据不完全统计，目前已有120多所高等院校相继开设了社会工作专业，中国社会工作教育先于实践获得了迅速发展。目前中国的社会工作实践也在进行紧锣密鼓的改革试点。2006年10月，中国共产

---

* 基金项目：国家重点基础研究发展规划（973项目）（编号：2012CB955800）；广东省哲学社会科学"十二五"规划学科共建项目（GD12XYJ05）。

党十六届六中全会通过的《中共中央关于构建社会主义和谐社会若干重大问题的决定》站在时代的高度深刻地阐述了构建社会主义和谐社会的重要性和紧迫性，明确提出了社会主义和谐社会的指导思想、目标任务、工作原则和重大部署，是构建社会主义和谐社会的纲领性文献。[①]《决定》围绕社会建设与社会管理这一重大命题，提出了许多新思想、新观点、新论断，将"社会结构""社会心态""社会公正""社会体制""社会组织""社会治理""社会保障""社会工作""社会政策""社会团结"等内涵丰富的概念整体写入了中央文献。特别是庞大社会工作人才队伍建设任务的提出，意义重大，影响深远（李立国，2008：2~6）。中国社会工作还需要大力发展，随着工业化而来的社会矛盾激化，社会问题频发，中国社会工作队伍组织建设的迫切性日益突出。但中国目前在社会工作中存在着严重的主体组织发展瓶颈问题。中国社会工作主体建设方面目前存在的问题包括政府一统而混淆了市场、企业、社会、社区和社会组织（黄玉浓，2006：32~36）；民间健康社会工作组织这一重要主体没有培育起来；民间非健康甚至反动的、敌对的社会组织在滋生蔓延，如黑社会、疆独藏独势力、法轮功团伙（胡鞍钢、胡联合等，2005：28~36）。与此同时，随着全球化的浪潮，社会工作日益国际化，境外社会工作组织，通过民间或者官方的途径早已开始进入中国。他们可能给中国社会工作带来帮助，但与此同时不可避免也会带来一些麻烦。社会工作不断国际化的原因在于，社会工作所能解决社会问题的范围在不断扩大，社会工作不仅能帮人们解决个人和家庭问题，还能解决邻里、国家乃至国与国之间的问题（威廉姆等，2005：26）。社会工作的对象不仅是国内的，更是国际的，由此带来国内和国际的一系列安全问题。中国社会工作需要有一个主体培育和组织发展的全盘战略规划。

一　社会工作的多维结构

社会工作的主体自政府到民间可分成几个层次，如政府、社区、企业、社会和个人。为讨论问题的方便或者有讨论意义，这些层次还可以进一步细分，如政府还可分为中央政府、省市自治区政府、县及乡镇级政府。在中国

---

① 中共十六届六中全会，2006，《中共中央关于构建社会主义和谐社会若干重大问题的决定》，《人民日报》10月19日。

社会工作的政府发动方面,目前主要源头还在中央政府,地方政府还处在协作和试点阶段。另外从地域和国别来看,又可分为境内社会工作、境外社会工作。从相互关系来看,又可分为健康友好型、不健康敌对型。因而社会工作主体是个多维的体系,社会工作的开展要靠行动主体,对主体的分层和分类有利于厘清社会工作的体系和结构。目前已有文献和会议报告提及社会工作的主体问题,并有简单的一维分类,如将社会工作组织分为政府组织和非政府组织。查尔斯·H.扎斯特罗(2005:7~12)从服务主体的角度,将美国的社会服务工作组织分为个人服务组织、社区服务组织、教育咨询等其他组织。国内文献的社会工作组织分类基本上沿袭西方,没有提及社会工作的多维分类。多维分类是探讨体系结构关系的基础(阿伦·鲁宾,2008:89~92),本文主要从层次、地域和关系方面对社会工作的主体组织结构体系进行探索(见表1),并着重探讨中国社会工作的主体体系结构以及这种结构对中国国家安全的意义。社会工作是一个以价值观为基础的工作,价值观是多维的、多样的,且是不可证的(Mary Ann Suppes & Carolyn Cressy Wells,2000:24-35)。以价值为基础的社会工作可能适应一国的主流价值体系,但也可能有悖于一国的主流价值体系,甚至挑战和敌对一国的价值体系,对一国的国家安全造成威胁。对于一些热衷于推行自己所谓的主流价值观的社会和国家而言,既需要有与他们的合作,因为在全球化的今天,许多事情的解决往往涉及国际因素;但也需要有对他们的防范。而且防范不是被动的防和堵,应是主动地开展工作,在社会工作方面,一国如果没有自己的民间或者草根社会工作组织,国外的社会工作组织就会乘虚而入,从而使一国的社会工作受人主宰,陷入被动。在全球化时代,几乎所有国家的国内社会问题都不可避免地与国际环境联系在一起,不存在与世界隔绝的纯属"自己的"问题(赵汀阳,2005:95)。

表1　社会工作主体分类

类别＼层次	政府	社区	企业	社会	个人
境内友好	—	—	—	—	—
境内不合法或者敌对	—	—	—	—	—
境外友好	—	—	—	—	—
境外敌对	—	—	—	—	—

注:以上表格中"—"代表我国相应主体的存在。

二 社会工作的主体研究

从表 1 可以看出，社会工作的主体从理论上可分为四大类 20 种主体。对我国国家安全影响重大的社会工作主体可分别概括如下。

（一）境内友好型社会工作主体

境内友好的社会工作主体包括政府、社区、企业、社会、个人。（1）政府。在世界范围内，政府在社会工作开展方面都是当仁不让的重要主体。1935 年，美国《社会保障法案》出台，它是一个里程碑，改变了以往助人的全盘计划，联邦政府第一次在助人方面担当主角，并负主要责任。在英国，政府也担负了社会工作所需资金的大部分。1935 年 8 月 14 日，美国《社会保障法案》通过，它是美国公共福利的基础，是国家、州和地方各级政府为国民提供保障的主要依据（威廉姆等，2005：79）。而在我国，新中国成立以来的大部分时间政府都是社会工作最重要或者说是绝对的主体。（2）社会。社会在一般意义上是一个广义的概念，既包括提供帮助的个人，也包括助人的各类社会组织。而助人的个体要发动起来，并且提高工作效率，又必须通过广泛的社会分工合作体系，即各类功能互补广泛协调的社会组织。本文中的社会作为主体主要指各种助人的非政府民间社会组织。早在1990 年，瑞士民间社会工作组织创造的产值占该国 GDP 的 2.2%（不包括志愿人员提供的 15 万个义务工作），创造的工作岗位 14.8 万个，占该国就业岗位的 3%。我国社会工作民间组织还处在发展的初级阶段，2008 年，上海浦东新区社会工作者协会、乐群社会工作服务社、阳光慈善救助社等民间组织，为 10 家敬老院、3 个社区、40 所公办学校、15 家医院以及区救助站提供专业社会工作服务。（3）社区。社区在国外是社会工作的基本协调和组织单位。1909 年，在美国匹兹堡和密尔沃基，第一个社区福利机构——社会机构委员会成立。其成立的背景是：当时独立性的福利机构如雨后春笋般出现，这些机构之间的职能和工作需要整合，需要建立一个协调各类社会组织的机构。20 世纪 50 年代以后，加拿大政府大力推行社区发展，鼓励各民族发展独立的社区文化，保持本民族特色。社区在我国既是一个准政府组织，又是一个准民间组织，总体特征上是一个基层社会组织，但又不同于一般的社会组织。我国的社区定位比较复杂，又可看作政府和民间的中介组织。我国社区在 20 世纪 90 年代中期由民政部等政府部门倡导开始发展，虽取得一定进步，但目前正面临一些发展困境。（4）企业。企业也是社会工作的主体，西方企业社会工作开展已久，20世纪40年代，企业社会工作专业服务在美国开始。早期的企业社会工作重在处理员工酗酒问题，在经历了工业咨询服务、员工咨询服务、整合性服务、了晤方案、员工关系顾问、咨询沟通中心、职业辅导方案等阶段后，发展出人们所熟悉的"员工协助方案"。目前，美国的世界500强企业中大多数成立了社会工作服务或者类似的部门。（5）个人。个人也可以成为社会工作的组织形式。个人临时性单独施舍和帮助他人也是社会工作的一种形式，但比较零散，说不上职业化和专业化。西方职业化专业化的个人从事社会工作可分为两种形式，一种通过私人个体开业，一种是通过参与社会工作机构帮助他人。1968年，美国有不到1000名全职的社会工作者私人开业，还有15000名兼职的社会工作者私人开业。1975年全职和兼职人数共计8500名，1992年为28000名（查尔斯·H. 扎斯特罗，2005：7～9）。

（二）境内不合法或者敌对社会工作组织

境内不合法或者敌对社会工作组织包括相关政府、社区、个人、社会组织和企业。其中既包括不合法的部分，比如涉黑个人、黑社会所办企业、黑社会组织，还有不合法政府和社区，甚至殖民地政府和社区，非法占领政府和社区；也包括敌对的部分，比如反动个人、组织、政府和他们所办的企业，还有分裂主义者、组织和他们所办的企业。区分不合法和敌对主要从是否威胁现有政权基础和国家独立，程度有多大的角度。不合法的主体组织对国家独立和政权基础威胁较小，有的只是社会的局部不安定因素，而敌对主体则以分裂独立，威胁国家政权基础为目的。境内不合法或者敌对社会工作组织较为复杂，主要包括以下几个部分。

1. 境内不合法或者敌对政府和社区

境内不合法或者敌对势力主要存在于民族尚未独立，处于分裂割据状态的国家。境内不合法或者敌对政府在我国同样存在，如在台湾，以及属于中国领土但仍被外国侵占或者实际控制的地区。目前海峡两岸正朝着和平和友好的积极一面迈进，因而敌对状态有所缓和，但仍有一个合法性承认的问题。还有所谓"西藏流亡政府"，对我国国家独立构成威胁。对于侵占或者实际控制我国领土的外国政府，他们当然采取不利于中国的社会工作方式，妄图达到长期侵占的目的，如以社会救助为名在当地居民中掀起反华情绪。在社会工作方面，境内不友好、敌对、不合法政府和社区的影响在我国仍然存在，这是我国实现和平统一和维护国家领土和主权完整方面应该注意的地方，也就是说社会工作思路应在统一战线、边境问题解决和国家统一中得到体现。

2. 其他境内不合法或者敌对个人、企业或者社会组织

目前影响中国政权安全和领土完整的境内反动社会工作组织主要是遍布全球的藏独和疆独分子及其组织，还有他们所办的一些境内企业。影响中国社会稳定的是一些黑恶势力，包括人员及其组织，还有他们所办的企业。目前这两类组织对中国社会的影响不容小觑。以黑恶势力为例，中国的地下黑社会组织已经形成了一个庞大的地下组织网络，他们中很多是通过采取社会救助的方式收买人心。比如在影响我国农民工社会活动的组织中，黑社会成为一股重要的势力。黑社会由于其毫无疑问的反社会性质，通过体制之外的暴力和拉拢手段来实现其组织运作，对国家和普通民众的危害很大。中国黑社会之所以滋生蔓延，与我国对农民工，底层贫弱群体权益保护方面的组织缺位有关。能够充当农民工保护主体的组织无非三种：工会、非政府组织和黑社会（顾江霞，2008：75～79）。在工会职能弱化，健康的非政府组织没有得到发展的情况下，黑社会得以大行其道。境内不合法或者敌对势力一般都要依靠一些经济实体和企业生存，在重庆打黑除暴中，重庆市司法局长，充当黑社会保护伞的文强开设的娱乐场所就是典型的黑社会性质经济实体。

（三）境外友好型社会工作主体

外国政府、社区、企业、社会组织、个人都可以是境外友好的社会工作主体。各国社会工作者日益认识到他们需要了解更多有关国家同行的信息。世界变得越来越小，在一个国家和区域所发生的事件将迅速影响全球其他地区，比如苏联切尔诺贝利核泄漏事故影响了欧洲的食品供应。在一个区域发生的天灾人祸将使另一地区涌动难民潮，为移民服务是许多国家社会工作的一项重要职责。因而，目前的国际社会工作主体不仅相互沟通，而且采取共同行动应对社会危机。国际社会工作相互影响，1935 年 5 月 21 日，珍妮·亚当斯于美国逝世，她生于 1861 年，她早年遍游欧洲，英国的托恩比馆给她留下了深刻的印象，回国后她仿照英国模式建立了赫尔大厦，为那些经济能力有限的人提供教育机会和社会服务，并且为那些视这个国家为自己祖国的移民提供庇护。她同时也是国际妇女儿童权利运动的领导人。

社会工作的后发国家和地区一般都或多或少地受到社会工作发达国家和地区的影响。20 世纪 60 年代末期，我国内陆地区的大量移民给香港带来了一系列社会问题，在此背景下具有基督教或天主教背景的国际性志愿机构担负起了主要救助之责，同时香港地区的社会工作服务也由此诞生（陈少强、宋斌文，2008：51~54）。我国的社会工作也得到过国际友好社会工作组织和个人的支持。截至 2004 年底，陕西省的"红凤工程"已经获得了 20 余家国际机构、教育基金、企业以及近 300 名外国友人、海外华人、香港同胞及国内各界人士的鼎力支持。中国近代最初的社会工作就曾经得到过国际人士的支持。20 世纪初，一些西方传教士开始在中国的大学讲授社会学、社会服务等课程。20 世纪 30 年代初，全国高等院校中已有 10 余所大学设立社会学系（社会工作专业隶属于该系），到解放前夕全国设立社会学系的学校已经增至 20 余所（王思斌，1999：102~108）。目前国际社会工作者协会开始担当各国社会工作交流的平台，为社会工作的国际化作出了贡献。有 55 个国家的社会工作者协会成为国际社会工作者协会的团体会员，包括 23 个欧洲国家，2 个北美国家，9 个非洲国家，13 个亚太地区的国家，8 个拉美国家（Mary Ann Suppes & Carolyn Cressy Wells，2000：22）。在中国的汶川大地震中也出现了许多国际救援队员的身影。

（四）境外敌对性社会工作主体

外国政府、社区、企业、社会组织、个人都可能成为境外敌对的社会工作主体。目前西方有一股反华势力，打着人权和民主的幌子，借助社会捐助的形式，干预中国的社会和政治生活。目前特别要注意以捐助和合作开发的名字，打入我国社会内部的境外反动势力。还有在西方活动的法轮功组织，对普通民众具有非常大的诱惑性。对于国内的一些反动分子，西方敌对性社会工作主体往往以资助出国的方式对他们进行培训，培养他们成为反华骨干。这些人回国后往往与西方敌对阵营有着千丝万缕的关系。对这些，我们应该加以警惕。对于国际化助人服务而言，社会工作有其独立的价值观和伦理。尽管国与国的文化背景差异很大，社会发展阶段各有不同，但国际社会工作者协会曾在激烈的争论后，对国际社会工作下过一个定义。2001 年，国际社会工作者协会形成了一个社会工作定义，表述为"社会工作的基本内涵是一致的，但是社会工作实践的优先领域在不同国家、不同历史时期是不同的，这取决于文化、历史、社会经济等条件"（David Cox & Manohar Pawar，2006：1431-1447）。可见国际社会工作有自己的准则和一些共同行动标准，我们不可因为部分反华势力有利用社会工作组织打入中国的嫌疑而放弃与国际社会工作组织的合作。事实证明，当前社会工作的国际影响无时不在，防不胜防，靠防堵解决不了问题。只有积极应对，多结交朋友，增进共识才是上策。

三　构建符合中国安全需要的社会工作主体结构

社会工作千头万绪，仅以目前的中国体制内的社会工作组织力量，难以适应日益复杂的社会问题解决的需要。中国需要大力发展民间社会工作组织，巩固社会主义社会工作的基础阵地。有人形容基层社区，上面千条线，下面一根针。中国体制内社会工作组织的弱化并不代表中国整个社会组织的弱化，与此同时中国体制外的社会组织却在滋生蔓延，占领本应由健康的社会工作组织把持的空间，正如上文所述，他们对中国的国家安全构成一定威胁。面对中国境内外广泛存在的不友好的及非健康的甚至敌对的社会工作组织主体，中国的应对思路是什么呢？

（一）改革我国相关政府部门和事业单位的传统社会工作职能，使这些部门适应新形势下宏观社会工作的开展

我国需要改革社会工作机构的组织形式，对相关社会工作的职能进行调整，逐步将政府社会工作职能引导到提供政策环境、监管、协调等宏观社会工作方面。为此，需要做好以下几方面的工作。

1. 营造良好的政策环境

中国需要加强社会工作立法，并进一步理顺社会工作的运行机制。2007年深圳出台了《关于加强社会工作人才队伍建设推进社会工作发展的意见》和7个配套文件，初步建立起有中国特色、有深圳特点的社会工作制度体系，为全国做出了表率。2007年2月，民政部下发了《关于开展社会工作人才队伍建设试点工作的通知》，要求各地积极开展试点工作，首批参与试点的有75个地区，90个单位。大多数参与试点的福利事业单位都探索并设立了社会工作机构，明确社会工作职责。天津市南开区制定了《2007～2011年社会工作人才建设规划》，明确了组织部门牵头抓总、民政部门具体负责的领导体制，在区民政局加挂"社会工作管理中心"牌子，成立社会工作科。广州市荔湾区逢源街道成立了家族综合服务中心，郑州市金水区成立了绿城社工服务站，成都市同德社区成立了社区矫正暨心晴工作室，江西万载，湖南凤凰等县积极开展农村社会工作人才队伍建设，在服务边远地区农民方面做了大量工作。我国需要通过社会工作政策试点，尽快摸索出适应中

国发展的社会主义社会工作机制。

2. 提高社会工作的协调能力

在社会工作的协调方面，中央、地方政府和社区应该各负其责。但最主要的协调职责还在基层单位——社区。正如前文提到的社会工作机构委员会，英国 19 世纪 60 年代也有一个名叫"伦敦慈善救济和抑制行乞会社"的社区慈善组织，其成立不是为了创造或者增加更多的救济，而在于组织救济，其宗旨为：协调伦敦各种慈善协会的工作，防止工作上的重复；使各个从事同类工作的机构相互通报工作；充当为所有个案进行登记的办事机构；提供促进精神独立的个人服务而非给予物质援助；制定有关预防措施（Hajira Kumar，2005：132 - 138）。美国的联邦和州政府，以及一些行业社会组织如美国社会工作者协会，美国社会工作教育协会等，也具有协调职能。中国已经有了一些政府和民间的相关协调机构，如依照国际惯例有中国社会工作者协会和中国社会工作教育协会，但关键是要尽快落实现有组织机构协调的各项功能，并厘清政府和民间的各项功能关系。在民间机构真正大范围开办起来后，社区协调机构的建立也应提上议事日程。

3. 在财政上对社会工作发展负起责任

对社会工作财政和经费的支持是西方国家政府履行社会工作职责的一个重要方面（秦池江，2009：12 ~ 17；马莉，2008，89 ~ 94）。2007 年，德国社会组织的经费 70% 来自政府，瑞士社会组织的经费有 90% 来自政府。政府对社会工作的财政负起责任最远可以追溯到 16 世纪初的英国。1536 年，英国通过了一部法律，将地方当局或者教堂做礼拜筹得的款项用于救济病患和穷人。这项法律被认为是英国济贫法系统的开始，它制定出了详细具体的征收救济款项的规定。为了阻止人们公开乞讨，法律规定各城市的市长和各教区的委员每个礼拜日、假期和节日都要用公共筹款箱募集善款，救济金的筹集和分发都要记录在账目上，并且分派下去扶贫助弱。这项法律也标志着济贫从教会系统到非教会系统的转变。其中有重大意义的法规包括乞讨是非法的、社会有帮助责任、当地组织要给予救济，以及在国家指导下牧师协助自愿捐款（Monica Dowling，1999：201）。我国应尽快出台办法解决社会工作的经费筹集问题。

（二）加快我国健康民间社会工作的组织，巩固社会主义社会工作的基层阵地

社会工作是一个为人民谋福利的工作，但组织不好，一些基金会和救助组织被不健康组织或者敌对势力利用，可能损害国家利益。以青少年领域的社会工作为例。青少年是一国的未来，西方势力为了达到控制或者干涉中国的目的，往往寄希望于中国的下一代。对未成年失足者而言，中国的健康组织不找他们，境内外黑恶组织或者敌对势力就会找他们。监狱管教不利于青少年悔过自新，社区矫正才是可行路径，这在我国已经形成共识，但我国有庞大的失足青年群体需要社会工作的干预。中国青少年犯罪研究会的统计资料表明：目前青少年犯罪总数已经占到全国刑事犯罪总数的70%以上，其中十五六岁少年犯罪案件又占到青少年犯罪案件总数的70%以上。全国2.2亿青少年学生中，平均每分钟发生一起刑事案件，每年发案总量在50万起以上。中国目前社区工作组织的力量远远难以承担社区矫正的重任。截至2005年底，中国民政系统实际从事社会工作的人员约有45.3万人。而各类民政服务对象近4.2亿人，也就是说，平均1个工作人员要为近1000名民政服务对象提供服务。这一比例在中国的偏远地区还更低。以江西万载县为例，该县民政系统实际从事社会工作的人员有117人，而面对各类民政服务对象近20万人，平均1个工作人员要为1700多名民政对象提供服务（民政部社会工作人才队伍建设领导小组办公室，2007：182~186）。中国特别是基层乡镇社会工作力量更是不堪重负。中国社会工作者人数在国民中的比例与成熟国家相比，相差甚远，如美国2%，日本5%，加拿大2.2%。当然，中国发展社会工作不能再走增加公务员，增加财政编制的老路，否则引起新一轮的国家公务员队伍膨胀，中国要依靠民间来办社会工作。2007年，德国拥有120万名社会工作者，分布在社会工作的各个领域。其中政府部门的社会工作者只占少部分，其他主要是社会部门的社会工作者，无论是政府部门还是社会部门从整体上看他们都具有较高的专业化、职业化水平。从中国目前的情况来看，相比发达国家，中国政府部门中从事社会工作的人员不是过少，而是过多，而且不专业。中国要学习西方在社会工作开展方面更多依赖民间组织的经验。2007年，拥有741万人口的瑞士，已有各类社会性工作协会10万余个，基金会近500个。在拥有8250万人口的德国，各类慈善组织（不包括宗教团体）多达40万个，针对弱势的失业人口（占整个失业人口的70%左右）的非营利服务机构，仅在圣加仑州就有18家，在苏黎世州达35家。

（三）加强与国际友好社会工作主体的合作与对话

社会工作的国与国接触，甚至联手行动不是不可避免，而是即将更加广泛和深入，特别是在全球化的今天（M. Gray & Fook J., 2004：625－644）。正如温家宝总理在回应美国总统奥巴马在上海对青年学生讲话时引用孔子的话"温故知新"时所说，中美和则两利，斗则俱损；互信则进，猜忌则退。合作比遏制好，对话比对抗好，伙伴比对手好。奥巴马也说，美中合作至关重要。双方要摒弃互不信任和误解，加强对话与合作。目前中西方之间寻求对话的气氛越来越浓厚，中国社会工作正面临难得的和平发展契机。奥巴马在访华时也表示，21世纪的重要挑战都将触及中美两国，而且这些挑战是任何一个国家通过单独行动都不能够解决的。[①] 贫困、社会冲突、社会不公正目前仍是影响世界发展的最具挑战性的一类问题，以脱贫济困、化解社会矛盾、追求公正正义为己任的社会工作正越来越多地走出国界，开展交流与合作。

一国的社会工作也需要来自国际的援助，比如在中国的汶川大地震中，国际社会工作组织就曾经发挥过积极作用。在柬埔寨、老挝和缅甸，除了少数被国际性非政府组织雇用的人员，没有社会工作学校和工作者。这些国家非常需要国际社会工作者来处理受虐儿童问题，这些儿童是非法交易的受害者以及童工，有的时候还被反叛组织抓去做士兵。对于专业社会工作起步较晚的中国而言，加强国际合作，借鉴国外同行的经验很重要。而且，不仅要吸取发达国家的经验和教训，还要吸取第三世界，和我们处于同一发展阶段国家的经验和教训。在亚太地区的大多数国家，社会工作专业为了确立专业身份，都不得不经历一些艰难困苦。比如在菲律宾，社会工作者就曾经被看作是在发生自然灾害，如火灾和台风，以及人为灾害，如政府与叛乱势力之间展开武装冲突时，为人们送去大米和罐装食品的人。

社会工作的国际交流与合作能够使各个国家受益，不论是发达国家，还是后起国家。正如罗密欧·C. 昆耶塔所说，与国际社会工作院校联合会IASSW和国际社会工作者联合会IFSW的合作使我们获益匪浅。我们能够有幸平等地思考和适应那些在不同文化背景下，由社会工作领域的研究者们在社会工作教育和实务领域所创造的新趋向、新切入点和新范式。的确，我们必须创造性地工作，但也没有必要有车造车。也就是说，我们如果能够得到新知识和技巧，并能把它加以修正，用到我们各自的文化里，就可能缩短我

---

① 奥巴马，2009，《中美两国元首会晤对两国未来至关重要》，人民网国际频道（http://news. sohu. com/20091117/n268272544. shtml）。

们学习的进程，使我们的工作更有效。我们没有必要对这些新东西弃而不用（罗密欧·C. 昆耶塔，2006）。

（四）严密监控和防范境内外不健康或者敌对社会工作主体对我国社会工作的渗透

美国社会福利与社会工作的发展得益于强调民主的美国生活方式（D. Saleebey，2004：142－146）。中国当代社会工作理念、理论和方法主要是西方的舶来品，因而我国在开展社会工作时既要看到表象，又要关注本质。中国要发展自己的民主，但以美国为首的西方国家有着一种偏执的欲望，强烈希望通过经济援助向第三世界国家推广带有他们自己强烈价值观色彩的所谓民主。但目前从整体上来看，西方意识形态优先的援助方式并未取得预期效果。由此各国纷纷总结此前的经验教训，特别是金融危机后上台的奥巴马政府，其对包括中国在内的发展中国家政策调整的步伐明显加快，有由民主援助向民生援助转变的势头。国际社会工作是西方国家介入外国社会的普遍模式，目前美国的对华政策正在调整，正由硬碰硬向软渗透转变（胡美、刘鸿武，2009，17～24）。其实早在20世纪90年代美国就不断有人倡导以社会工作方式介入别国外交。一位美国政界要人从国外旅行回来后发表言论，认为美国改善外交政策和外交关系最需要做的是，让受过训练的社会工作者当国务院外交使团的专员，在国外的社区开展工作。受过训练的社会工作者能够更好地了解当地人民，站在他们的立场说话和开展工作，帮助他们自助，让他在远比过去更为有利的氛围里了解和认识美国（威廉姆等，2005：102）。以民生为主导的社会工作是带有强烈的价值观的，社会工作几乎是以价值观为基础（United Nations，1994：3）。可以预见，随着中国的崛起，西方针对中国的外交攻势或者影响从官方和民间都会越来越多。奥巴马访华时说，"世界是互相连接的，我们所做的工作，我们所建立的繁荣，我们所保护的环境，我们所追求的安全，所有这些都是共同的，而且是互相连接的"。未来中美是伙伴，还是对手，交流和碰撞都将越来越多。

在社会工作方面有很多活跃的国际组织，比如1990年成立的大学民主同盟，它由94所美国和中东欧的大学组成。目的是促进大学在中东欧国家推行民主制度、教育、博爱和人权。这个组织把很多社会工作者吸收到里面，作为专家参与活动。西方的外交策略不会放弃民主先导，价值观优先的思路，但运作方式会更加隐蔽，这是我国既要学习西方先进的社会工作经验，又要防范，尽快建立起中国本土化社会工作的原因。在社会工作的开展过程中我们一定要把握主动。自己的组织不建立，西方的组织就会进入。不用健康的组织把持阵地，不健康或者敌对的组织就会乘虚而入。在互联网高度发达，国际交流日益密切，经济不断全球化的今天，单靠安全部门的防和堵可能难以解决根本问题。因而我国严密监控和防范境内外不健康或者敌对社会工作主体的根本思路，还应在于迅速培植我国自己的健康社会工作主体，不仅仅是官方的社会工作组织，更重要的是民间社会工作组织。发展健康的民间社会工作组织充实我国的民生工作是我国社会工作领域国家安全工作的重中之重。

参考文献

〔美〕阿伦·鲁宾，2008，《社会工作研究方法（第 6 版）》，北京：北京大学出版社。

〔美〕奥巴马，2009，《中美两国元首会晤对两国未来至关重要》，人民网国际频道（http://news.sohu.com/20091117/n268272544.shtml）。

〔美〕查尔斯·H.扎斯特罗，2005，《社会工作与福利导论》，孙唐水等译，北京：中国人民大学出版社。

陈少强、宋斌文，2008，《政府购买社会工作服务初步研究》，《财政研究》第 6 期。

〔美〕法利·O.威廉姆、拉里·L.史密斯、斯科特·W.博伊尔，2005，《社会工作概论（第 9 版）》，隋玉杰等译，北京：中国人民大学出版社。

顾江霞，2008，《关于农民工非政府组织运作效果的三个问题》，《社会工作文选》第 2 期。

胡鞍钢、胡联合等，2005，《转型与稳定：中国如何长治久安》，北京：人民出版社。

胡美、刘鸿武，2009，《意识形态优先还是民生改善优先?》，《世界经济与政治》第 10 期。

黄玉浓，2006，《专业性：中国社会工作教育的挑战》，载王思斌主编《社会工作专业化及本土化实践》，北京：社会科学文献出版社。

李立国，2008，《在 2008 世界社会工作日暨中国社会工作教育发展二十年研讨会上的讲话》，《社会工作文选》第 8 期。

罗密欧·C.昆耶塔，2006，《契合文化敏感性方向的社会工作课程》，载王思斌主编《社会工作专业化及本土化实践》，北京：社会科学文献出版社。

马莉，2008，《巨灾债券与巨灾保险风险分散》，《广东金融学院学报》第 1 期。

民政部社会工作人才队伍建设领导小组办公室，2007，《中国社会工作理论与实践探索》，北京：中国社会出版社。

秦池江，2009，《灾后重建与中国金融制度完善》，《广东金融学院学报》第 1 期。

王思斌，1999，《社会工作概论》，北京：高等教育出版社。

赵汀阳，2005，《天下体系：世界制度哲学导论》，南京：教育出版社。

中共十六届六中全会，2006，《中共中央关于构建社会主义和谐社会若干重大问题的决定》，《人民日报》10 月 19 日。

Cox, David & Manohar Pawar 2006, "International Social Work: Issues, Strategies and Programs." *British Journal of Social Work* 36.

Dowling, Monica 1999, *Social Work and Poverty: Attitudes and Actions.* Aldershot; Brookfield, Vt.: Ashgate.

Gray, M., Fook J. 2004, "The Quest for a Universal Social Work: Some Issues and Implications." *Social Work Education* 23（5）.

Kumar, Hajira 2005, *Social Work and Developmental Issues.* Delhi: Aakar Books.

Saleebey, D.（ed.）2004, *The Strengths Perspective in Social Work Practice.* Boston, MA: Allyn andBacon.

Suppes, Mary Ann & Carolyn Cressy Wells 2000, *The Social Work Experience: An Introduction to the Profession and Its Relationship to Social Welfare Policy.* McGraw-Hill.

United Nations 1994, *Human Rights and Social Work: A Manual for Schools of Social Work and the Social Work Profession.* New York & Geneva: Professional Training series.

作者简介

周勇　男

所属博士后流动站：中国社会科学院数量经济与技术经济研究所

合作导师：赵京兴

在站时间：2009.07～2011.06

现工作单位：西藏社会科学院经济战略研究所、中国社会科学院数量经济与技术经济研究所

联系方式：zhouyong70@163.com

王晖　女

现工作单位：北京信息科技大学经济管理学院

联系方式：susanwang@vip.sina.com

转型期城市社区组织的内源性发展

刘 岩

摘 要：转型期我国城市社区组织的基本形态是行政化社区组织与民间社区组织并存，它们在自主性上都存在一定的问题。当前中国行政化社区组织被赋予了矛盾性的功能诉求，导致自主性缺失的现实困境。基于对长春市和心俱乐部、东站十委等的调查资料，本文分析了两个典型社区组织的内源性发展特色以及政策意义，认为可以从体制和资源两个方面来理解中国城市社区组织的发展，它们是制约中国城市社区组织发展的关键因素。

关键词：社区组织 自主性 内源性发展

在当前的中国，城市基层社区在场域、组织以及制度等各方面正经历着剧烈变迁，那么在这种变迁中城市社区组织的发展状况如何？面临哪些问题？存在何种制约？如何打破这种制约取得长足发展？这是本文试图探讨的问题。

一 当前中国城市社区组织的基本形态与合法性问题

目前，中国正大力推行城市社区建设，进行城市基础社区组织改革，促进社区自治的发展。民政部于1999年春制定了《关于建立"全国社区建设实验区"的实施意见》，并在北京、上海、沈阳等10个城市确定了11个城区为"社区建设实验区",一些社区形成了具有自身特色的社区组织管理模式。2000 年 11 月 19 日,中共中央办公厅、国务院办公厅转发了《民政部关于在全国推进城市社区建设的意见》,对我国城市社区建设的指导思想、基本原则、主要目标、方法任务等一系列重大问题作了阐述。文件强调指出,要"努力形成党委和政府领导、民政部门牵头、有关部门配合、社区居委会主办、社会力量支持、群众广泛参与的推进社区建设的整体合力"。可见,我国的城市社区建设是在政府强有力推动下进行的,社区发展表现为自上而下的强行政性特征。政府赋予的合法性和强有力的推行机制促进了社区组织的发展和硬件建设。在这一制度变迁过程中,经过社区体制改革后作了规模调整的居民委员会辖区逐步转变为目前城市社区的范围,社区居委会替代了原有的居委会,成为政府主办的社区组织。民间社区组织在政策上得到了鼓励,城市基层政权也支持了它的发展。实际上,在全国各地也出现了许多政府发起和推广的民间社区组织。

在这种背景下,在目前中国的城市社区组织结构中,主要有两大类社区组织,即行政化的社区组织和民间社区组织。这里的行政化社区组织,主要指上级政府部门及其派出机构(主要是街道办事处)主办的社区组织,这类社区在资源获得上高度依赖政府,也必须完成上级交给的任务。换言之,行政化社区组织可以理解为在完全政府介入的情况下自上而下成立的主要负责社区管理事务的社区组织。民间社区组织可以理解为在没有政府介入的情况下自下而上成立并获得合法性的社区组织。社区组织除了向社区内部提供福利服务之外,还是连接"社会人"和政府的中介。因此,中国社区组织的发展必须要面对外部的社会结构,首先要处理好与各级政府机构的关系,尤其是要获得政府的合法性认可。对于民间社区组织而言,在表达和传输民间利益时也一定要促进社区与政府的良性互动,这是其取得政府合法性认可的关键。

以往对社区组织的合法性的认识,主要是指民间社区组织合法性,合法性的意涵也主要是指来自政府官方的认可。笔者认为,对于当前中国,无论是民间社区组织还是行政化社区组织的发展,都有一个合法性问题。但这个合法性不仅包括政府有关部门对社区组织的认可,还包括社区内居民对社区组织的认可。前者可理解为形式合法性,后者可理解为实质合法性。社区内居民对社区组织的认可可以通过社区精英的动员组织、从公共物品中获得好处和一定程度的约束来实现,体现为社区成员对社区组织的认同感,这是社区发展实质意义上的认可。而政府的认可不仅是对社区组织提供的功能的认可，还有对其地位、给政府带来的利益以及它与政府关系的认可，是法律意义上的形式认可。对于民间社区组织而言，由于其自下而上的成立过程中已经体现了对下权益的代表和维护，所以它的合法性主要是体现在第一个方面，即来自政府官方的认可，这涉及如何处理与政府的关系。而对于行政化社区组织而言，由于其自上而下的成立过程和制度安排原则已经体现了政府有关部门的意志和有效控制，所以其合法性主要体现在第二个维度，即来自社区内居民的认可。

社区组织的发展不仅是一个内源性的问题，还涉及与外部环境的关系问题。外部环境主要包括有关的政府部门（街道办事处、区政府党委、市政府党委等）、媒体等社会各界。除此之外，民间社区组织与外界组织的关系还包括其与行政化社区组织（主要是诸如社区委员会和居民委员会之类的组织）的互补性、依赖性或冲突性关系。社区组织肯定要为社区内的居民提供福利服务。在不同的城市社区里可能有不同性质和类型的社区组织，而不同类型的社区组织可能会提供不同的福利服务。其中社区居民委员会可能会提供维持治安、计划生育控制、社会保障等公共物品，商品楼住宅区的业主委员会可能会提供与物业交涉诸如水电暖绿化等方面事情的公共物品，秧歌队可能提供共同娱乐的公共物品，自发民间社区组织可以提供交流情感、娱乐、邻里相识互助、义务维修家电、与水电暖部门打交道、维护治安、楼道亮灯等福利服务。正是由于提供的福利服务的差异，不同的城市社区组织具有相容性，也就是说在功能上有互补性和依赖性的关系。同时，也可能由于提供的福利服务的相同或相似使得不同的社区组织出现竞争，也就是说在取得居民的认同上出现"用脚投票"的竞争关系，"这里不行就走人到别处"。这实际上说明形式合法性与实质合法性并不是天然统一的，二者之间隐含着一种冲突：如果行政化组织只具有形式合法性（政府认可），而民间组织只具有实质合法性（居民认可），并且，行政化组织不具有或缺乏实质合法性（居民的认可），那么，在这种行政化组织与民间组织出现竞争的情况下，行政化组织就可能压制或剥夺对民间组织的形式合法性。

行政化的社区组织与民间的社区组织之间的关系可能事关中国将来的城市基层社区的治理格局。假设原来的行政化社区组织能够完全提供社区内部需要的公共物品，就没有必要谈及社区改革和建设以及民间社区组织的发育了。由于行政化社区组织的外在性和自我利益的存在，无论从内部福利服务提供的效率上说，还是从提供的功能上说，它肯定没有民间自己组建的社区组织的优势。民间社区组织熟悉自己的需要，能够真正做到自我服务和代表自身利益。虽然我国的城市社区服务和社区建设有了重大改观，但是难以一时改变对"区—街道—居委会"制度的路径依赖。而大部分社区委员会和居民委员会实际上都还是行政化的社区组织。在目前的一些城市，政府主持的社区机构、居民委员会和民间社区组织处于并存的状态。民间社区组织虽然提供了大量的行政化社区组织无法提供的功能，但是民间社区组织又不能完全替代或取消行政化社区组织，有时还不得不表现出对它的依赖，尤其是形式合法性的依赖。民间社区组织和有关外在机构应该是互倚的。民间社区组织需要外界特别是政府在资源和合法性上予以认可和支持，处于变革中的城市基层政权也需要借助民间社区组织提供的功能、经验和它造成的社会影响。

现在各地城市的社区改革，改变了一些空间格局，变换了一些组织名称，增加了一些机构和功能，但是真正自治的社区组织发育得还很不充分，居民认同感不高。可以预见的是社区委员会和居民委员会必然要转变为自治的社区组织，但在资金来源和政策模式上目前仍处于探索阶段。政府在加强行政化社区组织硬件建设的同时，应加强其软件建设，加强社区居民的参与，培育社区认同感和归属感，同时，政府应加强对民间社区组织的法律指导、资金支持和政策扶持，促进中国城市社区组织的合理布局。

二　行政化社区组织的矛盾性功能诉求与现实困境

当前中国城市基层组织结构主要是采取"街居制"模式，即由街道办事处和居民委员会组成。街道办事处是政府的派出机构，承担政府部门的延伸性职能，而社区居委会则具体承接街道办分派的行政性事务。在这个意义上，社区居委会在性质上是行政化社区组织。根据《中华人民共和国居委会组织法》的规定，居委会是自治组织，政府部门应该对社区居委会的工作给予指导、支持和帮助，社区居委会有义务协助政府部门开展工作。在"街居制"组织系统中，街道办名义上是非政府机构，但要服从上级政府的批示和指令，要完成上级政府布置的各项任务和下达的各项指标，于是街道办对社区居委会的工作做了许多方面的明确规定，而在行政化社区组织的内部设置中规定，社区内部事务的大政方针由社区党支部决定，社区居委会要执行支部的决议。因此，在制度安排上实际上就已经预设了城市基层社区组织的矛盾性功能关系：（1）在街道与社区组织的层级关系问题上，"指导关系"取向与"领导关系"取向两难选择；（2）在社区主任与社区党支部书记的角色定位关系问题上,"唯上取向"与"唯下取向"两难选择。

当然在理论和理想型意义上,上向和下向的功能关系是可以统一的,因为领导行为和指导行为、党务与政务的落脚点都是"代表最广大人民的根本利益"。但是在从实践运作的层面上,行政化社区组织的矛盾性功能诉求却可以体现为现实的实践困境:一方面,如果来自上级的压力大于来自下面的压力,那么就可能产生"唯上"的功能取向;另一方面,即使来自两边的压力平衡且组织能够保持其自主性,但如果来自上面的事务过多,那么在资源和人力有限的情况下,势必导致对下面负责事务的减少。在实际的调查中我们发现,很多行政化社区组织都是被大量的来自上级要求的行政性事务所包围着。大量的政府职能部门事务进入社区,本应该由政府职能部门独立完成的工作,随意向社区摊派;而确需由社区协助完成的工作,没有按照"权随责走,费随事转"的原则,给予社区相应的工作经费。此外,政府各相关部门进社区的工作方式不是以指导、服务和培训为主,而是对社区进行考核和检查。在这种情况下,社区组织少有精力从事畅通民意诉求,及时解决居民的热点、难点问题等方面的工作,社区组织的自主性更微乎其微。

以在某城市的社区调查为例,行政化社区组织的现实困境主要表现在以下两个矛盾的方面。

(一) 工作负担过重

据该市的一些社区主任反映,他们在工作中遇到的最大问题是社区工作负担过重。(1)任务多。据统计,社区承担的工作主要有党建、计生、综治、精神文明、卫生、就业再就业、妇联、青少年教育、老龄、普法、低保、助残、警务等 15 类 200 余项。除此之外,社区还需要完成经济普查、人口普查等临时性的工作。这表明:有很多本应该由政府职能部门独立完成的工作,却要求社区完成。(2)材料多。据统计,2006 年,按照政府有关部门要求,共填写 713 本工作簿册,比 2005 年填写的簿册多了 258 本,其中有些统计报表多为重复性、反复性的统计。材料多与上级部门只注重形式不注重内容的量化考核有关。有的部门考核社区工作,仅以各种簿册为依据,有时社区为了完成工作只能造假应付。曾有某社区为了迎接检查,居然编造出社区还没成立时的相关材料。(3)检查多。有些部门定期或不定期地到社区去检查、考核、评比。年底,各项检查更是频繁。最多时社区一天迎接过四五次检查。一些职能部门进社区就是变成了把工作任务布置到社区,它们把社区当成理所当然为它们做事的"腿",并以此为依据制定详细的考核指标体系。(4) 会议多。据不完全统计,平均每周要求社区干部参加街道以上的会议达 3～4 次,并且 80% 以上的会议都要求社区主任亲自参加,这样社区主任一年必须出席的会议有上百次,其中不相干会议几十次。

(二) 工作待遇偏低

一是非报酬性工作时间过长。社区干部日平均工作时间在 10 个小时以上,节假日也不休息,身体得不到休整。很多加班加点的工作得不到应有的报酬和补偿。二是常规工资水平过低。例如,该市社区居委会成员补贴标准最高为 750 元,最低为 420 元,平均为 550 元。社区工作是社区干部的全职工作,每月 500 多元的收入使他们维持基本的生活都很困难。三是补偿性福利措施缺乏。我们在调查中发现,该市 35% 的社区干部目前都是自掏腰包解决养老保险和医疗保险问题。与过多的工作量相比,社区工作者的待遇与付出不成比例,这种矛盾困境造成了社区工作者积极性的严重受挫。调查中我们了解到,近年来,该市社区接收的大学本科毕业生中,有近一半的毕业生到社区工作一段时间后,由于工资待遇低和缺乏配套的福利保障,致使基本生活都出现严重困境,所以陆续离开了社区工作岗位。因此,社区工作负担重而工资待遇低的矛盾是影响社区工作者队伍稳定的一个关键因素。

上述问题的产生当然有资源制约的关键问题,除此之外,从体制上看,主要是政府一些职能部门、街道办事处与社区居委会的职责、关系没有理顺。从主观上看,是一些政府职能部门和街道办事处对社区居委会自治组织的性质认识不够,社区缺乏规范的管理体制和运行机制,致使有些职能部门我行我素,出现了一定程度的无序状态。从社区自身看,也存在对自治性质认识不足的问题,没有把自身置于自治的地位,无论大事小情都依附于街道办事处,绝对服从其领导。这些都是社区组织发展中客观存在的阶段性问题。

三 社区组织内源性发展中的资源获得与自主创新

城市社区组织是城市社区工作的组织载体,其自主性状况关系到社会福利资源的输送能力和社会福利服务的提供效能。我们可以从资源和体制两个方面来理解中国城市社区组织的发展,它们是制约中国城市社区组织发展的关键因素。一个社区组织为了提供公共物品必然需要一定的人力、物力和财力等资源作为支撑。这些资源一方面用来支付提供公共物品的成本，另一方面可以更好地激励参与公共物品提供的人。体制问题关系到是谁来承担这些成本以及如何分摊这些成本。解决这个问题可能有这样一些办法：一是依靠政府的资助或者说财政的转移性支付，二是社区组织自己创办产业，三是社区内成员强制性地分摊，四是依靠社区内成员自愿提供，五是来自外界（私人或机构）的自愿捐助。

在中国目前，社区组织不可能完全获得独立自主的地位，因为它的发展要在资金、政策和合法性等方面依赖有关政府部门和其他外界机构或私人，这一点既适用于方兴未艾的自发的民间社区组织，也适用于自上而下已经发展起来的行政化社区组织。社区组织自己如果无法解决公共物品资金的来源和分摊问题，为了发展必然要依赖外界，包括政府的资助和外界的捐赠。一些在政府指导下创建的行政化社区组织因其在资金上依赖政府的财政拨款或社区经济的收入，而难以摆脱政府的控制，如现在大多数的社区委员会。还有一些民间社区组织基本上没有经费来源，其所能提供的公共物品也就受到了制约，如上文的"和心俱乐部"。当然，行政化社区组织对政府在资金上的依赖，并不意味着在具体事务上一切听从政府的安排，无自主性而言。但是，从目前来看，接受政府的资助但能够独立自主发展的社区组织还是比较少的。

在行政化社区组织中，东站十委是一个特殊的个案，在其发展过程中，虽然离不开政府的指导和支持，但政府并没有过多的直接介入，其更多的是在社区领袖的带领下依靠自身力量的自主发展。所以它更多的体现了根植于社区参与的内源性组织的特性。改革开放之初，在国家社会管理体制改革并没有迈出今天的步伐时，社区领袖谭竹青就开始凭借他的热情和能力动员社区内的居民，发挥他们自己的人力、物力、财力，创办社区产业，并使居民参与到社区服务中来。东站十委与其他行政化社区组织相比，能进入居民的生活、情感和思想的深处。这些功能是其他一般的行政化社区组织很难提供的。

在目前中国城市基层社区的组织和治理方式变革的过程中，除了原来的街道办事处和居民委员会正在发生着结构和功能的改变外，还涌现出一些新形式的民间社区组织，特别是在一些重建回迁和新建社区中。这些新兴的社区组织不同于单纯满足娱乐健身需要的兴趣团体，如秧歌队、合唱团、武术协会等，也不同于行政色彩浓厚的居民委员会或社区委员会。它们在形式上独立于城市居民委员会，主动参与社区公共事务的治理，包括环境卫生、公共治安、水暖电等问题，可以用物业来概括，这方面主要的组织形式是业主委员会。除了业主委员会之外，有的地方还出现了社区内居民互助的组织，它们不仅参与上述公共事务的处理和解决，还开展社区内居民之间的交流与互助，活动范围不仅在公共领域，还深入私人生活，相互帮助以解决个人生活上面临的问题或困难。这类组织可以称之为民间自发形成的参与社区公共事务、构建社会支持网络的社区组织。

长春市和心俱乐部是一个在没有政府介入的情况下自我组织和自主治理社区内公共事务的民间非正式社区组织。在小区建成之初，居民已经纷纷搬入新居，政府还没有来得及成立居委会，这时确实出现了公共事务无人管理、公共秩序混乱的局面。但是，民间精英的出现改变了这种公共物品提供中的囚徒困境状态。少数关键性人物挺身而出主动奉献，力所能及地为社区内的居民做点实事，他们的行为也感召了周围的人，于是邻里关系和公共事务的面貌得以改观。这也让我们看到了通过精英的作用走出公共物品提供中的囚徒困境，打破资源制约，进行体制创新的现实可能性。和心俱乐部作为民间的一个创举，确实值得我们称道，但是资金不足问题一直威胁着它的持续发展。它渴望政府能在资金上给予更多帮助，但其上级政府部门的主管领导又认为给予其资源支持又是违背其民间组织性质的。所以和心俱乐部呈现一种底气不足的无奈，也使其发展始终面临着困境。

总结和心俱乐部和东站十委的具体活动，我们看到二者不仅参与社区内的公共事务，而且深入居民的私人生活领域，通过社区精英与社区内外群体的共同作用，把社区变成了一个熟人共同体社会，在社区内部构建了一个支持网络，探索出了一种社区内源性发展的方式。

从以上比较中，我们可以总结社区内源性发展的体制创新路径——在资源和体制双重制约下，依靠社区领袖的社区组织自主性的内源性发展道路。民间社区组织和行政化社区组织的资源来源都可以是多渠道的，也可以具有自身独特的生成和运行机制。不同的资源来源方式可能会形成不同的社区组织的特性及社区组织运作机制，资源的充足与否也会影响到社区组织提供的公共物品的水平，最终影响到社区居民对社区组织的认同。长春市和心俱乐部没有政府及资源的强大介入，仅仅依靠自身资源，尽管有精英力量的强大作用，但由于民间性资源或实际挖掘的资源有限，其向社区提供的福利服务效能和输送的福利资源都极其有限；虽然有自主性但缺少自主力量。完全由政府主办的行政化社区组织，尽管有一定量的政府经费作保障，但大量的社区事务下移及其人财力不配套甚至严重脱节的现状，使得社区领袖的作用发挥严重受制于资源和体制双重因素，其服务效能也大大降低，自主性严重缺失。但本文的东站十委却走出了一条自主创新之路。东站十委是在社区领袖的带领下依靠自办产业自主性发展起来的行政化社区组织，在近年来的街居制改革中又强化了政府的资源供给，其服务提供能力一直保持强势，资源供给机制健全。两个案例的比较研究将带给我们城市社区组织内源性发展（非外部因素作用）的重要启示。

社区是生活在一定地域范围内的居民所组成的社会生活共同体。居民是组成社区的分子，是社区工作者的工作对象或服务对象。社区问题是每个社区无法回避和必然产生的社会现象，其严重性和紧迫性如何，应由社区居民去界定；而共同参与是应对和解决共同问题、满足共同需要的根本方法。社区工作本身就是一个组织居民共同面对和解决社区问题的过程。社区工作者相信社区居民有能力解决影响其生活的各种问题，因此鼓励居民参与，也想方设法发动居民参与。这既有助于社区问题的解决和社区发展，也有利于居民的自我成长和社区共同体意识的形成。社区工作在推动居民参与集体行动的过程中，不断发现和挖掘居民的潜能，加强居民的自我引导能力，促进其自决和自立能力的提高。与此同时，更深层次的社区意识也得以建立，居民对社区的认同感和归属感得以增强，真正形成一种以"我们的意识"来对待社区事务的责任意识和荣誉意识。

社区组织依靠自办产业获得的经济资源多了，它就可以打破资源制约开设更多的资源密集型社区福利项目，不断扩展社区福利的领域和内容，满足社区成员对社区不断增长的需要。社区工作的一个主要目标是使社区需要与社区资源互相协调配置，即一方面使资源能够得到充分运用，避免重复和浪费，另一方面也使社区居民能够尽快得到有效服务，并不断改善和提高从周围获取资源和服务的质量和水平。在发展战略上，社区工作也强调社区规划、分析和改变的连续过程，应以满足社区需要为基本前提，使社区工作能"向下扎根，向上结果"，确保工作过程的持续与工作成果的巩固。

参考文献

李国武、刘岩，2004，《一个民间社区组织的成长经验及其面临的问题——来自长春市"和心俱乐部"的启示》，《城市发展研究》第 4 期。

联合国，1955，《经由社区发展获得社会进步》，专题报告。

刘岩、刘威，2006，《老人群体与社区照顾——对长春市和心俱乐部的个案研究》，《广西社会科学》第 4 期。

王思斌主编，1999，《社会工作概论》，北京：高等教育出版社。

——，2004，《社会工作导论》，北京：高等教育出版社。

徐震，1980，《社区与社区发展》，台北：正中书局。

作者简介

刘岩　男

所属博士后流动站：中国社会科学院社会学研究所

合作导师：李培林

在站时间：2007.07 ~ 2010.06

现工作单位：吉林大学哲学社会学院

联系方式：liuy01@jlu.edu.cn

多中心治理下的城市边缘社区
治安管理服务模式探析

——以北京市 B 村为例*

袁　方

摘　要：城市边缘社区治安管理一直是城市化进程中的难题。本文在对城市边缘社区治安管理规范性分析和北京市 B 村社区治安管理实证分析的基础上，基于多中心治理理论视域，探索城市边缘社区治安管理模式，即确立政府主导的服务型治安管理模式；推动多元供给合作机制；建立边缘社区警务制度。

关键词：多中心治理　城市边缘社区　治安管理

在我国城市化进程中，出现了大量独具特色、处于乡村向城市过渡的城市边缘社区，它们既接受着城市的辐射，又部分保留着农村的痕迹，是城市与乡村、传统与现代、工业与农业的聚合点和交汇带，也是各种社会矛盾和城市犯罪的集中地。城市边缘社区的治安问题一直是城市治安的重点和管理的难点，不仅危害了地区安全，而且一定程度阻碍了城市化的进程，本文以北京市城市边缘社区 B 村为研究对象，基于多中心治理理论题域，探索城市边缘社区治安管理服务的目标模式。

一　多中心治理：现代社会治理命题

多中心治理（Polycentric Governance）表征着社会治理现代性的一种基

---

*　文中数据来自公安局内部资料。本文已于 2011 年发表于《中州学刊》第 3 期。

本趋向，它是伴随服务型社会治理而生成的社会治理结构类型，也是社会治理的一种"理想类型"。它通过建构政府、社会和公民的综合治理主体，形成为社群提供公共服务的行动体系，即通过多种权力中心和组织机制治理公共事务，提供公共服务。

"治理"一词从英文"governance"翻译而来，本意指君王或国家至高无上权力的统治、管辖、支配和控制。20 世纪 80 年代，社会大变革促使"治理"这一历史范畴发生巨大转变，被"作为一种阐释现代社会、政治秩序与结构变化，分析现代政治、行政权力构架，阐述公共政策体系特征的分析框架和思想体系，与传统的统治（governing）和政府控制（government）思想和观念相区别，甚至对立起来"（孙柏英，2004：19）。据统计，目前全球的研究机构和学者提出的治理概念有 200 个之多，"由于研究者的视野局限在特定国家或特定的角度，对初露端倪的或不断变化的现象把握的尺度、采用的标准、得出的结论并不统一，故此，治理理论概念也五花八门，并彼此间还存在着矛盾和争议"（孙柏英，2004）。治理概念体系的日渐复杂化，表明治理研究是一个开放性的研究领域，但理论范式构建尚未完成。"治理"实际上是人类政治生活变革的产物，当下人类政治生活的中心正在从统治型社会治理模式、管理型社会治理模式走向服务型社会治理模式。治理理论从更高的层面上强调了公民参与政府治理的重要性，主张用治理替代统治，以治理机制对付市场和政府的双"失效"，认为治理可以弥补政府和市场在调控和协调过程中的某些不足。全球治理委员会把治理界定为：治理是各种公共的或私有的个人和机构管理其共同事务诸多方式的总和。它是使相互冲突的或不同的利益得以调和并且采取联合行动的持续的过程。这既包括有权迫使人们服从正式制度和规则，也包括各种人们或以为符合其利益的非正式的制度安排（全球治理委员会，1995）。尽管研究者对治理的界定方式、适用范围、阐释视角各有不同，但治理的核心要件却得到大家公认，可概括为：①治理不仅是现代社会组织发展的产物，而且也表现为一定的发展进程；②治理的组织载体既包含政府组织，又不局限于单一中心组织；③国家和公民社会关系调整；④公民积极参与公共政策制定和执行过程，政府与公民相互信任、相互依赖、相互合作；⑤善治是治理目标。总之，治理理念是对现代社会公共权力应然形态的表达。

多中心治理是治理理论演变到新阶段所呈现的理论形态和理想秩序状态，明确多中心的含义是理解多中心治理理论的基础。"多中心"作为一个分析性概念可被看作是"一种审视政治、经济以及社会秩序的独特方法"（迈克尔·麦金尼斯，2000：2~3）。"多中心"是英国自由主义思想家迈克尔·博兰尼在《自由的逻辑》中作为经济学话语率先提出的，"多中心"一词体现了博兰尼这个自由主义者对自生自发秩序的概括和理想秩序形式的表达，同时也阐明了社会自我管理的可能性限度。博兰尼认为，管理社会事务有两种可能性，一种是多中心性的自生自发秩序，一种是"唯一中心的计划化"，组织社会秩序分为多中心秩序和单中心秩序，应选择前者放弃后者。他强调管理社会事务只有局部的可能性，有些事务要靠自发的协作去管理，但对自发性缺陷的治理，博兰尼却无法用多中心性解决。

随着市场经济全球化、市民社会的兴起、后现代哲学的出场，"多中心"一词超越经济话语，向更广泛的社会政治领域拓展，并获得越来越多的阐释和认同。将多中心性由市场领域引入公共服务领域并产生深刻影响的是美国著名的行政学家文森特·奥斯特罗姆及其同事，通过对地方公共事务治理的组织机制，以及公共经济生产和消费属性的多年实证研究，他们认为大城市地区地方管辖单位的多样化可以理解为一种"多中心政治体制"，意味着有许多在形式上相互独立的决策中心。它们在竞争性关系中相互重视对方的存在，相互签订各种各样的合约，并从事合作性的活动，或者利用核心机制来解决冲突。多中心正是治理理论的核心观点和本质特征，多中心与治理密不可分。

简言之，多中心治理从理论形态上说，是社会多元主体（个人、公民自治组织、商业组织、利益团体、政府组织）基于一定的集中行动规则，相互博弈、共同参与管理公共事务、提供公共服务，从而形成多样性治理模式和组织形式。多中心治理意味着地方的公共事务管理和公共服务供给中，存在着独立的民间力量，意味着公民的参与，意味着不同性质的公共产品和公共服务可以通过多种制度选择来提供，意味着社会治理结构从"单一中心—服从"模式向"多中心—合作"模式的转变。多中心治理理论及其模式决定着当代社会治理建构实践的指向。

二　城市边缘社区治安管理服务：一种规范性分析

规范性分析是认识的逻辑推导，城市边缘社区治安管理服务的规范性分析是治安管理服务实践的先决条件。

城市边缘社区治安服务的概念界定

1. 城市边缘社区

作为一个区域概念，城市边缘社区又被称作城乡结合部、城市蔓延区等。由于学科背景和研究内容不同，学者们对城市边缘社区界定也存在差异，形成了空间说、定性说、形成说、综合说等，但这些林林总总的定义基本都包括这两层含义："一是具有自然特性和社会特性，一般定义为是城市中具有特色的自然地区；二是城市化对农村冲击最大、城乡连续统一体最有效地被研究的地区，城市扩展在农业土地上的反应。"（顾朝林，1995：2）本文研究的城市边缘社区，侧重地域性，界定为城市内边缘带和外边缘带之间，城市建成区和非建成区之间，城市形态和乡村形态之间的交融地带。这一区域与城市、乡村和其他外来成分相互作用、相互渗透，呈现明显的人口复杂性、经济复杂性和管理复杂性。有学者称城乡结合部是"三交叉"，即城乡地域交叉、农（民）居（民）生活交叉，街乡行政管理交叉（冯小英等，2007：6）。

2. 社区治安管理服务

社区治安管理服务是现代社区建设和社区服务的基本内容之一，虽源于社会治安和公共安全，但相比早期的治安管理，则体现出不同的治理理念。如果说统治型社会治理和管理型社会治理的治安问题是一种政治性话语，服务型社会治理的治安问题则成为一个公共性话语。在多中心治理语境中，社会治安作为一个公共问题，治理的主要内容就是如何实现社会治安服务的有效供给，从而满足民众的安全需求；社区治安服务则要解决的是如何构建社区治安服务的多元有效供给模式，凝聚各种力量，利用各种手段，防范和打击违法犯罪分子，消除居民的不安全感，保障居民安全。

3. 社区治安管理服务的基本属性

社会治安一般被人们理所当然地认为是一种由政府来提供的纯公共物品，在公共品理论的分析框架下，治安作为公共物品的具体属性尚需明确，因为治安管理服务具有多层阶性，包括国防、公共安全、社区安全、个人安全等。属性不同，提供方式和资源配置方式方面也应有所区别。

对现实中的产品，学者们一般根据消费上的排他性和竞争性程度大致分为纯公共品、准公共品（混合品）和纯私人品。排他性是指某个人消费某件产品时能够不让别人同时消费该物品。竞争性是指如果某人已经消费了某件产品，则其他人就不能再消费这件物品了。判断公共品的标准就是：非排他性与非竞争性。但现实生活中，纯公共品即具备完全意义上的非排他性和非竞争性是不多的，许多公共品是介于纯公共品和纯私人品之间的准公共品或混合品，只具有其一特点。就社会治安管理服务而言，不同类型的治安管理服务具有不同的属性，比如国防，非排他性和非竞争性具有永远的意义，属纯公共品范畴；社区治安对社区内的居民提供的治安环境是非竞争性，但对非本社区的居民则具有排他性，是准公共品或混合品。如果是为个人安全服务，如私人保镖等，这种安全服务就属于纯私人品。结合公共品属性，治安服务可做如下分类（如表1）。

表1　治安管理服务分类

	排他性	非排他性
	纯私人品	混合品或准公共品（1）
竞争性	排他成本较低； 由私人公司生产； 通过市场分配。	公共池塘产品，集体消费但受拥挤约束； 由私人公司或直接由公共部门生产； 由市场分配或直接由公共预算分配。
	私人保镖、私人侦探公司	110、119等联网报警服务
	混合品或准公共品（2）	纯公共品
非竞争性	含外部性的私人用品，俱乐部用品； 私人企业生产或直接公共部门生产； 通过含补贴或矫正性税收的市场分配。	排他成本很高； 直接由政府或政府签约的私人企业生产； 通过公共预算分配。
	社区、校园治安、公共楼堂馆所治安	国防、公共安全服务、特种行业安全

如表1所示，社区治安作为一种准公共品或混合品，具有排他性和非竞争性，是具有私人和公共混合特点的产品。

三　北京城市边缘社区B村治安管理服务：一种实证性分析

（一）B村基本情况

北京市B村，位于北京市昌平区，南邻立水桥（朝阳区），北邻平西府，西边是海淀西三旗，东面是天通苑，号称三县交界处、三不管地区。常住人口830户，1554人，其中农业278户530人，非农业552户1024人。登记在册的暂住人口近3万人，出租房12000余间，门面房498间，有规模的出租大院 11 个 2972 人，有 23 家机关团体企事业单位，工地 3 处 1945 人，场所有 31 家。外来人口数倍于当地常住人口，人口倒挂，人员成分复杂，刑事和治安案件高发，社情复杂，是典型的治安乱村。

（二）社区治安管理服务存在问题

1. 治安环境恶劣，刑事案件频发

从总体上看，2004～2006 年 9 月，治安案件和刑事案件一直处于上升趋势。群殴事件，黄、赌、毒等社会丑恶现象屡禁不止。2006 年 9 月打掉的"鱼叉帮"就是地域性有组织的卖淫恶势力团伙；辖区内人员贫富差距大，人员素质参差不齐，发生重特大侵财案件、爆炸、杀人和连伤多人等恶性案件多起；销赃、窝赃窝点多处；是刑事案件的重灾区。

2. 基础设施简陋，公共安全隐患突出

村内违法、违章建设的出租房屋尤其是多层楼房很多，这些建筑绝大多数属于简易施工甚至违规施工，建筑质量差，安全隐患大。出租房内私拉乱接电线，线路老化问题突出，屋内和过道堆积大量杂物，基本没有消防通道，村内不具备基本的消防设施。冬季到来，一些出租房靠蜂窝煤取暖，居民预防煤气中毒知识贫乏，煤气中毒事故不少。由于人口多、密度大，村内道路、上下水及公厕等基础公共设施严重超负荷，传染病等公共卫生和其他安全问题时有发生。

3. 非法经营猖獗，市场秩序混乱

由于流动人口生活水平较低，村内围绕流动人口形成了自给自足、自我封闭的低级次衍生的经济圈，无照经营的小餐馆、小发廊、小作坊、小修理店、废品收购点、黑诊所、黑网吧等比比皆是，偷税漏税、制假贩假等违法现象十分严重。有关部门在工作中多次查获一些制假贩假的违法窝点，但反复性强，难以根治。

（三）根源分析

1. 城乡分治的二元管理体制是治安问题的深层根源

城乡边缘社区的特征，特别是自然属性和社会属性的混合性，导致边缘社区管理体制交叉和混乱。这种体制性矛盾造成了城乡边缘社区长期处在"村不是村，城不是城"的尴尬境地。一方面它必须接受城市的领导，但又不能实施城市社区管理体制，另一方面原属农村社区属性，土地所有权、户籍制度等依然实行农村管理体制。于是，谁都管，但谁也管不了，谁也管不

好。有人形象地称城市边缘社区是城市的"烂边"。城市边缘社区是城市扩张的前沿阵地，城市扩张必然占用城乡结合部农民的土地。但对农民利益的补偿问题，一直是一个亟待解决的难题，这也是所有城市边缘社区必然要遭遇的瓶颈。迄今尚未建立起既能促进经济社会发展，又能保护被占用土地的农民利益的合理可行的城市占地补偿机制。由于利益补偿问题而造成村民与政府之间、城乡之间的长期对抗，甚至集体上访，不同利益关系人的矛盾演变成群体性矛盾，严重影响了边缘社区的社会稳定。

2. 流动人口聚集是治安问题的直接原因

城市现代化发展的内吸力和农村落后地区剩余劳动力的外推力，驱使成千上万的经济欠发达地区人口涌向大城市，寻找生存机会，实现人生梦想。从宏观上讲，流动本身就蕴含巨大的风险，同时也会加剧其他风险，过度集中的外来人口，会在短期内导致居住地的人口结构失衡、各种资源配置失调，也成为大量违法犯罪的温床。据北京市公安局统计，2002年，流动人口犯罪占北京市犯罪总量的58.7%；2003年流动人口犯罪比例上升为62.1%；2004年，北京市抓获的外地犯罪嫌疑人占全部被抓人数的66.7%；2006年这一比例上升到72.4%，流动人口违法犯罪问题日益突出，严重影响了城市特别是城乡结合部地区的安全状况。

3. 城市边缘社区治安资源不足是治安问题的内在原因

社区治安资源不足直接影响社区治安服务的供给能力。社区治安资源是社区人、财、物、信任关系网络资源的综合。大量外来人口的涌入，与本地居民争夺有限的生活空间，造成能源紧张，环境恶化，基础设施损坏严重。这些外来人口多来自经济落后地区，受教育程度不高，多数人从事低端产业，乡村的地缘和血缘关系，使他们的暂住地和从事的职业都相对集中，形成边缘社区的各种村落，如"河南村""江西村""安徽村"等。在B村，"河南村"的人口主要来自光山和固始两地，多以废品、二手家电收购为生，"安徽村"人口以家装、做小买卖为生。低收入人口的不断涌进，遭到本地社区居民的排斥，社区集体经济为社区提供公共产品和公共服务的积极性下降，特别是用于治安防范服务的"技防"投入，更是鲜见，城市社区的保安公司服务几乎没有，治安服务的物质资源较少。虽然人口越来越多，维护社区治安的人员，包括职业性和业余性的治安联防队，治安志愿者或其他治安组织却几近涣散，警力和辅警力量严重不足，治安服务的人力资源不足。外来人口村落与本地居民关系紧张，原有的邻里相望、彼此信任、和睦相处的网络关系遭到破坏，居民之间彼此戒备、互相防范，不安全感增加。

调查表明，在城市边缘社区生活的无论是本地居民还是流动人口，都存在不安全感，认为治安问题是本地区最主要的问题。因而，社区治安服务资源的总量匮乏，使边缘社区的治安服务供给不足。

4. 治安管理机制不健全，治安管理服务效率低

对城市边缘社区的严重治安问题，政府一直采用严打的高压态势，但良好的治安不能持续，治安管理服务供给主体单一，职业性警力的有限性，财政支持的短效性，使治安管理服务重形式轻实效，重高压打击轻协调治理，重突击型人海战术轻关系网络构建，重管理轻服务，无法满足城市边缘社区居民的多种安全需求。

治安管理服务的相关法律法规缺失，直接决定着治安管理实践的实效，治安管理服务陷入无法可依的境地。例如，外来人口收容遣送条例废止后，现阶段对流动人口和出租房屋服务管理行之有效的法律法规和政策尚未出台，社会管理组织对流动人员管理方法简单化粗暴化，管理力度不够，现行的暂住证政策对流动人口生活影响不大，因而他们对办证没有积极性，办证率极低。出租房管理法规目前尚未出台，对房屋安全和人员管理无法可依，无章可循。

（四）治安管理服务治理实践及成效

2006 年秋季，昌平区委区政府对北京市 B 村进行了重点整治，成功打掉盘踞在村内组织卖淫抢劫的恶势力犯罪团伙"鱼叉帮"，对流动人口和出租房屋采取旅店式网格化管理，发动群众广泛参与、建立健全覆盖全村的信息员网络，社会秩序明显好转，群众安全感明显上升。截至 2008 年 12 月，B 村没有发生一起有影响的恶性案件，刑事发案 2008 年与 2007 年相比下降11%，破案率上升32%。B 村摘掉了治安乱村的帽子，旅店式网格化管理经验被全区推广，治理经验可归纳为以下几点。

1. 高压严打、集中整治

保持高压态势，对群众反映强烈，社会危害性大的黑恶势力、丑恶现象和个别有重大犯罪嫌疑和现实危险的人员，做到了及时掌握，组织专门侦察力量，主动出击，实现精确打击，打早打小，最大限度减小社会危害性和影响。对重点地区、场所，集中时间、集中力量，开展"严打"和集中整治行动。打掉了盘踞村子多年的黑社会组织"鱼叉帮"，严厉打击了严重暴力犯罪、侵财犯罪和黄赌毒等违法犯罪。

2. 建立流动人口管理规章制度、服务组织、管理队伍，网格化管理模式

在村内建立了流动人口和出租房管理服务站；建立村党支部书记担任站长的服务站管理机构；按照流动人口总数3‰的比例，组建流动人口和出租房屋管理员队伍；建立一套服务站规范化管理制度；建立一套"人来登记、人走注销"的流动人口计算机实时登记系统，实现流动人口旅店式管理；建立一户出租房屋一簿流动人口和出租房屋登记档案，将出租房屋平面图、流动人口和出租房屋登记表、治安责任书、检查处罚等情况全部纳入档案管理；将出租房屋划分为若干片，每名管理员承包一片出租房屋（平均15户／人），定期上交检查记录，汇总录入计算机，实行网格化管理；建立一套电视监控系统，在村内重点部位、主要街巷，安装16个监控探头，监控室设在服务站内，安排专人24小时值守。

3. 增进边缘社区治安资源

充分挖掘社区治安管理服务的经济资源、人力资源和关系网络资源。注重发挥村两委作用，利用村规民约加强对村民管理，动员村里出资28万，盖了新的村流管站办公室和其他安全设施，提供社区治安技防保障。对在村内有威望的族长和党员，重点入户走访开展思想工作，共同协作。流管站里的协管员既是协管员又是出租房主，也是本区居民，有熟人关系网，能发挥辐射作用。社区民警每周开会对他们进行相关知识培训和教育，使这些协管员成为准社区民警、巡逻员、宣传员、信息员，成为可靠的力量，从而使社区治安力量倍增。通过不懈努力，辖区群众改变了对公安机关的不良印象，参与社会治安工作的积极性有了一定的提高。

4. 注重社区安全宣传教育

利用各种宣传手段，营造良好的治安防范氛围。为此，社区发放各类防范宣传材料29879份，悬挂条幅62条，介绍村子当前的社会治安形势，村广播每天3次进行警情提示、宣传防范知识，同时向不法之徒发出了严正警告，震慑犯罪，使个别不法分子不敢来。利用各种时机和场合，开展宣传教育工作，社区民警先后15次到部队、学校、幼儿园等单位进行安全教育，宣传政策法律，对一些安全防范重点单位的领导进行安全教育和相关知识培训。通过对出租房主进行问卷调查的方式，督促房主履行职责。将对违法出租房主和流动人口处罚法律依据发到每家每户，强化知法守法意识，经过教育，房主收回出租房，关闭了14家发廊、黑网吧、黑诊所等。

四 城市边缘社区治安管理服务多中心治理的目标模式

如果说对 B 村的实证性分析是一种对现实反映而形成的经验模式，那么，我们还应探索建立在经验模式之上的目标模式，即经验模式的发展方向——建立在多中心治理下的目标模式。

（一）政府主导型边缘社区治安管理服务

在多中心治理语境中，管理公共事务，提供公共服务的主体不是一元，而是多元，不同利益关系人或组织之间相互博弈、相互调适、相互协作。社区治安管理服务作为一个非竞争性但排他性的准公共产品，政府组织、社区组织，甚至商业组织都可以成为供给主体。但由于城市边缘社区的特殊性，人口倒挂严重，有限的社区公共设施、社区资源被挤占，搭便车的现象十分普遍，居民不安全感强烈。在这种境况下，维护治安的职业性力量的作用显然是其他非职业性力量不能替代的，政府组织，主要是公安机关应是治安管理服务的重要供给主体，在治安服务中要发挥主导性作用，但公安机关不应成为治安服务的单一供给主体。一方面由于城市边缘社区的治安服务在消费上具有非竞争性，每增加一个单位的供给，不会增加生产一个单位治安服务所需的成本，政府组织供给是必然的。但城市边缘社区不同于一般城市社区和农村社区，治安服务的消费者众多，需求量大，流动性强，在技术上将搭便车者排除在外的成本又极高，因而需要政府强制性供给。另一方面，社区组织不是自生自发，边缘社区治安组织更需要在政府指导下建立并引导其发展，如流动人口服务站、出租房管理服务站。政府组织是社区治安管理服务的生产者、组织者、引导者和监督者。

（二）多元供给合作机制

公共服务，从供给主体结构看，一般可分为商业组织、政府组织、非营利组织等，从供给过程看，有三种基本模式：政府为主体，以权力运作方式、以满足公共需要为目的的权威型模式；以营利组织为主体，以市场交易方式、以营利为目的而提供公共服务的商业模式；以营利组织、非营利组织或公民个人为主体，以慈善帮助方式，以满足社会需要为目的而提供公共服务的志愿性模式（唐娟、曹富国，2004）。对城市边缘社区服务准公共品而言，也应建立多元供给模式，政府采取的是强制性的供给方式，利用征税来生产和提供治安服务公共品，加大财政支出，建设装备精良的职业警力队伍，提高技防水平，设置警务室、信息化管理设施等，但如果政府作为治安供给的独立主体，也会带来诸如财政压力增加、资源浪费、产出效率低、官僚主义盛行、忽视居民多样性安全需求等问题。

社区组织或非营利组织作为社区治安服务的供给主体，可以通过社区居民自愿联合，根据自己安全服务的边际收益来出资的方式，形成自发的治安联防队，维护本地区治安。但是，这种自愿联合的组织比较松散，随时可能因环境的改变而发生变化，正如奥尔森所说的，集体行动往往发生在小集体中，因为小集体成员的贡献和搭便车行为容易被发现，而在大群体中集体行动必须借助强制或奖励手段。在城市边缘社区，外来人口是受本地居民排斥的，这种现象无法靠社区组织自身解决，同时，社区自治组织基于维护自身利益的考虑，保护本社区的行动有时也会产生负外部性，形成社会势力，对抗外部世界，甚至法律。

城市边缘社区的治安服务也同样可以引进市场机制，居民共同出资聘请保安公司等提供治安服务，但由于私人生产的外部性，必然带来供给不足。

城市边缘社区的治安管理服务的准公共品属性，决定了独立的政府供给、独立的商业公司（私人）供给或独立的社区组织供给都会造成供给的困境，无法满足社区居民的安全需要，因而，要建立政府组织、社区组织和商业组织（私人）等多中心供给合作机制，实现功能互补，如图1。迈克尔·麦金尼斯说，也许政府在一种多中心秩序下最重要的作用，就是以一种符合社会公正标准的方式去协助地方管辖单位解决它们之间的利益冲突。但建立多主体合作机制的关键在于：警察机关能否实现分权，社区组织能否拥有自主选择权，居民能否积极参与。

（三）边缘社区警务制度

20世纪60年代发端于英、美等国的社区警务制度是一种针对公共安全有效供给不足而采取的由警察、当地政府、社区成员等相关者之间互动而形成的多中心供给制度，是一种以治本为主、治标为辅的警务发展战略。80年代传入我国，作为社区建设的基本内容而加以推广，但现行的社区警务制度却暴露出许多问题，比如，社区警务站纷纷设立，但其理念并未真正建立，社区警务运行机制尚在探索中，强调警务工作的职业化专门化战略依然是主旋律，与社区脱离，警民关系淡漠，群防群治的公安优良传统在市场经济条件下受到挑战，居民参与积极性不高等等。城市边缘社区一直被公安部门定为

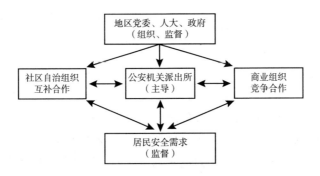

图 1 边缘社区治安服务多中心供给合作机制

重点整治区，财政的不断投入，警力的不断扩充，突击性的严打高压，违法犯罪现象暂时得到压制，但严打过后，这些现象又会卷土重来。从世界警察服务的变化规律来看，西方警察现代化（装备现代化）后出现了不可克服的危机：增加警务财政支出带来的是犯罪现象的增加（王大伟，1995：268）。

在城市边缘社区建立社区警务站，关键要处理好两种关系，一是警察和社区各组织之间的协作关系，二是警察和居民之间的信任关系。

警社协作关系：城市边缘社区最突出的问题是流动人口的管理和出租房屋问题。社区居民对外来人口的态度是矛盾的：出于自身安全考虑对流动人口排斥，但出于经济利益却主动接纳。流动人口管理的无力和出租房屋管理的混乱是城市边缘社区的治安大患。因而，建立流动人口管理组织、出租房屋管理组织是治理的前提，村两委是组织者、领导者，而管理人员应由居民选聘。可由村里公共财政出资，"建围墙、安街门、把路口、设岗亭"等，成立专职巡防队，政府也可引入市场机制购买某些治安服务。社区警察与这些社区自治组织（治保会、专职巡防队、流动人口管理服务站、出租房管理服务站、志愿者组织等）的职能划分不是泾渭分明的，而是职能互补，甚至部分可替代。如果涉及警察专业知识和组织之间的协调工作，应由警察完成；如果涉及邻里之间关系的协调工作，应由社区组织完成，如果是双方交叉部分，如巡逻、治安防范宣传、教育等则由二者协商完成。警社之间协作关系可通过规范化形式认定。

警民信任关系：社会信任是一种重要的社会整合和控制机制，是维系社会系统的重要凝聚力。良好的信任关系有利于消除社会越轨行为，而不信任会将一些有心融入社会和某个群体的社会成员排斥在外，这样一种被排斥在外的境遇则会推动这些社会成员走上越轨的道路（郑杭生，2004：312～

313）。就现代公共治理而言，信任能降低管理成本，提高管理效率。警民信任关系中最重要的是居民对警察的信任。这种对警察的信任，可以提升警察整合社区治安资源的能力，提高治安服务的质量。信任关系的建立不是短期行为，警察要想赢得社区居民的信任，首先，要转变观念、改善关系。树立群众工作就是公安工作的理念，坚持群众路线的优良传统，基层民警要有责任感，将串百家门、知百家事、解百家难作为最基础的工作。其次，要服务民生、践行理念，通过扶贫帮困，切实解决居民关心的民生问题。调查表明，警察帮助群众解决身边的小事比破重大案件更能赢得居民的信任和尊敬，行动比诺言更能打动人心。

北京城郊创造性开展的乡村社区化管理运动、城乡结合部增设社区警务站活动，加速着北京城市边缘社区从城乡分治走向统筹共治的多中心治理进程。

参考文献

孙柏英，2004，《当代地方治理——面向 21 世纪的挑战》，北京：中国人民大学出版社。

全球治理委员会，1995，《我们的全球伙伴关系》，香港：牛津大学出版社。

迈克尔·麦金尼斯，2000，《多中心治道与发展》，王文章等译，上海：三联书店。

顾朝林，1995，《中国大城市边缘区研究》，北京：科学出版社。

冯小英等，2007，《由城乡分治走向统筹共治》，北京：中国农业出版社。

唐娟、曹富国，2004，《公共服务供给的多元模式分析》，《华中师范大学学报》第 2 期。

王大伟，1995，《英美警察科学》，北京：中国人民公安大学出版社。

郑杭生，2004，《中国人民大学中国社会发展研究报告 1994：走向更加安全的社会》，北京：中国人民大学出版社。

作者简介

袁方　女

所属博士后流动站：中国社会科学院社会学研究所

合作导师：景天魁

在站时间：2008.11～2012.12

现工作单位：中国政法大学马克思主义学院

联系方式：fy_ 3008@ 126. com

参与式社区服务项目化管理的经验与启示

——以北京大兴区清源街道为例[*]

赵春燕

摘　要： 参与式社区服务项目化管理是鉴于传统的政府社区社会服务模式难以适应社区居民的实际需求和居民参与上的被动性，而由北京市大兴区清源街道办事处和社区参与行动 NGO 合作进行的社区服务模式。该模式基本的运行程序为：政府和 NGO 提供先期培训，各个社区上报项目进行审核，社区居民实际具体完成操作。这个新型的服务模式扭转了政府服务的角色，调动了社区居民的积极性，在实践中产生了很好的社会效果。从长远来看，它仍然有着更为广大的应用前景。

关键词： 社区　参与式　项目化

一　参与式社区服务项目化管理的提出

北京市大兴区清源街道位于大兴新城北区，成立于 2001 年底，辖区面积 11 平方公里，人口近 13 万，目前共有 24 个社区。2003 年 5 月，根据北京市民政局 2002 年颁发的《北京市社区服务中心管理暂行办法》，清源街道设立社区服务中心。社区服务中心成立后，逐步实现了市－区－街－居社

---

* 本文来自笔者在大兴区清源街道所做的社会调研，在此特别感谢大兴区委社会工委进行的协调工作，以及清源社区服务中心张玉芳主任和各社区居委会主任的大力配合。

区管理软件四级联网，开通了街道社区服务热线，开展了家政、保洁等十大类社区服务项目，开设了内容丰富的社区大课堂，组建了一支庞大的社区志愿者队伍，使社区服务工作从无到有，得到了很快发展。

但随着社区数量的不断增加，各类社会问题的不断显现，以往的社会服务方式很难再满足社区居民的实际需要。其中主要的原因是当前城市居民的层次分化和流动频繁而造成实际需求的多样化、个性化和不稳定化，而传统的依靠指令性政策来提供统一的社区服务的模式，由于与居民的实际需求不相衔接，很容易导致服务供给效率上的低下，造成居民反应消极。

2007 年，为了解决存在的问题，对社区服务中心体制进行改革，清源街道办事处积极与北京社区参与行动服务中心①合作，在街道实行"参与式社区服务项目化管理"，探索一种参与式社区治理的新模式。所谓"参与式社区服务项目化管理"就是以社区为基础，将传统由政府统一提供社区服务、居民被动接受的工作方式，转变为社区结合自身特色、立足居民需求，侧重社区弱势群体扶助，同时在街道的领导和居委会的协调下，授权居民全过程参与提供服务的一种自下而上和自上而下相结合的服务模式。

参与式社区服务项目化管理中的项目是指服务于社区弱势群体的自下而上的项目，它和以往实施的政府工作项目不同，是通过调查后根据需求而确定的项目，"是为了解决社区需求而实施的一系列相关联的活动，这种活动通过社区组织实施，有一定的目标，并有资源成本的约束"（《清源街道社区服务项目指南》）。由于项目的需求主体是居民自己，所以他们在管理和实施中就会自主参与，并通过全过程的参与来提高自治能力和意识，这是参与式社区服务项目化管理最为突出的一点。

二　参与式社区服务项目化管理的具体运作

（一）建章立制

2007 年 9 月，在活动进行之初，清源街道即颁布了明确的《关于社区

① 北京社区参与行动服务中心（北京灿雨石信息咨询中心）是一个促进城市社区参与式治理的非营利民间机构，成立于 2002 年 12 月，2003 年 9 月工商注册，并于 2009 年 2 月在北京市东城区民政局注册为民办非企业性质的社会组织。组织的宗旨是，帮助中国城市社区建立和提高社区参与能力，推动持续性的社区参与式治理，促进和谐社区的建立。该组织官网，http：//www.communityaction.org.cn/。

服务项目化管理实施办法》（以下简称《办法》）。《办法》对项目化管理的组织机构的设立、项目运行的程序、项目资金的使用、项目化管理工作的具体要求等均做出了明确规定，为项目化管理工作的稳定有序开展奠定了良好的基础。

（二）机构专设

根据《办法》的规定，街道专门设立了固定的组织机构：由街道办事处、社区参与行动组的若干领导组成项目化管理领导小组；由街道纪检部门、人大、财政所、财务室组成了项目化管理监审组；由社区服务中心和社区参与行动组织相关工作人员组成日常工作组；由居委会、居民代表、志愿者组成具体实施项目的执行小组。

（三）规范操作

街道对于社区服务项目的申报、审批、实施、评估及资金管理具体事项，都制定了相应的操作化制度。同时，街道又将整个项目运行的程序进行了明晰化和规范化的规定。整个项目运作程序可以被称为准备阶段、申请阶段、评选阶段、实施阶段、评估阶段的"五步工作法"。

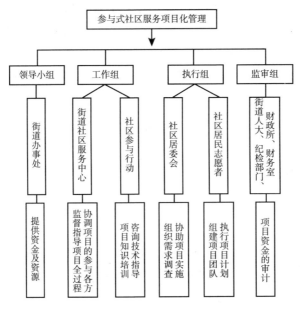

图1 项目化管理机构示意图

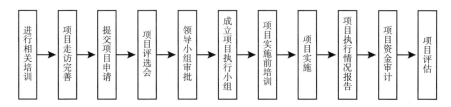

图 2　参与式社区服务项目化管理的步骤

（四）技术支持

为了使街道机关干部、社区工作者、社区居民等不同主体能够具备项目化管理相应的工作能力，在项目化管理计划推行之前，街道办事处即有针对性地开展了多种知识培训。一方面，为了提高相关人员的工作素质，他们通过集中授课、课后作业、难题咨询、小组讨论等方法集中对社区分析、社区组织的相关知识进行了学习；另一方面，为了理解参与式理念，掌握参与式工作方法，街道专门聘请社区参与行动组织的培训师进行了针对性的训练。[1] 在项目开展过程中，街道还聘请中外专家顾问为相关项目的实行提供了专业理论上的指导。

（五）资金拨付

项目化管理领导组对各社区上报项目进行审核，统一打分。拟申请的社区服务项目要具备四性，即公益性、可行性、可持续性与参与性。属于居委会日常工作的内容、党建工作内容、文体活动内容不允许作为社区申请项目；对于项目过大，设计范围过宽，超过街道办事处解决能力、没有居民参与的、以营利为目的的项目不予批准。对于批准的项目，街道分前期、中期、后期三个阶段拨付资金。

（六）实际操作

在社区服务项目申请之初，对社区居民的动员、社区需求的分析以及项

---

[1]　社区参与行动服务中心将社区服务项目化管理的参与式治理步骤细化为：能力建设培训—发现社区需求—建立解决问题的思路并达成共识—提出项目方案申请书—审批方案——建立项目执行工作队—项目实施—参与式治理能力建设工作坊跟踪培训—阶段任务监督—成果评估—项目扩展。见宋庆华，2010，《城市社区服务的治理实践、成果、问题分析——记北京大兴区清源街道实践案例》，6 月 13 日，http：//www. docin. com/p - 34333420. html# documentinfo。

目主体的确定可以由居委会组织来进行，他们一般采取"开放空间"或者"茶馆对话"的方式。在项目确定的同时，项目的任务和责任就要同时确定。项目的执行以社区居民为主，真正体现居民自我决策、自我管理、自我监督。如 2007 年郁花园社区的"社区文化活动中心"项目，就是由社区各个文体组织相互安排时间、调剂场地，通过自我管理来运行的。滨河北里社区 2008 年成立的四个居民自治组织的负责人都是由居民代表来担任，他们共同制定章程，独立组织活动，相互支援，共谋发展，效果很好。滨河南里成立的 87 人帮老助困服务队一开始也都是由居民自发组织起来的。

三　参与式社区服务项目化管理的成效与启示

应当说，社区服务项目化管理的成效是非常显著的。诸多工作经验在全国得到推广。2008 年，此项工作又获得全国社工协会城市工作委员会"全国社区创新奖""全国优秀服务项目奖"。2009 年，清源街道更是以"参与式社区治理与社区服务项目化管理"为题闯入第五届"中国地方政府创新奖"前 30 名。具体到项目为清源所带来的直接的影响，清源街道工委书记冯波将其总结为"五个强化"：转变工作方式，强化了政府服务职能；动员居民参与，强化了居民主体地位；培育社区组织，强化了社区居民自治；整合社会资源，强化了社会力量参与；化解社区矛盾，强化了和谐与稳定。①

但更为重要的是，清源街道的这种做法给当前的社区治理的理论和实践带来了诸多极为有益的启示。

其一，这种项目化管理的方式对于之前分阶段、分步骤进行的社区工作模式带来了革新。传统的社区工作步骤可以分为社区分析、社区介入和社区行动，这些步骤可以有计划地分步来进行。虽然，在实践工作中，有的社区工作者，主要是居委会成员会根据常规的工作开展，将诸多社区工作内容结合起来，如清源街道清源西里社区进行的"八大员""十上门"活动（"八大员"指以党员、积极分子带头形成的党的宣传员、社区居民调解员、社区矫正协管员等八个社区服务团队；"十上门"活动是指居委会工作开展的十种具体的上门服务种类）。但这些服务活动内容很明显是以居委会单方主动对工作进行推动为基础的，服务对象在其中的作用较为消极。但项目化管

---

① 本部分来自清源街道工委书记冯波所做的工作总结《强化街道服务职能提升社区自治水平——清源街道参与式社区服务项目化管理的成效与启示》。

理的服务方式却与之有很大的不同。它一方面将社区分析、社区介入和社区行动完全结合起来，通过空间开放会议这样的活动形式，由社区居民自己来确定需要。如滨河北里通过居民会议首先将养犬户的行为规范列为当前需要，康隆园将社区生态绿化列为居民最关心的事情，各个社区情况不同，居民构成不同，需求的多样性就会非常明显。在分析需求的过程中，居委会同时在居民会议上要将今后具体开展的工作内容和工作职责安排确定下来，要求提议者成为实际的行动者，这样就与社区行动紧密地结合了起来。社区工作的各个阶段，包括成果的评估都可以被结合在一次次的会议或具体活动中。另一方面，通过各种活动，居民的自主性得到了极大的调动，甚至在活动的中后期，活动的主体几乎完全是社区居民，活动的实效性和延续性得到了保证。这样，社区参与中普遍存在的参与不足的问题在一定程度上得到了解决。

其二，另外一个不容忽视的地方还在于政府的角色虽然在活动中好像显得开始隐退，但实际上所起的作用仍然是基础性的。在我们目前的基层民主中，居民的参与热情和参与能力不容高估。就如康隆园上届实行的"按住户进行的选举"一样，好多居民因为属于投资性购房，社区的利益对其而言不是长久性和根本性的，因此对于这种民主参与权利采取的一般策略就是放弃。另外，居民没有时间参与也几乎是所有国家面临的一般性问题。[①] 在这种情况下，以一定的机构来维持社区参与的持续运行就是必需的，这样可以很好地解决社区参与中经常存在的"连续性差"的难题。而美国 CBPR（community-based participatory research）的成功也正是借力于政府的扶持。再有，清源大多数的居民小区均是新居民区，2000 年以后设立的居多，第一届居委会班子一般成立于 2003 年左右，居委会不可能有一定的财产积累。居委会成员的筹资和理财能力在短期内很难有一个根本性的提高，较有经验的几个居委会主任多是借力于住区企业和区内居民。在这种情况下，由政府来做出长期计划、提供资金扶持就是一条必要的和稳妥的途径。而另一方面，政府通过对项目进行管理和监督，也可以很好地掌握社区动态，贯彻社区治理意图。这样，政府在社区的服务就实现了从"为民办事"到"助民干事"的转变。

---

① 顾骏对此也提到："社区只对现代人中的一部分具有重要意义。""现代人只有一部分利益或兴趣在社区。"见顾骏，2009，《有限社区的理念与实践》，《社区》第 10 期（上），第 43~44 页。

四　对参与式社区服务项目化管理的远期展望

目前的社区服务项目化管理，虽然说还存在一定的问题，但是结合上述所提到的显著优势，应该说，它对于今后社区服务的进一步推动而言，仍有着很大的空间。

其一，社区居民的参与面需要借助项目逐步进行扩大。因为项目化管理的特色决定了其在执行时必然会存在范围上的限制，如滨河北里的"文明养犬自律会"主要针对的是养犬户，"童心同乐艺术团"主要针对的是老年人，"创业者联谊协会"主要针对的是社区内的创业者，而"都市建设新一族"主要针对的是社区内的流动人口。虽然，在活动的具体开展上，社区组织者也注意到了各个组织之间的联络沟通、互帮互助，但是，从长远的发展来看，各个社区还应该进一步扩大项目的涵盖面，通过多种活动，将更多的社区居民吸引到社区活动中来，当然，尤其是对那些真正需要社会服务的对象。

其二，应注意加强各社区的横向联合。社区范围毕竟是有限的。当项目开展到一定程度，组织扩大到一定规模之后，就会受到社区范围的限制，为此，各个社区之间就需要能够进行资源整合，相互支援，共同发展。如金惠园二区的"e"家亲家政服务社发展很快，家政服务员经过了多期的专业培训，目前他们已经开始跨社区提供服务。对于文艺团体的活动而言，广泛的交流和学习就显得更为必要。

其三，对于政府而言，当项目化管理发展起来之后，并不应当完全撤退，而是需要在更大的范围内进行统筹协调。清源街道对此已有所重视。各个街道之间的交流和学习较为频繁。街道也通过街道层面的活动来加强社区之间的合作，2010年，街道举办了科普节，在科普节上，曾开展过科普自治和低碳生活活动的兴花园和康隆园社区就有了用武之地，可以对其他社区进行的相关活动进行技术性的指导。针对各社区养老服务广泛开展的情况，街道专门成立了"助老服务队"，由街道向社区需要扶助的老龄对象提供助老服务券，由他们向服务队购买服务。在街道项目化管理经验发展成熟后，就可以向更大的范围内推广，比如在北京市大兴区进行试验。实际上，此经验模式已在浙江宁波和辽宁鞍山得到了很好的运用。

参考文献

顾骏，2010，《社区服务：从"为民办事"到"助民干事"的转变》，《社区》第 2 期。

Ali，Robbie，Kenneth Olden & Xu Shun – Qing 2008，"Community-Based Participatory Research：A Vehicle to Promote Public Engagement for Environmental Health in China." *Environmental Health Perspectives* 116（10）．

Amundsen，Craig，1982，"Community Participation." *Design Quarterly* 117.

作者简介

赵春燕　男

所属博士后流动站：中国社会科学院社会学研究所

合作导师：景天魁

在站时间：2009. 07 ~ 2011. 07

现工作单位：北京石油化工学院人文社科学院

联系方式：zcy72@ tom. com

望京"韩国城":作为移民社区

马晓燕

摘　要： 随着中国城市开放度的日益提升，以北京这样的国际化大都市为首的中国各城市，国际移民群体会日益增加，相应的，会出现越来越多的中外混居社区。移民的适应方式、其经济活动的状况以及他们同当地居民之间各种关系的形成等问题将对城市社会形成挑战。本文通过对号称"韩国城"的望京地区的实地调研，分析了望京"韩国城"的形成过程及其作为移民社区所具有的性质、特征及意义。

关键词： 望京"韩国城"　移民社区　空间

移民跨越国界，不仅离开了自己祖国的地域空间，而且离开了自己以往熟悉的制度性社会空间。虽然与当地居民生活在同一个地理空间，他们却必须要经历一种作为"外国人"的异质性生活，受到与当地居民不同的制度上的限制。面对制度上的认识不足和各种制度限制，移民往往通过积极的主体性实践活动，采取各种策略超越移居地社会对他们特有的束缚和阻碍，在这一过程中，他们逐步形成一个支撑其日常生活和适应活动的社会性空间，这一社会性空间可以称为移民社区。

一　移民社区研究述评

在以往的研究中，移民聚居区的最大特征是它的封闭性和独立性。英文中的"enclave""ghetto"这些词,一方面是"移民聚居区"的意思,另一方面也是"与世隔绝"的意思。最初,移民聚居区是结构障碍、法律障碍和文化障碍的直接产物。当时的移民出于各种目的来到移居地,并不一定打算长期居留,移民聚居区的作用是满足他们临时移居生活的需要。这种临时观点束缚了移民社区的发展,阻碍了他们融入移居地社会。以对唐人街的研究为例,到现在为止,大部分的研究都强调,唐人街(别的移民聚居区也是如此)是因为移民不能进入主流社会的劳动力市场和经济体系,而被迫抱团以求自保的结果。被视为城市社会学源流的芝加哥学派就持这种观点。

芝加哥学派的问题在于,他们对移民社会的研究是以同化问题为素材而展开对"城市与异质性"课题研究的。芝加哥学派强调城市社区与传统社区的差别,并指出传统社区最终将消融于城市社区之中(托马斯、兹纳涅斯基,1920/2000;Wirth,1938:166-193;Redfield,1941:4)。在芝加哥学派看来,迁移被视为一个原有人际关系解组,移民不断个人化、最后失去自己原有文化体制的过程。同化假设也是传统—现代的思路在迁移研究中的典型,它认为随着时间的推移,来自传统文化的人必将会与过去决裂,失去特殊群体感,被统一地融入现代社会。其结果是,芝加哥学派的异质性问题研究很快就消失在同化和适应美国社会自身的过程之中,进而逐渐消失在所研究社会的城乡问题之中。芝加哥学派的研究框架和结论有其特定的时代局限性,也与其研究对象主要是由欧洲农村移往美国现代城市的移民群体有关。

在20世纪八九十年代,波特斯和朗勃特等人提出的"移民聚集区经济"理论又强调,唐人街等社区也是"有丰富的社会经济潜力的"(Portes & Rumbaut,1996:133-156;周敏,1995)。这些理论认为聚集区内部的独特结构为人们提供了特有的经济机会。典型的例子是雇主和雇佣工人的关系。因为雇主和雇佣工人都来自同一个地方,雇主起初可以用很低的工资雇用工人;而雇佣工人初来乍到,是给亲戚或者老乡干活,而且受到雇主的照顾,工作格外努力。这样,雇主以低劳动成本雇用了劳动力,节省了一大笔资金。雇工则可以在这里和社区建立联系,很快也可以适应当地社区生活,享受到独特的所谓"非正规的培训机制"(Waldinger,Roger,1989:48-72)。聚居区是相对封闭的,人们赚的钱,全花在社区里面。发了财的人,又积极地在社区内发展公共服务事业(Light,1972:225;Wilson & Portes,1980:295-319)。这些研究为我们描画的是这样的图式:聚居区的形成,是一个单向的"内聚"的过程;内聚直接导致的是封闭;不管是社区的"堕落",还是社区的"希望",都是来自其封闭的结构。封闭是形成移民社区既有特征的基本原因。

本研究中北京望京"韩国城"的形成，不同于以往移民研究中移民聚居区的形成是被主流社会排挤歧视的结果。在本文中，望京"韩国城"作为一个移民社区，虽然也具备一般的移民社区所具有的为移民提供基本生活设施的条件，但本文更多地将望京"韩国城"视为移民适应移居地社会所具有的一种结构性机会。

二　韩国人在望京的聚集过程

沿着北京朝阳区阜通大街的大西洋新城走到望京西园，处处可以感受到暗中涌动的"韩流"：路旁的广告上用中韩两种文字做标注，形象设计中心、音像专卖店、化妆品店无一例外地写着中韩文。走进食品超市，能够看到韩国专柜内销售的商品基本上是来自韩国的产品，写着韩国的文字，来此消费的人群以韩国人为主，收银员能用韩语和韩国人顺畅地交流。在望京新城以及周围的一些社区溜达，可以发现一个适合于韩国人生活的很完备的循环系统已经形成。从各种配套的商业设施来看，周围鳞次栉比地坐落着挂着韩文招牌的韩式料理店、咖啡厅、烧烤城、美容院、服装店、练歌厅、网吧、跆拳道馆、高尔夫球练习中心、家庭性质的韩国宗教组织、定期号召聚会的韩国人机构、为韩国人提供房屋租赁服务的中介公司、提供家庭式旅馆的商业组织、若干种定期出版的全韩文刊物……韩国文化已经深深地渗透进望京一带的楼宇、街巷，空气中飘出的都是浓浓的泡菜香……

和今天的繁华相比，十多年以前的望京还是一片比较荒凉的地方。较早的建筑就是丽都饭店了，这是一家涉外饭店，按照当时的制度，外籍人士在北京不可以和中国人混住，而是要住在使馆区和涉外酒店里，丽都饭店就是其中的一家。据望京一位社区居委会负责人介绍，这也是外国人在该地出入较多的最初原因。后来，随着中国改革开放度的提高，更多的外国投资者和跨国公司入驻北京，外籍人士越来越多，望京地区的人口结构发生着微妙的变化。由于中韩两国深厚的历史文化渊源及空间位置上的接近，聚居在望京地区的韩国人成为上述人群中的大多数。在1992年中韩建交后的十多年内，中国的开放政策和巨大的市场潜力吸引了韩国人的眼光，各大型跨国公司及其子公司纷纷投资北京。伴随着跨国公司各类工作人员的进入，韩国国内的中小投资者和年轻人也将就业和创业的目光投向了中国。他们采取种种措施，通过各种渠道在北京寻找和获取就业与创业的机会。

现今的朝阳区望京街道由花家地、南湖渠和望京三大居住区组成，共有17个居民小区，占地860公顷，总建筑面积1000万平方米，总人口大约15万，其中韩国人就超过5万。早期有不少韩国人聚居在望京花家地一带，多是老房子。主要原因是韩国国际学校设在那里，周围还有招收韩国学生的中国社科院研究生院、中医学院、经济干部管理学院等，这里曾聚集了一些韩国学生及家长。1996年望京新城一期交付使用，第二年，迎来了第一批入住的外国人——200多户韩国人。这些在望京置业的韩国业主，以求学者、投资创业者和在京服务于领事馆、外资企业者居多。随着望京新城的建成和渐具规模，陆续有住在花家地和亚运村公寓的韩国人搬迁过去。口碑相传，望京在韩国人心目中的知名度越来越高，甚至很多没来过北京的韩国人都知道，望京是北京韩国人聚居最多的地区。2000年以后，大规模的韩国人来了。他们在该地居住、工作、学习与生活，相应的，也带动了其所需的基本生活设施的形成。这个特殊的群体提升了整个社区的文化品位与国际化色彩，使得该地区已成为外国人尤其是韩国人来华居住的首选地区，望京社区已逐渐演变成了设施基本完善的初具规模的国际化社区。

三　望京"韩国城"：作为移民社区

随着韩国人在望京的显著增加，他们所特有的社会也开始逐步形成。特别是韩国的个人事业家①群体，他们抱着将自己在中国所获得的经验同发展未来事业结合起来的目的来到北京，他们的创业过程和适应行动策略对望京"韩国城"移民社区的形成起着至关重要的作用。其中最为突出的是那些为满足聚居在望京"韩国城"的韩国人日常生活需要而提供各类基本设施的个人事业家。这些个人事业家的存在和他们事业的发展，与移民社区的形成相互结合，同时进行。可以说，望京"韩国城"的形成伴随着他们事业的展开过程。

（一）身份认同："到北京发展事业的韩国人"

博纳希奇（Bonacich）在研究移民的适应类型时提到一个"暂居性"

---

① 个人事业家的提法来源于接受采访的韩国人对这一群体的分类描述，他们认为，在京的韩国人主要分为三类：企业住在员，作为公司的职员被韩国本公司派遣到北京的群体；留学生，一般是为了考入大学、上大学或学习汉语来北京的；个人事业家，作为个体为了发展自己的事业来北京。

(sojourning)的概念。他说，在移民当中存在一种"暂居者"，"暂居者"主要指那些不打算终生定居、一旦其所追求的目的（一般是出于经济的动机）得以实现就回归故乡者。他指出，这种"暂居"的形态或心理给移民在经济和社会上的行动带来了特殊的影响。比如，"暂居"造成了移民在经济上采取一些特殊的行为和集中从事某种特定职业的现象。又如，"暂居"使他们在金钱上具有储蓄倾向（这种志在未来的思想形成了移民和定居者、本地人基本不同的独特社会特征）。还有，这种"暂居"形态使他们都希望能够从事那些不长期扎根于其所在社会的职业。本文在这里强调博纳希奇所提出的"暂居"概念的重要性，在于他将这种概念与他关于移民社会的组织特点所做的论述结合在了一起。他认为，"暂居带来了一个非经济性的结果，即在移民共同体内部产生了一种紧密的团结感。暂居者由于一直筹划着在实现自己的目的之后回国，因而一直不愿意与周围的移居国社会成员之间保持一种永久性的社会关系。但是正因为如此，他们才要在广度和深度上维系自身的族群联系。因此他们的这种族群式人际结合必然紧密，彼此相互联系的范围也会更大"（Bonacich，1973：583－594）。博纳希奇的观点对于本研究的意义在于，移民的这种暂居形态通过对其自身的定位，影响到他们独特的认同类型并进一步影响着移民社会的建立及特征体现。

　　和以往不同历史时期流向不同地域的移民相比，迁移到北京或中国其他地区的韩国人有他们自己的特点。第一，从流向上，不同于以往从经济相对不发达的传统社会流向经济发达的欧美国家的移民。本文的研究对象是由经济相对发达的韩国流向发展中国家的群体。第二，从迁移者的意向上，流向发达国家大都市的移民大多是为了获得当地的居住权，然而望京的韩国人并没有永久定居北京的愿望，他们多数是为了寻找发展自己事业的机会，带有很强的经济目的，其最终目的并非获取在北京的永久居住权。

　　韩国事业家的这种移民特征与个人认同形态除了受历史文化因素的影响，也与他们自身及其事业发展所处的社会经济形势相关。朴胜禄从中国经济结构变迁与投资中国的韩国企业的产业特征两种视角加以分析后指出，韩国企业在中国的处境就像候鸟（朴胜禄，2006）。朴胜禄分析了韩国企业在中国不得不做候鸟的处境，也强化了韩国的事业家在中国的"暂居"形态。

　　虽然本文将研究的对象称为移民，但望京的韩国人认为："我们……不是移民，是来北京发展事业的，我们是韩国人。"他们认为自己"之所以迁移到北京来，当然是出于工作或学习的目的"，一旦希望达成他们就会回去。"至少要待几年的，但不一定在北京或者中国一直居住下去。"很少有什么人打算将来要长期定居在北京。也有人明确表示："我喜欢中国，我想在中国发展。是，回国很好，家里有公司，但没有我自己的未来。还是在这里。我想在中国发展，未来我是要在中国发展。"即使认为自己未来的事业在中国，但在认同上也还是坚持："我们是韩国人，我们韩国人来中国，和中国人做生意，和中国人合作，一起发展。"尽管也有不少人认为要在中国待上很长时间，甚至"在中国可能至少要待上十年"。他们也认为自己就是韩国人，不是移民。① 这样的认同形态可以解释韩国人聚居于望京"韩国城"的原因，有文化习惯方面的原因，也有社会经济方面的原因。

在文化习惯方面，聚居于望京"韩国城"，在日常生活的行为方式上可以持续其既有的文化模式。用韩国人自己的话说："因为这里有很多的韩国人，当然更喜欢与自己的同胞住得近一些。""这里有随处可见的满足韩国人日常生活需要的各类商品和服务设施。""走在望京的街道上，就像走在自己的家乡一样。"

在社会经济方面，这样的聚合为韩国人事业的建立和发展奠定了基础并创造了进一步发展的机会。毫无疑问，聚居在望京的韩国人这种生活方式和消费结构上对传统文化模式的黏合性，为在该地寻求事业机会的韩国人创造了一个市场空间。

（二）望京"韩国城"：作为移民社区

本文将移民社区理解为是移民与其互动者在社会关系网络的展开过程中形成的支撑移民日常生活及适应行动的社会环境或社会空间。移民社区是移民及其互动者的日常生活实践结成的关系或发生的场所，它离不开移民及其互动者的活动而存在。所以移民社区的形成也可以说是一个各种结构的构筑过程，是一个在当今社会中移民跨越地理、文化和政治的边界建立社会性领域的过程，它是移民们紧密联结原移出国社会的一种新的适应方式。移民们在这些结构中培育和维系了把祖国和移居地社会连接起来的各种关系，它的结构和运动过程都是以社会关系为本质特征而存在的。

尽管韩国人未必定居移居国社会，也未必定居于所在城市，他们在当地城市社会中的互动者们却认可他们的这种所谓暂居或工作的生活方式，并协助他们冲破现有制度网络的种种束缚来支撑移民进行自我实现。同时，为了

---

① 很显然，这里的韩国人对"移民"这一概念的提法，在理解上也是将其划定为"取得移居地国籍并永久定居"的类型。

能够顺利地迁移并在移居地实现自己事业的发展,移民们往往同留在原居地的各种关系保持联系并信任他们。这种关系的特征在于,它不是把人们束缚在一个共同体内,而是促进人们的移出或移入并提供援助。正是有了这种援助,移民们才得以自由迁移并实现自己的目的。

韩国移民不同于以往有志定居于移居地移民的"暂居"形态和"在北京发展事业的韩国人"这样的身份认同,决定了这一主体及其互动者建立的作为移民社区的望京"韩国城"具有如下的特征。

首先,望京"韩国城"的最大特征是它不同于以往移民建立的那种形式上极端封闭的移民飞地,它呈现明显的开放性。甘斯曾经描述过由同一个族群构成的城市移民所代表的族群飞地(ethnic enclave)具有以下特征:在一个地区内,人际互动频繁;在所谓呼之可闻的距离内维系着家庭及亲属纽带;依靠该地区的各项制度;就业机会建立在该地区人际关系基础上等(Gans, 1962:83)。然而,望京"韩国城"却并非与外界隔离。望京"韩国城"是移民在其日常生活与事业展开的过程中形成的一个人际互动网络,这一网络的规模取决于韩国人事业的发展程度。对望京的韩国创业者来说,目前的望京"韩国城"才是刚刚开始,而且是非常小规模的,在这个小规模的韩国人聚居区从事的移民商业和服务业,最初主要是为迎合"自己同胞"对日常生活必需品需求的满足。

当然,他们的目的和愿望并不仅限于此。"先针对韩国人,第二步再针对中国人",这才是他们的最终目的。望京韩国人聚居区凝聚的人力、资源、信息、市场等各类因素为望京的韩国人解决了创业早期由于对制度认识、市场信息、语言障碍、资源利用等方面不足带来的各种限制,也为他们找到了在移居地社会的市场进入中具有竞争优势的经营项目。与此同时,他们也等待着一旦立定脚跟就"希望有更好的发展机会"。移民社区的初步形态为韩国人的事业发展提供了一定的便利条件,但在他们期待更大发展机会的同时,又面对着移居地社会各种制度性的束缚这一无法改变的事实。面对这些制度限制,韩国人意识到了自己所具有的异质性,但他们并不屈服于这些限制,而是通过具体的行为,在既定的条件下,或者根据自身的具体情况重新解释和绕行这些限制,或者通过各种行为改变这些条件,从而扩大了这种支撑其日常生活及事业发展的社会性空间。也就是说,伴随着移民事业的发展,支撑韩国人事业发展的这一社会性空间是开放的。通过其人际关系网络和互动主体的扩展,移民们扩展了其社会性空间并往来于其间,移民及其互动者都是在一种使其自我实现成为可能的预期之中谋求其社会性空间建立的（广田康生，2005）。

其次，这一支撑移民日常生活及事业发展的社会性空间尚在生成当中。望京"韩国城"移民社区的特征类似于雷克斯对作为一个同期群体的共同体的描述（Rex，1986：261－273）。这种集合体不是一个飞地化了的严格意义上的组织，因而它在成员资格和界限上是模糊不清的；这样的共同体虽然也以一个族群为核心，但它是松散地结合在一起的不定型的人的集合，并且一个个新的组织和团体在该集合中不断地产生和消亡。所以，本文中移民社会的边界超越了以往对移民社区确认的地理上的空间限制。望京"韩国城"在地域上的社区只是移民社会的主体在空间上的据点。移民在其迁移中为适应移居地社会展开的社会关系网络所延伸的地带，都是移民社会的现实范围。

李培林在分析中国乡土社区的边界时提出，关于乡土中国的基本研究单位一直存在很多争论，但是基本的观点可以分为两派。一派是以费孝通先生为代表，强调乡土中国的基本研究单位是村落，因为村落是中国乡土社区血缘、地缘关系结成的一个相对独立的社会生活圈子，是一个各种形式的社会活动组成的群体，而且是一个人们所公认的事实上的社会单位（费孝通，1939/1999）。另一派坚持施坚雅（G. W. Skinner）的观点，认为研究的基础单位不能局限于村落划定的地域边界，要注意研究农村经济社会关系的网络，而这个网络的中心，就是农村的集市。所以，以集市为中心的农村社会经济网络，才是打开理解中国农村社会结构之门的钥匙，才是乡土中国的基本研究单位（Skinner，1965：363－369）。这两种类型的提出引发的思考在于，对于社区研究，我们提出它的边界问题的意义所在。事实上，"以什么作为基本的研究单位，与研究本身的假设有极大的关系"（李培林，2004）。

从目前的调研结果来看，望京韩国人移民社会正在形成当中，也没有形成一个完整的系统，因此，无论是从其成员资格方面还是在界限方面，作为一个整合的单元的特征尚未形成。尽管如此，望京韩国人移民社会已俨然存在于各种活动及个人的意识认同当中，并且超出了国家和地区的范围，最终影响到移民的特性及行动的方式。在现实中，移民社会建立了一些支撑其群体纽带的内部组织，而这些组织则举办了一些具有移民社会印记的活动。这些社团与组织的出现，标志着移民社区的制度化尝试。

最后，尽管没有明显的地域边界，这个以极其个人化的非正式人际关系网络为核心的社会性空间，却满足着未来应由城市公共设施来满足的移民的各种日常生活需要。美国社会学家布雷顿（Raymond Breton）曾就移民社区的制度形成问题提出了一个四阶段过程的理论：①在私人层面上将朋友关系网组织化的阶段；②宗教性、教育性、相互扶持性公共组织的建立阶段；③建立报纸、广播等传媒，完善自产业组织的阶段；④建立满足所有生活需要的各种设施的阶段，包括建立教会和学校等（Breton，1964：193－205）。

从望京"韩国城"的基本设施来看，特别是在韩国人聚集较多的地域，像望京社区西园三区、西园四区等地，为满足韩国人日常生活所提供的基本设施也是完备的。韩式料理店、咖啡厅、美容院、服装店、练歌厅、网吧、跆拳道馆、高尔夫球练习中心、房屋中介公司、幼儿园、语言培训中心、国际学校、家庭性质的宗教集会、定期出版的全韩文刊物，不同的协会定期或不定期地组织各种活动，发表规模不等的报纸、信息杂志等大小刊物，这成为支撑移民日常生活以及进行交往的网络节点。移民社区的形成明显地显示出在制度上日臻完善的状态。或者我们可以这样说，在网络建立之初移民的日常生活就蕴含在其中了，因为在这种关系中已经内置了移民各种层次的需要。实际上，对移民来说，获得必要的就业机会，处理各种法律问题，争取教育、福利、娱乐等各种生活设施与机会，都是通过这种移民网络来完成的，这可以说是一个把正式层次的需求内置于其中的网络。

四　结语

可以认为，目前的望京"韩国城"已经具备移民社会的基本要素，但是，这一移民社会是一个正在结构化过程中的世界，也是一个正在生成的世界，还是一个尚且无法描绘出其整体结构的世界（Strauss，1984）。但正是这样一个世界帮助移民完成了其日常生活及经济行为的展开和适应过程。从望京的韩国移民聚居区来看，韩国人的聚合在一定程度上已经显示了其意义：在一定范围内，人们的创业行为与移民的聚居性产生了相关和依赖性。在主观意识上，移民们已经形成了关于自己的"同胞"聚居的社区的观念。尽管移民这种认同的观念在程度上可能高低不同，但这种涉及人际互动、结构特征和主观意识等层次的内容，具有很强的可观察性，它为今后更深入、全面地对移民社区的研究提供了基础。

也许移民是出于个人的目的而进入移居地社会的，但是他们担负着作为移民群体的文化使命，并将会最终成为现代城市社会中日常实践的行为主体。对移民自身来说，他们跨越国界，在另一个国家的某一个城市建立起一个属于自己的社会。由于这种"异质性"的存在方式，他们不得不生活在一种不同于移居地人民的社会和法律条件之下，即不得不作为移民群体而生活。但是，他们并不一定满足于这种夹缝中的存在方式，而是通过具体的行为，意识到了自己所具有的异质性，在既定的条件下，或者根据自身的具体情况重新解释和绕行这些条件，或者通过各种行为改变这些条件，从而建立起一种新的生活方式以及支撑这种生活方式的社会（广田康生，2005）。

而且，他们的这种实践迫使移居地城市及其居民重新认识自己及其周围环境。接纳他们的当地居民——移民互动者——也是如此，这些人通过与移民的互动进行着各种实践。在这个意义上，移民群体的经历、异质性认识过程以及与当地居民的互动行为的展开，使生活在现代国际化城市中的人们体会到自身的生活方式和行为方式所遭受到的一些冲击和影响。在全球化背景下，城市社会中移民社区的出现，丰富了对在多元文化社会中展开行动的各行为主体的认识，也增强了他们的调适能力。

社会固然在一体化，人们越来越需要面对整体社会，但人不可能以完全个人的、原子式的面目和社会发生作用，需要一个中介层次的联系。对移民来说，移民社区就如同一个"场"。它不一定有明确的边界，但它是一个客观存在的实在；它对在其中的每一个人有作用，尽管不是他们的决定性因素。社区内部的组织性正是它对外扩展的"武器"。社区是主体和社会追求发展、不断变迁中的工具和载体，对整体社会的再组织具有积极意义。在人口日益国际化和多样化的城市社会，社区将是化解问题、促进发展的一个重要依托。这样的移民社区是和整体社会相互作用的。

参考文献

费孝通，1999，《江村经济》，北京：商务印书馆。

广田康生，2005，《移民与城市》，马铭译，北京：商务印书馆。

李培林，2004，《村落的终结》，北京：商务印书馆。

朴胜禄，2006，《韩国企业在中国的处境就像候鸟》，《朝鲜日报中文网》2月19日。

托马斯、兹纳涅茨基，2000，《身处欧美的波兰农民》，张友云译，南京：译林出版社。

周敏，1995，《唐人街》，鲍霭斌译，北京：商务印书馆。

Bonacich, Edna, 1973, "A Theory of Middleman Minorities." *American Sociological of Review* 38.

Breton, Raymond, 1964, "Institutional Completeness of Ethnic Communities and the Personal Relations of Immigrants." *American Journal of Sociology* 70 (2).

Gans, Herbert, 1962, *The Unban Villagers: Groups and Class in the Life of Italian Americans.*

New York: The Free Press.

Light, Ivan, 1972, *Ethnic Enterprise in America.* Berkeley: University of California Press.

Portes & J. Rumbaut, 1996, *Immigrant American: A Portrait.* Berkeley: University of California Press.

Redfield, Robert, 1941, "The Folk Society and Culture." *American Journal of Sociology* 45.

Rex, J., 1986, *Race and Ethnicity.* Open University.

Skinner, G. W., 1965, "Marketing and Social Structure in Rural China." *Journal of Asian Studies.*

Waldinger, Roger, 1989, "Structural Opportunity or Ethnic Advantage? Immigrant Business Development in New York." *International Migration Review* 23 (1).

Wilson, K. & Portes, 1980, "Immigrant Enclaves: An Analysis of the Labor Market Experience of Cubans in Miami." *American Journal of Sociology* 86.

Wirth, L., 1938, "Urbanism as A Way of Lifes." *American Journal of Sociology* 44.

作者简介

马晓燕　女

所属博士后流动站：中国社会科学院社会学研究所

合作导师：罗红光

在站时间：2007. 10 ~ 2010. 07

现工作单位：北京市社会科学院综治研究所

联系方式：maxy0505@ 126. com

社会保障与社会参与

中国社会福利制度发展新模式的探讨

——基于特殊群体社会福利支持模式的视角

梅 哲 何定军

摘 要： 目前中国经济取得了长足的进步，但是不同社会阶层和群体的收入差距呈现扩大趋势，使得社会贫富差距日益凸显。中国老年人、儿童、残疾人、农民工、下岗人员以及贫困人群等社会特殊群体在现有的福利模式下存在着生存和发展问题，这不可避免地影响了社会的公平正义，因而设计与制定社会福利制度新模式势在必行。针对当前中国社会福利制度设计中的问题，必须树立正确基本理念，确立正确原则，积极建立一个以政府主导、社会辅助、家庭支持的三角福利发展新模式。

关键词： 社会福利制度 中国社会福利 特殊群体 三角福利模式

自从20世纪七八十年代电子信息技术广泛应用之后，后工业时代就逐步来临了。后工业社会强调人与人之间的知识竞争，科技精英成为统治社会的人物，用知识信息带动社会经济发展成为后工业社会的一个重要特征，有的学者也称之为知识经济时代或者信息时代。后工业社会虽然是一个知识与技术激烈竞争的时代，但是就社会建设和社会发展而言绝不是弱肉强食的时代，在这个时代里全体人民追求利益平等，共享人类文明成果的呼声越来越高。中国也不例外，胡锦涛总书记（2008）指出，应保证公平分配，让全国人民共享改革开放的成果。社会福利作为国家保证公平分配的举措，应让全体国民充分享受国民待遇，其中保障弱势群体享受社会福利是一项重要的社会制度设计，是老、弱、病、残等弱势群体在步入小康社会以后分享改革开放三十年成果的一个不可忽视的渠道。因此，支持社会弱势群体享受国家最基本的福利不仅为构建更完善的全民性社会福利支持体系打下基础，而且也为探索一种更能体现人性化、广覆盖的中国特色社会福利制度的发展模式创造了良好条件。

一　当前中国特殊人群的现状及社会福利制度存在的主要问题

（一）当前中国特殊人群的现状

中国是一个人口众多的国家，人口对经济社会发展的压力较大。相对于众多的人口而言，特殊人群的数目也是很大的，由于社会福利的基础较为薄弱，社会福利现状不容乐观。

1. 未富先老

中国人口基数大，加上较长时间实行严格的计划生育政策，使得基数大与新增人口缓慢两方面同步进行，成为典型的"未富先老"的国家。截至2009年底，全国65岁及以上老年人口11309万人，比上年增长了3.22%，占全国总人口的8.5%，比上年上升了0.2个百分点。60岁及以上老年人口16714万人，比上年增长了4.53%，占全国总人口的12.5%，比上年上升了0.5个百分点。[①] 通过以上数据可以看出，中国老龄人口呈现基数大、增长速度快等特点。在当今社会中，家庭养老功能逐渐弱化、社会化养老制度不健全、社会养老供给明显不足、老年人的福利需求多样化等社会现状使得老年人的养老压力与日俱增。所以，以政府为主导力量，为老年人提供基本生活保障刻不容缓。

2. 残疾人数目庞大

中国人口基数大，残疾人的数目相应地也非常庞大。根据2006年全国第二次残疾人口普查，中国有8296万残疾人，占全国人口总数的6.34%，而中国目前在残疾人的社会福利的制度建设与项目设置方面还不完善，不能

---

① 中华人民共和国民政部，2010，《2009 年民政事业发展统计报告》（http：//www.mca.gov.cn）。

满足他们的生活、治疗、康复和发展等方面的需要，他们的社会福利问题亟待解决。

3. 体制转型与城市化衍生出大批弱势群体

中国大刀阔斧的经济体制改革、快速现代化与城市化产生了一批"新型弱势群体"，如下岗工人、失业者、农民工、失地农民、贫困人群等。他们在经济、文化与获取社会资源的能力等方面都处于不利的位置，政府也要大力解决他们的社会福利问题。另外我国经济基础相对薄弱，综合国力不够强大，特别是民众相对收入与存储水平不够高，中国社会福利完全依靠政府财政支撑还显得比较困难。

（二）中国社会福利制度存在的主要问题

受计划经济体制影响，中国社会福利的惠及面非常有限，发展非常滞后。同社会保障制度一样，中国社会福利制度面临着两大突出的问题。

1. 脱离中国国情的理想化观点

从新中国成立以来，中国的社会福利经历建立、发展、完善几个阶段，在理论方面取得了很大成就。但是在具体的社会实践过程中，对中国社会福利制度的研究脱离实际的比较多，完全否定计划经济社会福利制度的比较多。对发达国家社会福利的研究借鉴也是更多地关注西方社会福利理论的研究，缺乏实际的调查研究，无法指导实际工作。中国是发展中国家，中国现有的经济发展水平决定了我们不能照搬西方国家的社会福利制度理论，不能只停留在具体操作层面，而应该对社会福利理论进行深入分析和思考。

2. 简单照搬西方国家社会福利理论

西方国家的福利制度基本上是为了弥补市场缺陷而向公平靠拢的制度安排。在西欧国家实行的是面向全民的国民医疗保健制度，多数西欧国家的社会福利制度基本上覆盖全民。美国例外，它在全世界经济非常发达，却被社会福利研究专家称为"社会福利领域的第三世界国家"，原因何在？因为它的社会福利水平远远低于大多数欧洲国家，它强调的是以强化工作动机，提高工作能力和自救能力、突出非国家因素为特征的美国社会福利保障模式以及以市场化取向为核心的模式。因此不可以直接照搬其他国家的社会福利理论，应用到我们国家的社会保障建设中来。

从理论上说，建立一个覆盖城乡所有社会成员，人人享有相同水平的社会福利制度是大众所期望的，但是任何国家社会福利的发展都有自己的特殊性，这是由每个国家的政治、经济、文化和社会方面的条件决定的。单纯以西方国家社会福利理论指导中国社会福利制度改革实践必然出现诸多的实际问题，如果照搬西方国家福利制度，脱离中国基本国情，这种制度是不科学的、不合理的。在研究其他国家社会福利的时候要注重这些国家社会福利特色的形成过程与背景，系统认识和把握它们社会福利制度一般发展规律和特殊性（梅哲，2007）。只有这样，才能建立一套相对比较科学和完整的，并且可以解决中国实际问题的社会福利制度。

二 中国社会福利制度设计的基本理念与原则

（一）中国社会福利制度设计的基本理念

中国社会福利制度设计要树立正确的理念，其中一个基本理念是适度"普惠型"的社会福利制度。党的十六届六中全会提出"建立覆盖城乡居民的社会保障体系"的战略决策，一段时间以来，许多学者认为，我国社会福利和社会保障模式应该选择从补缺型福利向普惠型福利过渡。"适度普惠"的说法引起了学界的纷争，有学者认为，它是面向全体国民同时又涵盖社会生活基本领域的社会政策和制度（王思斌，2009）。也有学者认为，它是不分城乡、城乡居民共享的社会福利或社会保障。另外，王振耀认为，"适度普惠型福利"的说法不妥，关键就是"适度"二字很难从客观上把握。当然构建适度普惠型的社会福利是一个涉及政治、经济、社会等方面的复杂过程，但是我们相信：政府承担起普惠制的制定、引导和监管；单位、企业、社会福利团体在政府的监管下，按照社会福利法规承担必需的社会责任，那么适度普惠型的社会福利制度是具有实践意义的。而这个"普惠型"的社会福利制度要求与中国经济水平发展相一致，而且要求有一个专业化的社会福利服务团队，有法治化的社会环境作为保障，才能尽可能实现全民受惠，而不会被利益集团所剥夺。

另一个是"底线公平"理念。依据社会保障的基本理论，从基本国情出发，从老百姓（最大多数人民群众）最迫切、最基本的需要出发，划出一条人人躲不开、社会又公认的"底线"（景天魁，2006）。以"基本需要"为基础，从中找出更稳定的需要——"基础性需求"，包括温饱的需求（生存需求）、基础教育的需求（发展需求）、公共卫生和医疗救助的需求（健康需求）。底线以下体现"权利的一致性"，底线以上则体现权利的差异性。经济水平比较低时，政府要守住公平底线，确保每个公民都有基本的生活保障。经济水平提高以后，政府仍要守住这条底线，防止基本生活保障水平继续上升。"底线"以下是公共财政确保的领域；"底线"以上则要靠市场调节；"底线"以上，政府的责任是调节贫富差距，加强税收能力和调控能力（梅哲，2008）。

因此，建立与中等经济发展水平相适应的社会福利制度（王振耀，2009），发展适度"普惠型"的社会福利，实现社会福利的社会化，推进社会福利的多元化，达到社会福利的专业化，加强社会福利的法治化，以"底线公平"与"适度普惠"为理念指导，强调对社会发展过程中处于困难群体整体利益的保障，不仅是一种社会意义上的公平，而且是一种在社会整体制度下的"适度公平"，这并非按照个人意愿的个别公平，而是在社会多数人意愿的基础上所确立的原则。

（二）中国社会福利制度设计的基本原则

以"底线公平"与"适度普惠"为理念指导，中国社会福利制度设计主要遵循以下三方面原则。

1. 统一性和灵活性相结合

统一性是指制度设计应该统筹兼顾、统一设计，基金运作应集中监管；灵活性是指根据地区间差异，在统一的制度设计和基金管理下，各地方可以根据其实际，给予弹性的政策补贴或制度补充。统一性与灵活性相结合，不仅体现在同一项目在不同地区可以有不同水平，还应体现在同一地区不同项目可以有不同的制度安排。在社会福利总体政策制定过程中，要防止理念、目标、原则不统一，导致政策不统一。在具体社会福利政策制定和落实过程中，要根据政策对象的实际情况，作出灵活的安排，既建立可持续发展的长效机制，又妥善解决历史遗留问题。

2. 适度差别与发展创新相结合

在制度设计中，一方面以底线公平的基本理念为指导思想，另一方面在政策制定过程中，底线公平要能够体现政策的"适度差别"原则。底线公平理念划分了社会成员的一致性和差异性，底线以下部分体现权利的一致性，以上部分体现权利的差异性。就市场机制而言，底线以下不是市场机制发挥作用的领域，而是公共财政确保的领域，是政府和社会的责任。所以在政策制定时会注重适度的差别。胡锦涛总书记在论述科学发展观形成的实践基础的时候，总是把"深刻总结我国长期以来经济建设中的经验教训"，同"吸收人类现代文明进步新成果"并提。因此在进行政策制定中应当在继承和弘扬中国传统的保障文化、心理和方式基础上，紧紧围绕中国经济社会发展的历史与现实，吸收西方社会保障理论和实践探索过程中的合理内核，始终以经济社会的持续和谐发展为主题，制定更加符合中国国情的社会福利政策（梅哲，2007）。

3. 始终贯彻以人为本

中国宪法规定了"公民在年老、疾病、伤残、失去劳动能力时有从社会获得物质帮助的权利"。因此在进行社会福利制度设计的时候，应充分体现以人为本。科学发展观的本质与核心是"以人为本"，这里的"人"，就是以劳动人民为主体的广大人民群众。"以人为本"要求在社会主义初级阶段把人的发展作为重要目标，建立和发展社会保障体系，就是要把广大人民群众的生存需要作为目标，不仅要满足已经享受社会保险待遇的社会劳动者的需要，还要保障其他困难与弱势社会成员的生存需要。

三　中国特殊群体社会福利支持模式框架

党的十七大报告指出："必须在经济发展的基础上，更加注重社会建设，着力保障和改善民生，努力使全体人民学有所教、劳有所得、病有所医、老有所养、住有所居，推动建设和谐社会"（胡锦涛，2007）。后工业时期，中国社会福利政策制定，应遵循十七大提出的路线和方针，落实科学发展观和构建社会主义和谐社会；从中国国情出发，围绕完善社会福利制度和政策体系，改善民生，促进社会公平，加快社会福利制度改革，实现以人为本。中国的社会福利制度既不能简单地照搬西方国家的社会福利模式，也不能轻视社会福利理论的指导作用。按照"底线公平"理论和以上原则建立起来的社会福利制度，应该是立足于中国实际的一种渐进发展型的社会福利模式。本文尝试提出建立一个政府主导、社会辅助、家庭支持的三角福利发展新模式。具体思路如图 1 所示。

（一）政府主导（Government-dominance），全面构建社会福利政策的支持体系

1. 社会福利基本政策

社会福利基本政策的目的在于保证社会弱势群体获得国家基本福利保障。从这个政策的服务对象而言，可以划分为老年人福利政策、儿童福利政策、残疾人福利政策，以及其他"新型弱势人群"福利政策。

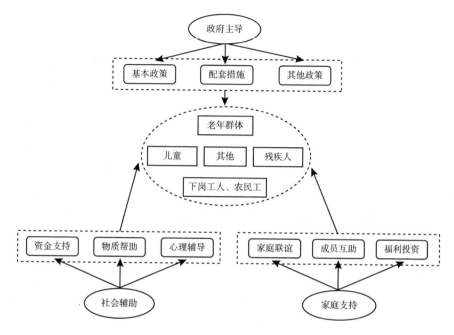

图1　特殊群体三角福利发展新模式构思

（1）老年人福利政策

一是扩大服务对象覆盖面，坚持"城乡一体化"原则，推进城乡统一的老年社会福利。突破城乡孤寡、"三无"限制，向适度"普惠制"发展，逐步实现全覆盖。二是鼓励社会力量共同参与老年人社会福利建设。三是着力解决老年人的"医疗"问题。目前，我国各地建立了不同标准的养老保障制度，如城市居民最低生活保障制度、农村居民最低生活保障制度、农村特困户救济制度和临时生活救助制度；国家在积极探索统筹城乡养老保险制度、城乡高龄老人津贴等；建立和完善老年人口的医疗救助制度，对老年困难人员医疗实施兜"底"保障，保障低收入与无收入贫困老年人的基本生活。

（2）儿童福利政策

一是制定儿童福利法和家庭救助法，使儿童福利有制度保证；二是参照一些国家的做法，建立覆盖全体儿童的家庭津贴制度，保障所有儿童都有健康成长的权利；三是加强儿童福利机构设施建设，满足对儿童实施救助的要求，推动儿童福利救助规范化进程；四是逐步创新儿童社会福利的改革思路，使儿童福利与社会发展同步，共享经济社会发展的成果，同时，加快儿童福利专业化步伐；五是针对不同的地区和条件制定福利机构儿童最低养育标准，促进儿童健康、快乐成长；六是逐步拓展儿童福利对象，建立社会散居孤儿的保障服务体系；七是细化受各种疾病影响的儿童福利保障政策，使遭受病痛折磨的儿童享受社会福利保障；八是完善儿童社会福利的服务体系，促进儿童福利事业快速发展；九是制定农民工子女和留守儿童的福利政策，体现国民无差别待遇原则。

（3）残疾人福利政策

一是建立社会福利院和其他安置收养机构，妥善安置好残疾人；二是采取扶助、救济、补助等福利措施，保障和改善残疾人的生活；三是鼓励兴办残疾人社会福利企业，让全社会都来关心和支持残疾人事业；四是实施国家为社会福利企业免税等优惠政策促进残疾人在福利企业就业，依法保障残疾职工合法权益；五是拓宽残疾人就业渠道，消除社会排斥。

（4）其他"新型弱势人群"福利政策

政府主要是建立和完善弱势人群的公共福利保障。一是拓展就业渠道，使这些群体有工作干，有收入；二是通过技能培训等方式提高农民工与失地农民的就业能力；三是为贫困人群提供最低生活保障，保证其最低生活不受太大的影响。

2. 社会福利配套措施

社会福利配套措施主要是指在基本政策基础之上，有一定经济条件的地方政府可以执行相对的扩大福利项目或者内容的政策支持措施。其主要内容如下。

（1）老年人福利措施

建立以家庭为基础、社区为依托、机构为支撑的养老服务格局。地方政府可以根据自身实际情况，农村以乡为单位，城市以社区为单位，建立老年活动中心，为老年人提供相应服务。

（2）儿童福利措施

加强儿童福利机构建设"蓝天计划""明天计划"；建设 SOS 儿童村；加强残疾孤儿手术康复中心建设；建立流浪未成年人救助中心、流浪未成年人救助保护分中心、社区服务点等。

（3）残疾人福利措施

针对残疾人的配套措施政策重点可以落在关爱残疾人生活、促进残疾人就业方面。面对一些可以吸纳残疾人就业的国有或者民营企业，政府可以采取录用残疾人免税或者补贴制度。比如，吸纳残疾人就业的企业，残疾人职工占总职工的1%，可以免该企业总税收的1/10，或者进行税后补贴等。主要目的是通过该配套措施，吸纳残疾人就业。

（4）"新型弱势人群"福利措施

一是为下岗失业人员提供福利性就业机会；二是通过举办各种就业教育和培训等方式提升农民工、失地农民的就业竞争力；三是落实对城乡贫困人群的低保福利政策。为此，社会保障中的最低生活保障政策、临时救济政策等可以与社会福利政策进行挂钩，在实施过程中，认真贯彻通过福利促保障、通过保障保福利这种双重思想，不断提高"新型弱势人群"的福利保障水平。

3. 社会福利其他相关政策

构建一个具有中国特色的、适应当前中等经济发展水平的弱势人群社会福利体系，强调的是提高中国社会经济发展的公平性、适度普惠性，突出的是以人为本、促进人的全面发展。为此，政府还应该把医疗卫生服务、教育扩展、就业援助、住房补贴等领域纳入弱势人群社会福利体系。下面从社会福利基础设施建设和基本公共服务两大方面来讨论。

（1）基础设施建设

在建设弱势人群社会福利基础设施方面，要发挥政府和社会力量。力争在近五年内确保实现全面覆盖城乡的公共医疗卫生服务体系，对老人和女性农民工实行医疗救助和卫生指导。建立老年人示范养老机构、社会养老机构、"老年护理院"。实施残疾儿童康复计划；对无法收养的疾病儿童，由当地政府在社区建立单元式家庭设施，采取小家庭照料模式（何平等，2009）。对于儿童和未成年人，建立儿童福利机构、流浪未成年人救助保护中心、特殊教育学校、康复机构等。对于农民工、失地农民和下岗工人，建立农民工与失地农民就业培训基地和图书室、下岗工人再就业培训基地等。对于住房等其他方面的需求，加强廉租住房、公租房等公共服务重点专项建设，基本满足弱势人群的养育、康复、救助、特教等方面的需要。

（2）基本公共服务

力争到2020年基本实现建成城乡公共服务设施体系的同时，发展弱势人群的专业化服务和公共服务。一方面，政府主导并鼓励社会力量参与社会福利公共服务体系建设，培养一批社会工作人才队伍，提高针对弱势人群专业化服务的质量和水平。另一方面，根据不同弱势人群的需要，发展各种弱势人群的职业教育和培训，促进他们就业。

（二）社会辅助（Society-aid），大力支持政府社会福利事业的发展

1. 资金支持

多渠道、多形式筹集资金，支持弱势人群社会福利事业，比如利用社会捐赠资金和慈善资金发展弱势人群社会福利。这样的社会支持主要包括以下两个方面，一是鼓励社会力量对社会弱势群体开展捐赠，并予以政策优惠。企业、事业单位、社会团体和个人等社会力量可以通过非营利性的社会团体和政府部门向非营利性的老年福利机构捐赠。同时可以按政策和比例减免企业所得税和个人所得税。二是慈善机构通过社会募捐所筹集的慈善资金，一部分用于弱势人群的社会福利事业，资助福利机构改善设施、设备和条件以及补贴生活困难的老年人、残疾人、孤儿和贫困人群。不过，这个资金支持需要政府的正确引导，通过相关政策调节，让社会各类组织参与其中，才能达到理想效果。政府政策引导主要在于营造一个良好的社会公益事业环境，以及建立有效的政策支持体系，否则，让社会第三方资金支持，难以实现可持续性的发展。

2. 物质帮助

社会各种组织通过提供社会福利或者公益事业方面的支持或援助，使更多人群，特别是社会弱势群体得以享受社会福利，这些社会组织主要包括企业和 NGO，如国际红十字会、环保组织等。企业在能力范围内，可以对所在地区，以及整个社会提供相应的产品。NGO 则可以通过社会筹集的方式，把筹集到的社会物资，通过妥善管理与安排，资助到更需要帮助的社会弱势群体手里，如红十字会对灾区老人、儿童提供的棉被、帐篷等。这个 NGO 可以是国内组织，也可以是跨国组织。无论哪种形式，只要能对我国社会弱势群体进行无条件的物质帮助，政府应该积极引导和鼓励其行为，在政策上为其制造一个宽松的环境。

3. 心理辅导

社会弱势群体的心理问题非常值得关注。由于社会分层造成的社会压力，弱势群体自身面临的环境令人担忧，如果社会不能正确引导，其心理问题可能造成重大的社会问题。因此，针对不同弱势人群的特点，在政府的引导和鼓励下，社会相关组织应该为他们提供正确的心理辅导。政府应积极筹建社会工作相关网络，让社工深入弱势人群家庭，进行心理咨询、心理测试，以及心理治疗。针对社会性的心理辅导，显然社会工作人员以及心理咨询机构起着重要的作用。政府应该制定相关引导政

策，构建完善的社会工作体系和心理咨询服务体系，这是后工业时代的一个重要要求。

（三）家庭支持（Family-support），积极建设家庭福利互助的支持网络

1. 家庭联谊

家庭联谊的核心在于以福利对象家庭为基本单位，在政府保障其基本福利，或者配套、补充福利的基础上，引导弱势群体家庭之间联谊。这个联谊的重点在精神层面，即以家与家联合的形式，形成家庭互动生活的社会单位的结合。比如，一个社区内，或者跨社区的老年人家庭，形成一个老年人之家的联谊组织，通过这个组织举办一些与老年人相关的文艺活动等。这样的活动的目的在于满足老年人基本的福利保障后，引导他们过充实的精神生活，构建精神文明。胡锦涛就提倡要发展和谐社会主义的新文化，这种文化生活应该是和谐社会主义新文化的组成部分。特别是在后工业文明时代，精神生活的需要和作用突出地显现出来，成为建构和谐生活必不可少的一项重大工程。同理，妇女儿童、残疾人士等群体也应该有自己的组织。政府在这方面的工作重点也是政策引导，如提供良好的政治与政策环境，对优秀的组织进行奖励等。相应的管理办法可以参照政府管理 NGO 的方法，规范其相关活动。

2. 成员互助

成员互助是相对于非血缘家庭与家庭之间而言的，它是一个血缘家庭内部成员之间的互助。现在中国家庭以主干家庭为主，四五十岁的人，多数以多兄弟姐妹为主，如果其中一个兄弟姐妹面临生活风险，无法满足基本生活保障或者享受相关福利，其他兄弟姐妹在条件允许的时候，有义务提供一定的经济援助、物质帮助和精神安慰，尽快解决他们的部分生活问题；如果条件不允许，那么他们的家庭照顾问题会越来越严重，这就需要社会政策的帮助。如果社会政策不能发展出与经济制度和家庭制度有效互动的社会福利制度，社会排斥现象就会出现，导致部分社会成员成为新贫穷社群（彭华民等，2009）。这是涉及政府政策层面的问题。在这里，家庭成员之间的互助，更多的是道德上的要求，而不是法律上的约束。作为政府，其工作重点是做好中国家庭传统美德的宣传，或者是相关的公益广告，甚至是提供相应题材的电视连续剧或者电影的制作，从社会宣传的层面去感化相应人群。

3. 福利投资

福利投资是相对于弱势群体家庭而言，那些非弱势群体家庭对政府公共福利事业的经济投入，以帮助政府筹资，做好社会公益福利事业的一种经济行为。政府可以通过这样的投资资金的运作，充实资金来源，减少自身财政开支。作为相对富裕的家庭，可以把这种投资看作对国家和民族的贡献，虽然回报率不高，但是可以看作自己家庭对这个社会所承担的一份责任。当然，这只是一个美好的期望。如果要从操作层面上而言，政府必须制定相关投资政策，如融资政策、保资政策和增资政策。由于中国的相关法则还不完善，中国股市存在巨大风险，再加上利益集团的操纵，甚至是当权者的贪污腐败，都可能导致这种投资行为的破灭。当中国福利事业日趋完善，以及相关产业发展到比较成熟的时候，政府进行这样的福利融资，是后工业时代全民参与福利、享受福利的一种必然趋势。

四　结语

中国社会正处于现代化建设、体制改革、制度创新、结构转型的历史转折时期，为了构建健康和谐稳定的社会，出台中国特色社会福利政策势在必行。中国经济发展取得长足进步的同时，社会发展也要尽快跟上步伐。因此，在后工业时代，中国要成为世界强国，必须设计一套符合国情、以人为本、具有中国特色的社会福利发展新模式，让政府、社会、家庭三方参与其中，每一方承担自己应尽的社会责任，不仅可以进一步完善中国新时代社会福利制度体系，而且可以为中国快速经济发展和社会发展固本强基。

参考文献

陈红霞，2002，《社会福利思想》，北京：社会科学文献出版社。

陈树强，1998，《社会变迁与社会福利基本概念转变》，《无锡教育学院学报》第3期。

道格拉斯·C.诺思，1994，《制度、制度变迁与经济绩效》，刘守英译，上海：上海三联书店。

凡勃特，1981，《有闲阶级论》，蔡受百译，北京：商务印书馆。

范斌，2006，《福利社会学》，北京：社会科学文献出版社。

宫天文，2009，《社会福利社会化中政府责任探析》，《山东社会科学》第7期。

何平等，2009，《构建全面共享的发展型社会福利体系》，《中国发展报告2008/09》，北京：中国发展出版社。

胡锦涛，2007，《高举中国特色社会主义伟大旗帜为夺取全民建设小康社会新胜利而奋
斗——在中国共产党第十七次全国代表大会上的报告》，北京：人民出版社。

景天魁，2006，《论"底线公平"》，《北京日报》5 月 29 日，第 17 版。

刘继同，2003，《社会福利与社会保障界定的"国际惯例"及其中国版涵义》，《学术
界》第 2 期。

罗尔斯，1988，《正义论》，北京：中国社会科学出版社。

梅哲，2007，《建立覆盖城乡社会保障体系的前提——基于理念、制度、政治的思考》，
北京：中国劳动社会保障出版社。

——，2008，《改革开放 30 年与中国特色社会福利制度》，第三届中国社会学博士后论
坛论文。

倪愫襄，2008，《制度伦理研究》，北京：人民出版社。

彭华民等，2009，《西方社会福利理论前沿：论国家、社会、体制与政策》，北京：中国
社会出版社。

时正新，2007，《中国社会福利与社会进步报告》，北京：社会科学文献出版社。

史柏年，2004，《社会保障概念》，北京：高等教育出版社。

王建基，2004，《浅谈政府在社会福利事业中的定位与调试》，《华南师范大学学报》（社
会科学版）第 5 期。

王思斌，2009，《我国适度普惠型社会福利制度的建构》，《北京大学学报》（哲学社会科
学）第 3 期。

吴娆，2003，《试析美国社会福利政策模式》，《江淮论坛》第 3 期。

中华人民共和国民政部，2010，《2009 年民政事业发展统计报告》（http：//www.mca.
gov.cn）。

作者简介

梅哲　男

所属博士后流动站：中国社会科学院社会学研究所

合作导师：景天魁

在站时间：2006.09 ~ 2009.04

现工作单位：重庆市人民政府研究室社会处

联系方式：15998904500@163.com

何定军　男

现工作单位：中共重庆市渝北区委研究室

联系方式：kevin_ 121165@sina.com

中国城镇居民医疗改革的再思考

——基于对吉林市中低收入群体医疗服务需求的调查

黄艺红　刘海涌

摘　要: 2010 年是全面推进中国医药卫生体制改革承上启下的关键年。为了全面了解吉林市中低收入群体医疗需求现状,发现医疗需求与医疗服务之间存在的问题,从而推动城镇医疗体制改革,笔者对吉林市 315 户中低收入家庭进行问卷调查。通过调查发现:部分中低收入群体的医疗费用负担沉重,城镇居民基本医疗保险的实效性较差,居民对医保政策缺乏了解,社区卫生服务机构没有充分发挥作用。为此,强化政府责任,加大宣传力度,加强社区基础医疗卫生服务机构建设,提高居民医疗保障待遇,是满足我国中低收入群体医疗需求的有效途径。

关键词: 医疗改革　中低收入群体　医疗服务需求

2009 年伊始,为了全面落实医疗卫生事业的公益性质,努力实现人人享有基本医疗卫生服务,国务院通过了《关于深化医药卫生体制改革的意见》和《2009~2011 年深化医药卫生体制改革实施方案》,并预计未来三年内政府新增投入 8500 亿支持医疗改革。因此,卫生与医疗保障制度建设面临着巨大机遇。为迎接机遇与应对挑战,中国社会科学院课题组在东北老工业基地吉林市开展了中低收入群体医疗服务需求状况的调查。通过此次调查,课题组力图了解我国中低收入群体的健康状况、医疗服务需求及供给情况,发现中低收入群体医疗服务目前存在的问题,并在研究的基础上提出一些有益的建议，为进一步改善中低收入群体的医疗服务和为国家制定相关政策提供参考。

一　调查情况介绍

吉林市作为东北老工业基地的典型城市，其医改问题受到国家各相关部门的重视，吉林市也被选为医保改革的试点城市。本次调查对象是以国家医保中心 2007 年在吉林市入户调查的名单为样本框，2008 年 11 月前，吉林市城市低保标准为 176 元。因此，确定"中低收入群体"为家庭月人均收入在 176 ~ 584 元者，选取了其中月人均收入在 176 ~ 584 元的家庭，总计 315 户。这 315 户遍及吉林市全部 4 个行政区、28 个社区居委会。可以说，此次调查所选取的调查对象基本能全面反映吉林市中低收入群体的医疗服务需求现状。

本次调查具体工作由"中国中低收入群体医疗服务需求及服务模式创新研究"课题组吉林地区调研组负责。为了能顺利进入居民家中进行入户调查，调查组借助了吉林市医疗保险管理中心的力量，使调查工作顺利开展。从 2009 年 9 月 1 日至 6 日，调查组带领北华大学经济管理学院部分学生发放问卷 315 份，去掉填答不完整等问卷，回收有效问卷 304 份。

二　调查结果分析

（一）调查对象的基本情况

1. 性别状况

本次调查对象共有 304 人，其中男 79 人，占 26%，女 225 人，占 74%。样本女性偏多。

2. 年龄状况

本次调查对象最小的是 19 岁，年龄最大的是 89 岁；平均年龄为 53.6 岁；样本年龄偏大者居多，41 ~ 60 岁的比例达到 59.2%。

3. 婚姻状况

"已婚"为样本婚姻的主要形态，占调查总数的 83.4%。"丧偶"、"离婚"和"未婚"合计占总体的 16.6%。

4. 样本的文化程度

调查对象的学历层次不高，以初、高中学历为主，共占调查总体的68.7%；高学历的样本较少，只有0.7%的人有研究生学历。样本的文化程度分布特点和偏大的年龄结构有关。

5. 样本的职业类型状况

调查对象的职业类型呈多样性的特点，其中离退休者居多，占调查总体的32.9%；其次是失业和待业人员，占调查总体的18.5%；再次是自由职业者，占调查总体的12.8%；第四位的是机关事业单位人员，占调查总体的9.4%。

6. 家庭的规模与结构

调查样本家庭的核心化趋势明显，两口之家和三口之家居多，分别占25%和43.1%。其中87%的家庭人口数在四口以下。

7. 样本家庭的经济状况

调查样本总体的年人均收入均值为6089元，最低的为900元，最高的为30000元，标准差为3992元。被调查者大多属于中低收入群体，60.2%的被调查者年人均收入在2000~7000元。样本中还有31.6%的家庭年均收入在7000元以上，这可能是由医保中心2007年确定的样本在两年后家庭收入有所提高导致的。样本中还有8.2%的人年均收入在2000元以下，在收入极低的情况下如何满足其医疗需求值得特别关注。

（二）调查对象的患病情况

1. 慢性病

心脏病、高血压、关节炎和糖尿病是患者较为常见的慢性病。调查数据显示，26.9%的人患有心脏病，23%的人患有高血压，15.3%的人患有关节炎，9.4%的人患有糖尿病。这可能和样本的年龄结构有很大关系，因为59.2%的被调查者年龄在41~60岁，年龄偏大者居多。

2. 急性病

急性病多以感冒、流感为主，这两项共占88.8%，其中79.3%的人患过感冒，9.5%的人患过流感。其他为少量的呼吸道疾病、意外伤害和传染性疾病；其中传染性疾病所占比例最少，仅为1.7%。

3. 诊疗行为

（1）患病时较常采取的措施

对"您和您的家人患病时一般会采取什么措施？"调查显示，47.9%的人会选择到医疗机构看病；46.9%的人会进行自我诊疗；3.2%的人没有采取任何措施；2.0%的人采取了其他措施。关于自我诊疗的方式，58.6%的人自己买药吃，19.9%的人加强锻炼，自我恢复，8.6%的人会去免费咨询，5.9%的人会使用偏方，4.6%的人会购买保健品。这说明，大多数自我诊疗的患者有通过自己买药来先行自我诊疗的就医习惯。

（2）城镇家庭较常选择的医疗机构

表1数据表明，无论患慢性病还是急性病，"基层医疗服务机构""三级医院""药店""私人诊所"是被调查者患病时经常选择的医疗机构。其中患慢性病的被调查者最常去的医疗机构为"基层医疗服务机构"，占调查总体的60.9%；其次为"三级医院"，占调查总体的21.5%。患急性病的被调查者最常去的医疗机构为"药店"，占调查总体的33.2%；其次为"基层医疗服务机构"，占调查总体的28.5%。这说明近几年我国实行的"小病进社区、大病进医院"原则得到初步显现。

表1　城镇家庭较常选择的医疗机构

医疗机构 病种	慢性病		急性病	
	样本数量（个）	比例（%）	样本数量（个）	比例（%）
基层医疗服务机构	176	60.9	55	28.5
三级医院	62	21.5	47	24.4
药店	15	5.2	64	33.2
私人诊所	30	10.4	16	8.3
二级医院	4	1.4	8	4.1
其他	2	0.7	3	1.6
合　计	289	100	193	100

（3）患病后较常选择的药品及其来源

对"您和您的家人患病时下列哪些药品可供选择？"调查显示，46%的人会选择"国产西药"；28%的人会选择"中成药"；17%的会选择"中草药"；9%的人会选择"进口西药"。上述数据表明，被调查者有使用"国产西药"的偏好，国产西药具有使用方便、见效快和价格相对低的特点，使得其成为百姓的首选。此外，中医在中国有悠久的历史，尤其是民间特有的偏方对某些疾病有特效，也使得一部分人选择中药。

4. 医疗支出

（1）家庭总体的医疗支出

调查数据显示，家庭2008年的医疗保健支出呈现两极化的特点，小额支出和高额支出的家庭都占有相当的比例，其中33.6%的家庭去年医疗保健的支出在500元以下，24.3%的家庭去年的医疗支出在6000元以上。可见，对于相当一部分并不富裕的中低收入群体而言，医疗费用的支出已构成家庭的沉重负担。

（2）家庭各部分医疗支出

"过去一年您和家人的各部分医疗支出情况"统计显示，"使用药品"的样本数最多，为186人，"住院"的样本数最少为52人，这和百姓的医疗习惯有关，即小病先买些药自我诊疗，不见效才去大医院诊治。各项支出中花费最大的是住院支出，支出均值为6315元；其次是药品支出，支出均值为2003元；最少的是门诊支出，支出均值为1691元。这与全国城市家庭医疗支出的均值大体相当。在各项支出中，100%自付的比例很高，尤其是药品支出82.4%的人完全自付，住院支出100%自费的比例稍低，但也有39.1%的患者完全自费，这说明我国城镇医疗保险覆盖的范围有限，医疗保障对百姓就医的补偿、互助功能还没有得到有效的发挥。

（3）医疗支出占家庭总支出的比例

表2数据显示，54.7%的家庭医疗支出占家庭总支出的10%以下，21.7%的家庭医疗支出占家庭总支出的30%以上，其中8.1%的家庭医疗支出占家庭总支出的70%以上。这说明，对大多数的家庭来说，医疗已成为家庭消费当中重要的一项，医疗支出也成为家庭主要的经济负担。特别是对医疗支出占家庭总支出70%以上的家庭来说，这么高的医疗支出是家庭难以承受的。因此，医疗改革如何满足不同层次人的需求，防止因病致贫现象的发生是值得深入研究的。

表2　医疗支出占家庭总支出的比例

医疗支出占家庭总支出的比例	频数（个）	百分比（%）	有效百分比（%）	累计百分比（%）
10%以下	141	46.4	54.7	54.7
11%~30%	61	20.1	23.6	78.3
31%~50%	24	7.9	9.3	87.6
51%~70%	11	3.6	4.3	91.9
70%以上	21	6.9	8.1	100
样本缺失	46	15.1		
总　计	304	100		

5. 医疗费用来源

（1）报销费用来源

调查显示，被调查者医疗费用报销的基本情况是：45.9%的人依靠城镇居民基本医疗保险，32.3%的人有城镇职工基本医疗保险，8.3%的人有公费医疗，参加商业医疗保险的比例较低，只有1.5%。数据表明，参加城镇居民基本医疗保险的人数较多，这和吉林身处老工业基地，历史上有过大规模的下岗失业群体密切相关。较低的商业保险参保率，一方面说明了该群体受低收入影响，商业保险的购买能力较低；另一方面也说明人们对计划经济时期实行的全面免费的医疗保险制度有较强的制度依赖，即使废除了以往的制度，但人们的思想意识还没有完全转变过来，购买商业保险的意识较差。值得重视的是，被调查者中没有一个人享受过医疗救助，在走访过程中，我们也遇到过生活困难群体需要医疗救助的情况，但都由于申请手续烦琐、医疗救助条件苛刻难以申请等而放弃医疗救助。这也说明，我国医疗救助制度还有很多方面需要改进。

（2）自付费用来源

调查数据显示，72.9%的被调查者自己负担的医疗费用主要来源于自己的收入，11.6%的人有过因医疗费用而产生的借债行为，10.8%的人靠自己的储蓄来支付医疗费用，仅有4.7%的人享受过政府的相关补贴。虽然大多数的被调查者能够以自己的收入或储蓄来支付医疗费用，但仍有11.6%的被调查者通过借债来支付医疗费用，这极容易发生因病致穷的城市新贫困现象。

三　问题与建议

（一）问题

1. 医疗支出成为部分中低收入群体沉重的经济负担

在问卷调查过程中，"看病贵"依然是被调查者反映最多的问题。问卷中，问及"对药品的评价"时，43.2%的人认为药品的价格很高；在"对未来药品的期待"中，价格还是人们最关心的因素，"希望药品的价格更低一点"成为人们首选；问及"最不满意的医疗服务"时，医疗费用高、收费不合理、提供不必要的服务（包括药品和检查）成为百姓的首选；从医疗支出占家庭全部支出的比例来看，有12.4%的家庭医疗支出占家庭总支出的 50% 以上，其中还有 8.1% 的家庭医疗支出占到 70% 以上（主要是患大病的家庭），对本不富裕的家庭来说，医疗费用已成为沉重的经济负担。

2. 医疗保险的实效性较差

从 2007 年吉林市成为全国居民基本医疗保险改革的试点城市后，随着医疗改革的不断推进，吉林市的医疗保险取得了长足发展，医疗保险的覆盖面明显扩大。城镇居民基本被覆盖在城镇职工基本医疗保险、城镇居民基本医疗保险和学生医疗保险的三大医疗保险框架之下。但是，调查中我们发现，虽然人们有了医疗保险，但在满足人们医疗需求的过程中，医疗保险起到的实效并不理想。如在问及"您医疗费用报销来源的途径"时，只有40.1% 的人填答，说明有近 60% 的人没有过医疗费用的报销经历；在统计具体的医疗支出时，门诊支出中 100% 自付比例达到 76.7%，这是由目前的医保政策对门诊报销的病种做了严格的规定（慢性疾病和重大疾病），没有将门诊小病纳入基金支付范围造成的；数据显示药品支出中 100% 自付的比例更是高达 82.4%，这是由于医院药品价格较高，大多数人只好选择到药店购买所需药品，而这些花销也没有纳入医疗保险的基金支付范围。可见，大多数居民虽然参与了医疗保险，但保险并没有给他们带来更多的实惠。

3. 居民对医疗保险改革的具体政策缺乏了解

在调查中我们发现，有很多被访者对医疗保险和医疗改革的具体事宜并不是很清楚。他们虽然参加了医疗保险，但不了解参加的是什么保险，不知道怎么报销，也不知道能报销多少，大多数的情况是患病后自己买点药先行治疗，导致医疗保险闲置一旁，物未尽其用，造成很大的医疗卫生资源浪费。因此，在未来的医疗改革中，政府有必要通过各种宣传媒介，让百姓随时了解医疗保险制度的各种规定，做到看起病来心中有数。

4. 社区卫生医疗服务机构没有充分发挥作用

社区作为基层卫生机构是离群众最近、最方便的医疗服务部门，本应在满足老百姓的疾病预防、保健与治疗等方面发挥重要的作用。但目前的社区医疗机构普遍存在技术力量不强，基础设备欠缺，医疗服务质量偏低的现象，从而使百姓对社区医疗机构缺乏信心，宁愿舍近求远，也要到大医院就诊，造成了大医院人满为患的现象。问卷中问及"如果经济条件允许，您或您的家人会优先选择哪种医疗机构"时，59.7% 的人会去三级医院，只有 8.2% 的人会去社区卫生服务机构，这也说明人们对社区卫生服务机构还是不太满意的。

（二）建议

1. 强化政府责任，切实改变医疗机构的逐利化趋势

目前老百姓反映最强烈的"看病贵"现象，主要是由在医疗改革的过程中，国家把医疗机构推向市场，不断减少对医疗机构的资金拨付造成的。医疗机构为了弥补亏空的资金，实现利益的最大化，通过进口高档设备、购进高价的新特药品、增设各类检查项目等手段，让患者付出高昂的医疗费用。要想扭转医疗机构逐利化的这种趋势，必须强化政府责任，让政府在居民医疗卫生方面承担更多的责任，特别是医疗服务的融资责任（王延中，2008：251）。

2. 加大对健康教育和医改相关政策的宣传

一是要加大宣传预防与保健意识。随着经济的发展和人民生活水平的提高，人们逐渐认识到疾病预防和保健的重要性，"没有健康就没有一切"的健康理念逐步深入人心。为此，通过各级医疗机构和社区等基层组织的宣传与教育，逐步普及预防与保健知识，防患于未然，力求做到未病防病、既病防变。二是要加大对医疗保险和医疗改革相关政策的宣传。当今社会是信息高速发展的社会，要借助信息化手段，如网络、电视、报纸、杂志等媒体加大宣传医疗保险和医疗体制改革的相关政策，让人们做到看病就医时心中有数，从而提高医疗机构医疗服务的利用率。

3. 加强社区基础医疗卫生服务机构建设

发达国家的经验表明，医疗保障实现高覆盖的最重要原因是 85% 的医疗服务需求是在社区医疗机构中得到满足（谢婷轶，2007）。为此，借鉴发达国家的经验，我们也应该加强社区医疗卫生服务机构的建设。2009 年，国务院总理温家宝主持召开的国务院常务会议，通过了《关于深化医药卫生体制改革的意见》和《2009～2011 年深化医药卫生体制改革的意见》，明确提出今后三年的工作目标是到 2011 年健全基层卫生服务体系，城镇中就是要重点建设社区卫生医疗服务机构，使之成为人们健康的"守门人"。但问题的关键在于多年的改革并没有把社区基础医疗服务机构的地位和投入挂钩。因此，有必要借着"新医改"的契机，加强社区基础医疗服务机构的建设。

4. 提高居民医疗保险待遇

在问卷调查中，当问及"您对医保制度有何期待"时，"提高报销比例""降低起付线""提高封顶线"成为居民普遍的呼声。因此，要想减轻他们的医疗费用负担，切实解决中低收入群体"看病贵"的问题，提高居民的医疗保险待遇是根本的办法。近年来，已有不少省份开始了提高医疗保障待遇的尝试，如安徽省将城镇居民医保最高支付限额提高到上年度城镇居民可支配收入的 6 倍，将城镇居民医保的报销比例从目前的 50% 到 2010 年提高到 60%，同时提高普通门诊的报销额度。深圳市政府 2008 年颁布了《深圳市社会医疗保险办法》，提出了提高医疗保险费划入个人账户的比例，扩大个人账户支付范围、地方补充医疗保险待遇取消封顶线等 17 项新举措来提高居民的医疗保险水平。基于此，吉林省政府可以充分借鉴其他省市医改经验，并结合本省的经济发展状况，制定切实可行的提高医疗保障待遇的具体措施，真正实现"人人享有基本医疗卫生服务制度"的目标。

参考文献

王延中等，2008，《中国卫生改革与发展实证研究》，北京：中国劳动社会保障出版社。
谢婷轶，2007，《论完善城市弱势群体的社会医疗保障制度》，《经济论坛》第 13 期。

作者简介
黄艺红　女
所属博士后流动站：中国社会科学院社会学研究所
合作导师：王延中
在站时间：2008.10 ~ 2012.10
现工作单位：北华大学法学院
联系方式：Huangyihong610@126.com

刘海涌　男
现工作单位：吉林化工学院社会科学部
联系方式：6608977@qq.com

经济水平对我国城乡居民养老方式的影响

——一项经验研究：基于507份调查问卷的分析

汤兆云

摘　要： 受传统孝文化的影响，家庭养老、自我养老一直是中国百姓最主要的养老形式。目前，随着社会经济的发展，社会养老、商业养老等形式逐渐增多。本文通过对闽南地区经济水平对城乡居民养老方式抽样调查的数据分析发现，经济因素（人均年收入）与养老方式之间表现出一定的相关关系，但城乡地区的养老方式表现出不同的特点。现代社会保障体系是工业化的产物，建立覆盖农业人口在内的现代保障体系是社会发展的必然趋势。

关键词： 经济水平　养老方式　城乡居民

一　引言

人口老龄化（population aging）是社会经济迅速发展和人们生活水平逐步提高进程中必然出现的一种人口年龄结构老化现象。其量化标准为：一个国家或者地区60岁及以上老年人口达到人口总数的10%或者65岁及以上老年人口占人口总数的7%以上、14岁以下儿童人口占总人口的30%以下、老少人口比例在30%以上、年龄中位数在30岁以上。2000年"五普"时，我国60岁、65岁及以上老年人口占全国总人口的比例分别为10.5%、6.96%，14岁以下儿童人口比例为22.89%，年龄中位数为28.95岁，这表明我国已经进入人口老龄化社会。

　　我国五次人口普查的人口年龄结构数据显示，65 岁及以上人口占总人口的比例呈现逐年增长的态势。1953～2000 年，65 岁及以上老年人口年平均增长率为 1.5%。2000 年 65 岁及以上老年人口是 1953 年的 3.5 倍，同期 80 岁及以上高龄人口增加了 5.5 倍。到 2005 年，60 岁、65 岁及以上人口占总人口比重分别为 11.03%、7.69%（见表 1）。21 世纪的中国将是一个不可逆转的老龄社会。我国老年人口正在以年均高于 3.0% 的速度增长。到 2050 年，60 岁以上老年人口总量将超过 4 亿，老龄化水平推进到 30% 以上，其中 80 岁及以上老年人口将达到 9448 万，占老年人口的 21.78%。与"五普"相比，60 岁及以上人口的比重上升了 0.76 个百分点（其中 65 岁及以上人口比重上升了 0.73 个百分点）。[①] 联合国预测数据也显示：我国 2030 年与 2050 年 65 岁及以上老人占总人口的比例将分别达到 15.78%、22.6%（U.N.，1998）。这表明我国人口老龄化正呈现日益加快、加重的趋势。

表 1　我国五次人口普查及 2005 年 1% 人口抽样调查的老龄化及高龄化情况

	65 岁及以上人口（人）	老龄化程度（%）	80 岁及以上高龄人口（人）	高龄化程度（%）
1953 年	24 967 657	4.41	1 854 709	7.43
1964 年	25 004 943	3.56	1 812 603	7.25
1982 年	49 191 782	4.91	5 050 091	10.27
1990 年	63 308 596	5.57	7 676 368	12.13
2000 年	86 982 856	6.96	11 991 083	13.79
2005 年	100 450 000	7.69	17 284 075	17.21

注：高龄化程度是指 80 岁及以上高龄人口占 65 岁及以上人口的比重。

资料来源：国家统计局，2006，《中国统计年鉴 2006 年》，北京：中国统计出版社，第 103 页。

　　一般认为，"未富先老"是中国人口老龄化的一个重要特点。由于人口老龄化所导致的老年人口抚养比例的快速提高，需要抚养的老年人口的绝对数也呈现快速增长的态势。但在中国这样一个经济相对落后的发展中国家，经济发展水平的制约，势必会影响老龄人口生活质量的提高。因此，选择恰当的、适合中国国情的养老方式，对于提高老年人口生活质量具有重要意

---

① 全国老龄办，2006，《中国人口老龄化发展趋势预测研究报告》，2 月 23 日。

义。基于这一背景，我们在闽南地区①对城乡居民的养老方式以及对影响它们的经济因素进行了抽样调查。作为一项经验研究，本文依据这次抽样调查的数据，以期在对我国东部沿海地区城镇居民养老方式分析的基础上，进一步探究经济发展水平对城乡居民养老方式的影响程度。

二　我国养老方式的变迁

常言道，"百善孝为先""常存仁孝心，则天下凡不可为者，皆不忍为，所以孝居百行之先"。② 中国儒家文化非常强调子女对父母的孝敬，把"孝"放在一个非常重要的位置，这对中国传统社会的家庭养老方式产生了重要影响。第一，中国传统文化诸如"养儿防老，积谷防饥"对"孝"的诠释和发挥，对于中国传统社会养老模式的选择起着规范作用，使养老由一个简单的个人行为，演变为一种规范的社会行为，形成"上一代抚养下一代、下一代再抚养下一代"的"反馈（反哺）"模式。③ 第二，中国传统文化中的"三纲五常"使孝观念被绝对化、宗教化。"父为子纲"，未有父子，已先有父子之理，孝子要想方设法孝敬父母。由此，被模式化的家庭养老理念经数千年的积淀在人们的观念中根深蒂固，形成定势。第三，封建国家实行"家国同构""家国一体"的政治结构，历代法律对子女孝行为的奖掖以及对不孝行为的惩罚措施，强化了孝行为的激励作用。第四，对老年人本身来说，生活照顾和精神慰藉比经济供养更有实在的意义。他们与子女共同居住，更容易获得子女在经济供养、生活照顾和精神慰藉等方面的各种支持，形成其乐融融的家庭氛围。对此，英国传教士做了精细的描述："中国人十分专注于家庭生活，并且对他们怀有深厚的感情。事实上，这种感情似乎已

---

① 闽南地区包括福建南部的厦门、泉州、漳州三市。1985 年，这里被国务院批准设立为沿海经济开发区。在二十多年的发展历程中，三市同步跨越，联袂崛起，因地制宜形成了三大经济特色群落（厦门：跨国公司群落；泉州：民营企业群落；漳州：台资农业群落），成为福建乃至我国东部地区最具活力的经济区域之一。

② 儒家经典《孝经》曰："夫孝，始於事亲，中於事君，终於立身。"可见，孝顺父母是孝道的开始。《尚书》曰："嗣尔股肱，纯其艺黍稷，奔走事厥考厥长。肇牵车牛，远服贾用，孝养厥父母。"也就是说要恭敬和奉养父母。孔子曰："孝，德之本也。"他认为，只有孝敬父母的人，才是一个有责任心的、高尚的人。

③ 社会学家通常以"反馈（反哺）模式"来诠释中国传统养老方式，即上一代抚养下一代，等下一代长大、上一代变老的时候，下一代就担负起赡养老人的责任，这就形成"反馈"。而西方则更多的是"接力模式"，即父母抚养子女，子女无赡养老人的义务，抚养的责任一代一代地单向下传，如接力运动。

经占据了他们的全部内心。"（麦高温，1998：271）可以说，基于传统儒家孝文化的影响以及老年人在生活照顾和精神慰藉等方面的现实需要，以血缘关系为基础、由家庭成员共同承担责任的家庭养老方式形成了中国传统社会的最主要养老方式。于是，这种形成于小农经济社会基础之上的养老方式，在封建制度的维护下，历经社会变化演绎成一种社会伦理制度。如果有谁违反了它，就会背负"不孝"的千古骂名。

随着社会经济的发展，包括社会养老、自我养老以及其他形式的养老正悄悄地出现在人们的生活中。但直至目前，家庭养老仍为我国多数城乡居民养老的主要方式。国家统计局于 1994 年 10 月所进行的人口变动抽样调查数据显示（见表 2），57.1% 的老年人主要靠子女或其他亲属提供经济帮助；排在第二位的是老年人自己的劳动收入，占 25.0%；靠离退休金养老的只有 15.6%；社会保险和救济为 1.2%，其他来源为 1.0%。由此可见，我国老年人晚年生活的经济收入来源仍然集中在三大支柱上，即子女或亲属供养（家庭养老）、老年人自己的劳动收入（自我养老）和离退休金（社会养老）。随着我国社会经济的进一步发展和人口城市化的发展，这三个来源会此消彼长。从发展趋势上看，依靠子女或其他亲属提供经济帮助的老年人比例可能会下降，而主要依靠离退休金生活的老年人比例将会持续增加。

养老方式的多元化，是因为个体间存在显著的社会差异，最突出的就表现在经济保障能力的差异上。低收入者对家庭成员的依赖性比较大，而较高收入者则对养老的质量和高质量的助老服务提出了要求。由于我国老年人群的收入水平存在明显的差异，因此他们的养老方式也存在明显差异。城市老年人的收入水平高，而且离退休金通常是城市老年人最主要的收入来源；相比之下，农村老年人的收入水平低，而且个人劳动收入和子女供给通常是农村老年人最主要的经济来源。数据显示，城市老年人的主要经济来源为离退休金收入，社会养老的比例高达 48.5%，其次是家庭养老（34.9%），再次是自我养老（14.3%）；而农村老年人的养老保障则仍然是以家庭养老为主，家庭养老比例高达 64.2%。农村老年人以自身劳动收入作为主要经济来源的居第二位，占 29.2%，只有 4.4% 的农村老年人以退休金收入作为主要经济来源。也就是说，城市居民的养老方式分别为社会养老、家庭养老和自我养老，三者比例是 1∶0.7∶0.3，而农村则是家庭养老、自我养老和社会养老，三者比例是 14.6∶6.6∶1。

表2　1994年全国、城市、农村养老方式比例

单位：%

	全国	城市	农村
家庭养老	57.1	34.9	64.2
社会养老	15.6	48.5	4.4
自我养老	25.0	14.3	29.2

资料来源：杜鹏、武超，1998，《中国老年人的主要经济来源分析》，《人口研究》第4期。

关于我国养老方式变迁的影响因素，不同学者用不同方法、引用不同数据得出不同的结论。但一般认为，养老方式变迁是包括人口学因素、社会经济因素等多种因素共同作用的结果。不同养老方式的选择，如从家庭养老方式到社会养老方式的转变，需要非常雄厚的经济基础作为支撑。因此，社会经济因素对养老方式转变的作用不能低估。在农业经济时代，家庭是生产和消费的单位，老年人在家庭农业生产中发挥重要作用，自然要由家庭进行养老；而在工业经济时代，家庭已不再是生产的单位，而主要是生活和消费的单位。老年人将毕生精力都贡献给了社会，社会也为老年人提供了养老金和社会化服务网络，所以，社会养老在这时就是顺理成章之事了（姚远，1999）。李建新等通过对中西部农村养老观念、养老方式的研究发现，年龄、性别、受教育程度、职业状态等个体特征对老年人的养老意愿和养老方式都有显著影响，但他们的住房面积、收入状况等因素对养老方式选择的影响更加明显（李建新、于学军等，2004）。褚湜婧、孙鹃娟以"2006年中国城乡老年人口状况追踪调查"数据为基础，对影响城市老年人养老意愿的诸因素做了分析，研究发现：老年人的婚姻状况、受教育程度、经济条件、健康状况、拥有儿女数量等对老年人选择居住方式有较大影响；依靠子女养老仍然是城市老年人偏好的养老方式，他们更愿意与子女同住或者居家养老，而不愿入住养老机构（褚湜婧、孙鹃娟，2010）。龙书芹、风笑天通过对江苏四城市老年人生活状况的调查资料发现，老年人月收入对他们的居住方式的选择有显著影响。一般而言，经济收入的提高，能够使人们有更大的选择空间和余地，使人们能够不为经济所累，过自己想要的生活（龙书芹、风笑天，2007）。

三　数据来源及变量选择

作为一项经验研究，本文使用的数据来自2010年底对闽南地区的厦门、

泉州和漳州三市不同群体所做的抽样调查。调查样本按照分层抽样的方法选取调查对象。本次调查共发放 600 份问卷，回收问卷 558 份，有效问卷为507 份，所占比例分别为 93.0%、84.5%。

样本基本情况为：（1）户口所在地：城镇户口占 25.2%，城市户口占30.5%，农村户口占 44.3%。（2）年龄情况：20 岁及以下占 2.2%，21～40岁占 26.0%，41～55 岁占 23.7%，55 岁及以上占 48.1%。（3）性别情况：男占 64.9%，女占 35.1%。（4）婚姻状况：未婚占 3.9%，已婚占 96.1%。（5）文化程度：初中及以下占 14.8%，高中及中专占 28.8%，大学占47.5%，研究生及以上占 8.7%，有 0.2% 的缺失值。（6）身体状况：健康占55.3%，一般占 24.3%，体弱多病占 20.4%。

本次问卷调查中所设计的有关养老方式的因变量包括两个方面的内容，即分别为愿意养老方式、事实养老方式。

（1）愿意养老方式。设置以下 4 个选项：家庭养老，自我养老，社会养老，其他。调查对象愿意养老方式的选项百分比分别为 75.2%、17.6%、6.1%、0.7%；有 2 人没有选择，即有 0.4% 的缺失值。

（2）事实养老方式。包括两种情况，如果是老人，则指他们本人的养老情况；如果是子女，则是指他们老人的养老情况。设置以下 4 个选项：家庭养老（主要是指在家庭里靠子女或者亲属提供生活来源的养老方式），自我养老（主要是指靠自己劳动或者积蓄提供生活来源的养老方式），社会养老（主要是指靠退休金或者集体经济提供生活来源的养老方式），其他（如靠社会捐赠、慈善机构或者商业机构提供生活来源的养老方式）。调查对象事实养老方式的选项百分比分别为 76.8%、17.4%、5.2%、0.2%；有 1 人没有选择，即有 0.2% 的缺失值。

（3）城、乡不同地区居民的愿意养老、事实养老情况，由于城、乡不同地区居民的个体情况存在较大差异，因此他们对愿意养老、事实养老的选择也不相同。表 3 是城、乡不同地区居民愿意养老、事实养老交叉表。就家庭养老方式来说，农村居民最多，而城市居民最少；就社会养老方式来说，则农村居民最少，而城市居民最多。

本次调查所设计的关于经济因素的协变量主要有以下两个（其他协变量，如年龄、教育程度、职业，由于和本研究没有太大关系，本文故不作说明）。

（1）经济水平变量（以人均年收入计算）。以泉州为例，2009 年泉州市城镇居民人均可支配收入、市区居民人均可支配收入、农民人均纯收入分

表 3　城、乡不同地区居民愿意养老、事实养老交叉表

		愿意养老方式			事实养老方式		
		家庭养老	自我养老	社会养老	家庭养老	自我养老	社会养老
城镇户口	频数	70	30	25	39	45	43
	期望频数	69.0	29.5	26.5	37.0	45.5	44.3
城市户口	频数	69	48	58	31	73	75
	期望频数	69.2	48.4	58.4	68.6	54.7	66.7
农村户口	频数	125	68	3	120	75	1
	期望频数	125.8	68.6	1.6	129.4	76.8	0.8

注：由于选择"其他"养老方式的比例非常小，故上表中没有列出。

别为 22913、25043、8563 元（同年，厦门人均年收入高于泉州，但漳州人均年收入稍低于泉州）（泉州市统计局，2010：88～90）。考虑到闽南地区经济水平的实际情况，其变量设定为以下区间：10000 元及以下、10001～20000 元、20001～30000 元、30001～60000 元、60001～100000 元、100000 元及以上。

（2）住房情况（从一定意义上说，住房面积的大小也是反映个人经济收入高低的一个重要指标。经验数据显示，个人经济收入越高，其住房结构、住房面积也相应地越大）。① 因此，我们将住房情况作为经济因素的一个重要辅助变量。包括住房性质（自建、租赁、自购商品房、经济适用房），住房结构（二居室、三居室、四居室、五居室及以上、其他），住房面积（50 平方米以下、50～80 平方米、80～100 平方米、100～120 平方米、120 平方米以上）。

四　主要研究结果

（一）变量间的相关系数

表 4 为经济因素与养老方式的相关系数矩阵。经济收入与愿意养老方

---

① 2004 年陕西省农村人均收入与住房面积对应关系为：人均收入 668 元以下的，住房面积为 21.60 平方米，668～924 元的为 23.75 平方米，925～1867 元的为 24.22 平方米，1868～2305 元的为 29.00 平方米，1868 元以上的为 32.95 平方米。人均纯收入对人均住房面积的不均衡程度有一定程度的影响。见吴大川、曹中军，2007，《基于洛伦茨曲线的人均纯收入对人均住房面积均衡性影响分析》，《西安建筑科技大学学报》第 2 期。

式、事实养老方式之间的 Kendall's tau_ b 的相关系数分别为 - 0.242、- 0.224，表明经济收入与愿意养老方式、事实养老方式之间表现出较弱的负相关关系；经济收入与愿意养老方式、事实养老方式之间的 Spearman's rho 等级相关系数分别 - 0.245、- 0.225，表明经济收入与愿意养老方式、事实养老方式之间表现出较弱的负相关关系；两者的概率ρ值都小于 0.05，通过显著性检验。也就是说，随着个人经济年收入的增加，城镇居民的意愿养老方式、事实养老方式从"家庭养老""自我养老""社会养老""其他"依次发生转变。本次调查数据显示，分别有 96.2%、98.8%的城镇居民将"家庭养老"作为意愿养老方式、事实养老方式的第一选项。

表 4   经济因素与养老方式的相关系数矩阵

			愿意养老方式	事实养老方式
Kendall's tau_b	个人人均年收入	相关系数	- .242	- .224
		显著性（双尾）	.000	.000
Spearman's rho	人均年收入	相关系数	- .245	- .225
		显著性（双尾）	.000	.000

如果以住房面积、住房结构为控制变量，经济收入与愿意养老方式、事实养老方式之间的相关系数分别 - 0.247、- 0.240，- 0.258、- 0.248，表明两两之间表现出较弱的负相关关系，且概率ρ值小于 0.05，通过显著性检验（如表 5）。这和在没有控制变量的情况下相比，经济收入与其相关关系没有发生太大的变化。

表 5   住房面积、结构为控制变量的经济因素与养老方式的相关系数矩阵

控制变量			愿意养老方式	事实养老方式
住房面积	个人经济年收入	相关系数	- .247	- .240
		显著性（双尾）	.000	.000
住房结构	个人经济年收入	相关系数	- .258	- .248
		显著性（双尾）	.000	.000

（二）变量间的卡方检验结果

由于养老方式属于定类测量数据，而经济水平、住房面积属于区间的定序测量数据（住房结构属于定类测量数据），我们对经济水平、住房面积（住房结构）与养老方式变量进行卡方检验，进一步检验经济水平对居民养老方式的影响程度。这里仅以个人经济年收入与愿意养老方式（事实养老方式）为例作说明。

表 6 给出了个人经济年收入与愿意养老方式（事实养老方式）的卡方检验结果。由于双侧近似概率值（Asymp. Sig. - 2 - sided）都小于 0.005，所以有理由拒绝个人经济年收入与愿意养老方式（事实养老方式）之间是独立的原假设，认为个人经济年收入与愿意养老方式（事实养老方式）之间是相关的。这从检验统计量（Value）也可以看出来。如个人人均年收入与愿意养老方式之间的皮尔逊卡方（Pearson Chi-Square）检验值为 5.423，远大于 0.02 的最小期望值（minimum expected count）；又如个人人均年收入与事实养老方式之间的皮尔逊卡方（Pearson Chi-Square）检验值为 5.508，也远大于 0.01 的最小期望值（minimum expected count）。

表 6　个人经济年收入 ＊ 愿意养老方式（事实养老方式）的列联表

	个人人均年收入 ＊ 愿意养老方式		个人人均年收入 ＊ 事实养老方式	
	值	Asymp Sig. (2 - sided)	值	Asymp Sig. (2 - sided)
皮尔逊卡方	5.423^a	.000	5.508^b	.000
似然比	5.362	.001	6.817	.001
线性相关	1.016	.000	0.835	.000

a. 13 个单元格（72.2%）的期望频数小于 5。最小期望频数是 0.02。
b. 13 个单元格（72.2%）的期望频数小于 5。最小期望频数是 0.01。

表 7 是个人人均年收入与愿意养老方式、事实养老方式的 Eta 系数列联表。Eta 值分别为 - 0.053、- 0.062。这表明个人人均年收入与愿意养老方式、事实养老方式之间存在较弱的负相关关系。这和前面的 Kendall's tau_ b 的相关系数、Spearman's rho 等级相关系数相差不大，从而更进一步说明了经济水平与居民养老方式之间存在一定的关系。

表 7　个人人均年收入与愿意养老方式（事实养老方式）的 Eta 系数列联表

			值		值
定类与定距	Eta	个人人均年收入 Dependent	- .053	个人人均年收入 Dependent	- .062
		愿意养老方式 Dependent	- .081	事实养老方式 Dependent	- .057

（三）变量间的曲线估计

从个人人均年收入与事实养老方式的重叠散点图中可以看出，它们两者之间存在一定的非线性关系。因此，我们对个人人均年收入与事实养老方式之间做进一步的曲线估计。

表8是个人人均年收入与事实养老之间的二次曲线（Quadratic）、三次曲线（Cubic）、S曲线（S）以及指数曲线（Exponential）的综合方差重要指标列表，包括解释量（R^2）、F统计量观测值、自由度（df）、相应的概率ρ值、常数项以及相应的参数估计系数。表中数据显示，三次曲线的解释量最大（$R^2 = 0.452$），其次是指数曲线（$R^2 = 0.232$），且三次曲线的统计量观测值（$F = 0.454$）也大于指数曲线的统计量观测值（$F = 0.447$）；它们的概率ρ值都小于0.05，通过了显著性检验。也就是说，在个人人均年收入与事实养老方式之间的三种模型中，三次曲线模型的似合效果相对来说较好一些。其拟合函数关系可用 $Y = 0.891 + 0.116x - 0.032x^2 + 0.003x^3$ 来表示。

表8　综合方差表（Model Summary and Parameter Estimates）

方程	模型概要						参数估计		
	R^2	F	df1	df2	Sig.	Constant	b1	b2	b3
二次曲线	.002	.445	2	495	.000	1.019	.004	-.001	
三次曲线	.452	.454	3	494	.001	.891	.116	-.032	.003
S曲线	.187	.209	1	496	.000	.001	.022		
指数曲线	.232	.447	1	496	.001	1.022	-.004		

自变量：个人人均年收入
因变量：事实养老方式

五　结语

一般来说，社会经济发展水平决定着居民养老方式的结构、规模和水平。本文通过对在闽南地区所进行的关于经济水平与我国城乡居民养老方式的调查数据的研究发现，经济水平对愿意养老方式、事实养老方式都会产生一定的影响。这从经济水平（个人人均年收入、住房面积、住房结构）与愿意养老方式、事实养老方式之间的 Kendall's tau_ b、Spearman's rho 等级相关系数、卡方检验以及 Eta 检验都可以发现。

经济发展水平与意愿养老方式、事实养老方式之间虽然有一定的关系，但定量相关系数表明，经济收入的提高对意愿（事实）养老方式变迁的作用有限，或者说，经济收入对意愿（事实）养老方式的影响有限。如，个人人均年收入与愿意养老方式、事实养老方式的 Kendall's tau_ b 的相关系数分别只有 - 0.242、 - 0.224，表现出较弱的负相关关系。我们认为，养老方式变迁是社会文化、经济条件、样本个体因素等一系列因素共同作用的结果。特别地，在中国这样一个深受"百善孝为先"传统文化影响的国家里，经济因素对养老方式的影响必然会在"文化滞后"① 现象的制约下大打折扣。

另外，研究结果还显示，城市、城镇和农村地区居民对养老方式的选择有较大的差距。这是我国目前城乡二元结构在养老方式上的体现。目前，我国养老保障体系分为三大块：国家机关、事业单位由人事部门负责；工矿企业由劳动部门负责；农村（含乡镇企业）由民政部门负责。国家机关、事业单位与工矿企业的养老保障实行的是单位统包、条块分割的现收现支退休工资模式、退休年龄（男性 60 岁、女性 55/50 岁）"一刀切"的办法（即社会统筹 + 个人账户相结合方式）；在广大农村地区，由于一直延续着"养儿防老"的传统观念和生育子女的低直接成本和机会成本，加之在农村建立正式养老保障制度的巨大的社会成本、经济成本和风险成本，② 农村养老保障一直都是以子女赡养为主、以老人自养为辅的传统养老保障方式。

随着涵盖人口、家庭、经济、社会文化、制度结构等方面的社会转型的加快，我国以家庭养老为主要方式的养老模式正面临着前所未有的巨大挑战，家庭养老资源的需求与供给间的缺口正在扩大。这主要表现在以下几个方面：①随着人口生育率下降和人口预期寿命延长，老年人口高龄化导致老年人口抚养比扩大；②出生率下降使子女减少及居住方式的代际分离，使得家庭户的平均规模正在缩小，核心家庭增多，家庭规模趋向小型化；③农村

① 美国社会学家奥格本（W. F. Ogburn）认为，文化可分为物质文化、制度文化与观念文化。制度文化与观念文化属于非物质文化。非物质文化往往是适应物质文化的变迁而变迁的，但非物质文化的变迁往往要慢于物质文化，两者不同步，于是就产生差距，这就是所谓的"文化滞后"（Culture Lags）现象。见 F. 奥格本，1989，《社会变迁：关于文化和先天的本质》，王晓毅译，杭州：浙江人民出版社，第 106 ~ 144 页。
② 在一些农村地区，农民对各种商业养老保险存在很大的疑虑。一方面，农民对这些保险不了解，经济水平也还不足以产生保险意识；另一方面，农村不少地区由于保险行业不规范，政府及保险行业的形象、信誉均受到了很大的损害，挫伤了农民参保的积极性。因此，个人参加商业养老保险的比例极低。见李建新、于学军等，2004，《中国农村养老意愿和养老方式的研究》，《人口与经济》第 5 期。

贫困和农民收入的下降削弱了家庭养老功能。随着经济的发展和社会的进步，社会养老必然要成为大势之所趋。家庭养老是前工业社会的普遍形态，这种保障来自二代、三代甚至四代同堂的家庭结构。家庭养老不仅能够基本上满足老年人衣、食、住、行、日常生活照顾等生理方面的需要，还同时建立了家庭成员之间经常的互动，对于满足交往及情感体验方面的需要起到了不可替代的作用。另外，为老年人提供物质保障的"国家计划"与提供一定社会交往渠道的"社区服务"，都难以替代家庭的作用。国家与社会向家庭赡养功能的渗透，终究要以家庭为依托，家庭是社会保障的基点（郑功成等，2002：255）。现代社会保障体系是工业化的产物，其最初主要覆盖城镇职工，随着社会经济的发展和国家财力的增强，社会保障制度的覆盖面范围逐渐扩大，并把农业人口包括进去。① 但建立覆盖农业人口在内的现代保障体系是社会发展的必然趋势。这一点，我们必须要未雨绸缪。

参考文献

褚湜婧、孙鹃娟，2010，《影响城市老年人养老意愿诸因素分析》，《南京人口管理干部学院学报》第 2 期。

李建新、于学军等，2004，《中国农村养老意愿和养老方式的研究》，《人口与经济》第 5 期。

龙书芹、风笑天，2007，《城市居民的养老意愿及其影响因素——对江苏四城市老年生活状况的调查分析》，《南京社会科学》第 1 期。

麦高温，1998，《中国人生活的明与暗》，北京：时事出版社。

全国老龄办，2006，《中国人口老龄化发展趋势预测研究报告》，2 月 23 日。

泉州市统计局，2010，《泉州市统计年鉴 2010 年》，泉州：泉州市统计局。

姚远，1999，《变化中的老年人养老方式的选择》，《南方人口》第 2 期。

郑功成等，2002，《中国社会保障制度变迁与评估》，北京：中国人民大学出版社。

U. N. 1998, *World Population Prospects The 1998 Revision Volume II：Sex and Age*. New York：United Nations Publications.

---

① 美国、德国等西方发达国家建立社会保障制度之后相当长时期，才于 20 世纪五六十年代制定了专门针对农业人口的社会保障制度。目前，除西方发达工业国家之外，世界上大多数发展中国家的农业人口还无法纳入到国家的社会保障制度体系之中。新中国成立以来，在国力允许的情况下，国家对广大农村人口的部分特殊对象，如"五保户""灾民""贫困户"等给予了一定程度的救助和保障。

作者简介

汤兆云　男

所属博士后流动站：中国社会科学院社会学研究所

合作导师：李培林

在站时间：2009.09～2011.09

现工作单位：华侨大学公共管理学院

联系方式：tzyun1971@163.com

我国收入分配面临的主要问题及其对策

杨宜勇　池振合

摘　要： 自从改革开放之后，我国居民收入差距不断扩大，收入差距水平已经超过国际公认的警戒线水平，即基尼系数0.4，这严重影响到我国的经济和社会发展。本文首先梳理了自从十六大以来我国陆续出台与收入分配相关的政策。然后，分析了当前我国收入分配领域存在的问题，主要包括：收入差距过大、分配秩序紊乱、制约机制缺失等。在分析存在问题的基础之上，文章最后一部分提出了扭转收入差距继续扩大的政策建议。如，深化收入分配制度改革，整顿和规范收入分配秩序等。

关键词： 收入分配　收入差距　分配秩序　收入再分配

一　近年来我国陆续出台的收入分配政策

自从改革开放之后，我国经济增长速度一直维持在较高的水平，这直接导致我国城乡居民生活水平不断提高。截至2009年，我国城镇居民全年人均可支配收入达到17175元，农村居民全年人均纯收入达到5153元。[①] 在城

---

① 中华人民共和国国家统计局，《中华人民共和国2009年国民经济和社会发展公报》，http：//www.stats.gov.cn/tjgb/ndtjgb/qgndtjgb/t20100225_402622945.htm。

乡居民生活水平不断提高的同时，我国居民收入差距不断扩大。到1992年，全国总体基尼系数就已经达到0.4（程永宏，2007），这说明全国居民收入差距已经达到一个较为严重的程度。严重的收入差距状况对我国经济社会正常运行产生了极其不利的影响。由于财富向少数人集中，导致少部分人控制了大量的社会财富，而大部分人则陷于贫困之中，上述状况有悖于共同富裕的目标。收入是决定消费的主要因素，富人掌握大量财富，淫奢无度；穷人一贫如洗，贫寒交加。因而，收入差距扩大会引发公民消费等其他方面的差距，加快社会不同阶层分化，从而威胁到社会和谐、安定。鉴于不断扩大的收入差距及其带来的不利影响，中国共产党以及中国政府高度重视收入分配问题，出台了一系列调节收入分配、遏制收入差距继续扩大的政策。

中国共产党第十六次代表大会把理顺收入分配关系作为收入分配制度改革的重点。中国共产党第十六次代表大会报告中所提到的需要理顺的收入关系包括：国家、企业、个人不同收入分配主体之间的关系、不同分配方式之间的关系、效率与公平之间的关系、初次分配与再分配之间的关系。[①] 十六届三中全会提出，要通过加大收入分配调节力度来解决收入差距过分扩大的问题。十六届三中全会所提出的政策目标是提低——扩中——调高，即提高低收入者的收入水平，扩大中等收入者比重，调节过高收入，取缔非法收入。[②] 2006年中国共产党中央政治局会议专门研究了改革收入分配制度和规范收入分配秩序问题，并提出了构建科学合理、公平公正的社会收入分配体系的改革目标。中央政治局会议重申了十六届三中全会所提出的提低——扩中——调高的收入分配调节政策目标。[③] 中国共产党第十七次代表大会重申了我国基本的收入分配制度，即按劳分配为主体、多种收入分配方式并存的收入分配制度。与此同时，中国共产党第十七次代表大会提出通过各种方式增加城乡居民收入，如提高居民收入在国民收入分配中的比重；提高劳动报酬在初次分配中的比重。2009年，中国政府相继出台了一系列调节收入分

[①]　江泽民，《全面建设小康社会，开创中国特色社会主义事业新局面——在中国共产党第十六次全国代表大会上的报告》，人民数据库，http：//202.112.118.21：900/detail？record = 55&Channe lID = 1081600&ran - dno = 29099&resultid = 18936。

[②]　中国共产党第十六届中央委员会第三次全体会议，《中共中央关于完善社会主义市场经济体制若干问题的决定》，人民数据库，http：//202.112.118.21：900/detail？record = 8&ChannelID = 1081603&randno = 26182&resultid = 19010。

[③]　人民网，2006，《中央研究改革收入分配制度和改革收入分配秩序问题》，5月27日，http：//politics. people. com. cn/GB/1026/4409019. html。

配的政策，如《关于 2009 年深化经济体制改革工作的意见》对其进行了全面概括。从具体措施上来看，它们可以被归纳为以下几方面。

（一）规范收入分配秩序，完善公正的收入分配制度

首先，进一步规范国有企业负责人薪酬管理制度。2009 年，人力资源和社会保障部等部委联合下发了《关于进一步规范中央企业负责人薪酬管理的指导意见》，它对中央企业负责人薪酬制度做出了明确规定。中央企业负责人的薪酬结构主要包括基本年薪、绩效年薪和中长期激励收益三部分，其中基本年薪与上年度在岗职工平均工资相联系，而绩效年薪则根据年度经营业绩考核结果进行确定。同时，对重要企业负责人职务消费也做出了原则性的规定。中央企业要严格控制职务消费，按照有关规定建立健全职务消费管理制度。其次，积极推进机关和事业单位工资制度改革。2009 年人力资源和社会保障部要研究出台级别与工资等待遇适当挂钩、向县乡等主要领导实施工资政策倾斜的具体办法。与此同时，在事业单位工资制度改革中，积极推进义务教育学校实施绩效工资制度并加快制定其他事业单位实行绩效工资制度的实施意见。再次，推进实施集体合同制度，指导企业建立职工工资随经济效益协商调整的机制；积极落实最低工资制度。最后，通过各种措施加强对垄断行业收入调节，如加强对垄断行业收入监管等。

（二）推动收入再分配政策完善，遏制收入分配差距扩大趋势

首先，积极发挥税收对收入的调节作用。个人所得税是具有对收入进行调节作用的重要税种，特别是它对高收入具有良好的调节作用。然而，我国缺乏完备的收入监测制度以及良好的个人所得税制度，这大大限制了个人所得税的收入调节作用。鉴于上述情况，中国共产党十六届三中全会提出，通过健全个人收入监测办法、强化个人所得税征管来加强对收入的调节。其次，逐步完善覆盖城乡的社会保障制度。①农民工基本养老保险制度准备建立并实施。人力资源和社会保障部按照"低费率、广覆盖、可转移，并能够与现行养老制度衔接"的政策要求于 2009 年制定了《农民工参加基本养老保险办法》并向社会公开征求意见。②逐步开展农村养老保险制度试点，使广大农民老有所养。2009 年国务院颁布了《关于开展新型农村社会养老保险试点的指导意见》，提出在全国 10% 的县进行农村养老保险制度试点。农村基本养老保险制度缴费由个人、集体和国家共同负担。中央财政对中西部地区按中央确定的基础养老金标准给予全额补助，对东部地区给予 50%

的补助；地方政府应当对参保人缴费给予补贴，补贴标准不低于每人每年30元。③调整退休人员养老金水平，提高老年人的生活质量。从 2009 年 1月 1 日起，企业退休人员养老金得到提高，提高幅度为 2008 年企业退休人员月人均基本养老金的 10% 左右。④建立城乡最低生活标准正常调节机制，使广大低收入者分享到经济发展成果。⑤完善城乡最低生活保障制度，逐步提高保障水平。

二　当前收入分配领域存在的主要问题

自从党的十六大之后，党和政府高度重视民生问题，特别是其中的收入分配问题，为此提出了一系列整顿和规范收入分配秩序、完善公正收入分配制度的新措施。上述措施的实施对于遏制收入差距不断扩大的趋势起到了积极的作用，进而推动了经济和社会的和谐发展。尽管如此，我国收入分配中依然存在许多问题，主要是收入差距大、分配关系紊乱、制约机制缺失等。

（一）收入差距过大，严重影响到经济和社会发展

自从 1992 年开始，全国总体基尼系数就已经达到 0.4，并且近年来全国总体基尼系数呈现上涨趋势。早在 2004 年，全国总体基尼系数就已经达到 0.44，这一数字已经超过了国际上公认的基尼系数 0.4 的警戒线（程永宏，2007）。由此可知，2004 年全国收入差距已经处于一个非常不平等的状况。自从 2004 年之后，全国收入差距扩大的趋势不仅没有得到缓解，而且呈现继续扩大的趋势。我国的收入差距重点表现在城乡收入差距、地区收入差距和行业收入差距上。

1. 城乡收入差距仍然过大

尽管城乡收入差距扩大的趋势得到一定程度的缓解，但是，从 20 世纪90 年代后期开始，我国城乡收入差距一直处于不断扩大的趋势之中。城镇人均可支配收入与农村人均纯收入比例由 1997 年的 246.89% 逐步上升到2007 年的 332.96%。从 2008 年开始我国城乡收入差距出现了下降的趋势，城镇人均可支配收入与农村人均纯收入比例由 2007 年的 332.96% 下降到2008 年的 331.49%，下降了 1.47 个百分点。尽管我国城乡收入差距有所下降，然而 2008 年城乡收入比仍然高达 331.49%。① 如果考虑到城镇居民和

---

① 由《中国统计年鉴 2009》相关数据计算获得。

农村居民在社会保障方面所存在的巨大差距，那么城乡居民之间的收入差距比目前的状况还要严重。城乡之间过大的收入差距一方面会进一步加剧本已存在的城乡二元经济结构，造成城乡之间的割裂，不利于城乡之间的统筹发展。另一方面，城乡之间过大的收入差距严重制约了农村经济的发展水平和农民生活水平的提高。与此同时，严重的城乡收入差距阻碍了农业发展，严重威胁到国家的粮食安全。

2. 农村区域间收入差距过大

农村区域间收入差距过大，而城镇区域间收入差距扩大的趋势没有根本改变（见图1）。从图中可以看出，近年来表示各地区居民收入差距的基尼系数的变化幅度不大，这就说明我国地区间居民收入差距保持在了一个较为平稳的状态。与此同时，农村地区间收入差距要远远高于城镇间收入差距。区域间收入差距问题所反映的是区域间经济发展水平的巨大差异，后者对我国经济和社会发展具有重要影响。首先，广大中西部地区约占我国领土面积的大多数，它们也容纳了我国大多数的人口。如果广大中西部地区远远落后于东部地区，那么人民的收入增长就会受到极大限制，人民生活水平也就不能得到有效改善。其次，如果广大中西部地区经济发展落后，那么其消费水平也就相对较低，这就限制了内需的扩大，不利于我国经济的发展。

3. 行业收入差距过大的状况没有得到根本改善

从图2中可以看出，2008年第四季度之前，国民经济不同行业间收入差距呈现上升的趋势，而2008年第四季度之后，国民经济不同行业间人均收入差距才稍微出现下降趋势。尽管不同行业间人均收入差距略微下降，但是各行业间人均收入差距过大的状况没有根本变化。我国行业收入差距中有一部分是由于行业差别所造成的合理收入差距。比如信息传输、计算机服务和软件业与其他行业间的收入差距是由这一行业的技术特点所决定，这就属于合理的收入差距。然而，我国行业收入差距中很大一部分是由垄断所造成，这一部分就属于不合理的行业间收入差距。行业间过大的收入差距造成了巨大的负面效应，它将过多的人力资源都集中到垄断行业，窒息了经济发展活力。

（二）收入分配关系紊乱，直接收入分配差距扩大

自从中国共产党第十四次代表大会之后，具有中国特色的社会主义市场经济逐渐在我国建立起来。与社会主义市场经济相适应的分配制度随之也在我国建立起来，即以按劳分配为主体、多种分配方式并存的分配制度，坚持

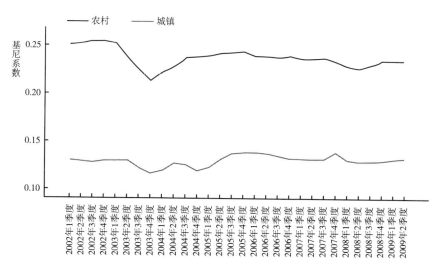

图 1　居民收入地区间差距

数据来源：由《中国经济景气月报》相关数据计算获得。

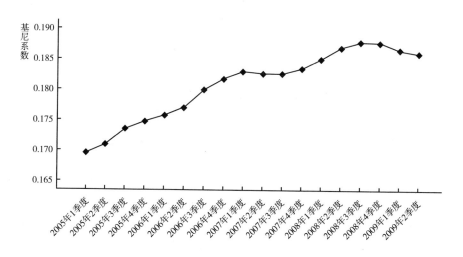

图 2　国民经济各行业人均收入基尼系数

数据来源：由《中国经济景气月报》相关数据计算获得。

效率优先、兼顾公平，各种生产要素按贡献参与分配。尽管社会主义市场经济以及与其相适应的收入分配制度逐渐在我国建立起来，但是收入分配制度在现实中却没有得到有效的体现，造成收入分配关系紊乱，直接导致收入差距扩大。

1. 政府过多涉入收入初次分配

在市场经济条件下，生产的扩大是由资本和劳动等生产要素相结合而共同推进的，所以应该由各生产要素按照其在生产中的贡献进行初次分配。在市场经济条件下，政府主要通过提供公共产品等来弥补市场失灵。因而，政府应该不参与到收入初次分配领域，而是通过税收方式获得收入而维持其正常运转。在我国的分配制度中，政府则直接涉入收入初次分配领域，其主要表现就是在各个关系国计民生领域国有企业占主导地位。尽管进行了现代企业改造，但是我国大多数国有企业的经营方式在本质上没有改变，所以它们并不是真正的市场经济条件下的企业。我国的国有企业之所以能够盈利，主要是依靠政府所赋予的垄断权力，从而获取垄断利润。在获取垄断利润的同时，国有企业却具有现代股份制的外表，所以他们的管理者就可以随心所欲地支配垄断利润。与此同时，由于政府是国有企业的最大股东，是政府收入的重要来源之一，所以也就丧失了对它们进行监管的动机。特别是在政府官员和国有企业管理者的个人谋利动机超过他们为人民服务的动机时，国有企业就成了部分利用政府权力谋取个人利益的工具。由于国有企业主要是依靠垄断获取利润，所以国有企业已经成为将大众财富转化为少数人财富的工具。

2. 相关劳动法令得不到有效执行，劳动者权益得不到有效保护

如果仅从劳动法令条文来看，我国设立了世界上对劳动者权利保护最全面的劳动保护制度。然而，我国大部分劳动法令却是一纸空文，在现实中得不到有效执行。因此，最低工资和工资集体协商等保护劳动者经济利益的相关制度也就无从谈起。与资本相比，劳动者在收入分配过程中本来就处于弱势地位，如果再缺乏法律对劳动者合法权益的保护，那么资本对劳动的侵犯就会发展到肆无忌惮的地步。在收入分配过程中，本该由劳动者享有的收入就会被资本所侵蚀，这也就是为什么珠三角地区工资会长期保持不变的重要原因之一。资本对劳动收入的侵蚀，劳动收入比例过低，这是进一步导致我国收入差距过大的一个重要原因。与此同时，由于劳动者获得的收入较少，消费不足，进而影响到经济增长。特别是在国际金融危机的冲击之下，国内消费已经成为我国经济增长的重要动力源泉。如果劳动收入比例过低，那么将会直接影响经济增长速度，进而引发一连串连锁反应。

（三） 制约机制缺失，缺乏对收入差距的调节

在市场经济条件下，如果按照对生产的贡献在各类生产要素之间进行分

配，那么必然会造成各生产要素所有者之间的收入差距。尽管上述收入差距是公正、合理的收入差距，但是仍然需要政府发挥收入再分配的职能，从而保证所有的社会成员都能够获得维持其基本生存的收入。只有政府对收入进行再分配，才能既注重效率，又兼顾公平，才能维持整个社会的顺利运转。否则，按照效率原则，市场将会使富者越富，穷者越穷，造成收入差距不断扩大，最终整个社会将会崩溃。政府主要通过向富人征收税并向穷人进行转移支付的方式来调节收入分配。政府对收入分配进行调节的手段则主要是个人所得税和社会保障。然而，我国的个人所得税和社会保障存在许多问题，阻碍了它们收入分配功能的发挥。

1. 个人所得税对收入差距调节不利

我国个人所得税制度对收入差距调节不利主要由两方面原因引起。第一，我国缺乏切实可行的监测居民收入的办法。因此，政府无法掌握居民收入的实际状况。政府的税务部门因而无法按照居民实际收入状况征收个人所得税，这就为逃税、避税提供了可能。第二，我国个人所得税制度存在一些问题，主要表现为课税方式不合理、免征额过低等。上述两个问题导致我国个人所得税征收不足，个人所得税占 GDP 比重偏低（见表1）。

表1　个人所得税占税收总收入及 GDP 的比重

年份	个人所得税收入（亿元）	占收入总额比重（%）	占 GDP 的比重（%）
1998	338.59	3.9	0.4
1999	414.24	4.02	0.46
2000	660.4	5.22	0.67
2001	996	6.57	0.91
2002	1211.1	7.13	1
2003	1417.3	6.93	1.04
2004	1737.1	6.75	1.09
2005	2093.91	6.78	1.14
2006	2452.32	6.52	1.16
2007	3184.98	6.44	1.28

数据来源：周晓舟，2009，《我国个人所得税调节收入分配功能的现状研究及完善》，中国人民大学专业硕士学位论文。

从表1可以看出，2007 年，我国个人所得税收入占 GDP 的比重只有1.28%，而1994 年国际货币基金组织的研究表明，人均 GDP 在 350～1700美元的国家，它们个人所得税占 GDP 比重的平均值为 2.1%（周晓舟，

2009：9）。与此同时，我国个人所得税的纳税主体不是高收入者，而是广大的中低收入者。

2. 社会保障体系不完善

经过长时间的不断努力，我国已经建立了覆盖城乡的社会保障体系，这一体系在保障人民基本生活方面发挥了积极作用。然而，我国的社会保障体系还存在许多不完善之处，这既不利于社会保障在收入分配中功能的发挥，也不利于对居民基本生活的保障。第一，城乡社会保障制度之间存在巨大差异。尽管党的十六大以来，农村社会保障制度建设取得了巨大的进展，建立了农村新型合作医疗制度和农村最低生活保障制度，加强了"五保"制度建设，但是农村社会保障制度依然不健全。农村社会保障制度发展的现状影响了农民的生活水平。比如，由于农村没有养老保险制度，农民只能依传统的养老方式进行养老。据零点调查的数据显示，农村居民依靠子女养老的占51.6%，依靠个人储蓄养老的为27.7%；而43.2%和32.4%的城镇调查者则以退休金/退休工资和社会基本养老保险作为养老金的来源，两者合计为75.6%。[1] 第二，城镇社会成员社会保障制度不平等。中国部分社会保障政策仅仅针对特定群体人员，比如城镇职工养老保险、医疗保险和失业保险，导致绝大多数劳动者被排除在社会保险制度之外，直接后果就是城镇社会保险制度覆盖面过窄。2007 年参加医疗保险、失业保险、养老保险的在职职工占城镇就业人员的比例分别为 45.72%、39.67%、51.73%，仍分别有54.28%、60.33%、48.27%的就业人员未参加上述保险。[2] 第三，城镇机关、事业单位与企业社会保障制度之间不平等。改革的滞后性导致城镇机关、事业单位与企业社会保障制度之间存在巨大的不平等，这种不平等直接导致了社会保障待遇的差距。

三 深化收入分配制度改革的对策建议

（一）深化收入分配制度改革，整顿和规范收入分配秩序

我国收入差距过大主要是由初次分配过程中收入分配秩序紊乱造成，所

---

① 中新网，2008，《2007 年中国居民生活质量调查报告》，4 月 1 日（http://www.china. com. cn/aboutchina/zhuanti/08zgshxs/2008 - 04/01/content_ 14027570. htm）。

② 国家统计局数据库（http://219.235.129.54/cx/index.jsp）。2003 ~ 2005 年的医疗保险和失业保险数据源于《中国统计年鉴 2008》。

以深化收入分配制度改革的关键在于整顿和规范初次分配过程中的收入分配秩序。初次分配秩序紊乱的根源在于政府过多地涉入到了初次分配过程之中，所以整顿和规范收入分配秩序的重点在于使政府从初次分配过程中退出。

首先，转变政府职能，缩小政府规模。由于缺乏有效的制约机制，我国政府往往具有扩充自己权力，控制更多社会资源的动机，这种动机的存在是政府涉入具体经济和社会事务的根源。政府所涉入的经济社会事务越多，它所拥有的权力就会越来越大，控制的社会资源越来越多，这样势必就要求政府的规模越来越大。因而，整顿和规范收入分配秩序关键是限制政府扩充权力和资源的动机，这就要求将政府职能由促进经济增长转变为保障民生。根据因事设岗的基本原则，政府从一般经济事务中退出之后会导致工作岗位减少，进而出现大量剩余人员，这就要求合并机构、精简人员。只有这样才能从根本上限制政府对权力和资源的追逐，才能从根本上整顿和规范初次分配过程中过多的政府涉入。

其次，推进国有企业改革，消除行业垄断。尽管政府行政权力是导致收入分配秩序紊乱的根源，但是作为政府附庸的国有企业才是扰乱收入分配秩序的始作俑者。从这一点可以看出，当前的国有企业与之前军队兴办企业对经济秩序的破坏在本质上是一样的。因而，整顿和规范收入分配秩序的关键在于斩断政府与国有企业之间的联系。在转变政府职能，缩小政府规模的基础之上要根据不同的原则对当前的国有企业进行改革。凡是与公共利益无关的国有企业，国家逐渐减少持股比例，最终成为由社会资本控制以营利为目标的现代化企业。由于当前的国有企业规模庞大，一般在一个行业处于垄断地位，所以政府要加大反垄断力度，消除垄断门槛，鼓励其他所有制企业的发展，增加行业竞争，从而最终消除垄断利润。对于涉及公共利益的国有企业，政府要直接经营，因为他们与政府的目标都是服务公共利益。在国营企业管理中，政府要按照现代企业管理模式对国营企业进行管理。

最后，促进劳动法令执行，保护劳动者的合法权益。既然我国已经制定了世界上对劳动者权益保护最为全面的劳动法令，那么就要促进法令条文的执行。首先，建立行之有效的工资集体协商制度，这样才能扭转单个劳动者相对于资本的弱势地位，才能为劳动者争取到合理、公正的劳动报酬。只有建立行之有效的工资协商制度，才能形成劳资双方共决、共创、共享企业财富的新模式。其次，适当提高最低工资标准，保证广大劳动者的合法权益。目前，我国大部分地区最低工资标准大概是当地平均工资的 20% ~ 30%，这大大低于国际劳工组织所建议的占当地平均工资 40% ~ 60% 的最低工资标准。因而，要适当提高最低工资标准，维持劳动者的基本生存。最后，积极推进《劳动法》和《劳动合同法》的实施，为保护劳动者的合法权益提供法律依据和法律支持。

（二）推进城乡一体化，积极推动农民收入增加，逐步缩小严重的城乡收入差距

首先，千方百计保证经济增长速度，为农民就业提供保证。我国经济增长与就业之间存在长期均衡关系，而且经济增长是拉动就业增加的源泉。只有保持高速的经济增长，才能创造更多的就业岗位，以此吸纳农村劳动力就业，从而增加农民收入。其次，积极推动城镇化进程，逐步减少农村人口占总人口的比例，这样才能增加农村人均土地拥有量并增加农产品需求量，从而推动农产品价格上涨，最终增加农民收入。最后，加快农村社会保障体系建设，减少农民开支。要从农民需求最迫切的医疗保险和最低生活保障制度入手，逐步提高他们的保障水平。积极探索建立农村养老保险制度，解决农村老年人口的养老问题。

（三）促进基本公共服务均等化，逐步缩小中西部地区经济发展差距，从而缩小地区间收入差距

积极推动中西部地区经济发展，特别是农村地区，逐步缩小地区间收入差距。地方政府积极引导中西部地区农村剩余劳动力到东部沿海地区就业，增加农民收入。中央政府要加大对西部地区经济发展的支持力度。加大对中西部地区的资金投入，与此同时适当对中西部地区进行政策倾斜。

（四）完善政府再分配机制，缩小收入分配差距

第一，建立切实可行的收入监测制度，从而能够对居民收入进行有效监测。只有对居民收入进行全面监测之后，才能从根本上消除逃税、漏税的可能。第二，改革我国个人所得税制度。将我国的分类所得税转变为综合所得税；提高个人所得税的免征额等。第三，推进社会保障制度建设。从农村居民最需要的基本生活和医疗保障入手，发展农村最低生活保障制度和新型合作医疗制度，使得最低生活保障标准和农村合作医疗的保障水平在现有基础之上不断提高，保障农村低收入者的基本生活和农村居民的医疗需要。然后，随着农村经济发展水平的提高和农村纯收入的增加，政府发展养老保险制度，使得农民的养老方式由传统的家庭养老过渡到社会养老。将广大就业

人员纳入到社会保险范围内，保障其合法权益，特别是就业于广大民营企业的就业人员。要按照城镇企业职工养老保险和城镇职工医疗保险制度对机关及事业单位养老保障制度和医疗保障制度进行改革，建立面向所有城镇劳动者的统一的社会保障制度。

参考文献

程永宏，2007，《改革以来全国总体基尼系数的演变及其城乡分解》，《中国社会科学》第 4 期。

宏观经济研究院社会所课题组，2009，《完善收入分配机制的政策研究》，《宏观经济管理》第 4 期。

梁季，2010，《两个"比重"与个人所得税》，《税务研究》第 3 期。

宋晓梧、苏海南、杨宜勇，2010，《做大"蛋糕"，更要分好"蛋糕"——专家热议当前收入分配制度改革》，《光明日报》6 月 6 日第 6 版。

苏海南，2009，《我国收入分配领域存在的主要问题及对策》，《理论前沿》第 15 期。

杨宜勇、池振合，2009，《中国社会保障政策回顾与评价》，《经济纵横》第 11 期。

——，2010，《2009 年中国收入分配状况及其未来发展趋势》，《经济研究参考》第 6 期。

致公党中央，2010，《完善我国个人所得税制度、实现国民收入分配的合理化》，《中国发展》第 2 期。

周晓舟，2009，《我国个人所得税调节收入分配功能的现状研究及完善》，中国人民大学专业硕士学位论文。

作者简介

杨宜勇　男

所属博士后流动站：中国社会科学院社会学研究所

合作导师：景天魁

在站时间：2002.08 ~ 2005.07

现工作单位：国家发展和改革委员会社会发展研究所

联系方式：yangyiyong@ sina. com

池振合　男

现工作单位：中国劳动关系学院公共管理系

联系方式：chizhenhe@ 163. com

国际慈善法制建设的新进展对
中国慈善立法的启示

张祖平

摘　要：慈善事业是社会建设的重要内容，各国通过慈善立法保护和规范慈善事业的发展。中国作为现代慈善事业新兴国家，急需建立本国的慈善法。从国外慈善立法中借鉴经验，吸取精华，有助于提高中国慈善立法的科学水平。本文通过对英国、中国香港、俄罗斯、乌克兰和亚美尼亚慈善法的比较研究，发现国际慈善立法具有四个明显的新进展，即对慈善的定义明确清晰，政府对慈善事业给予越来越多的保护和支持，注重对慈善活动和慈善组织的监督，对国际慈善活动的关注增多。研究认为，中国慈善立法应该对慈善的定义作出标准化的界定，应该规定国家对慈善事业的鼓励、补助和保护政策，规定公众和慈善组织的权利，规范慈善组织的财务运作，规定慈善组织不能参与政治活动。

关键词：国际　慈善法　慈善活动

慈善事业是社会建设的重要内容，各国通过慈善立法引导、保护和规范慈善事业的发展。世界上第一部慈善法于1601年在英国诞生，四百余年来，世界慈善法制建设如火如荼，英国、爱尔兰、中国香港、澳大利亚、俄罗斯、乌克兰、亚美尼亚等国都制定了慈善法，取得了丰富的经验。中国作为现代慈善事业新兴国家，急需建立本国的慈善法。掌握世界慈善立法的趋势，吸收国际慈善立法的最新成果，对我国建设一部引领慈善事业发展的高水平法律具有重要的现实意义。由于中国内地法律接近于大陆法系，但又吸收了英美法系的经验，且由于历史原因，中国当代政治制度、社会制度和法律制度受苏联的影响很深，因此，本文从英美法系国家中选取英国和中国香港，从大陆法系国家中选取对中国当代社会制度影响深刻的前苏联国家俄罗斯、乌克兰和亚美尼亚作为比较研究的对象，总结这些国家慈善立法的内容及对中国慈善立法的启示。

一　中国慈善立法的背景分析

（一）慈善行业获得较快发展，但仍存在较多问题

近年来，中国慈善事业快速发展，各类慈善组织纷纷涌现。2011 年，公益慈善组织的数量从 44 万个增加到近 46 万，各类基金会也从 2100 多个增加到 2500 多个。[①] 与此同时，一些影响和制约慈善事业发展的问题开始出现，如对于慈善活动、慈善组织的概念尚不明确；对于慈善财产的性质是公共财产还是信托财产存在争议；部分慈善组织运行不透明、管理不规范；慈善募捐程序不够完善，单位、个人擅自进行募集的现象时有发生，个别慈善组织甚至出现骗捐的违法行为；慈善监督机制不健全等。这些问题如果不解决，将对慈善事业的持续、健康、快速发展带来致命的伤害。越来越多的专家学者不断地意识到，慈善事业的健康发展，急需一部专门的慈善法规来规范和鼓励。

（二）国家慈善立法已经进行了较长时期的准备

中国内地的慈善立法实践从 2005 年开始起步。2005 年 9 月，民政部正式向全国人大和国务院法制办提出起草《慈善事业促进法》的立法建议；2006 年，慈善立法被写入政府工作报告，在两会上引起热议；2008 年，正式确定名称的《慈善事业法》被列入第十一届全国人大五年立法规划一类项目；2009 年和 2010 年，在全国人大常委会立法工作计划中，"慈善事业法"连续两年都被列为预备项目。2012 年的两会上，有代表继续呼吁加快慈善公益立法。但由于在慈善组织的登记注册、对境外慈善组织如何管理，

---

① 张雪弢、李立国：《推动〈慈善法〉立法进程完善税费减免政策》，http://gongyi.ifeng.com/news/detail_ 2012_ 03/14/13185099_ 0. shtml，2012 – 03 – 14。

慈善募捐行政许可等关键问题上仍有争议，目前国家层面的慈善法尚未出台。

（三） 地方慈善立法的实践为国家慈善立法进行了有益探索

在国家层面的慈善法一时无法出台的情况下，由于地方慈善事业的快速发展和实践中出现的问题急需规范，各地纷纷探索制定地方慈善法规。江苏省开全国之先，于 2010 年 1 月 21 日制定公布了《江苏省慈善事业促进条例》，自当年 5 月 1 日起施行；之后，湖南省人大于 2010 年 11 月 27 日公布了《湖南省募捐条例》，自 2011 年 5 月 1 日起施行；2011 年 10 月 1 日宁波市开始施行《宁波市慈善事业促进条例》，成为全国副省级城市首个关于慈善事业的地方性法规；2011 年 10 月 26 日，广州市人大常委会通过了备受关注的《广州市募捐条例》；2011 年 11 月 1 日，宁夏回族自治区正式启动《宁夏回族自治区慈善事业促进条例》，该条例明确了慈善活动的范围、原则和方法，严格慈善组织募捐、实施救助、信息公示、检查审计等制度，进一步加强了对慈善组织的监督管理；《上海市募捐条例（草案）》经过数次修改，已经提交市人大常委会二次审议。地方慈善立法的实践为全国慈善立法提供了经验，但也存在各地法律不一致，全国性的慈善机构须适应多种地方法律的问题，这一问题不利于全国统一慈善市场的形成，全国统一的慈善大法急需设立。

二　国际慈善法制建设的新进展

（一） 对慈善的定义趋向明确

慈善法对慈善的定义由列举式向列举和定义并存的方式转变。英国对慈善的定义由 1601 年以来的列举式改为明确的定义，即只有为公众利益服务（for public benefit）而且具备慈善目的的事业（charitable purposes）才能被认定为民间公益性事业。同时列举了 13 种慈善行为。俄罗斯慈善活动和慈善组织法对慈善进行了定义，指出慈善活动是指公民和法人不图私利地（无偿地或以优惠条件地）将包括资金在内的财产转交给他人或法人的志愿活动以及不图私利地完成工程、提供劳务和给予其他帮助方面的志愿活动。同时分 11 个方面列举了可以认定为慈善目的的活动。乌克兰慈善法认为"慈善"指个人和法人实体对接受者给予自愿的无私的物质上、财政上、组织上及其他方面的、善意的帮助和支援。同时列举了十二条慈善活动的内容。亚美尼亚共和国慈善法规定，慈善是为达到慈善目标，由自然人、法人给自然人、非商业组织提供的，非官方的、无偿的、法律规定（无偿或优待条款）许可的有关物质和精神方面的帮助。也列举了 8 条慈善活动。

（二）政府对慈善事业给予越来越多的保护和支持

慈善事业有助于建立人道主义和安乐祥和的社会环境，维护人类的生存秩序，提高人类的生活质量。因此，各国政府通常都鼓励慈善事业的发展，对慈善事业给予越来越多的保护和支持。英国慈善法规定了慈善委员会须对慈善组织予以支持。在中国香港，只要某团体成功注册，而它成立的宗旨是慈善的，原则上该团体便可以按《税务条例》向税务局申请税务豁免。俄罗斯慈善活动和慈善组织法专列一章规定"慈善活动的国家保障"，其内容有对公民和法人权利与合法利益的保护，政府向慈善活动参加人提供税收优惠和物质技术保障和资助等。乌克兰慈善法规定禁止国家政府、地方自治政府和官员干涉慈善组织的活动。那些捐献他们部分收入、储蓄或财产给慈善组织的个人及法人实体可享有税收上和其他方面的优惠。亚美尼亚共和国慈善法也专门列出一章规定"对慈善的国家保证"，其内容包括对慈善的鼓励，对慈善项目和慈善组织的国家补助，对慈善的国家保护。

（三）注重对慈善活动和慈善组织的监督

慈善活动是一种无私的、高尚的、有利于社会的活动，公信力是慈善组织的生命。各国通过加强对慈善活动和慈善组织的监管来提升慈善组织的公信力，促进慈善事业的健康有序发展。英国对慈善事业的监管较有经验，法律规定较为具体，英国 2006 年慈善法共有四个部分，其中的主体部分就是慈善监管，共有十一章。不仅规定了专门的监管机构——慈善委员会，而且对不同类型的慈善组织的监督作出了明确规定。俄罗斯慈善法规定，慈善活动的监管机构是国家慈善登记机关，慈善组织每年都应当向登记机关提交活动情况总结报告。慈善组织还应向社会公开信息，接受社会监督。亚美尼亚共和国慈善法规定对慈善的监管采取查看报告和现场检查相结合的方式。经授权的机构应当根据法律的要求监管慈善组织的活动。当授权机构在对递交的年度报告进行检查并发现违规迹象时，应当请求有权机构进行检查。

（四）对国际慈善活动的关注增多

随着经济全球化的快速进行和网络通信技术的蓬勃发展，以及人员跨国流动的增多，国际慈善组织越来越多，慈善活动越来越多地跨越国界，外国人从事慈善活动的问题急需规范和保护，有关慈善活动的国际条约和国内法律不一致时，如何适用的问题也需要明确规定。为此，很多国家的慈善法对国际性慈善活动专门作出了规定。如乌克兰慈善法规定，慈善活动参与者均有权参与国际慈善事业。在国际慈善活动中，应优先与散居在国外的乌克兰人合作。慈善组织有权接受来自其他国家的个人和法人实体的捐赠。如果乌克兰签署的国际条约中含有乌克兰本国有关慈善和慈善组织的法规中没有的规定，则其适用应得到乌克兰议会的批准。亚美尼亚共和国慈善法规定捐助者有权实行国际慈善活动。国际慈善活动方式包括：创造和参加国际慈善项目，参与国际慈善组织活动，与外国人尤其与亚美尼亚犹太人在相应慈善领域合作，但该合作要与国家法律和国际条约不相矛盾。外国公民、无国籍人、国家境内的外国或国际组织有资格依法参加慈善活动。在国际条约的效力方面，俄罗斯慈善法采取了国际法优于国内法的做法，规定如果俄罗斯联邦签署的国际条约规定了与本联邦法律不同的其他规则，那么适用俄罗斯联邦国际条约的规则。这为外国慈善组织的监管提供了适用的法律依据。但俄罗斯慈善组织在外国境内建立分支机构和开设代表处的，应当遵守驻在国立法的规定。

三　国际慈善法制建设对中国慈善立法的启示

（一）慈善事业的概念与定位

慈善的概念与定位是慈善立法一开始就要解决的问题。目前在学术界和实践领域对慈善的定义有诸多争议，中国慈善立法应该对慈善的定义作出标准化的界定。我们可以参考英国的定义，只有为公众利益服务（for public benefit）而且具备慈善目的的事业（charitable purposes）才能被认定为民间公益性事业。符合公共利益指的是任何慈善组织必须给受益者带来明确的益处。公众受益的形式既可以是物质的，也可以是非物质的。给公众的益处可以是直接的，也可以是间接的。

（二）　对慈善的国家保证

在对慈善的国家保证方面，亚美尼亚共和国慈善法规定得条理清晰，可资借鉴。亚美尼亚共和国慈善法对慈善的国家保证包括对慈善的鼓励、对慈善项目和慈善组织的国家补助、对慈善的国家保护三个方面。对慈善的鼓励，主要是设置国家级荣誉项目，对贡献较大的捐助者和志愿者给予奖励；对慈善项目和慈善组织的国家补助措施有：给予税收优惠，给予技术支持，对慈善组织利用国家财产少收费用或不收费用，政府购买慈善组织的服务，直接财政补贴等。对慈善的国家保护，是国家确保对慈善活动参与者的法定权利和法定利益的保护，妨碍自然人或法人履行慈善活动权利的公务员和其他人员，应当依法追究责任。中国立法可在上述方面作出相应规定，确保对慈善事业的保障充足、到位。

（三）　规定公众和慈善组织的权利

受"左"的思想的影响，人们对慈善的认识仍然较为片面，有的观点甚至是错误的。对于从事慈善捐赠的人，人们的评价不一，使得部分有慈善意愿的人担心受到曲解而踌躇不前。因此，在当下用法律来规定人们从事慈善事业的自由权，对于鼓励慈善捐赠和人们建立慈善组织的积极性具有重要的现实意义。同时，必须明确规定慈善组织的权利和义务，保障其合法权益不受侵害，合法活动不受限制，合法财产不受剥夺。现在规范慈善组织行为的呼声很高，这无疑是非常正确的，但对于慈善组织应该具有哪些权利的研究较少，只有权利和义务同时并存，才能促进慈善组织的健康发展。我们可以参照俄罗斯和亚美尼亚共和国的做法，在慈善法中规定公众和慈善组织的权利。

对国家机关工作人员从事慈善事业的权利可以单独列出。目前，中国政府工作人员不敢公开从事慈善事业的现象较为突出，官员捐款后往往受到款项来源质疑的压力，这种压力来自公众特别是网民对腐败现象的深恶痛绝，进而弥漫到对所有官员的怀疑。我们可以借鉴乌克兰的做法，在法律上规定任何官员均可以仅在公开的收入范围内参加慈善组织和从事慈善活动。同时创造条件，为包括官员在内的所有人从事志愿服务活动提供便利。

（四）　对慈善组织财务运作的规范

慈善组织从事慈善活动须有正常的经费支出，从捐款中列支经费应该被允许，对慈善组织外聘人员的工资支出应该列为正常经费，开展活动的行政办公费用也应列支，俄罗斯慈善法规定，慈善组织可以向志愿者支付与其在慈善组织内的活动相关联的费用（出差费用，乘坐交通工具的费用等）。志愿者是捐赠劳动力和时间的人，他们提供劳动，不一定再要他们自己出相关费用，对于慈善活动本身所需的运作费用，应该由慈善组织承担，而不是志愿者。因此，我国慈善法应允许慈善组织列支相关费用，明确开支项目，控制行政费用支出，但要严禁利用慈善资金谋求私利。对慈善组织职员报酬和管理费用的开支应学习亚美尼亚慈善法，规定一个开支的上限。

慈善组织为了实现慈善目的可以开展商业活动，经营公司。虽然创办公司是市场行为，慈善活动是社会行为，但只要经营所得用于慈善目的，就应该被允许且被提倡。只靠捐赠，慈善组织的运行是极不稳定的。只有建立自己的稳定的资金收入渠道，慈善组织才可能持续不断地运行。中国清代的慈善组织大都用捐款购置土地等恒产，然后用地租收入维持慈善组织的支出。俄罗斯慈善法也规定为了创造实现慈善宗旨的物质条件，慈善组织有权成立经营性公司。我国法律应该鼓励慈善组织多方筹资，建立多种多样的筹资渠道。

（五）正确处理慈善组织与政治的关系

慈善组织不能参与政治活动，不能为政党提供经费支持是各国的通行做法。英国慈善法、俄罗斯慈善法、美国慈善法对此都有明确规定。亚美尼亚共和国慈善法规定："慈善"不包括以货币或其他物质方式给政治党派和商业组织提供的帮助。中国可以借鉴这一规定。

许多国家都规定政府或类似部门不能作为慈善组织的创立者。如俄罗斯慈善法规定，国家权力机关，地方自治机关以及国有企业，地方所有的企业，国有事业单位和地方所有的事业单位不得成为慈善组织的创始人。乌克兰慈善法规定，从国家预算中获得资金的乌克兰国家机关及地方自治政府机构、国家及社区设施、社会团体以及各种组织等均不能作为慈善组织的创立者；亚美尼亚共和国慈善法规定，公共行政管理部门和地方自治团体不允许作为慈善组织的创立者。中国慈善法也可作出这种规定。

参考文献

俄罗斯联邦，2010，《慈善活动和慈善组织法》（ОБЛАГОТВОРИТЕЛЬНОЙДЕЯТЕЛЬ

НОСТИИБЛАГОТВОРИТЕЛЬНЫХОРГАНИЗАЦИЯХ）［EB/OL］，8 月 12 日（http：//
policy. mofcom. gov. cn/section/flaw！fetch. html？id = c69bd92c - 3dbe - 4067 - 8222 -
219ca030f354）。

方敏生，2007，《香港慈善事业的法律框架及其特色》，民政部法制办法室编《中国慈善
立法国际研讨会论文集》，北京：中国社会出版社。

公益慈善论坛，2010，《慈善立法中国慈善事业的现实路径》（http：//www. loongzone.
com/viewthread. php？tid = 113264&sid = hh9PP5）。

韩洁湘，2007，《香港慈善事业发展的法律制度》，民政部法制办法室编《中国慈善立法
国际研讨会论文集》，北京：中国社会出版社。

乌克兰共和国，2010，《乌克兰慈善与慈善组织法》（http：//www. chinanpo. gov. cn/web/
showBulltetin. do？ype = pre&id = 15700&dictionid = 1631）。

徐彤武，2010，《英国法律中"公益性事业"的定义与实践标准》（http：//www.
chinalaw. gov. cn/article/dfxx/zffzyj/200706/20070600057238. shtml）。

亚美尼亚共和国，2010，《亚美尼亚共和国慈善法》（http：//www. docin. com/p - 5361447.
html）。

中华人民共和国香港特别行政区政府，1997，《注册受托人法团条例》，6 月 30 日
（http：//www. legislation. gov. hk/blis _ ind. nsf/6033a8cc1f220686482564840019d2f2/
58274ed8c8dc39b28825648c0006629f？OpenDocument）。

中华人民共和国香港特别行政区政府，NCVO 2007，*A Briefing on the Charities Act* 2006
（http：//www. ncvo - vol. org. uk/policy - research - analysis/policy/ charity - law -
regulation/charities - act - 2006 - briefing）。

UK 2007，*The Charities Act* 2006（http：//www. legislation. gov. uk/ukpga/2006/50/contents）.

UK Strategy Unit 2002，*Private Action*，*Public Benefit*（http：//www. cabinetoffice. gov. uk/
media/cabinetoffice/stra - tegy/assets/strat% 20data. pdf）.

作者简介

张祖平　男

所属博士后流动站：中国社会科学院社会学研究所

合作导师：折晓叶

在站时间：2006. 09 ~ 2008. 10

现工作单位：上海师范大学法政学院社会保障系

联系方式：zhzuping@ 126. com

艺术空间建构的社会参与研究

——以 798 艺术集聚区为例

周　岚

摘　要： 在转型期的特殊历史阶段，空间变迁的实际逻辑常产生于在场者的日常生活。本文是以北京 798 艺术空间的建构为研究对象而进行的个案研究。这是一个由空间在场者通过空间实践而改变政府规划的案例，其间充满着矛盾、冲突与斗争。通过对民众参与空间建构的研究，我们似乎看到了创意阶层群体的大致边界轮廓，并认为在政府认可的制度框架下进行的都市运动或许是中国通往"公民社会"的一条可行之路。

关键词： 798　艺术空间　社会参与

一　引言

伴随着后工业时代的来临，城市中的第三产业逐渐代替了第二产业在产业结构中的主导地位，导致了许多传统工业基地结构性衰落；同时，信息社会新的生产、通信、运输技术和方式出现，原有工业、交通、仓储用地的功能布局、基础设施不能满足新的要求，导致空间功能衰退。转型时期中国的城市发展速度备受瞩目，"80 年代后期以来的中国，经济开发型的城市开发模式一直被延续至今"（陈映芳，2008）。与此同时，尽管有迅速发展的市场经济，30 年来，中国的政治体制却保持着高度的延续性，仍以集权、强制为特征的权力系统在中国的"现代化""城市化"进程中发挥着不容忽视的权威作用。我们看到，各地方权力与资本介入空间生产并形塑着城市空间模式（spatial patterning），共同打造着"金权城市"（陈东升，2003）。

位于北京市朝阳区大山子的"国营北京华北无线电器材联合厂"（简称"718联合厂"）曾是国家重要的电子工业生产基地之一，属军工部门。20世纪80年代开始，这个盛极一时的企业开始衰落。1993年6月，北京市政府通过《北京电子城方案》，将占地10.5平方公里的酒仙桥电子工业区正式定名为"北京电子城"，确定其为边界清楚的独立的重点规划发展单位，确立了区域经济发展的方向。[①] 按照北京市政府的规划，"718联合厂"原厂址将被打造成电子城的一部分，事实上，该空间的产权所有者七星集团亦已经开始与开发商联系，计划将土地卖出，建造楼宇。

如果依循由权力和资本主导、以土地/空间效益为目标的空间发展模式，"718联合厂"原厂址将成为第二个海龙大厦。[②] 然而后来这里却变成了全球闻名的798艺术区。2008年奥运会召开期间，798与长城、故宫等名胜古迹并列，成为重点旅游接待单位，民间传有"长城、故宫、798"之说。从2002~2007年，在短短几年里，798攫升为国内最大、最具国际影响力的艺术区，并已成为北京都市文化的新地标。按照列斐伏尔的理论，空间并非不可知的，它是社会的产物。那么798是如何通过社会行动而形成的？在"高度中央集权的国家体制与迅猛发展的市场经济并存共生、互为促进"（沈原，2006）这一中国转型期特有的背景下，来自民间的力量究竟有多大？这股力量是如何超越并战胜"金""权"，从而改变了空间的功能走向的？福柯认为，"空间是任何公共生活形式的基础，空间是任何权力运作的基础"（福柯，2001：13~14）。但在福柯那里，权力又绝不等同于权威，"在现实中，权力的实施走得要更远，穿越更加细微的管道，而且更雄心勃勃，因为每一个单独的个人都拥有一定的权力，因此也能成为传播更广泛权力的负载工具"（福柯，1997：208）。倘若真如福柯所理解的这般权力的普遍化和毛细血管化，那么除却来自资本和权威的"权力"，民间的微弱权力在空间实践当中是如何运作的？这些都是本文要探讨的问题。

---

① 《中关村科技园区志》，http：//yqz.zgc.gov.cn/control/detailContent？unitId=39e37a8603c85e19c068aab16f71f3a4。

② 北京市海淀区中关村的电子大厦。

二 空间研究述评

在早期大部分社会学家的著作中，空间并不是专门的研究对象，但它却始终在社会学著作中忽隐忽现，尽管缺乏关于"空间"的清晰而系统的理论阐述，但不乏若干具有洞察力的论述片段。马克思（1818～1883）的空间意识体现在其对早期资本原始积累、城乡对立以及土地资本主义转变的现代性价值的讨论中。爱弥尔·涂尔干（1858～1917）对于空间的研究更具人类学色彩，他指出，时间和空间是社会构造物，空间具有社会性，特定社会的人都以同样的方式去体验空间，社会组织则成为空间组织的模型和翻版（涂尔干，1999）。齐美尔（1858～1918）是古典社会学理论家中对空间最有洞察力的一位，其著作《空间社会学》可谓社会学视野下最早专门探讨空间议题的文献。其中，他揭示了空间"同存性"的关键特征，认为不同的人群不同的动机可以集结在一个区域内，但发生的种种事件都会受到空间条件的制约。他对于空间五种基本属性①的洞见为以后的空间社会学研究奠定了基础。

受齐美尔思想的影响，从德国留学回归美国的罗伯特·帕克（Park，R. E.）创立了芝加哥学派，在城市空间研究方面以人文生态理论独树一帜。该学派运用了"竞争""共生""选择""隔离""入侵"以及"演替"等植物生态学概念来解释城市社会空间结构特征，提出了三种古典模型："同心圆""扇形"以及"多核心"的城市分区结构模式。人文生态学丰富的经验研究范例启发了很多学者在城市空间研究上的探索。列斐伏尔可能是最早系统阐述空间概念的学者，他把空间理解为生产，但并没有把空间二分为关系结构与实践，而是把空间分成三个面向：空间实践（spatial practices）、空间的呈现（representation of space）和呈现性空间（spaces of representation/representational space）。在列斐伏尔理论的基础上，哈维从空间角度重构马克思主义的经济学，将空间生产和空间构型作为一个积极的要

---

① 齐美尔指出空间具有五种基本属性：①排他性，即不同的主体不可能同时占据同一空间；②空间是被分割性地使用的，各个部分各有自己的边界，空间的宽窄会对社会或国家产生影响；③空间可以使其中的内容被固定化，并形成特定的关系形式；④是否具有空间接触能够使社会互动的参与者之间的关系性质发生改变；⑤空间中群体流动的可能性与社会分化存在深刻的关系，一般来说，群体流动性越强，社会分化程度越低。见齐美尔，2002，《社会是如何可能的》，林荣远编译，桂林：广西师范大学出版社，第290～315页。

素整合进马克思理论框架的核心，并将此作为其理论基础以探讨后现代社会的时空问题；索亚则将空间性的维度注入了历史性和社会性的传统联姻中，着力探讨人类生活的空间性、历史性和社会性的"三维辩证法"。

自 20 世纪 70 年代以来，社会学家在反思以往理论的基础之上，辨识出空间的失语限制了理论的解释力，空间概念开始逐步进入社会学理论主流之中。许多社会学理论大家都在自己的理论架构之中为空间预留了一席之地。譬如，福柯借圆形监狱探讨了权力的空间化问题；彼埃尔·布迪厄将其空间理论建立在与社会结构紧密联系的"社会空间"之上，并将其与支持其理论的核心概念——场域、资本、惯习和实践有机结合在一起；吉登斯很自然地将"空间"纳入其结构化理论，主张必须将空间和互动系统的构成联系在一起考虑，认为社会互动由一定时空下的社会实践构成，空间形塑社会互动亦为社会互动所再生产。

中国社会学界最早的空间社会学研究可以追溯到 1949 年，时任岭南大学社会学系主任的杨庆堃名为《中国近代空间距离之缩短》的论文，借用麦肯齐 1933 年提出的"时空压缩"概念，考察空间体验对社会生活的影响。但在杨先生进行了空间研究的开创性工作之后很长时期里，国内这方面的研究仍然是欠缺的。

随着 20 世纪 80 年代社会科学的全面恢复和国内外学术交流的深入，国内学者逐渐开始关注空间问题的研究。20 世纪 90 年代之后，出现了一批译介、述评和中国式解读性质的研究，介绍西方新城市社会学与空间社会学理论。一些学者将时间与空间概念并置，对时空观进行梳理与重新界定（景天魁，1999；陈翔，2000）；一些学者着重对某一位西方社会学理论家的空间观与空间理论进行整理（司敏，2004；何雪松，2005；董国礼，2006；吴宁，2008）。2005 年之后，国内一些学者开始系统地厘清西方空间理论，并努力在此基础上作出中国式的解读（何雪松，2006；孙江，2008；冯雷，2008；包亚明，2001，2003）。近年来，包亚明主编的《都市与文化译丛》综合"都市研究"与"文化研究"两种视角，打开了国内学者在城市空间、消费文化等方面的视阈，让国内学者对西方城市与空间研究的社会理论有了一定的认识与了解，并激发他们对城市问题研究的兴趣和对空间转向研究的敏感度。

对于转型过程之中城市社会空间发生的变迁，社会学家们一直抱以极大的学术热情。比如，农民工进城和中国城市社会分层是当代中国社会学研究中的主流话题。在城市近郊的失地农民问题是近年来的一个新的关注热点。

然而，尽管上述问题与城市空间密切相关，但它们很大程度上是被置于社会结构之中而进行研究，研究的主题往往是个体的社会保障与社会适应性问题，城市空间只是作为背景、舞台或社会事实发生的容器，因此在这里并非在笔者讨论范畴之内。

与城市扩张和农民工进城以及失地农民相关联的一个问题是出现在城市边缘或中心破败区的"城中村"问题。都市里的"城中村"，是快速城市化过程中出现的新生事物和特有现象。王春光、项飙、王汉生等对都市外来流动民工和农民小业主聚居地北京"浙江村"进行了最初的探索性研究（王春光，1995；王汉生等，1997；项飙，1998）。李培林以深入浅出的叙事方式，从社会学、人类学角度对蓬勃发展的非农化、城市化过程进行了深刻的分析和思考，探讨了随着城市扩建、农村的消失而在广州出现的"城中村"现象；并对这些在社会结构、社会关系、生活方式、心理状态及建筑风格并没有同步融入城市的"城中村"进行了全面的考察（李培林，2004）。蓝宇蕴近年来一直致力于城中村的研究，她认为城中村所体现的具有鲜明过渡性特点的"都市村社型共同体"是农民城市化的一种"新型社会空间"，是弱势的非农化群体"小传统"得以依托，行动逻辑得以体现的社会场域（蓝宇蕴，2003）。

随着城市社会的发展和房屋的私有化，居住社区业主维权有着越来越突出的现实意义，这一现象引起了社会学者的广泛关注。张磊等认为，成立业主委员会意味着一种新的社会基础关系结构在基层社区出现，物业运作成为从国家中分离出来的新的公共空间，它不是由国家一元力量控制，而是由国家和社会二元力量共同决定的具有市民社会性质的新公共空间（张磊、刘丽敏，2005）。而顾玫的意见却与张磊相左，她认为由于在法规、组织机构和人们目前所持的观点三个方面都没有体现自治的核心精神，业委会制度并未为基层的民主参与提供舞台和可能（顾玫，2005）。陈映芳以社会运动理论为基本视角，着力探讨业主在维权过程中的行动力和制度限制。她认为城市中产阶层在房产物业纠纷的维权运动中表现出了相应的权利意识和行动力，而对市民自主组织的政治/法律限制已构成市民组织化表达行动和社会发育的制度瓶颈（陈映芳，2006）。

此外，还有一些学者对其他空间进行了零星的研究。如：董群选择屯门新市镇作为个案进行多方位的调查和研究，推出"空间互动思维方式之基本架构"（董群，1999）。陈长平在实地调查的基础上，结合文献档案资料及个人住居经验，详细描述了 N 院——一个四合院的社会文化变迁过程

（陈长平，2000）。叶涯剑将贵阳市的黔灵公园视为一个具有多重性的空间产品，把这一产品的重构看作一个从明清绵延到 21 世纪的事件，通过现场观察、访谈和历史研究，考察空间从前现代到现代的重构，观察社会行动塑造空间的方式和取向如何改变（叶涯剑，2006）。2006 年林蔼云在《社会学研究》第 2 期上发表《漂泊的家：晋江－香港移民研究》，文章将"漂泊空间"放置在移民家庭领域，以 home 取代 family，来检视成员如何于个人和宏观结构之间的空间中实践，重组来自不同地方的文化价值。

在中国社会转型过程中，城市发生着日新月异的变化：城市化进程中城市圈扩大和农村移民（农民工）进城破除城乡差异必然引起"振荡"；住房制度变革，新的社会角色——"业主"产生，基于以楼栋或居住小区为单元的新的利益群体——业委会产生；户籍制度变革，职业分化，包括自由艺术家在内的新的职业群体产生，以上都是发生在城市中影响社会结构的重要社会现象，且都必须以空间为载体。相对来说，"城中村"的研究应该是最富有成果和系统的，业主维权亦开始引起学界的关注，而对于艺术空间的研究，在我国社会学界还相当匮乏，同时以空间认识论、空间视角方法论进行的研究仍较少。

三 研究设计

本研究基于列斐伏尔、布迪厄、福柯等社会学家的理论观照，以 798 为一个空间重构的案例，来分析空间实践的逻辑。本研究基于以下两个理论预设。

前提预设一：空间是社会产品。空间绝非社会现象发生的容器，空间占有者在物质的、关系的和意义的三个面向的空间建构完成之后才得以产生一个全新的空间。

前提预设二：生产空间的主要是"占用"该空间的人，而未必是占有者（以产权为区别）。正如列斐伏尔所断言的："那些生产空间的人（农民和工匠）并不是管理空间的人，而是牧师、武士、神学家和国王才占有他人生产的空间，并成为空间真正的拥有者。"（Henri Lefebvre, 1991：48）具体到 798，生产空间的应该主要是在里面生活、工作的艺术家和画廊。

构成 798 空间的力量当然有来自制度、政策等结构性因素和背景，但更重要的是人的行动（具体到这里是 798 的艺术世界的在场者）如何逾越既有的结构规范，与结构历史相碰撞，透过空间主体的实践，慢慢拉伸、冲破、扩张制度边界，形成当下一个充满张力的当代艺术景观。研究将从 798

占用者——文中"艺术世界的在场者"——的视角出发，着重关注 2002～2007 年这 5 年的时间段，分析他们与其他空间实践者的互动，试图揭示空间实践的逻辑。

笔者以北京 798 艺术区为案例，来探讨公众参与空间建构的过程，之所以采取个案研究的方法，是力图促成理论的"切入情景化"。由于事先确定了研究个案，笔者尝试根据所研究的空间的特点来采取多种收集资料的方法，以使研究本身包含研究者与空间的互动过程。

（一）文献研究

第一，从报纸、杂志以及互联网上获取大量的相关信息。

第二，798 艺术区内的艺术家、知识分子为了保留 798，曾编撰过出版物，如黄锐的《北京 798：再创造的"工厂"》、朱岩的《798》画册，两届大山子艺术节的画册以及一些艺术活动的影像等都是宝贵的资料。

第三，收集政府相关法规文件。

（二）实地调查

笔者曾在 2007 年 10 月 10 日至 11 月 18 日参加了中央美术学院开设的为期近 40 天的第四届"当代艺术与批评研修班"。在这个班上笔者不仅学习到了有关艺术批评的一些知识，更重要的是走近了艺术圈。在这个短期培训班上，笔者结识了一批艺术圈的朋友，并通过他们认识了更多"圈内"人，比如，本文中接受访谈的政府规划部门官员就是通过班里的同学介绍认识。更为关键的是，在这个培训班结束的时候，笔者意外地找到了一份艺术媒体实习记者的工作。而这家媒体[①]在 2007 年底搬进了 798，笔者更能"身临其境"，实地观察 798，同时能利用记者身份的便利，直接对 798 艺术区内的艺术家或艺术机构的工作者进行非结构式访谈，获得第一手资料。

在 2007 年 12 月至 2008 年 3 月，接近 4 个月的时间，作为在场者，笔者几乎每天都在 798 工作；作为研究者，笔者不断将自己抽离出来，有意识地观察 798 中的社会现象，"装作"无意识地与其他的 798 在场者聊天、对话。所搜集到的信息、资料一方面可验证前人资料的可信度，另一方面为本文补充了新鲜的素材。

---

① 《Art 概》杂志。

四　空间的变迁：从封闭的单位大院到大院的碎片化

1953 年，718 厂为建厂征地，如今的 798 所在地酒仙桥一片被纳入了"全民"所有的范畴，在法律文本上，土地的集体所有变更为全民所有，[1]国家对土地的所有权由国务院代表国家行使。像同时期许多其他的大厂一样，在 718 联合厂，国家权力无孔不入：政治审查等严格的准入制度、政治学习的思想规训以及完备的福利，无不促进了大院的社会整合，这使得 718 联合厂成为一个被制度与其他空间隔断开来、相对独立的空间，犹如福柯笔下"权力的眼睛"，以米尔斯"社会学的想象力"，可以将其想象成完全围绕着一种统治性的、无所不见的凝视。这种无所不见的监视的目光来自周围一个"没有陌生人的社会"，一个城市中的"单位中国"，而处在"圆形监狱"瞭望塔中的则是国家（政府）的规训。

改革开放前，我国的国有企业土地的剩余索取权和控制权几乎全为政府所有，国有企业单位只是一个个不同的生产车间。在日常运行中，政府的积极干预，使得国有单位对于土地的决策权、收入支配权和资产转让权受到了严重的限制，产权的三个基本权利被弱化、扭曲，导致"产权残缺"（周雪光，2005）。国企在改变了政企不分和政府外部化管理的控制方式以后，在不变更产权关系（主要指所有权）的前提下，对国有资产实施经营方式上的变革。具体而言，国家继续保留了对国有企业的调控能力，但国有企业的经营主体在生产资料的使用权、收益权、处置权等方面都有了巨大的内部运作空间。国家对国企单位的全面控制已不复存在（刘平、王汉生、张笑会，2008）。

在国家放权和空间市场化双重力量作用之下，单位组织作为利益主体和利益整体的意义日益突出。2000 年 12 月，北京七星华电科技集团有限责任公司（简称"七星集团"）成立，由北京电子控股有限责任公司（隶属北京市国资委）和中国华融资产管理公司、中国信达资产管理公司共同出资，借助国家债权转股权政策，以原 700、706、707、718、797、798 厂等单位

---

[1]　根据《中华人民共和国土地管理法》第一章第二条：中华人民共和国实行土地的社会主义公有制，即全民所有制和劳动群众集体所有制。全民所有，即国家所有土地的所有权由国务院代表国家行使。第二章第八条：城市市区的土地属于国家所有。

为基础组建成,^① 原798厂为分公司。751厂改制成"正东电子动力集团有限公司"(简称"正东集团")。2002年末,原798厂重新进行整合,组建"北京七星飞行电子有限公司"。单体体制的改革以及空间的市场化因素给原718大院带来了巨大的变化。

首先表现在产权明晰上。原718大院的使用权由政府出让给七星集团和正东集团等企业,周边地区则归属于电子城有限责任公司,华北光电技术研究所为保密单位,宏源公寓原属七星,后出让进行房地产开发,其中七星集团占地面积32.4公顷,正东集团22.73公顷。具体产权分布见图1。

其次,大院空间市场化。在市场力量的裹挟下,原718分厂第一个成立了自己的房地产公司,并在主办公楼的废墟上盖起了二十几层的宏源公寓,2002年宏源公寓建成;大山子地区电子城规划改造时期,七星集团将部分产业迁出,并临时将闲置厂房出租,2000年之后大批艺术家入驻;2002年,"七星集团"向机械电子部提交所在地区的详细规划:拆除原有厂房,在其上兴建电子商业园区和高级写字楼,七星集团计划将土地转让给房地产开发商,因此最初与艺术家签订的租房协议的租期都在2005年底终止。

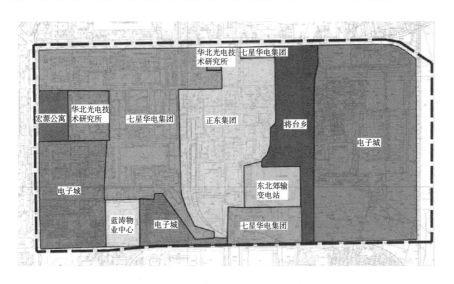

图1 电子城产权分布图

资料来源:北京市城市规划设计研究院XYF访谈提供(2007年10月)。

---

① 《中关村科技园区志》,http://yqz.zgc.gov.cn/control/detailContent? unitId=29bcd65b9530a9bef68afb9e5d2d0418。

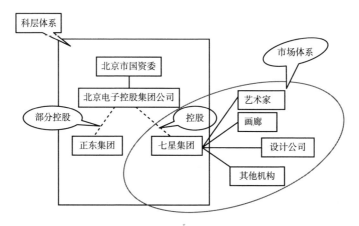

图 2　798 空间权力关系示意图

五　保卫 798：参与空间建构

电子城还是艺术区？718 大院是拆迁还是保留利用？一方面是推土机式的城市物质空间的改造建设方式，另一方面是有机自然式的城市文化空间的生存发展方式；一方面是国家市场的强大力量，另一方面是来自新的社会群体——创意阶层的抗争，两种空间形式发生了强烈的矛盾冲突。进入到 718 大院的艺术家们首先形成了一个"不对立"的非对抗性抵制的共识。黄锐在 2006 年接受《大美术》的采访，当被问到"作为艺术节的艺术总监，对这几年来举办艺术节有什么感受？"时，他是这么回答的："艺术家的聚集以及后来保护与拆迁激发了矛盾，当时已经住进来的艺术家们在我这里一起开了个会，商量一些解决的方案。当时我就提出不要对立，要引起社会的注意和同情，只有举办艺术活动，做艺术节，我们没有别的选择。"（马学东，2006）

在这种共识下，798 里以黄锐、徐勇和李象群等艺术家为代表的 798 精英发起了一系列保护 798 的实践活动。

（一）集体动员：举办艺术活动

虽然真正的艺术节到 2004 年才有机会举办，但 2003 年 4 月的"再造 798"活动实际上可以看作是艺术节的预演。这次艺术活动由徐勇和黄锐发起，在活动的计划概要中，明确提出"加强连带关系"、获得"广范围的理解和支持"的目的。

　　一、在不影响各位艺术家正常工作和生活的前提下，加强相互间的
连带关系，使艺术区的形象运作达到良好的社会影响；二、一定程度地
开放艺术家的生活方式及工作内容，使我们的再造计划得到广范围的理
解与支持。①

　　活动内容分两部分，一部分是徐勇的时态空间里的一个名为"回音"
的当代艺术展，另一部分是各艺术机构和工作室对外开放，活动动员当时在
798 里所有的艺术家工作室、艺术机构、画廊、酒吧都参加，在 2003 年 4
月 13 日那一天同时对外开放，"再造 798"的活动持续了一周多。4 月 13
日，艺术圈内圈外观众两千多人来观展，出现了北京当代艺术活动空前的规
模，多家媒体广泛报道，使 798 厂声名远扬。

　　紧接其后，5 月徐勇、黄锐发起以抗击"非典"为主题的"蓝天不设
防"艺术展在 798 时态空间展出；9 月冯博一策划的"左手与右手"中德文
化艺术展在 798 的时态空间和大窑炉举行，这是国内第一次尝试以民间的方
式和立场来举办国际性当代艺术展。3 次大型的主题艺术展内容涉及摄影、
行为、音乐、地景等方方面面，每次参观展览的人数均在 2000 人以上。798
内丰富的艺术活动成为国外媒体寻找中国变化迹象的证据。2003 年美国的
《新闻周刊》"首都风格"评选中，北京成为前 12 个城市之一，理由中首先
是以 798 的空间重塑说明北京的新风格。

　　黄锐在一次采访时说："把'798'的名号打出来是一件我们刻意去做
的事情——你不把自己的牌子打出去谁会来帮助你？我们是策动整个社会来
保护这种老建筑。"（黄锐，2005）以"再造 798"为序幕的一系列艺术活
动不仅加强了 798 内艺术家、艺术机构的凝聚力，更争取到了艺术圈内外的
注意，甚至引起了国际上的关注，广泛地动员了各类群体，成功地为保留住
艺术区奠定了舆论基础。

（二）建构记忆：社会文本叙事

　　面临拆迁危机，以黄锐为代表的一些园区内的艺术家走访 718 联合厂老
职工，搜集了大量珍贵的历史图片，内容涉及 718 联合厂的开幕式、政要视

---

① 摘自《再造 798 综合艺术活动计划概要》，着重号为笔者加注。

察、中德合作、生产劳动、政治运动、文体活动、生活福利、基础建设、建筑、留念与合影等方方面面；他还找到健在的第一位718联合厂厂长李瑞、718联合厂首任总工程师罗沛霖、798首任厂长傅克，以及工程师冯怀涵等人，请他们回忆叙述718厂的建设历史。黄锐将这些资料编撰成汉英对照的《北京798：再创造的"工厂"》一书，并最终由798艺术区内罗伯特的八艺时区出版。在2004年出版后，这本书被发送给北京各政府机构。在后来的访谈中，黄锐这么解释：

> 编这本书在当时是一种权宜之计，但我们的目标非常清楚，就是要保护这个老工厂。为了得到政府的支持，我们开始挖掘这个工厂的历史。……我们来做这件事情实际是想给政府一个启示，一种情绪上的冲击。这儿过去有辉煌的历史，国家投入那么多，而且还曾是一个时代的骄傲。（李雪梅，2006）

从黄锐的叙述中，我们看到，他编撰《北京798》的目的就是要保护住即将拆毁的工厂，而采取的方式是挖掘历史、唤起人们对工厂的集体记忆。2004年4月，八艺时区还出版了摄影师朱岩的《798》画册，画册中80个人物都是早期入住798的艺术家，这里面有中央美院雕塑系教师隋建国，音乐人刘索拉，出版人洪晃，还有退休建筑师美籍华人朱钧，舞者冰冰等，画册记录了每一个人物在798的生活状态。

哈布瓦赫认为，集体记忆在本质上是立足于现在并且是对过去的一种重构。艺术家借助718联合厂老职工的语言、故事、图片以及厂房建筑，建构了一个关于718大院的集体记忆，通过叙事，718大院的"历史"意义生成，并在某种程度上被转化为"建筑"意义，使得建筑空间（而非718联合厂的下岗工人）与国家历史相关联。不仅如此，这种集体记忆还经由文本刻写、复制和传播得到进一步强化，而同时期《798》画册的出版则通过图片叙事建构起一种近期的、短时的集体记忆，隐晦地指出了718大院的未来走向。

（三）合法化诉求：人大、政协提案

要保留718大院不被拆迁，重新修订城市规划，必须获得制度层面上的保障，在"不对立"原则的指导下，艺术家寻求在制度框架内来解决保留

798 的问题，以免 798 里的艺术家成为一个与政策对峙的"流民"群体。[①]
李向群在一次接受媒体采访时，这么回忆到："当时物业说准备把地给卖了
建公寓，大家都紧张了，开始出谋划策想办法。当时我正好要去开人代会，
决定把这件事作为一个议案提上去。"（李雪梅，2006）

　　2004 年 2 月 18 日，798 艺术区内的雕塑艺术家、清华大学美术学院教
授李向群以北京市人大代表的身份，向当年北京市"两会"提交了一份名
为《保护一个老工业建筑遗址，保护一个正在发展中的文化产业》的议案。
议案中提出了关于保护 798 艺术区的"五大价值说"。议案把以 798 厂为代
表的大山子艺术区的发展与城市规划的矛盾摆上桌面，建议政府相关部门邀
请各领域专家组成专家组，正式评估该地区的潜在价值，在拟订发展规划前
暂停实施原有规划。

　　正是 798 的创意产业阶层积极参与空间的建构以及开展活动的影响力，
引起了官方的重视。2004 年 3 月中旬，北京市政协副主席张和平与部分市
政协委员前往 798 厂视察。4 月 8 日，北京市委副书记龙新民也到 798 视
察。自 2004 年 7 月以后，北京市市委书记刘淇、市长王岐山等先后对 798
进行过明察暗访，形成了谨慎的积极态度："看一看、管一管、论一论"。
2005 年 3 月成立了由北京市委宣传部牵头，市规委、发改委、安全局等相
关部门参加的联合调研组，并于 2005 年中期将研究成果上报市政府，刘淇
书记对该报告作出了对 798 "建筑物的保留方式需认真对待"的指示，初步
明确对艺术区内四栋 20 世纪 50 年代德国专家设计的特色厂房建筑进行重点
研究。[②] 这一来自政府的决策虽未明确空间的未来趋向，但有效地遏制了
718 大院的拆迁进程，暂时保留住了物质空间，在"看一看、管一管、论一
论"的时间间隙中，艺术家们积极实践，为逐渐将 718 大院转变为 798 艺术
区奠定了坚实的基础。

六　结语

　　Castells（1983）认为城市的重要属性是国家组织集体性消费的形式，
而这种集体性消费则成为导致城市社会运动的根源，比如对城市更新改造等

---

① 事实上，由于当代艺术的批判性和反思性以及前卫艺术相当长一段时间的"地下"活动，
　当代艺术家被认为是波西米亚人、盲流，是城市边缘化的"北漂"一族；一些观念艺术、
　行为艺术家甚至一度被污名化为"流氓"，是社会的不安定因素。

② 北京市城市规划设计研究院 XYF 访谈，2007 年 11 月 20 日。

规划建议的反对和要求提供更好的城市服务的运动等。他提出当代都市运动的三个基本特征：第一，参与者自我定位为城市公民，或者具有其他自我认同，但都是和城市相联系的人；第二，这些运动都是立足于本地或者本区域；第三，这些运动都是围绕三个目标进行动员：集体性消费、文化认同和政治自决（转引自魏伟，2007）。类似798空间的都市运动的意义并非在于集体行动本身，更为重要的是通过发展社会运动的行动网络，不同背景的参与者学习差异的观点和立场，参与公共事务的讨论和决策。通过对民众参与空间建构的研究，我们似乎看到了创意阶层群体的大致边界轮廓，并认为在政府认可的制度框架下进行的都市运动或许是中国通往"公民社会"的一条可行之路。

参考文献

爱弥尔·涂尔干，1999，《宗教生活的基本形式》，渠东、汲喆译，上海：上海人民出版社。

爱德华·W. 苏贾，2004，《后现代地理学——重申批判社会理论中的空间》，王文斌译，北京：商务印书馆。

安东尼·吉登斯，1998，《社会的构成》，李康、李猛译，北京：三联书店。

——，1998，《现代性与自我认同》，赵旭东、方文译，北京：三联书店。

包亚明，2001，《后现代性与地理学的政治》，上海：上海教育出版社。

——，2003，《现代性与空间的生产》，上海：上海教育出版社。

包亚明、王宏图、朱生坚，2001，《上海酒吧——空间、消费与想象》，江苏：江苏人民出版社。

蔡禾，2003，《城市社会学：理论与视野》，广州：中山大学出版社。

陈东升，2003，《金权城市——地方派系、财团与台北都会发展的社会学分析》，台湾：巨流图书公司。

陈映芳，2006，《行动力与制度限制：都市运动中的中产阶层》，《社会学研究》第4期。

陈映芳，2008，《城市开发的正当性危机与合理性空间》，《社会学研究》第3期。

戴维·哈维，2003，《后现代的状况——对文化变迁之缘起的研究》，阎嘉译，北京：商务印书馆。

戴维·斯沃茨，2006，《文化与权力：布尔迪厄的社会学》，陶东风译，上海：上海译文出版社。

冯健，2004，《转型期中国城市内部空间重构》，北京：科学出版社。

冯雷，2008，《理解空间：现代空间观念的批判与重构》，北京：中央编译出版社。

福柯，1997，《权力的眼睛：福柯访谈录》，严锋译，上海：上海人民出版社。

——，2003，《规训与惩罚：监狱的诞生》，刘北成、杨远婴译，北京：三联书店。

高宣扬，2004，《布迪厄的社会理论》，上海：同济大学出版社。

顾朝林，2002，《城市社会学》，南京：东南大学出版社。

何雪松，2006，《社会理论的空间转向》，《社会》第 2 期。

黄锐主编，2008，《北京 798：再创造的"工厂"》，四川：四川美术出版社。

李汉林，1993，《中国单位现象与城市社区的整合机制》，《社会学研究》第 5 期。

李汉林、李路路，1999，《资源与交换——中国单位组织中的依赖性结构》，《社会学研究》第 4 期。

——，2000，《单位成员的满意度和相对剥夺感》，《社会学研究》第 2 期。

李汉林、渠敬东，2002，《制度规范行为——关于单位的研究与思考》，《社会学研究》第 5 期。

李雪梅，2006，《北京 798 从军工厂到艺术区》，《中国国家地理》第 6 期。

刘建军，2000，《单位中国——社会调控体系中的个人、组织与国家》，天津：天津人民出版社。

刘平、王汉生、张笑会，2008，《变动的单位制与体制内的分化——以限制介入性大型国有企业为例》，《社会学研究》第 3 期。

刘子华，2009，《798：亚洲崛起的艺术新聚落》，台北：南方家园文化事业有限公司。

米歇尔·福柯，1997，《权力的地理学》，严锋译，《权力的眼睛：福柯访谈录》，上海：上海人民出版社。

米歇尔·福柯，2001，《空间、知识与权力》，载包亚明主编《后现代性与地理学的政治》，上海：上海教育出版社。

潘泽泉，2007，《空间化：一种新的叙事和理论转向》，《国外社会科学》第 4 期。

折晓叶，2008，《合作与非对抗性抵制——弱者的"韧武器"》，《社会学研究》第 3 期。

沈原，2006，《"强干预"与"弱干预"：社会学干预的两条途径》，《社会学研究》第 5 期。

孙江，2008，《"空间生产"——从马克思到当代》，北京：人民出版社。

孙立平等，1994，《改革以来中国社会结构的变迁》，《中国社会科学》第 2 期。

汪民安，2006，《身体、空间与后现代性》，江苏：江苏人民出版社。

王汉生、刘亚秋，2006，《社会记忆及其建构——一项关于知青集体记忆的研究》，《社会》第 3 期。

王志弘，2001，《空间与社会讲义》，台北，自印。

魏伟，2007，《政治经济学视角下的中国城市研究》，《社会》第 2 期。

杨上广，2006，《中国大城市社会空间的演化》，上海：华东理工大学出版社。

叶南客，2003，《都市社会的微观再造——中外城市社区比较新论》，南京：东南大学出版社。

于显洋，1991，《单位意识的社会学分析》，《社会学研究》第 5 期。

张小军，2004，《象征地权与文化经济——福建阳村的历史地权个案研究》，《中国社会科学》第 3 期。

周雪光，2005，《"关系产权"：产权制度的一个社会学解释》，《社会学研究》第 2 期。

景天魁，1999，《中国社会发展的时空结构》，《社会学研究》第 6 期。

陈翔，2000，《吉登斯时空论研究》，中国人民大学博士学位论文。

司敏，2004，《"社会空间视角"：当代城市社会学研究的新视角》，《社会》第 5 期。

何雪松，2005，《空间、权力与知识：福柯的地理学转向》，《学海》第 6 期。

董国礼，2006，《詹姆逊的空间化思考：从超空间到认知测绘美学》，《社会》第 6 期。

吴宁，2008，《列斐伏尔的城市空间社会学理论及其中国意义》，《社会》第 2 期。

何雪松，2006，《社会理论的空间转向》，《社会》第 2 期。

孙江，2008，《"空间生产"——从马克思到当代》，北京：人民出版社。

冯雷，2008，《理解空间：现代空间观念的批判与重构》，北京：中央编译出版社。

包亚明，2001，《后现代性与地理学的政治》，上海：上海教育出版社。

包亚明，2003，《现代性与空间的生产》，上海：上海教育出版社。

李培林，2004，《村落的终结——羊城村的故事》，北京：商务印书馆。

蓝宇蕴，2003，《都市里的村庄：关于一个"新村社共同体"的实地研究》，中国社会科学院研究生院社会学系博士论文。

张磊、刘丽敏，2005，《物业运作：从国家中分离出来的新的公共空间》，《社会》第 1 期。

顾玫，2005，《商品房住宅区公共物业自治管理制度分析：以上海市水仙苑小区为例》，《社会》第 4 期。

董群，1999，《城市多重空间的演变与互动——屯门新市镇个案研究》，香港中文大学博士论文。

陈长平，2000，《逝去的四合院——某单位宿舍院社会文化变迁的空间分析》，中央民族大学博士论文。

叶涯剑，2006，《空间重构中的权力与日常生活——基于一个城市公园的案例研究》，中山大学博士论文。

马学东，2006，《当代艺术的城市嘉年华——北京 798 艺术区大山子国际艺术节》，黄锐访谈，《大美术》第 6 期。

黄锐，2005，《"798"生存策划》，《时尚家居置业》第 6 期。

李雪梅，2006，《北京 798 从军工厂到艺术区》，《中国国家地理》第 6 期。

Anderson. E. 1990. *Street Wise*. London：The University of Chicago Press, Ltd.

Bachelard, G. 1969. *Poetics of Space*. Trans. by Maria Jolas. Foreword by Etienne Gilson. Boston：Beacon Press.

Castells, Manuel. 1983. *The City and the Grassroots*. Berkeley：University of California Press.

Descartes, Rene. 1964. "Space and Matter." In Smart, J. J. C. （ed.）, *Problems of Space and Time*. New York：Macmillan.

Firey, Walter. 2005. "Sentiment and Symbolism as Ecological Variable." In Lin & Christopher Mele（eds.）, *The Urban Sociology Reader*. London：New York：Routledge.

Giddens, Anthony. 1981. *A Contemporary Critique of Historical Materialism*. Berkeley：

University of California Press.

Gregory, D. and Urry, J. (eds.) 1985. *Social Relations and Spatial Structures*. London：Macmillan.

Lefebvre, Henri. 1991. *The Production of Space*. Trans. by Donald Nicholson-Smith. Oxford, OX, UK；Cambridge, Mass, USA：Blackwell.

Leibniz, Gottfried. 1964. "The Relational Theory of Space and Time." In Smart, J. J. C. (ed.), *Problems of Space and Time*. New York：Macmillan.

Sack, David Robert. 1980. *Conceptions of Space in Social Thought*. Minneapolis：University of Minnesota Press.

Soja, Edward. 1996. *Thirdspace：Journeys to Los Angeles and Other Real – and – imagined Places*. Cambridge, Mass.：Blackwell.

Urry, J. 1985. "Social Relation, Space and Time." In Urry, J. & D. Gregory (eds.), *Social Relations and Spatial Structures*. Basingstroke, Hampshire：Macmillan.

Weber, Max. 1978. *Economy and Society* (volumeII). Eds. By Guenther Roth & Claus Wittich. Trans. by Ephraim Fischodd [et al.]. Berkeley：University of California Press.

作者简介

周岚　女

所属博士后流动站：清华大学美术学院

合作导师：苏丹

在站时间：2009. 12 ~ 2012. 04

现工作单位：清华大学美术学院环境建设艺术咨询研究所

联系方式：dilyszhou@ hotmail. com

涉外民族主义论坛的话语空间及其意义

——以中华网军事论坛为例

王 军

摘　要：民族主义论坛在中国网络政治中扮演了重要角色，而中华网军事论坛是国内有代表性的民族主义论坛。从话语构成及其特点上看，该论坛彰显了部分中国青年民族主义者对与中国国家利益关系密切的议题的关注，其话语具有一定程度的暴力色彩，显现了一定程度的不满情绪，以及偏爱强硬外交或军事立场。就属性与意义而言，该论坛是中国青年爱国主义者情感表达和意见交流的重要话语空间，是新形势下意识形态竞争的话语空间，是大众民族主义者进行网络社会动员的话语空间。该话语空间显示了中国外交进程的大众民族主义舆论背景与民间话语生态。由于各种原因，该话语空间也有其消极性与局限。

关键词：民族主义　论坛　话语空间　中华网

互联网对国际政治和国内政治的影响正渐次展开。在中国，一些学者注意到网络论坛形成了自下而上的政治表达机制和压力机制，并对中国的公共政策产生着影响。[①] 媒体与政府也都注意到了网络政治参与的作用，前者对

[①] 王绍光，2008，《中国公共政策议程设置的模式》，《开放时代》第 2 期。洪浚浩，2007，《中国的网络舆论：在国际关系领域与政府的互动》，《当代中国研究》第 2 期。不少国内学者与媒体也持类似的意见，参见林楚方、赵凌，2003，《网上舆论的光荣与梦想》，《南方周末》6 月 5 日第 8 版。乐媛、杨伯叙，2009，《中国网民的意识形态与政治派别》，《二十一世纪》4 月号总第 112 期。

之加以报道，后者与之展开交流、引导，乃至监控。① 无疑，互联网提升了中国大众的话语权，大众议程、媒体议程与公共议程之间的关系正经历着嬗变，这是值得研究的新现象。在网络政治参与中，网络论坛独具特色。在中国，涉外民族主义论坛因其独具特色、影响力大而引人瞩目，不少海外学者在研究中国网络政治时，主要考察两方面的内容，即互联网对中国民主的作用，以及网络空间下中国的民族主义思潮和行动，② 而后者在一些政治军事类网络论坛中有突出表现，但国内学界鲜有深入研究者。本文以中华网军事论坛为案例，将定量分析和定性分析结合起来，侧重考察其话语空间的历史变化、当下特征、属性和意义，希望能够推进相关研究。

一 问题的提出

近年来，中国网民数量已居全球之冠。随着网络政治参与群体的扩大，互联网对中国政治的影响亦日益明显且潜力巨大。中国互联网络信息中心2008 年 7 月的调查数据显示，在中国排名前十位的网络应用中，博客和论坛排名第七。网络社区中的论坛访问率为 38.8%，用户规模达到 9822 万人，在网络应用中排名第九。拥有博客的网民比例达到 42.3%，用户规模已突破 1 亿人关口，达到 1.07 亿人。③ 一亿规模的网络论坛用户显示其社会影响力不容小视，因为中国网络政治参与很大程度上依赖网络论坛。而在政治类网络论坛中，民族主义论坛④独具特色，虽然我们很难从定量的角度考证它在中文论坛中的地位，但其影响力却日益为世人所熟知和认同，"反

---

① 这里的监控并不是消极意义的，它是现代民族国家的基本特征之一。英国社会学家吉登斯认为，现代性标识着与传统社会的断裂，现代性有四个基本的制度性维度：资本主义、工业主义、军事力量和监控体系。参见吉登斯，1998，《民族国家与暴力》，胡宗泽、赵力涛译，北京：三联书店。

② Chou Pui Ha, 2006. "Internet Activism and Trans-national Public Sphere: Internet as State Activation-Apparatus in the Anti-Japanese Protest." Paper Presented to 47th Annual ICA Contention, San Diego, USA, March 22 – 25. 另外，这里所说的涉外民族主义，主要是从民族主义所牵涉的他者而分类的，有别于族裔民族主义，后者更多显于国内民族关系中，或国内的民族与政府关系中。

③ 中国互联网络信息中心，2008，《第 22 次中国互联网络发展状况统计报告》，7 月 24 日（http://www.china.com.cn/economic/txt/2008 – 07/25/content_ 16068289.htm）。

④ 大体上，当下中文民族主义论坛主要有三个部分：民族主义网站内的各种论坛、各门户网站内的军事论坛和各大网站中的国际论坛。更准确地说，上述三种论坛的民族主义色彩颇为明显。

CNN 网站"的建立及其巨大的社会影响便是证明。①

而国内学界对互联网政治、网络论坛的研究才刚刚起步，存在诸多空白与不足。余建华指出，"在既有文献中，还很少有人提及网络社会学研究方法的构建问题。这可能与人们认为网络社会学研究方法与传统社会学研究方法并无差别有关"。②毛波与尤雯雯对虚拟社区的研究视角做了初步区分，归纳了 7 种分析思路，在定量分析的基础上探讨了社区成员的类型，并提出每种类型成员的活动特点，从而希望对社区成员行为模式的分析有所裨益。③徐小龙、王方华对国外学者有关虚拟社区的研究做了比较详细的综述归纳，他们制作了一些表格，其中包括"虚拟社区构成要素"表，④从其所列举的 11 篇文献看，涉及群体、关系、相互交流、网络空间、共同目标、政策和价值观 7 个要素，重点研究因素是群体、相互交流、网络空间与共同目标因素。虽然国际关系学界也有学者初步探讨了互联网与国际政治的关系，譬如在郝雨凡等主编的《中国外交决策：开放与多元的社会因素分析》一书中，有好几篇文章谈到互联网、网络论坛对中国外交决策的影响，但只是蜻蜓点水式地描述某些网络论坛的情况以及它们对中国外交决策、外交进程的影响，并未展开细致的网络论坛分析，也缺乏定量分析做支撑。

本文以中华网军事论坛为个案，来展现具有浓厚涉外民族主义特征的网络论坛的话语特征、属性和意义。这既呈现了中国网络民族主义的某一面向，也从一个视角阐释了中国外交社会环境的复杂性和变化性，并有助于把握中国大众网络政治参与的生态。以中华网军事论坛为案例，是因为该论坛具有重大的社会影响力。⑤但从该论坛使用者的特征看，该

---

① 2008 年"3·14"事件后，由于西方媒体在"西藏问题"上屡屡出现歪曲或错误的报道，中国网民饶谨创办了具有民族主义特征与论坛性质的"反 CNN 网站"。该网站建立不久便在全球网站排名中不可思议地名列 1800 名，一些国外记者多次就"反 CNN 网站"议题向中国外交部发言人提问，国内外媒体也有大量相关报道。该排名是通过专门的网站（www. alexa. com）排名检索系统检索出来的。

② 余建华，2007，《网络社会研究将向何处去》，《未来与发展》第 6 期。

③ 毛波、尤雯雯，2006，《虚拟社区成员的分类模型》，《清华大学学报》（自然科学版）第 1 期。

④ 徐小龙、王方华，2007，《虚拟社区研究前沿探析》，《外国经济与管理》第 9 期。

⑤ 中华网当年号称第四大门户，虽然近年来其门户每况愈下，但中华网的军事频道却一枝独秀，它坐稳军事网站头把交椅的位置。欧富相，2007，《广州市民最有参考价值的军事网站排名》，《广州民营经济报》5 月 26 日，调查时间为 2007 年 5 月 14～15 日，http：// trend. intocity. com/UserFiles/17（2）. pfd。

论坛主要反映部分学历比较高的男性青年民族主义者的话语特征和思想状况。①

二 中华网军事论坛话语空间的历史演变

中华网军事论坛已有十余年历史，其间起起伏伏，到如今形成了民族主义愤青主导的论坛文化。② 1998 年，该论坛规模很小，所讨论的话题也较窄（主要讨论台湾问题），跟帖亦不活跃。1999 年 5 月，论坛迎来第一个高峰，因为中国驻南联盟大使馆遭轰炸。其后论坛的老网友逐渐成熟起来，一批网友成为论坛骨干，论坛原创文章不断增加，相关讨论渐次深入，话题内容日益广泛，论坛名气也渐始亮响起来。2002 年，随着其他军事论坛衰落以及中国网民的爆炸式增长，该论坛人气更加提高。这一时期论坛的特征是，敏感话题层出不穷，愤青与"反派人物"（自由主义者）拉开了大辩论。③ 该辩论奠定了未来几年论坛的基本格局，即论坛在与"反派"的斗法过程中人气越来越高，但愤青是以数量优势与暴力性话语将"反派人物"逐出论坛，并成为主力军。

从话语议题上看，2004 年以来论坛出现了多次转变。2004 年，论坛开始出现重大转变，即帖子内容从纯军事转变为军事占七成，政治占三成的格局。2005 年，论坛又发生了新变化，即七成帖子为政治方面的内容，三成为军事方面的内容，论坛出现国际政治转向，议题主要涉及地缘政治与国际关系，特别是中国周边地区动态。2006 年，论坛帖子又有转变，即七成内

---

① 论坛使用者具有六个特征：军事论坛 96% 的用户为男性；用户年轻人居多，其中以 22～25 岁用户最多，占 64%，25 岁以上的占 18%；用户具有高度的爱国心，关心民族复兴；用户平均学历较高：以本科和大专为主，其中前者占 49%，后者占 36%；用户地域分布广泛，用户分布于全国各地，以北京、上海、广东、江苏、浙江等经济较发达地区为主。此外，从 IP 地址判断，也有不少美国、日本、韩国的使用者；论坛参与者以计算机从业者和在校学生居多。Alexa 检索显示，88.2% 的使用者来自中国大陆，1.7% 的使用者来自韩国，1.5% 的使用者来自美国，1.4% 的使用者来自日本，1.2% 的使用者来自香港（http://www.alexa.com/siteinfo/china.com#keywords）。关于中华网军事频道与论坛的相关数据，参见《2005 年 4～6 月中华网公关传播方案》（http://military.china.com/test/military.ppt）。

② 关于中华网军事论坛的发展历史，主要参考中华网版主"龙之醒"所撰写的《中华军事论坛大史记》，2008 年 9 月 3 日，以及笔者对中华网军事论坛编辑封立鹤（网名为"四代重歼"）的访谈。

③ 中华网友自己所使用的语言是"反派人物"，譬如网名为"天佑中华"系列——"美国民主派"，"难胜"系列。从学术的逻辑上看，他们是自由主义思想和观念的支持者，但他们也是爱国主义者，只不过其政治经济立场与那些持鲜明民族主义立场的网友相差甚大。

容为政治军事议题，三成内容属于社会问题。

2004、2005 年的转变主要是网友（包括版主）促成的，而 2006 年的变化则包含了公司管理层的因素。因为公司更多地从商业化角度审视军事论坛，希望扩大论坛作为主版的行业价值，因此将论坛的主版"网上谈兵"改为"中华论坛"。当然，论坛的商业化诉求也是论坛影响力增强的后果，因为 2006 年改版后论坛的访问量大幅提高，需要相匹配的服务器，否则网站要亏本运营。可见，论坛话题的转向是现实、网友、网络公司多种因素合力推动的。即便是 2006 年的转向，也拥有网络社会基础，即网友也有此需求。① 到 2008 年，军事论坛进一步变化，政治军事类帖子与社会类帖子各占半壁江山。2008 年的"3·14 事件"、5·12 地震、北京奥运会的举办等几个事件，使得论坛社会化的倾向进一步凸显。其间，由于中国大众爱国主义情绪激昂，如果发生事关国家政治、命运的大事，论坛的页面浏览量就会上升，甚至翻倍。从上可知，中华网军事论坛虽然高扬民族主义、爱国主义的旗帜，但其论坛帖子的民族主义比重有些下降，因此更准确的说法是，该论坛目前是民族主义色彩浓厚的论坛。

三　中华网军事论坛的话语构成及其特点

要想对军事论坛的话语空间进行定量分析，将面临方法和精力上的巨大挑战。因为网络论坛的话语空间以帖子为要件，而中华网军事论坛帖子数量庞大，每天的发帖量在 1 万篇左右。如何呈现论坛的话语构成及其特征呢？笔者采用帖子标题和帖子内容分析相结合的方式进行统计分析。②

（一）帖子标题的抽样与话语构成分析

帖子标题高度影响着帖子的被阅读量，因为在海量信息的环境下，阅读者往往选择标题冲击力比较大的帖子进行阅读。在帖子标题的抽样上，笔者以中华网当下最主要的论坛板块——"中华论坛"和"网上谈兵"为对象，因为它们影响力最大且都有鲜明的民族主义色彩。由于上述论坛板块中帖子数量过于庞大，笔者难以对之做全面考察。这里的抽样方法是，从两个板块

---

① 封立鹤访谈，2008 年 11 月。
② 中华网军事论坛帖子数据库系统的维护和更新存在一些问题，下面有关该论坛的数据调查包括 2007~2009 年 8 月段的数据库，帖子标题抽样时间为 2009 年 8 月 20 日。

中分别抽样。第一部分选择即时性帖子，即分析"中华论坛"前300位帖子，这类帖子具有即时性、动态性，基本上是网友当天所发布的帖子；第二部分是对"网上谈兵"中的帖子进行等距离随机抽样，共抽取了177个帖子。为什么前者不进行随机抽样分析，而后者要随机抽样呢？这主要考虑帖子话语的动态性和整体性，即时性300个帖子主要考虑动态性，而"网上谈兵"抽样帖子以整个样本框为分析对象，意在体现其整体性。

1. "中华论坛"即时性帖子标题的话语构成与特点

统计结果是，300个即时性帖子中，有效分析对象为280个（排除重复性帖子20个）。其中，113个（占40.4%）帖子标题涉及的是与民族主义无涉或无直接关联的国内政治、经济、社会议题，这与前文所言的中华论坛的社会问题转向大体吻合。在其他民族主义色彩比较浓厚的帖子中，话语分布与数量构成（如图1）前三位的议题分别是：印度或中印关系（41个）、中国外交与战略（29个）、中国军备（25个）。[①] 有关印度或中印关系的帖子数量最多，主要是中国网友非常关注媒体盛传的中印边界谈判，加之香港传媒报道说中国可能在谈判中只能获取28%的争议地区，印度将获得另外的有争议领土，这使得部分网友极为愤慨，纷纷撰写文章或转帖相关信息。由于当时中美关系、中日关系、大陆台湾关系相对平和，以前热门议题领域帖子没有形成高峰。

在具有民族主义色彩的167个帖子中，有两组明显的互动。一组涉及热得发烫的中印关系，即针对香港报纸有关中印有争议领土的分配；另一组涉及中国网民对他国的态度，引发讨论的是网友"谣言不攻自破"所撰写的《多读点书，别动不动就想打仗》，有三个帖子驳斥该贴，其中之一称其为"书呆子"，这在一定程度上显示了部分论坛愤青对强硬态度的偏好。在上述帖子中，一些帖子标题的情感色彩比较浓厚，但暴力性语言和脏话并不多见。

2. "网上谈兵"抽样帖子标题的话语构成与特点

"网上谈兵"抽样帖子标题统计（图2）显示，在民族主义色彩比较明显的议题领域，排名前几位的议题分别是："中国军备与军事动态""美国或中美关系""俄罗斯或中俄关系""日本或中日关系"。而即时类帖子抽样中排名第一的"印度或中印关系"排名相对靠后。由于帖子样本框数量庞

---

① 有的帖子议题涉及好几方面，因此柱状图中数量总数超过280个。中国外交与战略议题中，不包括明确的中美关系、中日关系、中印关系、中俄关系、中韩关系、中澳关系的帖子标题。

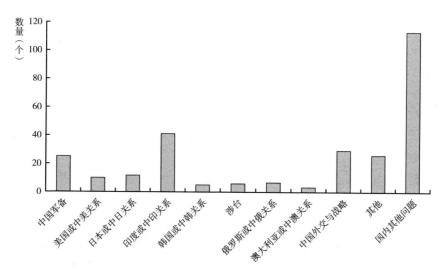

图1　中华论坛帖子标题的议题分布

大，时间跨度也很长，没有发现抽样帖子标题之间具有直接的辩论特征。从话语的情感色彩看，虽然不少帖子标题的情感色彩也比较浓厚，但抽样帖子标题中没有暴力语言。在177个帖子中，原创帖子有30个，占17.0%，这说明论坛帖子大多是转载的，原创性较低。

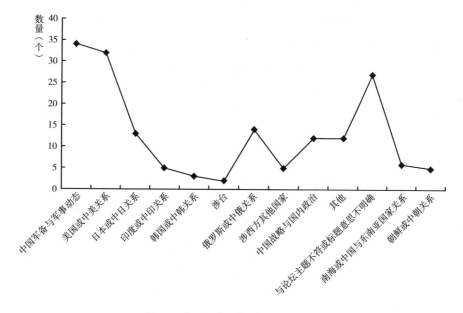

图2　"网上谈兵"抽样议题分布

通过两组帖子标题的话语构成的统计，我们初步得出三个结论。

第一，民族主义的网民对与中国外交相关联的核心议题最为关注，这里的核心议题可以从两个角度加以理解：其一是与中国核心国家利益紧密联系在一起的国家，譬如世界霸权国、地区体系中的大国，如日本和印度，与中国关系密切的俄罗斯；其二是与中国核心国家利益相关联的事态（譬如中国与周边各国的领土、领海纠纷）。帖子标题所涉及的议题及其数量分布说明了上述特征。

第二，论坛帖子标题不乏强烈的情感色彩，但极端性、暴力性语言并不突出。当然，在言语色彩方面，两个板块的帖子还是有些许差别的，"中华论坛"的即时性帖子比"网上谈兵"中的帖子的极端性稍强些。

第三，虽然网民在论坛中自主发言和交流，但由于帖子原创性较低，他们主要是相关信息与知识的传播者、学习者和讨论者，他们在话语的议题设置和话语生产方面仍然是弱势者、被支配者。当然，这并不能够否认他们具有一定的原创能力和议题选择能力，该论坛形成了鲜明的民族主义特色也在一定程度上说明了其话语的选择性。

（二）中华网军事论坛帖子内容的话语构成及其特点

帖子标题只能呈现该论坛的话语构成的局部特征，下面将以帖子内容（包括跟帖）为对象进行探讨。分析帖子内容困难很大，一方面，论坛帖子数量巨大，抽取的样本既要有代表性，又要有意义，注定了颇费周章；另一方面，论坛帖子质量整体上不容恭维。① 考虑到以上特性，这里并不做随机抽样的帖子分析，而以一些有代表性、影响力较大的帖子为案例来分析。这主要有两方面的考虑：一是随机抽样的样本量不能太小，而样本太大则工作量过大；二是许多帖子只有很少跟帖，对之加以分析，很难总结出网友的话

---

① 这是三方面原因导致的。第一，它与网站论坛的管理与编排有关。新浪军事论坛中的帖子有时可以在几年内高居排行榜前列，特定帖子的影响持续而深远。在部分论坛中，帖子只要有人跟帖与浏览支持，就可以被翻到当前页，而中华网没有采用类似的管理办法。中华网帖子衰败很快，一般置顶帖在置顶几天后就从第一页中消失了，即使有人再浏览和跟帖，该贴也难以返回论坛首页（编辑说掉到 8 页以后不能再返回首页）。第二，论坛目前的"文化氛围"一定程度上不利于出现理性且高质量的帖子。近几年网站军事论坛呈现以人气取代质量的趋势，即人数众多的"愤青"多以数量换取质量，标题党倾向比较严重（所谓标题党，是指用标题吸引人来看帖子，实际上帖子里内容可能与标题大相径庭，或缺乏实际内容，这样做的目的是用以赢得点击率或者其他）。第三，论坛目前的环境难以吸引多元的、文化素养高和信息量丰富的网友经常发帖。

语特征、行为特征、思维动态等内容。因此笔者在广泛阅读在中华论坛精品帖子的基础上筛选出三个帖子做案例分析：案例一《台巴子太嚣张了！张铭清访台遭呛声抗议和人身攻击》，案例二《吹响反击西方媒体的号角、让"做人不能太 CNN"成为 08 年的网络流行语》，以及案例三《萨科齐屡屡挑衅螳臂挡车，中国人民捍卫主权毫不手软！》。三个帖子均为具体事件刺激的结果，有关美国与法国的帖子是原创帖，另一个是新闻转帖。在原创帖子中，有关美国的帖子属于直接动员型，而有关法国的帖子从标题看不出其动员意涵，但帖子内容包含了行动动员。统计表明，上述帖子内容的话语构成具有如下倾向与特征。

第一，语言暴力比较明显。整体上，三个帖子的语言均具有非常强烈的情感特征，且暴力语言的倾向严重，比例大约在 20%。在有关台湾的帖子中，84 个跟帖（26.75%）包括各种类型的极端暴力语言、粗话、脏话，此外还有 10 个删除帖（一般而言，跟帖时因为政治原因和语言暴力过于明显才会被删除）。在有关 CNN 的帖子中，也有超过 20% 的跟帖攻击 CNN、BBC 或整个西方媒体，以及西方反华势力，其语言往往具有暴力性或极端性。在有关法国的帖子中，39 个（19.8%）跟帖的语言具有明显的暴力性、极端性。与暴力语言以及语言情感性凸显相对应的是，冷静而理性的跟帖比例很少。在有关台湾的帖子中，追溯新闻背景、补充新闻分析的跟帖只有 6 个，从法理上进行分析的只有 3 个跟帖。在有关 CNN 的帖子中，分析西方媒体运行机制和特点的跟帖几乎没有，网友的建议多以直接对抗为主。在有关法国的帖子中，对抗性语言比例较大，而其他中性些的回帖很少。具有鲜明的自由主义特征的跟帖非常少。

第二，偏爱强硬立场。在案例一中，59 个跟帖（18.79%）要求对事件与台独做出强硬回应，但未上升到武力统一的程度，50 个跟帖（15.92%）直接要求武力统一台湾，41 个跟帖（13.57%）质疑、否定、反对和平统一。明确提出或希望以强硬手段解决台湾问题或该事件的超过 50%。在案例二中，对主帖内容持支持态度，包括支持中国，支持主帖内容，支持采取反击行动，反击西方媒体以及反华势力等跟帖总计有 489 个，约占 92.61%。提倡或希望攻击西方媒体、西方其他反华势力、藏独势力的跟帖共有 145 个，约占 27.4%。在案例三中，33 个（16.8%）跟帖要求抵制家乐福或法国货。28 个（14.2%）跟帖提出了回应法国挑战的其他方法与途径，也以强硬对抗居多。

第三，不满情绪浓厚，特别是对本国政府政策不满。案例一直接显示中国的对台政策，约有半数帖子直接或间接地表示对政府的对台政策不满，有对对台政策整体的批评者，也有对张铭清赴台具体行为的不满者。在案例二中，由于事件与中国政府没有直接的关联性，对政府的批评的跟帖较少，但还是有几个跟帖暗含了对政府的不满与批评。案例三间接关联中国的对法政策，直接批评政府的跟帖比较少，只有 4 个（2%）。在案例二与案例三中，如果从网友的具体建议来看，它们往往与政府的相关政策大相径庭，这间接说明了它们对政府政策的不满。综合而言，这些网民具有比较明显的不满情绪。

第四，存在将主贴议题与国内无关的问题关联起来的倾向。在部分网民不满情绪的驱动下，三个案例中都存在少量的跟帖将国内问题与主贴关联起来，即腐败问题、高房价、教育问题、民主问题、利益集团等社会热点问题。这一倾向也许与国内群体性事件中无利益相关者频频卷入具有类似的社会背景。虽然这一倾向并不是非常明显，但也值得注意和警惕。

第五，跟帖话语内容欠成熟与深入。三个案例中，大量跟帖惜字如金，只是简单支持或反对，对议题关联的问题较少深入分析。这也表明跟帖话语构成分析只具有有限意义。

四 中华网军事论坛话语空间的属性与意义

从属性与意义来看，中华网军事论坛是中国青年爱国主义者情感表达和意见交流的重要空间，是新形势下意识形态竞争的话语空间，是民族主义大众进行网络社会动员的空间；它彰显了中国外交进程的民间舆论背景、民间话语的生态和复杂性。此外，由于互联网本身的特性和论坛话语意义评估的不确定性，其消极性与局限也不容忽视。

（一）论坛是中国青年爱国主义情感表达和意见交流的重要空间

弘扬爱国主义，普及国防教育是军事论坛的主要宗旨。[1] 论坛版主"阿道夫二世"也认为，"中华网军事论坛的发展，是和中国爱国民族主义的兴起分不开的。在原有的意识形态信仰淡化之后，爱国民族主义是团结中国人的旗帜"。[2] 笔者以为，在中国无论是民族主义愤青还是自由主义者，大多

---

[1] 笔者访谈，2008 年 10 月 26 日。
[2] 笔者访谈，2008 年 11 月 8 日。

是爱国主义者，只是其爱国主义具有不同的理论基础和意识形态立场。

冷战结束后，中国知识界出现了新"左"派和新自由主义的争论，它在中华网论坛和其他中文论坛中也有所体现，两者在网友中各自拥有强大的支持群体。在中华网军事论坛的发展过程中，民族主义话语目前占据优势，这主要是由论坛版主，以及积极参与发帖、跟帖的网友的立场和行动决定的。笔者曾经问及中华网军事频道的编辑，中华网军事论坛的宗旨是否由公司决定。他回答道，军网的宗旨源自军事版面自身的定位，公司不会做出要求，但它与公司管理层是有关系的，因为他们要认同这种理念，军网的宗旨要符合中华网的定位才行。也就是说，其爱国主义宗旨是军事频道内在的属性决定的，但公司接受该定位。

网络论坛本是中性的公共空间，但某一具体的论坛的特性则由参与者与监管者共同塑造而成，其中核心网友是论坛主要参与者和论坛价值观的主要塑造者。中华网确实因其爱国主义思潮和行动而声名鹊起。版主"阿道夫二世"认为，这样的爱国主义阵地不容丢失，"让爱国民族主义者（愤青）失去他们的阵地（论坛），是非常危险的。这种危险是存在的，因为目前国内论坛基本属于商业公司，为了商业利益他们可以聚集愤青，为了商业利益也可以驱散愤青。想驱散愤青很简单，只要换上一自由主义者的版主，动用删帖、封 ID 的权限，就可以把大部分愤青气走了。当初我这个愤青版主也是这样气走了大部分自由主义者的"。① 阿道夫二世称，2003 年 12 月 15 日，萨达姆被俘的消息传来，他删除了大量为此叫好的帖子。② 由其描述似乎可以得出，中华网军事论坛的版主们属于核心网友中的核心，因为他们拥有一般网友所不具有的权限，他们能够引导舆论方向。在他看来，网络内外爱国主义的确立，务必在关键的位置上要用自己的人。

（二）论坛是新形势下意识形态竞争的话语空间

互联网中的意识形态的辩论和斗争已是一个不争的事实。然而，由于意识形态斗争的复杂性、网络的匿名特征，网络论坛中"网特""网络汉奸""五毛党"的说法虽比比皆是，但显得猜测与推理过多，而现实证据不足。从"3·14事件""7·5事件"以及 2009 年伊朗大选过程中互联网（特别

① 笔者访谈，2008 年 11 月 8 日。
② "阿道夫二世"，2009，《大家都来写记事、写传记：阿二小传》，3 月 5 日（http://club. china. com/data/thread/27490960/275/51/47/0_ 1. html）。

是论坛和博客）所扮演的角色①来看，这些推理确有现实基础和逻辑依据，因为包括国家在内的各种行为体在互联网中的博弈日渐彰显。美国在"9·11事件"后加强了公共外交，其中互联网是重要环节，它包括向海外以美国人的方式讲故事，管理美国人的海外形象等，②而冷战期间盛行于两大阵营之间的心理战延伸至互联网也显得合情合理。笔者曾就网络中的意识形态竞争问题问询了中华网军事频道的编辑，并得到了肯定的答复。③

就军事论坛而言，虽然爱国主义与民族主义话语占据了优势，由于网民持有的价值观的多样性，以及各种势力利用论坛展开意识形态的竞争，导致网友创造与使用了一些独具特色的政治话语，并形成了一系列论战，由此军事论坛实质上形成了以爱国主义、民族主义为主流，涵盖了社会主义、自由主义、无政府主义、地方主义、保守主义等多元价值体系及相关

---

① 西班牙《起义报》报道指出，一些国家试图通过微博客等去干涉伊朗内政，已经成为事实。"谁也不知道这些（微博客上的）信息是德黑兰抗议活动的目击者还是美国中情局特工发布的，其目的就是制造更大的混乱，让伊朗人内讧。……'新颠覆手段'制造不稳定的过程已经奏效。"潘冶，2009，《"Twitter革命"不该是"e时代"的榜样》，6月26日（http://news.xinhuanet.com/tech/2009 - 06/26/content_ 11605420. htm）。

② David Bollier, 2003, *The Rise of Netpolitik*: *how the internet is changing international politics and diplomacy*: *A report of the* 11th *Annual Aspen Institute Roundtable on Information Technology.* Communications and society program, Aspen Institute. pp. 19 - 20.

③ 访谈资料。"——笔者：你听说过网络间谍吗，包括请网络写手？——F（封立鹤）：当然听说过，我的邮箱里经常收到这样的邮件，每隔几天就要删一次。——笔者：一般是什么类型的？——F：比如以外国杂志的名义，邀请你提供一些数据资料之类的，而且都是比正规供稿高出几倍、几十倍的价格，这一类还属于比较低级的。更高级的会以某些正规媒体的名义向你提供一些发稿的机会。因为一些网络写手要想从网络转向传统媒体，是有难度的，因为在写法上是有一定区别的。我自己的感受就是，我是从传统媒体转到网络媒体的，我还比较适应，但很多人不适应这种风格，所以他们很珍惜这样的机会。这样通过几次供稿就混熟了，继而通过供稿人获得他们想要的一些信息，达到他们的目的，或者通过供稿人的手发几篇有利于自身目的的稿子。一般这些写手都拥有自己的网络读者群，他们就想通过这种手段来影响更多的人。——笔者：是不是说网络写手在你们这里虽然不是很明显，但还是有一些？——F：对，那肯定啊，因为有占领舆论高地的必要性。因为有些网络行为是非常不正常的，可以看出它属于恶意攻击和破坏，特别是在对待国家政府的行为上，而且他们有些人手段比较高明，习惯用99个正确的条件推出1个错误的结论。这种类型的人的个人素质至少在文字素质上是相当高的，只有这样才具有煽动性和欺骗性。很多时候你看不出来，甚至版主也看不出来，将其置顶，而其往往是隐射各种与国家政策不符的事件和行为。包括我自己，我发现了一个问题，媒体之间的控制与反控制不仅仅是在中国。在奥运会期间，非洲对于中国的奥运会报道负面新闻比较多，而中东的产油国的正面新闻最多。非洲国家没有钱，他们经常被西方国家买通。产油国他们的手上有大把的美金，他们的媒体就不容易受西方媒体的控制。这就是非常明显的网络舆论战、媒体战、信息攻击。"笔者访谈，2008年10月26日。

话语的竞争共生局面。而 FQ 与 XP 之间的论战是几年来论坛的主旋律。FQ 指愤青，XP 指"反派"（其实是自由主义者，因为他们从原理上质疑政府的作用与功能，并有一定的亲美倾向）。用 XP 来代表愤青眼中的"反派"或自由主义者，是军事论坛话语辩论发展的结果。曾任中华网军事论坛的版主"龙之醒"指出，从 2002 年开始，论坛出现了第一代的"反派"人物，"天佑中华 123"（深圳网友）是当时的代表人物，属于 2000 年以后"反派"代表性人物中的元老。"难胜"是另一个"反派"代表人物，是最具争议且值得怀念的一个网友。……他的 ID 号从"难胜"被封，到"难胜 98""难胜 2000"……被封的号码成了一个系列，到最后自己换成"难胜 XP"。

在民族主义愤青与自由主义网友的论战过程中，前者终以数量优势与一定程度上的暴力语言占据了优势。从公共领域的构建上讲，这并不是一个好趋势，因为辩论并不是以相对理性的方式深入而系统地展开的，当论坛的民粹特征日益彰显时，论坛的原创性、活力和多样性便难以为继。在采访封立鹤编辑、刘力锋版主时，笔者的这一判断也得到他们的认同。"龙之醒"版主也发现了这一倾向，并提供了一个耐人寻味的立场转向。

在"XP"的问题上，有一个有趣的现象。以前的愤青不少变成了 XP。比如我自己，以前也是喊打喊杀的愤青，转眼两年工夫，就变成 XP 了。"网特"一词倒也是我当年最早的"原创"词汇，没想到今天就被人喊作"网特"。像这样的人倒也有一些，不过动辄就"汉奸""网特"的实在没必要。另外，现在论坛里面"反日"情绪太浓，这并不是因为我自己在日本所以觉得奇怪，而是有些愤青的素质与以前几代网友相比实在不可同日而语。有关日本的话题往往不符合日本的真实情况。

"龙之醒"之类网友的立场转型表明，FQ 与 XP 之间其实并不是排中的绝对对立，两者间完全可形成某种共识和理性对话，这种共识的形成对论坛的发展和辩论的延展是非常必要的，各说各话以及口水级别的辩论无益于发现与解决问题，无益于论坛价值的提升。

（三）论坛是民族主义大众进行社会动员的话语空间

军事论坛还包含社会动员功能，其社会动员类型繁多，最常见的是"签名"动员，此外还有游行示威动员、质疑或骚扰他者动员（公布一些涉华外国媒体、使领馆、企业等机构或特定工作人员的办公地址和电话等联系方式，其目的是让网民质疑、骚扰上述机构和人员）、抵制动员（不购买他国货物）、特定支持动员（譬如前文案例二中对 CNN 的评价，中华网军事论坛举办的献爱心、捐款捐物动员，个体的网民也会基于不同情况和目的做一些慈善动员）等。这些动员一般展开网络内外联合行动，而不是止于互联网。

表 1   中华网军事论坛专门的签名帖子

签名帖子标题	回复数/点击数
南京大屠杀 71 年祭：不能忘却的历史，中国人都来签名！	98/552
欧洲悍然对华经济制裁，中华网发起支持民族品牌大签名	87344/931916
支持政府推迟欧盟峰会、回击法国对华傲慢和偏见大签名	729/27721
中国该不该一举把台拿下？	116/16673
中华网新浪网发起反对和谴责美国售台武器，支持政府采取进一步行动	24381/476614
中华网发起抗议可口可乐收购汇源大签名！	17567/401740
中华网发起要求土耳其政府驱逐"东突分子"大签名	41033/780338
支持政府加大对"东突"恐怖组织的打击力度，中华网友向"东突"宣战	28756/1516961
全球华人签名抵制支持"藏独"的英国高校伦敦城市大学	9453/472654
强烈要求政府驱逐 CNN 驻中国记者，拒绝 CNN 采访奥运会	154023/3085370
龙的传人签名：网络第二流行语，龙的传人不能太"南都长平"了	745/60065
签名强烈抗议法国人保护火炬不作为，中国留学生记者被打！	39455/1123445
曝光"藏青会"真面目：大家看这是不是"恐怖组织"？	27684/2785445
参谋部倡议：中华网清明节进行网上祭英烈，共铸中华魂活动	192/169661
全球华人大签名，要求 CNN 立即给全中国人道歉，向全球征集律师！	127219/5484447
强烈谴责德国一广告公司侮辱毛主席的行为大签名！	10984/179734
中华网发起谴责拍卖圆明园文物强盗行径大签名	72973/722086
中华网发起保卫钓鱼岛大签名	106614/1066381
谴责韩国企业"半夜外逃"大签名	9773/179864

　　在网络民族主义中，签名动员业已在对日等议题（反对京沪高铁采用日本新干线技术①和反对日本申常的签名影响力最为深远）上显示出强大的影响力，也成为不少网民进行动员的重要形式。笔者 2009 年 8 月 10 日检索中华网军事论坛，发现约有 7.69 万项符合签名的查询结果。事实上，论坛的普通网友无权发布专门的签名帖，只有网站编辑和论坛版主才有此权限。一般网友也有人在论坛中发帖要求签名，但得不到相关技术支撑，影响力有限。

　　就网络管理员发布的专门签名帖而言（表 1），所涉及的议题以政治民

① 张勇，2005，《试论互联网对中日关系的影响》，外交学院硕士学位论文。

族主义为主，也有一些属于文化民族主义和经济民族主义方面的议题；既有涉及外部他者的议题，也有针对民族分裂势力的议题。从签名数量来看，最多的有 15 万余个，少的才几十个。这些签名动员，有的是几个网站联合进行的，有的单独开展。签名动员之所以能够造成巨大影响，往往是因为存在后续行动的可能性，或诱发传统媒体或政府舆论监督部门的高度关注，进而形成新闻事件，其效应被放大了。所谓后续行动，是指签名可能被打印出来并通过某种渠道送给相关政府机构或部门，反对京沪高铁采用日本新干线技术和反对日本申常的签名都具有此特征，中华网军事论坛也在此间扮演了一定的角色。

（四）论坛彰显了中国外交进程的民间舆论和行动背景

军事论坛彰显了中国外交进程的民间话语背景，它既是中国对外关系舆论环境的组成部分，又是中国民间涉外行动中的一个新环节，这是中国外交的新环境。

第一，论坛彰显了中国大众民族主义不同层面的涉外观念。这里的涉外观念主要包括三个维度的认知：其一是中国民族主义大众的他国观，特别是对世界主要大国与中国周边国家的认识；其二是中国民族主义大众的整体世界观，包括大众对全球化、全球问题、世界热点问题的认知；其三是中国民族主义大众对本国外交战略、军事战略和国家实力的认知。作为话语平台，论坛展示了民族主义大众的涉外认知，塑造着、影响着相关受众的涉外认知。[1] 上文关于论坛帖子标题与帖子内容分析便彰显了三个维度的认知。

第二，论坛话语包含着网络空间下的软实力竞争，形形色色的行为体涉足其间，从而显示了涉外舆论的复杂性。如前文所论，尽管军事论坛已形成了以中国青年大众支撑的、以爱国主义为主导的多元价值体系，但该论坛内仍然充满了来自世界范围内不同 ID 所主张的多元价值体系的辩论和竞争，这一辩论与较量是软实力较量的重要构成部分，但它并不停留于国家间博弈，而是包括不同层次之间的行为体的复杂观念博弈。譬如，论坛里既有国内不同群体的价值观念的争鸣（譬如民族主义与自由主义的辩论，支持政府与批评政府的观点交锋），也有国内民族主义群体针对国外企业、媒体或其代言人的辩论，甚至可能存在国内民族主义者与外部政治势力（及其代

---

[1]　中华网军事论坛与其他同类网站互相链接，论坛中的诸多帖子也经常被其他网友、博客转载，影响不限于论坛本身。

言人）的交锋。这说明了论坛涉外舆论的复杂性。

第三，从网络社会动员与社会运动的角度看，论坛还促成了中国大众直接与外来机构或人员的交涉。概略地说，论坛促成的涉外交涉涵盖了四类外部对象，其一是外国驻华政府机构（使领馆），其二是国外企业或跨国企业，其三是国外媒体及其从业人员，其四是在华的一般外国人。从交涉范围看，则包括了涉外政治事务、经济事务和文化事务，内容往往与某些事态相关联。论坛中的部分话语和社会动员还吸引了国内外传统媒体的关注和报道。传统媒体的报道不仅呈现了论坛中中国民族主义大众的涉外认知和行动，也放大了中国底层社会涉外舆论的作用。

（五）论坛话语空间的消极影响及其局限

论坛话语空间还存在一些不容忽视的消极因素和不足。其一，论坛话语构成中不乏极端民族主义话语、思潮和建议；其二，论坛中的一些社会动员溢出了道德的边界，甚至是法律的边界；其三，论坛中高质量的帖子与跟帖偏少，口水流行。上述情况不利于建构高质量的涉外公共话语空间，说严重点还可能损害中国的国家形象，或容易引发一些不必要的外交麻烦。这值得论坛的经营者和监管者关注与反思。

另外，由于网络空间具有匿名性，网络论坛中信息（话语）的可信度一直存疑。而且，虽然我们可以找到军事论坛与网外空间联动的一些机制，但要细致测量网络论坛的网外影响仍然非常困难。这说明，以上有关网络论坛的分析还面临一些不确定性，需要进一步深入研究。

五　结论

互联网产生后，网络政治随之兴起，它使包括大众在内的各种非国家行为体在信息获取、话语表达与社会行动等方面有了长足进展。通过互联网，大众在信息获取的速度、总量和资源多样化上正经历革命性变化，这一变化对民族国家的权力、国际关系的运行以及国家安全的内涵产生了深远而又充满不确定性的影响。①

---

① David Bollier, 2003, *The Rise of Netpolitik: how the internet is changing international politics and diplomacy: A report of the 11ᵗʰ Annual Aspen Institute Roundtable on Information Technology. Communications and society program*, Aspen Institute, pp. 1 - 3.

就中国而言，民族主义论坛在网络政治中的作用日益凸显。以中华网军事论坛为例，每天约有 10 万来自世界各地的网民（以中国为主）聚集在该论坛上，他们一起或发帖、或跟帖、或阅读，共同建构起一个独特的话语空间——以爱国主义占主导的多元话语体系。从话语构成及其特点上看，该话语空间兼具刺激—反应性与内生性，① 其话语具有一定程度的暴力色彩，显现了一定程度的不满情绪（包括不满政府的外交与军事政策），并偏爱强硬外交或军事立场；该话语空间离高质量的公共空间差距甚远。从属性与意义上看，该论坛是中国青年爱国主义者情感表达和意见交流的重要话语空间，是新形势下意识形态竞争的话语空间，是大众民族主义者进行网络社会动员的话语空间。它彰显了中国外交进程中的大众民族主义舆论背景与民间话语生态，且具有一定的消极性与局限。

作者简介

王军　男

所属博士后流动站：中国社会科学院社会学研究所

合作导师：苏国勋

在站时间：2005.09 ～ 2007.09

现工作单位：中央民族大学中国民族理论与民族政策研究院

联系方式：akingwangjun@ sohu. com/ junwang405@ sina. com

---

① 从议题分布来看，论坛偏好涉外的与中国国家利益关系密切的议题，但近年来内生的议题也在增长。

Table of Contents & Abstracts

Abstract: Social capital refers to the social resources that in social networks or in the wider social structures, the subject can mobilize to bring the economic benefits for themselves or the organization, which showed as several characteristic, that is social relationship networks, confidence and norms. Social capital provides a new perspective to study the economic and social development of the city. This paper investigates the interactions between the social capital and the provincial sub-center city of Yichang, and proposed to some measures that can improve the social capital of Yichang and promote the construction of its provincial sub-center city.

Keywords: social capital; provincial sub-center city; Yichang

Abstract: With the development of the city in China, "Smart City" based on "Internet of Things" is the only way to harmonious and sustainable development. First of all, this paper introduces the "Smart City" and "Internet of Things", and summarizes that "Smart + Interaction + Cooperation" are the characters and "Sensing layer + Networking layer + Application layer" are the basic system structure of the "Smart City". Then we investigate and analyze the developing status of "Internet of Things" in China, and based on these, we give some advice on development of

"Internet of Things" in China.

Keywords: smart city; internet of things; development status;

Renovating shantytowns in Post-unit society and State responsibility to protect the interests of residents   *Zhao Ding – Dong* / 41

Abstract: The renovating shantytown as the main form of livelihood projects to build a Chinese post-unit of society of the external manifestation of state responsibility; constitutes a livelihood project research "Chinese meaning". The social bottom of squatter status is post-unit social interests of the people to seek state protection social basis. Unit of society, the government's long-term social space highly control, psychological long-term reliance on people's unit steeped , State individually controlled resources and other countries given the responsibility to protect. Post-unit social national protection motivation, ability, composite force and incentive functions together with the performance of the government's public authority and strength of social resources mobilization and ability to control the will of the completion of national protection mechanisms to improve the social integration.

Keywords: the bottom of status; post-unit society; national protection; Liaoning shantytowns

The contrast and analysis on public transport ticket fare between Beijing and international metropolises   *Wang Chao, Xu Wen – Yong* / 63

Abstract: According to the contrast of public transport fare between Beijing and other international metropolises, the authors clarify the problems in three aspects: the basic charge, the proportion of fare expenditure in the total income, and the price ratio of bus fares to subway fares and taxi fares. So that the paper presents the public transport fare is cheaper and the ticket system is limited in Beijing. Given the above situation, this paper proposes a series of policies and measures for improving urban transportation, such as reforming the public transport fare system, raising ticket prices and establishing performance benchmarks, and changing the monotonous traditional ticket system. In doing so, not only can we decrease the over-reliance on public finances, but also increase the traffic efficiency and make the traffic system improved.

Keywords: transport management; transport policy; public transport; ticket fare; ticket price

Study on the construction and development of regional innovation system(RIS) in Shandong peninsula urban agglomeration(SPUA)　　　　　*Wang Xu – Dong* / 75

Abstract: The study based on the status quo of RIS in SPUA analyzed with detailed data and information, discussed the advantages and disadvantages of RIS in SPUA, and found out the main factors to restrict the development of RIS in SPUA. Then using regional innovation systems theory, industrial upgrading theory, modularity theory, as well as triple helix theory we put forward the main methods to construct and develop the RIS in SPUA.
Keywords: Shandong peninsula urban agglomeration (SPUA); regional innovation system (RIS); triple helix model; indigenous innovation; modularized industrial clusters

The theory of city development and the model choice of Liaoning urbanization innovative development　　　　　*Meng Xiang – Fei, Liu Yu – Mei* / 90

Abstract: In the process of modernization and industrialization, urbanization has been a very important factor. In this paper, we try to avoid the single economic perspective, reflect on the process of urbanization and choice of development pattern in the late period of the industrialization in China both from the point of view of economics and sociology, put forward the essence of urbanization in China is "the integration of urban and rural areas". Through the exploration of Liaoning urbanization innovative development model under the background of the revitalization and re-industrialization of old industrial bases, this article takes Liaoning as a case and tries to analyze several models of the innovation and development of Chinese Urbanization in the process of urbanization.
Keywords: urbanization; industrialization; development model

Stereo city: Explore the sustainable development of city, space, environment and society　　　　　*Li Yong – Le* / 105

Abstract: Urban sprawl mode is the biggest obstacle to the future. This view that China should take the road of intensive urban development and the construction of stereo city is the best way to curb urban sprawl.
Keywords: urban sprawl; stereo city; integrated; sustainable

Blind urbanization and economic development of China　　　　　*Ye Qi – Liang* / 120

Abstract: The urbanization of developed countries in Europe and America is driven by industrialization and has developed healthily; while in China, the abnormal economic development and perilous economic situation are the driving force of blind urbanization. Blind Urbanization caused excessive urbanization, and caused a series of other problems as well.

Keywords: urbanization; economic crisis; blindness

Integrated significance of township-treaty in new countryside construction
Lu Zi – Rong, Yu Yun – Shan / 129

Abstract: Township-treaty is a self-organization of traditional rural society in China, which is one of the major forces of social integration in Chinese traditional village. In the 1930s, with the rural area declining, reformist intellectuals launched the rural reconstruction movement, trying to rebuild township-treaty. By analyzing integration mechanism of township treaty, which both in traditional rural society and the modern countryside construction, the paper point out township-treaty integration is cultural integration that bases on etiquette as the main content. Finally, the paper discusses the significance of the cultural integration in new rural construction, and how to creatively transform the traditional township-treaty and make it play an important integrated role in the new countryside construction.

Keywords: township treaty; new countryside; integration

Issues about intergeneration of migrant workers
Chen Hui / 146

Abstract: Migrant workers are a unique group in China. After the reform and opening-up, farmers were allowed to flow cross-regionally. So far it has been about more than 30 years. With the development of society, the heterogeneity within migrant workers increased, which showed some generational differences. According to Mannheim's discussion about generation, the author stated that the generation is a sociological phenomenon, and social and historical experience is a core concept distinguishing different generation. Finally, the author discussed the analysis frame about different generational migrant workers from family life, schooling and work experience.

Keywords: migrant workers; intergenerational; social historical experience

Resource mobilization and social construction of problems: The formation mechanism of rural land expropriation conflicts
Meng Hong – Bin / 157

Abstract: In the process of urbanization, the amount and scale of rural land expropriation by the government are rising, the scale of land compensation continues to improve, but the rural land conflict are still intensified. This phenomenon urges us to ponder: What is inherent logical relation between rural land expropriation and adversarial conflicts? What is intrinsic mechanism of the expropriated land conflict and land acquisition? In this paper, the author tries to use the correlative theory analysis to show that in the dynamic change of the political opportunity and political restrictions, in the dual superimposed effect of benefit approval and identity, the corresponding land-levying question will be social constructed through the resources mobilization, thereby creating the land conflicts.

Keywords: rural land expropriation conflicts; resource mobilization; social construction; formation mechanism

Approaches of improving rural doctors' pension in underdeveloped areas

Zhang Xin – Sheng / 169

Abstract: China's rural doctors used to be called barefoot doctors, responsible for basic health clinics and public medical services in rural areas. Currently, there are great differences between local regulations for rural doctors' pension because of the lack of unified national policies. The majority of rural doctors have been absorbed in the system of social endowment insurance for village residents, but the pension is too low for them, especially in underdeveloped areas. Therefore, it is necessary to raise rural doctors' pension from the perspective of fairness and efficiency. Our government should attach great importance to this problem and take measures to relieve rural doctors' worry about their living after retirement.

Keywords: underdeveloped areas; rural doctors; pension

Modernization and rural modernization   *Yuan Jin – Hui* / 179

Abstract: Modernization is a transformation process from traditional to modern society. It is a multi-side and contemporaneous-transformed course, which involves every aspects of people's life. In our country, rural modernization is a very important part of social modernization, which contains rural economical modernization, rural political modernization, rural cultural modernization and peasant modernization.

Keywords: modernization; rural modernization

The urban and rural relation from the vision of "Earthbound China": A comparison between two modernization transition plans of "rural construction" and "urban construction"   *Yang Qing – Mei* / 187

Abstract: During 1920s – 1930s, Chinese sociologists had come up with some modernization transition plans, which all around a key problem: How to balance the relation of city and the countryside. This paper focus on two opposite plans of "rural construction" and "urban construction". The former argues modernization construction basing on village but the latter suggests basing on city. However, they have the some premise of reforming "earthbound China". It is worth noting that since that time, "earthbound China" has been given the meaning of national spirit than never before. This orientation has affected the local studies of Chinese sociology and anthropology. But it is usually easily neglected in today's study. The paper analyzes those two plans to discuss the influence of "earthbound China". In conclusion, the paper tries to point out that if we want to understand Chinese society as a whole, we need to value the civilization process carried by cities in the history of China.

Keywords: "earthbound China"; the rural construction; urbanization; city civilization

Perfect development of community volunteer organization and its service: Case study of three communities in Fujian province   *Gao He – Rong* / 207

Abstract: Through three Fujian volunteer community organizations, We can find that the executive community volunteer organizations lack necessary system, organization and funding, which are always engaged in form service, and the residents lack of effective participation. While social voluntary organizations can recruit volunteers with spirit and enthusiasm, but they cannot connect with community work together. On the other hand, mixed organizations can easily form a mechanism to recruit stable volunteer team, but there are a number of volunteers are difficult to extend, and construction of their ages and education is unreasonable. This requires us to gain the development and expansion of various voluntary organizations, improve the voluntary registration system, standardize their management and operation, expand the content of volunteer service, and promote voluntary service quality.

Keywords: community volunteer organization; volunteer ability; volunteer service system

The constraints and countermeasures of urban community workers' team: Study T street in Beijing as a case   *Li Min* / 217

Abstract: In order to build the harmonious community, we should build and improve a high-quality community working-team. Based upon the status quo of community workers, we analyze the major factors currently constraining the urban community working-team construction , namely, economic factor, system factor and social factor, through on-site investigation and questionnaire survey of the community workers of T Street. On this basis , we put forward many proposals and countermeasures. For example, economic strength should be enhanced in order to improve economic treatment; operating mechanism should be improved in order to perfect institutional environment; educational training should be strengthened in order to optimize the environment of growth.

Keywords: community Working-team; constraints

The main structure of social work and the impact on China's national security
Zhou Yong, Wang Hui / 229

Abstract: An increasing number of social accidents bring an urge to build up Chinese social work team. The main structure of social work can be divided into several levels from government to the private sector, such as government, community, enterprises, society and individuals. Classified by geography and nationality, it can also be divided as domestic social work and overseas social work. From the view of mutual relationships, it is composed of the health-friendly and the unhealthy-hostile. Thus, the subject of social work is a multidimensional system. Since it is the subjects that carry out social work, the stratification and classification of that is conducive to sort out the system and structure of social work and to identify deficiencies in the organization of social work. Besides, clarifying the system of social work is in favor of the research in the field of national security issues in domestic social work, and helps to beware of unhealthy or hostile social body of work on the penetration of social work.

Keywords: social work; main structure; national security

The endogenous development of urban community organization during social transformation
Liu Yan / 243

Abstract: During the social transformation, the basic types of urban community organization consist of the administrative community organization and civilian community organization. The contemporary administrative one has been endowed the contradictive functions which resulted in the practical plight of lacking independence. Based on the data from the investigation of Changchun community organizations such as He Xin Club and Dong Zhan Shi Wei, this article analyzed the developmental feature with Endogenesis and its meaning in policy. It is believed that we can conduct the research from the perspective of institution and resource, which are two of the key factors restricting the development of urban community organizations.

Keywords: community organization; independency; Endogenous development

Research on the public security management service mode of urban fringe community from the perspective of Polycentric governance theory: B village in Beijing for a case   *Yuan Fang* / 253

Abstract: With the acceleration of urbanization, the public security management service mode of urban fringe community has become more and more serious. On the basis of the normative analysis of the public security management service mode of city edge community and empirical analysis, we explore the public security management service mode of urban fringe community from the perspective of Polycentric governance theory.

Establishing the government-oriented community policing management, promoting multivariate supply cooperation mechanism and establishing urban fringe community policing system are necessary.

Keywords: polycentric governance theory; urban fringe community; policing management

Some good experience to the administration in items of the participatory community welfare: A case of Qingyuan sub-district office of Beijing Daxing District

Zhao Chun – Yan / 266

Abstract: Because the traditional community welfare oriented by the government could not match with the residents' real requirement, and the residents also took some passive attitudes to it, Qingyuan Sub – District Office of Beijing Daxing District initiated a new method with the help of Community Action Non – Government Organization-the Administration in Items of the Participatory Community Welfare. And this special administration runs in a standard progress. Firstly, the office and the NGO take an official training to the practical workers in the community; Then every community should report its community welfare items; When approved, the items will be fulfilled by the residents. And this new method transforms the governments' role in the community welfare providing, and greatly motivates the residents' activity. It also produces a good social effect. In a long range perspective, this administration method may have a wider prospect to practice.

Keywords: community; participation in community affairs; administration in items

Wangjing "Korea Town": As an immigrant community   *Ma Xiao – Yan* / 274

Abstract: The increasing in opening of Chinese cities make metropolises like Beijing have more and more international immigrants and communities which foreigners and Chinese are living together. Thus these foreigners' social adaptation, economic activities and interaction with native people and other problems have brought various challenges to the societies they migrated. The thesis studies the process of pioneering Korean entrepreneurs' adaptation and influence on cities they have been in Beijing for ten years, named as Wangjing "Korea Town".

Keywords: Wangjing "Korea town"; immigrant community; space

On the new development mode of Chinese social welfare system

Mei Zhe, He Ding – Jun / 287

Abstract: China has made a great progress in economy, but the gap of income between the urban and rural residents becomes bigger and bigger, so the social gap between the rich and the poor becomes increasingly obvious. Moreover, the survival and development of the social special groups, such as the old, children, the disabled, migrant workers, laid-off workers and the poor people, inevitably hinder the development of society. Thus it is imperative to design and make a new mode of social welfare system. Based on the analysis of the current problems of China's social welfare system, setting up basic concepts and establishing correct principles, this paper attempts to propose a new triangle welfare mode of government-lead, society-aid and family-support.

Keywords: social welfare system; Chinese social welfare; special groups; triangle welfare mode

Surveys and analysis on mid-and-low income groups' medical services demand of Jilin city

Huang Yi – Hong, Liu Hai – yong / 300

Abstract: The year 2010 is a very important year for comprehensive promotion of the development of Chinese medical health reform system. For the purpose of a comprehensive understanding of the current situation of mid – and – low income households' medical demand and of finding some problems between medical demands and medical service to promote medical system reform in cities and towns accordingly, the author took a questionnaire survey on 315 mid – and – low income households of Jilin City. Through investigation, it was found that high medical expense is a heave burden among the mid – and – low income households; basic medical insurance for urban residents has poor effectiveness; the residents are lack of the understanding of medical insurance; the function of community medical service organization is not fully displayed. Therefore, fulfilling government duties, strengthening publicity, enhancing community health service, and implementing residents' medical cares are some effective ways to improve medical demands of our country's mid – and – low income households.

Keywords: medical reform; mid – and – low income groups; medical services demand

Abstract: Due to the traditional filial piety culture, family pension, self pension has been the main form of the Chinese old people. At present, with the development of social economy, the social pension, business pension and other forms of pension gradually increased. According to the economic level of urban and rural residents aged in Minnan area sample survey data analysis, economic factors (annual average per capita income) and pension showed a certain correlation; but the pension in rural and urban areas showed different characteristics. The modern social security system is a product of industrialization, and the establishment of a modern security system covering the agricultural population is an inevitable trend of social development.
Keywords: economic level; endowment; urban and rural residents

Abstract: China's income distribution has been more and more unequal since the time of reform and open up in 1970s. The Gini Index is more than the cordon level that is 0.4, which is unfavorable to China's economic and social development. The paper firstly introduces the public policy on income distribution published form Sixteenth Congress of the Communist Party of China. And then, the paper analyzes the issues with China income distribution, such as the income inequality, the disorder with income distribution, the lack of mechanism to deal with those issues and so on. After the analysis on those issues, the last part of the paper supplies the solutions for those issues in China's income distribution: The government should reform the income distribution institutions and put the income distribution in order.
Keywords: income distribution; income inequality; distribution order; income redistribution

Abstract: As an important part of social construction, charity is protected and regulated by charity law. It is urgent to make China's charity law for China is a new modern charity country. We can learn more experience from other country to improve the level of China's charity law. Through comparative study of charity law among the United Kingdom, Hong Kong, Russia,

Ukraine and Armenia, we can find that international charity legislation has four new development, that is definition of charity is certain and clear, government gives more protect and support to charity, the law places great emphasis on charitable active and charitable organization's supervision and pays more attention to international charitable active. In the course of China's charity legislation, we should make a clear definition for charity, require country offer encouragement, subsidy and protection policy for charity, state public and charitable organizations' right, regulate charitable organizations' financial operations, and state that charitable organization can't take part in politics.

Keywords: international; charity law; charity activity

A research on social participation of space construction: Take 798 for example
Zhou Lan / 342

Abstract: By probing into an individual case, this dissertation takes the construction of 798 Art Space as the objective study. It is a case having reversed the government's plan through the attendees' space practice intermingling with contradicts collisions and struggle. Through the research, a rough sketch of the creative class is cleared, and the conclusion that city movement in the system frame approved by government may be the only way to civil society in China can be drawn.

Keywords: 798; art space; social participation

Discourses in Nationalistic BBS and Their Implications: A Case Study of the Military BBS of China. com
Wang Jun / 359

Abstract: Nationalist forums have played an important role in Chinese net politics. As a typical nationalist forum in China, the military forum on China. com demonstrates that young Chinese nationalists are concerned with topics pertaining to China's national interests. In view of the discourse features of the forum, its strong patriotic, but somewhat violent discourse indicates a certain degree of dissatisfaction and preference for tough diplomatic or military stances. In terms of its attributes and significance, this forum serves as an essential discourse space for Chinese young patriots to express feelings and exchange ideas. It is also a discourse space for ideological competition under the new circumstances and for popular nationalists to conduct online social mobilization. This discourses space reflects popular nationalist opinion and the civic discourse ecology in the process of Chinese diplomacy.

Keywords: nationalism; BBS; discourse space; China. com

图书在版编目（CIP）数据

城镇化与社会发展／张翼主编. －－ 北京：社会科
学文献出版社，2016.12
（中国社会科学院社会学研究所博士后文集）
ISBN 978 - 7 - 5097 - 7637 - 7

Ⅰ.①城… Ⅱ.①张… Ⅲ.①城市化 - 关系 - 社会发
展 - 研究 - 中国 Ⅳ.①F299.21②D668

中国版本图书馆 CIP 数据核字（2015）第 130881 号

中国社会科学院社会学研究所博士后文集
城镇化与社会发展

主　　编／张　翼
副 主 编／张文博　黄丽娜

出 版 人／谢寿光
项目统筹／谢蕊芬　童根兴
责任编辑／谢蕊芬　盛爱珍

出　　版／社会科学文献出版社·社会学编辑部（010）59367159
　　　　　　地址：北京市北三环中路甲 29 号院华龙大厦　邮编：100029
　　　　　　网址：www.ssap.com.cn
发　　行／市场营销中心（010）59367081　59367018
印　　装／北京季蜂印刷有限公司

规　　格／开本：787mm × 1092mm　1/16
　　　　　　印张：24.5　字数：431 千字
版　　次／2016 年 12 月第 1 版　2016 年 12 月第 1 次印刷
书　　号／ISBN 978 - 7 - 5097 - 7637 - 7
定　　价／108.00 元

本书如有印装质量问题，请与读者服务中心（010 - 59367028）联系